倪玉平 著

THE
HISTORY
OF
QING
DYNASTY

清史

1616—1840

人民出版社

目录 CONTENTS

概　说

第一节　基本脉络

　　清朝是中国传统社会的成熟时期、总结时期和转折时期，也是近代社会的发端时期、探索时期和转折时期。清朝是最后一个封建王朝，也是继元朝之后的第二个由少数民族建立中央政权的王朝，这一时期中国传统社会的政治制度和经济文化发展都取得了前所未有的成就，达到了农业社会所能达到的最高水平；随后，清朝由盛转衰，发生缓慢而痛苦的蜕变。清朝全面奠定了今天中国的大一统格局，但传统农业国家的先发优势在这一时期完全丧失，中国与世界的距离在这一阶段被迅速拉大，最后走上落后挨打的悲惨道路，并开始了探索近代化的艰难历程。

　　1616 年，努尔哈赤定都赫图阿拉，建立金国，史称"后金"。两年后，努尔哈赤以"七大恨"誓师伐明，与明朝正式决裂。1619 年，后金与明朝在辽东萨尔浒（今辽宁抚顺东浑河南岸）爆发战略决战，获得全面胜利，从此扭转了双方的力量对比，后金由防御转向进攻。此后，明朝在东北节节败退，失去大部分领土。1636 年，皇太极改国号为"清"，进行政治、军事、经济、文化等方面的革新，同时征服朝鲜，笼络蒙古，为日后攻打明朝做充分准备。1644 年，明朝亡于以李自成为首的大顺农民军之手。李自成进入北京后犯下一系列战略错误，特别是未能笼络手握重兵、屯驻山海关的明朝将领吴三桂，致使吴三桂倒戈联合清军。山海关之战中，李自成的农民军在清军和吴三桂的联合打击下遭到失败，退出北京，清军顺势入关，定鼎北京，开始了统一全国的步伐。

　　自 1644 年开始，清朝历经顺治、康熙、雍正、乾隆、嘉庆、道光、咸丰、同治、光绪、宣统 10 位皇帝的统治，于 1912 年寿终正寝，统治长达 268 年之久。在清代历史中，经历了全国统治权力的建立、康雍乾盛世、嘉道中衰、鸦片战争后沦为半殖民地等不同阶段。本书为古代史范围内的清朝

《平定两金川得胜图·午门受俘》

历史，时间断限在 1840 年之前的道光朝，此后内容归入晚清史。

从清军入关至施琅收复台湾，可以看成是满族①建立政权并统一全国的过程。通过民族反抗与军事斗争，满族征服者在建立全国统一政权的同时，也不可避免地被先进的文明所征服。经历过血腥的战争，清朝统治者被迫调整政策，从而为清前期经济的迅速恢复创造了良好的条件。

经过清初社会生产的恢复，清代的经济在康雍乾时期达到了封建社会的新高峰。至王伦起义前，清朝步入鼎盛时期，即"康乾盛世"或"康雍乾盛世"。在此期间，中央集权专制体制空前严密，国力强大，秩序稳定，清代人口至 18 世纪后期，已达到三亿左右。乾隆时期承平日久，随着时间的推移，各种潜伏的经济、政治危机日趋严重。至乾隆后期，土地兼并严重，政治腐败，各族人民的大规模反抗斗争此起彼伏，其中历时九载的白莲教起义

---

① 满族源于女真，1635 年皇太极改女真族为满洲，中华人民共和国成立后将满洲定名为"满族"。

结束了清朝的全盛时期。

清朝的统治，留下了深厚的历史遗产。

政治上，君主专制程度不断加深，达到中国传统社会的顶峰。满洲在兴起时，曾保留有较浓厚的原始军事民主制色彩，遇到重大政务需要贵族一起商议决定，即议政王大臣会议，汗权（皇权）并未达到高高在上的地步。随着形势的发展与统治的巩固，皇权逐渐膨胀，不断削弱贵族的权力。顺治时期，创立引见制度，此后不断完善，使皇帝将任命中下级官员的权力牢牢掌握在自己手中。康熙时期，创立奏折制度，高级官员向皇帝秘密报告政务，具有高效、机密的特点，便于皇帝对臣下进行控制。雍正时期，设立军机处，实际上剥夺了内阁处理重要政务的权力。而军机大臣只有参议权，"只供传述缮撰，而不能稍有赞画于其间"，实质上只是皇帝的高级秘书而已，军政大事完全集中于皇帝一人之手。监察制度方面，将六科给事中划归都察院管理，相当于把御史台与门下省合二为一，故称"台省合一"，使其对皇帝的监察权更加衰微。

奏折匣　现藏北京故宫博物院

制度上，清朝统治者一方面承袭明朝制度，并有所损益，一方面又大量融入满洲特色。中央官制方面，内阁、通政司、六部、都察院等机构均沿袭明朝，变化不大，但在具体的内涵上有所变化，如清内阁大学士的品级和地位均高于明朝，但实权却不如明朝。地方官制方面，总督、巡抚、布政司、府、厅、州、县等衙门均承袭明朝而来，特别是基层政区变化不大。同时，清朝又将明朝作为差遣性、临时性职务的总督、巡抚演变为常设定员，将明朝地方一级政区长官布政使演变为总督、巡抚的属员。

在承袭前代制度的同时，清朝也融入了不少满洲特色，其突出代表是理藩院、内务府及八旗制度的创设。理藩院为清朝特设的处理蒙古、藏、回等各民族事务的机构，最初名为"蒙古衙门"，1638年改称"理藩院"。理藩院职掌为"掌外藩之政令，制其爵禄，定其朝会，正其刑罚"，并负责部分

同外国交往的事务。理藩院长官为尚书一人，只有满洲人可以担任，名列工部之后，足见清朝对这一机构的重视。内务府为清朝掌管宫禁事务的机关，凡皇室的衣食住行各种事务，均由内务府承担，其实质是在原有的包衣组织的基础上创设的一套新内官制度。统治者吸取了明朝宦官专权的教训，注重将内务府的职责限制在"奉天子之家事"上，不参与政务，对宦官更是严格限制，从根本上断绝了宦官干政、擅权的可能性。

八旗是满洲社会、军事的基本组织形式，相当于清朝的"国体"，对清朝的崛起有着不可估量的重要影响。1615 年，努尔哈赤已基本实现对女真各部的统一，所得人户增多，于是创建八旗。皇太极时期又创设蒙古八旗和汉军八旗。八旗组织寓兵于农，在早期具有很强的战斗力，在清朝统一全国的过程中发挥了极其重要的作用。1644 年入关以后，八旗兵额在 15 万人至 20 万人之间浮动，一半左右的兵力驻扎于京师及附近地区，另一半兵力则驻扎于各战略要地，边疆地区包括黑龙江、吉林、盛京（今沈阳）、绥远城（今呼和浩特）、伊犁等地，内地包括西安、江宁（今南京）、杭州、福州、广州、荆州、宁夏、成都等地。八旗的事务由八旗都统衙门掌管，汉人不得与闻。

教育制度上，也体现出明显的满洲特色。清朝统治者注重保持本民族"清语骑射"的特色，为不同阶层分设了各类官学，并相应地建立起了针对旗人的科举考试制度，以此教授并传承这种思想。顺治年间，在北京兴办了八旗学校，主要教授内容有八旗官学、唐古特学等。康熙年间，京旗兴办的学校主要有景山官学、俄罗斯文馆等。雍正年间，京旗兴办的学校数量继续增加。1723年，八旗增设蒙古官学，每旗各一所。1723年还曾设立八旗校场官学。1729年，为发展内府三旗教育，又增设咸安宫官学等。驻防八旗的官学同样为数不少。1691年，盛京左右两翼各设官学两处。吉林将军辖下的宁古塔城，1676年就设有满洲学房，御赐名"龙城书院"。至1693年，吉林、宁古塔两城八旗驻军各设有左右翼官学。雍正年间，先后设伯都讷左右翼官学、三姓左右翼官学、阿勒楚喀官学、珲春官学、乌拉官学等。此外，清廷专设宗学与觉罗学培养宗室成员与觉罗子弟学习清书、汉书与骑射，同时还为旗人中家贫无力延师者创办义学。通过开创一系列教育机构，形成了一整套八旗教育体系。清廷入关以前即有开科取士之举，顺治年间成为定制。清代科举可分为文试、武科、翻译科与宗室科。八旗科举为清代科举考试制度的重要组成部分，在沿用明制基础上，亦结合自身特点而有所创新。八旗科举即八旗内部的科举取士。清政府设置八旗科举的根本目的在于选拔优秀的八旗子弟入仕，以确保满族八旗贵胄在清政府中占据主导地位。入关后，八旗科举制度时兴时废，康熙二十八年（1689年）实行兼试骑射政策之后确立下来。经过雍正、乾隆、嘉庆三朝的发展，八旗文科、武科、翻译科举制度日趋完备，愈益成为八旗重要的人才培养与选拔制度，体现出了清统治者在制度上对旗人的优待。

经济上，经过清初社会生产的恢复，康雍乾时期达到了经济水平的高峰，但也孕育着危机。清朝统治初期，战争频仍，社会经济遭到极大破坏。满洲贵族社会生产的落后性，导致"圈地""投充"盛行，又大大激化了社会矛盾，社会生产十分凋敝。当统治趋于稳定后，清廷统治者遂逐渐改变清初各种落后的政策，注重减轻社会负担，使经济逐渐恢复发展。农业方面，政府大力兴修水利，奖励垦荒，蠲免赋税，引入番薯、花生、玉米等新作物，使得耕地面积和粮食产量大大增加。粮食产量的增加和"摊丁入亩"等政策的实施，使得人口迅速增长，乾隆六年（1741年）全国人口已有1.4亿，乾隆六十年（1795年）达到3亿左右，道光时期达到4亿。手工业方面，纺织业、铜矿业、陶瓷业等行业也均有一定程度的发展，江南地区商品经济比较发达，甚至出现了一些以经营手工业为中心的市镇。在对外贸易方面，清廷严格实行一口通商的广州贸易体制，通过十三行进行海外贸易。西北内陆地区则在恰克图等地同沙皇俄国进行贸易。

疆域上，清代是统一多民族国家形成、发展与巩固的关键阶段。康熙年间，清朝统一台湾。康熙帝通过亲征入侵东北的沙俄，与之签订《尼布楚条约》，基本划定了中俄东段边界；雍正朝通过《恰克图条约》，基本划定了中俄中段边界。西北的准噶尔部，始终是清朝的心腹大患。康熙帝曾三次亲征噶尔丹，并在晚年两次出兵西藏驱逐准部策妄阿喇布坦的势力，保障了清朝对西藏的统治；雍正时期，清军与准部大战于和通泊与额尔德尼召，与准部长期相持；乾隆帝利用准部内乱果断出击，将其彻底平定，就此解决了困扰清朝长达 70年之久的准噶尔问题。乾隆二十四年（1759 年），清朝平定南疆回部大小和卓之乱，将天山南北路纳入版图，形成了一个远比明朝时期疆域更为辽阔的大帝国。当时清朝的领土面积达 1200 多万平方千米，疆域西起今巴尔喀什湖、楚河及塔拉斯河流域、帕米尔高原，北到戈尔诺－阿尔泰、萨彦岭，东北至外兴安岭、鄂霍次克海，东至海，包括台湾及其附属岛屿，南到南海诸岛，西南到广西、云南、西藏，包括拉达克。清朝的管辖范围，包括内地十八直省，东北三将军辖区盛京、吉林、黑龙江，内蒙古二十五部五十九旗，外蒙古（乾隆时重划为四部八十二旗），唐努乌梁海地区，青海蒙古二十九旗，西藏，新疆。此外，周边许多国家为清朝的强大所吸引，或为属国，或为朝贡国。

在广袤的边疆民族区域，清朝采取了因俗而治、因地制宜的管理政策。蒙古地区实行盟旗制度，新疆则盟旗制度、伯克制度、郡县制度并存，西藏实行政教合一制度，而西南地区则大规模改土归流。清朝和蒙古贵族联姻，常以"宗女"格格、公主嫁给蒙古王公，清帝也多娶蒙古科尔沁部贵族女子为后妃。清朝对边疆民族地区的经营，发展了边疆地区的经济、文化和交通，巩固了中国多民族国家的统一，增强了中华民族的团结力和凝聚力，具有不可磨灭的历史贡献。

文化上，清朝成为中国传统文化的总结阶段。清朝统治者十分注重文化发展，除编纂大量官书、刊刻大量满蒙汉文佛经外，还修撰了中国历史上最大的丛书《四库全书》。乾隆三十八年（1773 年），清廷正式设立"四库全书馆"，开始编纂此书，至乾隆五十二年（1787 年）缮写完毕，历时 15 年。

这一时期，考据学在文化界占有主导地位，学者多尊行以经学为主的汉代学术，故可称为"汉学"；又因为他们追求的是朴实无华的考据功夫，亦称为"朴学"。考据学研究范围以经学为中心，旁及史学、诸子，囊括文字学、音韵、训诂、天算、典制、舆地、目录、版本、校勘、辨伪、辑佚等各方面，研究对象上至天文地理，下至历朝典章制度，领域广泛，不过总体上

《万国来朝图》 现藏北京故宫博物院

避免同政治挂钩。考据学发轫于明末清初，乾隆、嘉庆时期达到极盛，因此又被称为"乾嘉学派"。乾嘉学派主要代表人物及代表作有阎若璩《尚书古文疏证》、胡渭《禹贡锥指》和《易图明辨》、钱大昕《廿二史考异》和《十驾斋养新录》、段玉裁《说文解字注》、王念孙《广雅疏证》和《读书杂志》、王引之《经义述闻》等。

在取得辉煌成就的同时，清朝的统治也蕴含着严峻的问题和深刻的危机。清朝是专制主义中央集权发展至顶峰的朝代，皇权几乎不受任何制约，在决策时固然有高效的一面，其消极作用也非常明显。在独裁统治下，皇帝乾纲独断，一旦决策失误，就会造成社会财富的极大浪费和政治局势的动荡。在专制制度下，腐败现象不可能得到有效遏制。康熙帝晚年吏治过于宽松，腐败现象非常严重，雍正帝上台以后励精图治，一定程度上遏制了腐败，但至乾隆帝时又重新愈演愈烈，甚至出现和珅那样的大贪官。嘉庆初年的川陕五省白莲教起义，就是吏治腐败背景下民怨的总爆发。

清朝保持了长期的社会稳定，人口大量增加，但同时也带来了一系列严峻的社会问题。首先是人均耕地越来越少，人地矛盾非常尖锐，底层人民生计难以保障。随着吏治的腐败和土地兼并的发展，矛盾越发尖锐。为求得生存空间，许多人转移到深山老林开荒，一方面破坏了当地环境，另一方面也成为社会一大不安定因素。清前期江南、华南部分地区商品经济已有相当程度的发展，一些市镇的繁荣程度甚至不逊于欧洲，但由于封建专制体制的限制，始终无法脱胎换骨，转化为近代资本主义经济，而只能在传统经济中循环往复。在对外贸易方面，由于推行闭关锁国政策，导致统治者闭目塞听，越来越脱离世界发展潮流，与西方国家的差距越来越大。

满洲作为一个在中原建立中央政权的少数民族，具有一定落后性，为维护统治，他们对汉族采取敌视、提防的态度，特别是在思想文化层面，多次发动文字狱，钳制汉族士大夫的思想。纂修《四库全书》既是对中国古籍文献的一次全面总结，更是对涉嫌"威胁统治"书籍的一次大查抄。据统计，当时禁毁的书籍多达3100余种，15.1万余部，禁毁书板8万块以上，民间惧祸而自行销毁者尚不在其内。[1]清前期文字狱频发，仅乾隆朝就有130余起。这直接导致学术思想界对社会现实噤若寒蝉，只有远离政治，皓首穷

---

① 黄爱平：《四库全书纂修研究》，中国人民大学出版社1989年版，第72—78页。

经，埋头于故纸堆中钻研学问，不能产生出任何有济于世的思想。只有到了内外危机空前严重的时候，才有龚自珍、魏源等士大夫再度倡导"经世致用"。

总体而言，清朝处于中国传统社会的晚期，在经济、人口等层面达到了传统社会的最后一个高峰，取得了诸多重大成就。但是，清朝的发展脱离于世界潮流与时代潮流，同世界的差距越来越大。

第二节　中国与世界

清时期的世界，正在经历剧烈的变革，从中世纪逐渐向近代社会过渡。

地理上，随着新航路的不断开辟，地理大发现不断深入，随之而来的是欧洲各国对殖民霸权的争夺。继哥伦布发现美洲新大陆、麦哲伦完成环球航行后，1642年荷兰航海家塔斯曼发现澳大利亚东南部一大岛，命名为"塔斯马尼亚岛"；1732年，沙皇俄国探险家发现"白令海峡"；1768—1779年，英国探险家库克船长连续进行三次南太平洋考察，地理大发现更加深入的发展。17世纪初，荷兰取代西班牙、葡萄牙，获得海上贸易的霸主地位，被称作"海上马车夫"。此后，英国开始不断挑战荷兰的霸主地位，双方于1652—1674年三次爆发战争，以英国获胜告终，从此英国海上实力逐渐崛起，超越荷兰成为全球海上霸主。在英国海上扩张的同时，法国也不遗余力地在欧洲大陆扩张，并试图挑战英国的海上霸主地位。17世纪末至18世纪初，英法间发生了奥格斯堡同盟战争和西班牙王位继承战争两次角力，英国都获得了胜利。1756—1763年的"七年战争"，是当时欧洲主要强国之间最大规模的争霸战争，英国同样获得最终胜利，彻底奠定了全球性海上霸主地位。

政治上，这一时期欧洲许多国家爆发了资产阶级性质的革命。1566—1609年，尼德兰地区爆发革命，成为欧洲第一场成功的资产阶级革命。1640—1688年，英国爆发资产阶级革命，经过许多反复、转折、妥协后，最终颁布《权利法案》，确立了君主立宪政体。英国资产阶级革命胜利的影响远播国外，美国、法国都受其影响。1775—1783年，美国爆发反对英国殖民统治的独立战争，经过八年战斗，建立了世界上第一个联邦共和制国

家。1789 年，法国爆发波澜壮阔的大革命，以"自由、平等、博爱"为口号，推翻了波旁王朝。此后经过剧烈的斗争，政权几经更迭，最终拿破仑于 1804 年加冕法兰西第一帝国皇帝。法国大革命是近代史上规模最大的资产阶级革命，影响巨大。资产阶级革命的成功，为资本主义的发展扫清了体制障碍，大大加快了近代化的步伐。

经济上，资本主义经济及生产方式迅速发展。新航路开辟的一大重要原因，就是寻求黄金、香料等货物。在大航海时代，西班牙、葡萄牙、荷兰、英国等国家无不是通过争夺海上霸权，以控制贸易航路。通过残酷的海外殖民及贸易，世界市场逐渐具备雏形并且得到持续发展。海外贸易的发展大大刺激了生产需求，为满足市场需要，各国都谋求如何迅速提高生产效率。新兴生产方式的变革从纺织业开始。1733 年，英国人凯伊发明了飞梭，将纺织效率提高了一倍。1765 年，哈格里夫斯发明的"珍妮纺纱机"可同时纺出 8 根线，再度将纺织效率提高。1768 年，阿克莱特发明水力纺纱机。1779 年，克隆普顿综合珍妮机和水力机的优点，发明"骡机"，使纺织业生产能力获得飞跃性的发展。1785年，卡特莱特的动力织布机把织布的效率提高了40倍。随着手工机器的普遍使用，英国人深感动力为一大局限，需要找到更合适的提供方式。在这种背景下，瓦特经过不懈努力，于1775年对当时已出现的原始蒸汽机做了重大改进，终于制造出第一台具有实用功能的蒸汽机，解决了生产中的动力问题。蒸汽机的出现带来生产方式的革命性变化，工场手工业逐步让位于机器大工业。此后，蒸汽动能开始运用于交通工具，美国工程师富尔顿发明蒸汽船，并在1807年试航中获得成功；1814年，英国人斯蒂芬孙发明第一台火车机车，为陆上交通运输带来革命性变化。英国工业革命逐渐波及法国、德国、美国，促进了这些国家的近代化。

思想上，个人解放运动一浪高过一浪，通过文艺复兴、宗教改革和启蒙运动三个阶段，使得资产阶级自由、民主、人权的思想深入人心。文艺复兴和宗教改革时期，尚需要借助古典学术和宗教的外衣进行思想解放，至启蒙运动时期，则完全抛弃这一层外衣，以人类理性作为思考世界的方式。启蒙运动发源于英国，但成熟于法国。17—18世纪，法国涌现出一批杰出的启蒙思想家。孟德斯鸠反对君主专制，主张君主立宪政体，提出"三权分立"学说，代表作为《论法的精神》。伏尔泰提出自然权利学说，提倡信仰、思想、言论、出版自由和天赋人权，主张"开明君主制"。卢梭著有《论人类不平等的起源和基础》《社会契约论》，主张消灭王权，建立共和国，提出"天赋人权""自由平等""主权在民"等理论。在这种思想氛围的影响下，狄德罗组织当时法国众多名家，坚持二十余年，完成法国第一部《百科全书》，这是一部将当时包括科学、神学、哲学等全部知识汇编在内的以字母顺序排列的多卷本图书。《百科全书》成为传播启蒙思想的载体，狄德罗等人也因此被称为"百科全书派"。

在这一时期，清朝和西方各国也存在各种层面的交流。自明代以来的西学东渐，使得一些先进科学技术得以传入中国。1614年，苏格兰数学家纳皮尔创立对数理论。1637年，法国哲学家笛卡尔创立解析几何学。这些数学知识都通过传教士传到了中国。康熙帝还任用传教士编修历书、制造火器、绘制地图等，取得了一定的成绩。早期传教士在向中国传播西方科学技术的同时，也把中国的文化介绍到西方，不仅包括传统的儒家思想、四书五经，还涉及中国历史、地理、文学和生物、医学等方面的著述。18世纪欧洲启蒙运动的思想家对中国传统文化给予高度评价，孟德斯鸠、伏尔泰等学者都曾通过来华传教士的著作和报道，对中国的历史、思想和政治制度进行研究，儒家思想也成为启蒙思想家批判基督教神学的有力武器，对促进近代欧洲文明发展产生了积极影响。德国科学家莱布尼茨通过法国传教士鲍威特看到《伏羲六十四卦次序图》和《伏羲六十四卦方位图》后，受到启发创造出二进制计算数学，他还在《中国近况》中提出，"必须请中国派遣人员，前来教导我们关于自然神学的目的和实践，正如我们派遣传教士到中国传授上帝启示的神学一样"，反映出中西文化交流对双方均产生了有益的影响。但康熙末年，罗马教皇颁布禁约，不准中国教徒敬天、祭祖、祀孔，遭到清廷强烈反对。因教廷之争，雍正时期耶稣会士被逐出了国门。

建筑文化方面中西也有交流。欧洲此阶段主要建筑有1661—1756年建成的法国凡尔赛宫（它是欧洲最大的王宫），1675年英国建立的格林尼治天文台，以及1675—1710年英国修建的伦敦圣保罗大教堂。同时期，清朝也修建有许多著名的皇家园林，在北京的就有静宜园、静明园、清漪园、圆明园、畅春园、西花园、熙春园、镜春园、淑春园、鸣鹤园、朗润园、自得园等九十多座，连绵二十余里[1]，蔚为壮观，这些园林不仅在规模上居世界领先地位，在建筑手法与艺术成就上也领先于同时期的其他国家。伴随着东西方文化的交流，中国在明代就出现了洋式建筑，到了清代乾隆年间，更出现了以西洋建筑为主体的圆明园西洋楼景区，这组楼景包括海晏堂、远瀛观、养雀笼、蓄水楼、花园门等系列建筑，占地面积四万多平方米，尤其是西式喷泉大水法，中西方建筑特色交相辉映，十分和谐，既体现了皇家的恢宏气势，又浑然天成。由此也可看出西洋风格对中国建筑产生的深远影响。

除了这些友好交流外，双方也存在摩擦、冲突甚至战争。早在16世纪，一些西方国家已纷纷建立"东印度公司"，主要瞄准亚洲的土地和市场。葡萄牙、西班牙、荷兰、英国、法国等殖民势力相继侵入印度、马来西亚、泰国和菲律宾。1517年，葡萄牙第一次闯入中国广东，强求通商。1553年，葡萄牙取得在澳门的居住权。1622年，荷兰殖民者侵占我国澎湖及附近岛屿，1624年又侵占中国台湾，修建赤嵌城和台湾城。两年后，西班牙侵占中国基隆和淡水。1662年，郑成功经过激战，从荷兰殖民者手中收复台湾。欧洲还处于农奴制阶段的沙皇俄国也很早就加入殖民国家行列。俄国跨过乌

---

① 1里等于500米。

拉尔山向西伯利亚"东征"，占据了大片土地。1643年，沙俄第一次入侵我国东北黑龙江流域，迫使当地少数民族称臣纳贡，后在当地少数民族与清军联合打击下被迫撤出黑龙江。此后康熙帝两次下令驱逐俄国侵略者，于1689年与俄国签订《尼布楚条约》，暂时遏制了俄国扩张的势头。

与前朝相比，清廷坚持更为严格的闭关自守政策。闭关自守虽然也有维护国家主权和领土完整的目的，但并不能从根本上阻止殖民主义势力的入侵。在自身农耕文明发展到新高度的同时，清朝又远远不能和西方"资产阶级不到一百年的阶级统治中所创造的生产力，比过去一切世代创造的全部生产力还要多，还要大"的飞速发展相比。资本主义的迅猛发展将全世界卷入商品流通的巨大浪潮里，中西力量的对比已经发生根本性的变化，中国的发展进程再也不能孤立于世界历史发展之外。在清统治者陶醉于"天朝上国"的"盛世太平"时，西方主要国家已经步入近代化飞速发展时期。随着英国资本主义的发展，开辟新的更大的市场成为英国资产阶级的迫切需求。英国殖民者在控制印度等地后，更垂涎富饶的中国，他们积极要求开放中国市场，加强对中国的侵略活动。在东西文明的碰撞中，此消彼长，中国不可避免地走向衰弱，最终被1840年的鸦片战争炮火轰开大门，从此走上屈辱而悲壮的争取民族独立的历史道路。

第三节　清史研究的基本问题

一、基本史料

清代史料浩如烟海，具有"多""乱""散""新"的特点。《清史稿·艺文志》著录有清代书籍9633种，世人讥讽其遗漏太多，不断为其增补，至王绍曾作《清史稿艺文志拾遗》时，增加至54880种，仍然远非清代书籍的全貌。不仅书籍卷帙浩繁，清代还留下了大量官方档案。仅以中国第一历史档案馆的档案而言，明代以前的档案基本无存，明代档案仅占据1个全宗，总数3000余件，而清代档案达到73个全宗，总数有1000余万件。由于历史原因，清代史料的收藏非常分散。仅以档案而言，除中国第一历史档案馆保存最为集中外，辽宁省、吉林省、黑龙江省、内蒙古自治区、大连市等档

案馆，台北"故宫博物院"等也有相当数量的收藏。尤其是台北"故宫博物院"，藏有清代档案 40 多万件，是 1949 年国民党撤往台湾时从故宫博物院中挑选的档案精品，包括宫中档、内阁部院档、国史馆档、清史馆档等。台北"中央研究院"历史语言研究所现存明清档案也有 31 万件，是 20 世纪 20 年代罗振玉抢救的内阁大库档案。此外，还有不少档案已经流失海外。

　　清代档案史料按照行政机构划分，主要可分为中央档案和地方档案。中央档案中保存最为完整、利用价值最高的是内阁全宗、宫中全宗和军机处全宗。内阁为清代行政之总汇，其档案种类繁多，主要包括六科题本。题本是清前期官员上奏的主要文书形式，具有十分重要的研究价值。宫中全宗主要包括官员履历档案及各朝汉文、满文朱批奏折。官员履历档案包括履历片、履历单和履历引见折，保存了 5 万余名官员的传记资料，是研究政治史、制度史的第一手资料。奏折具有私密、高效的特点，在出现后逐渐取代题本、奏本的地位，成为最重要的文书形式，反映的内容包罗万象，价值不言而喻。军机处档案主要包括满汉文录副奏折和档册等。按照规定，奏折上交后军机处要抄录一份留作副本，由于各种原因，很多朱批原折已经散失，录副奏折遂成为具有重要价值的档案。档册包括随手登记档、上谕档、电报档及各种专档，主要汇集皇帝的各种上谕。

地方档案保存不如中央档案完整，比较系统的包括黑龙江将军衙门档案、宁古塔副都统衙门档案、珲春副都统衙门档案及阿勒楚喀副都统衙门档案等。县一级档案中最具代表性的有四川巴县档案及南部县档案。通过地方档案，不仅可以考察清政府在各地的施政情况，更是研究当地社会经济发展演变最原始、最具体和最重要的史料。

长期以来，大陆与台湾地区都为清代档案的整理出版工作付出了巨大努力，出版了数量巨大的朱批奏折、上谕档。特别是自 2002 年国家清史编纂工程启动以来，档案的公布、出版速度大大加快。近年来出版的大型档案汇编包括《清宫热河档案》《清代军机处电报档汇编》《乾隆朝军机处满文寄信档译编》《清代新疆满文档案汇编》等，为清史研究注入新鲜史料，有力推动了研究向纵深发展。

文献史料主要包括编年体史料、政书类史料、地方志史料、文集笔记史料、家谱契约史料、传记类史料、纪事本末体史料及诗画、实物、古迹等史料。

编年体史料以历朝起居注和实录、东华录为代表。起居注主要记录皇帝除去内廷私生活以外的言论及活动，记载重大朝政，是比较原始的资料。由于其具有较高的研究价值，历朝起居注多已影印出版。2009 年，北京中华书局与台北联经出版公司分别将藏于北京与台北的康熙朝起居注影印出版，使康熙朝起居注得以完整呈现，意义重大。实录是下一代继嗣之君为上一代皇帝修撰的编年体史籍，主要以档案、起居注等为参考资料，内容以皇帝为中心，兼记天下大事。清代共有十一朝实录，总计 4484 卷。除全局总目、序、凡例、目录、进实录表、修纂官等 51 卷外，计《满洲实录》8 卷、《太祖实录》10 卷、《太宗实录》65 卷、《世祖实录》144 卷、《圣祖实录》300 卷、《世宗实录》159 卷、《高宗实录》1500 卷、《仁宗实录》374 卷、《宣宗实录》476 卷、《文宗实录》356 卷、《穆宗实录》174 卷、《德宗实录》597 卷。此外，宣统朝有《宣统政纪》一书，实则是由原修《德宗实录》的人员修撰完成，与实录无异，共 70 卷。尽管在编纂过程中，出于各种原因，实录有过一定删改，但其仍然是把握清代历史发展基本脉络的重要参考资料，也是研究清史的基本史料之一。

《东华录》为私修编年体史料长编。乾隆三十年（1765 年）重开国史馆，蒋良骐利用担任纂修的便利条件，摘抄实录、红本等档案文献，辑成一部起自天命元年（1616年）而讫于雍正十三年（1735年），历五帝六朝的史料长编，共32卷，因国史馆靠近东华门，故命名为《东华录》，俗称《蒋氏东华录》。蒋录失于简略，但保存了传本所不载的一些重要史料，对研究清初历史仍有重要参考价值。光绪年间，王先谦仿蒋氏抄录乾隆、嘉庆、道光三朝史料，辑为《东华录续编》，凡230卷，对《蒋氏东华录》则重新加以详编和补充，增为195卷，称《九朝东华录》。后潘颐福辑咸丰朝《东华录》，王先谦亦加以增补，凡100卷，加自辑同治朝《东华录》100卷，合称《十一朝东华录》，俗称《王氏东华录》。全书于有清一代二百余年间大事，年经月纬，约略可见，在《清实录》未刊行前，该书颇为学者所推重，也是研究清史的基本史料之一。

政书类史料以《清会典》与"清三通"为代表。《清会典》是清代效仿明代会典的体例编纂、修订而成的重要政书，以行政法律为主要内容，通过条律汇编详细介绍有清一代行政法规上的各项事例。《清会典》包括康熙朝、雍正朝、乾隆朝、嘉庆朝、光绪朝五种，统称为"大清会典"。《清会典》按政府行政机构分类，下述各项法条政事，内容包括宗人府，内阁，吏、户、礼、兵、刑、工六部等职能及相关制度，因各朝政府机构不同，分类内容略有改变。康熙、雍正时期两部会典，将事例附于典条之下。乾隆、嘉庆两朝增设乐部、中书科，并将图示列入会典。至光绪朝又在会典中增设总理各国事务衙门。自《乾隆会典》起，将大量事例分开编辑，除修《钦定大清会典》100卷外，另修《大清会典则例》180卷。嘉庆时期延续此制，修《钦定大清会典》80卷，《钦定大清会典事例》920卷，并对坛庙、礼器、乐器、仪仗、銮舆、冠服、武备、天文、舆地、刑具等附图说明，修《钦定大清会典图》100卷。《光绪会典》沿承此制，会典成书100卷，事例1220卷，图270卷。《清会典》详细记述了清代从开国至光绪朝各级官职的职掌、事例和活动原则。乾隆朝《大清会典御制序文》称："凡职方官制，郡县营戍，屯堡觐飨，贡赋钱币诸大政，于六曹庶司之掌，无所不录。"因此，《清会典》不仅是中国封建时代行政立法的总汇，也是研究清代典章制度的重要资料。

"清三通"是记载清朝典章制度的史籍，为"续三通"的续作，包括《皇朝文献通考》300卷、《皇朝通典》100卷和《皇朝通志》126卷。"清三通"的内容起于清初，讫于乾隆末年，其体例、门类大体沿袭杜佑的《通典》、马端临的《文献通考》和郑樵的《通志》，但为适应清朝的具体情况，也做了颇多变动。清朝编"清三通"，虽因取材相同，不少篇目近似，但仍各有独立的参考价值。后人将"三通""续三通""清三通"合在一起，称为"九通"，又将"九通"与《清续文献通考》合称"十通"。

此外，地方志、名人文集、笔记小说、契约文书等也都是研究清史的重要史料，尤其是随着社会史研究的兴起，这些方面的史料也越来越受到重视。

二、清史研究概况

清史的研究，最早可追溯到清朝的本朝历史研究。清朝官方曾为修史多次建立专门的修撰机构，如国史馆、实录馆、方略馆等，修撰清国史、实录和方略等著作。私撰的史书、笔记等同样汗牛充栋。不过，由于作者身处本朝，这些书籍著作存在明显的局限。真正严格意义上的清史研究是在1912年清朝灭亡之后才开展的。

清史研究迄今为止已经走过了100多年的历史，大致可分为三个阶段。

第一阶段：1912—1949年。这一阶段为清史研究的起步和奠基阶段，最突出的成就是《清史稿》的编纂、孟森的相关研究著作和萧一山《清代通史》的出版。1914年，北洋政府成立清史馆，仿前朝之例为清朝修史。由于时局动荡、经费有限、纂修人员水平参差不齐等因素，《清史稿》编纂得比较仓促，问题较多。当然，尽管《清史稿》存在诸多缺陷，但毕竟是第一次全面、系统地记述清代历史，至今仍有一定参考价值。

孟森早年投身政治，民国初年以后逐渐转向历史研究，尤重清史，写出了一批高水平著作，成为公认的清史学科奠基人。自1914年开始，他以"心史"之名连续发表清史论文，后多收入《心史丛刊》。1930年，在以往研究的基础之上，他完成了《清朝前纪》。自其受聘为北京大学教授后，迎来了新的创作高峰，先后完成《满洲开国史讲义》《清史讲义》《明元清系通纪》《清初三大疑案考实》《八旗制度考实》等著作。孟森的著作以严谨求实的态度澄清了清朝早期历史的诸多真相，对清史真正走上客观研究之路作出了重要贡献。

有关清代的第一部通史性著作为日本学者稻叶君山的《清朝全史》，这深深刺激了萧一山，他发誓写出中国学者的第一部通史性著作，并要超越日本学者的水平。1923年，年仅二十一岁的萧一山已经完成《清代通史》上卷，1925年又完成中卷，两卷字数逾百万。《清代通史》体例完备，比较全面地

孟森像

孟森（1868—1937年），字莼孙，号心史，江苏武进（今属常州）人，清史学科奠基人。早年受聘于上海南洋公学任教，1902年在广西边务督办郑孝胥署中任幕僚，为郑赏识，资送去东京政法大学学习，译有日本维新后的政法类书籍。回国后主编《东方杂志》。民国临时政府成立后，任以黎元洪为首的共和党执行书记。1913年4月，当选为国会参议员。后投身学术，是公认的中国近代清史学科的杰出奠基人。

记述了清代历史，而且以一人之力完成，难能可贵。不过，由于作者引用较多传闻逸事，存在错讹，这是其不足。

1937—1949年，中国先后经历抗日战争和解放战争，战火纷飞，对清史研究造成巨大干扰。故总体而言，这一时期的成果较为冷清，有全局意义的成就较少。不过，研究仍有一些发展，最具代表性的成果有郑天挺的《清史探微》、谢国桢的《清初流人开发东北史》等。

第二阶段：1949—1978年。这一阶段，清史研究迅速确立了以马克思主义唯物史观为指导的研究方法，但研究也受到不断干预。早在1949年以前，翦伯赞、范文澜、胡绳等史学家已自觉以马克思主义为指导研究清史，但直到1949年以后，马克思主义才全面、深入地贯彻至清史研究中。这一时期还强调阶级斗争，重视意识形态，加之运动不断，特别是1966—1976年"文化大革命"的十年，严重干扰了清史研究。这一时期的成果，主要集中于关注清朝入关前满洲社会的性质、资本主义萌芽问题、农民战争史、帝国主义侵华史等问题。

在这一阶段，史料的发掘和整理也取得了一定的成就。《清史稿》同二十四史一道，得到系统点校，改订了诸多讹误，成为目前最为精审的版本。王锺翰还独力点校《清史列传》。一些清史工作者以发掘农民战争史料的名义，整理白莲教起义和天地会起义等档案，日后均得到出版，推动了相关研究的深入。

第三阶段：1978年迄今。这一阶段，是清史研究逐渐摆脱束缚，全面走向繁荣的阶段。1978年改革开放以来，学术氛围宽松，研究禁区越来越少，为研究繁荣奠定了基础。

这一时期的清史研究领域大为扩展，优秀成果不断涌现，涉及清史的各个领域，如政治制度史、社会经济史、思想文化史、边疆民族史、历史地理学、历史人类学等，大多数高校和科研单位都有研究清史的机构或人员，尤其以中国社会科学院历史研究所清史研究室、中国人民大学清史所、南开大学历史研究所、辽宁大学清史研究所、厦门大学历史系等机构为代表。一些比较重大的课题获得突破性进展，例如，王戎笙主编的《清代全史》、顾诚的《南明史》、冯尔康的社会史研究等都是亮点。2002 年，由戴逸总负责的国家清史编纂工程启动，计划完成约 3000 万字的主体工程，一旦出版，将成为史上规模最大的修史工程。

与此同时，随着经济的发展和条件的改善，史料整理出版的速度也空前加快。除上文提及的档案出版外，清朝人的文集、笔记、地方志、民间文书等同样纷纷出版。《四库全书》《四库全书存目丛书》《四库禁毁书丛刊》《四库未收书辑刊》等几部大型丛书均陆续影印出版。史料的刊布对清史研究的深入起了重要的推动作用。

同一时期，台湾地区和海外对清史也有较深的研究。台湾地区清史研究机构繁多，主要包括台北"中央研究院"历史语言研究所、近代史研究所，台北"故宫博物院"，台湾大学、台湾师范大学、政治大学、辅仁大学等单位，研究领域也非常广泛，尤其重在清代台湾史和社会经济史的研究。日本学界对清史的研究起步比较早，学者比较重视资料的收集、整理与鉴别，研究范围广泛，成果扎实，著名学者有宫崎市定、安部健夫、河内良弘、神田信夫、细谷良夫、岸本美绪等。美国的清史研究，自费正清以来经过多次变化，其理论上的推陈出新颇受国内学者关注。目前美国学界以"加州学派""新清史"较有影响，前者注意从中国社会的内部寻找社会经济发展的轨迹，后者则注重利用满蒙藏文字材料和以满洲为中心进行研究，与传统研究有一定差异。

第一章　满洲的崛起

第一节　满洲的起源

满洲（族）是我国历史上一个古老的民族，他们生活在白山黑水间。那里有松花江、牡丹江、黑龙江等大河交汇，土地肥沃，物产丰富。清朝建立以前，满洲曾以不同的名字在历史长河中存在了两千多年。满洲的先世虽几经更名，但与中原王朝一直保持着密切联系。满洲在入关前，为东北的建设和开发作出了积极贡献。从中国历史的角度来看，满洲及其祖先，从来不是中国的"化外之民"，他们和中原民族之间的融合与冲突，都是中华民族形成和发展的重要环节。

满洲最早的先民为肃慎人。《国语》记载，武王灭商后，肃慎曾派人来贺并"贡楛矢石砮"。《左传》则记载，周景王使詹桓伯辞于晋："肃慎、燕、亳，吾北土也。"不仅如此，史书中也经常有肃慎人以其特产貂皮进贡中原王朝的记载，周王也以礼相待。

汉代时期，肃慎后裔改称挹娄，挹娄人穴居，处于比较原始的生活状态。依居山林的挹娄人多以渔猎为生，居住于地势较低平地区的挹娄人则从事农业、手工业生产和牲畜养殖。挹娄人渔猎水平较高，当时捕鱼出现了石坠网等工具。农业种植五谷和麻，畜养牲畜猪与马。手工业方面可以制造骨器、石器、陶器、纺织、造船等。东汉以来挹娄人为夫馀臣民，因无法忍受夫馀对其盘剥重税，于魏黄初三年（222年）奋起反抗。夫馀曾数次发兵镇压，终以失败告终。北魏时期，挹娄改为勿吉。这一时期勿吉人大力发展农业，种植作物的种类增加，生产技术亦有所提高。《魏书·勿吉列传》中记载勿吉人"筑城穴居"，有车马，耕作方式为"佃则偶耕"，农作物包括"粟及麦穄，菜则有葵"。这一时期的勿吉人，还学会了"嚼米酿酒"。畜牧业方面，在养猪的同时，也培育良马。公元5世纪末，勿吉同夫馀发生战争，并最终推翻了夫馀政权。此后，勿吉与中原王朝交往更加密切。勿吉朝贡始于北魏延兴年间（471—476年），止至东魏武定年间（543—550年）。其朝贡之物除楛矢、方物外，还有良种马。在与中原的交往中，勿吉也带回了铁器、铁农具等，极大地提高了当地农业生产的效率。

隋唐时期，勿吉更名靺鞨，且有粟末、伯咄、安车骨、拂涅、号室、白山、黑水七部之分。在这其中，黑水、粟末两部经济发展虽然比较落后，但其人勇猛强健，性格坚韧剽悍，"常能患它部"①，实力最为强大。开元十三年（725年），唐朝同意安东都护薛泰的奏请，在靺鞨地区设置黑水军，并于次年设置黑水都督府，命靺鞨首领担任都督、刺史等职，并由唐朝中央政府派人担任"长史"监督管理。后来黑水靺鞨依附于渤海国，不再单独与唐朝往来。

粟末靺鞨的首领大祚荣建立了满洲先世的第一个地方政权。大祚荣的父亲乞乞仲象曾在武则天时期被唐朝招抚，被任命为震国公，后大祚荣占据东牟山，自立为王。唐中宗即位后遣使招抚，大祚荣曾欲遣子入侍，但因契丹

唐代章怀太子墓中的渤海人形象（最右站立者）
渤海国在政治上主要仿唐建制，中央机构设立三省六部，只是具体机构名称与唐朝有所不同。地方机构设立五京、十五府、六十二州进行管理。

---

① 欧阳修、宋祁等：《新唐书》卷219《北狄列传》，中华书局1975年版，第6178页。

与突厥侵扰，未能成行。唐玄宗先天二年（713年），唐朝在大祚荣所辖之地设立忽汗州，任命大祚荣为忽汗州都督、左骁卫员外大将军、渤海郡王，"自是每岁遣使朝贡"。开元七年（719年），大祚荣去世，唐玄宗派使者吊祭，并命其子承袭封号。天宝十四载（755年）[①]，渤海的统治中心发生迁移，由"旧国"（今吉林省敦化市敖东城）迁至上京龙泉府（今黑龙江省宁安市东京城）。此时正值安史之乱时期，唐廷鉴于渤海地区并未盲目加入叛乱，因此对其倍加信任，于宝应元年（762年）晋封时任渤海郡王的大钦茂为渤海国王。其子大嵩璘袭位后，仍授郡王。至大嵩璘之子大元瑜及其后世袭位者，则都被授予渤海国王的封号。渤海国与唐朝政治方面联系紧密：唐朝对渤海国历任袭位者进行册封，渤海国国王遣子入朝宿卫，遣使入朝朝贡。两者在经济、文化方面也有着密切的交往。青州是渤海国向唐朝出售商品的主要集散地，唐朝在此处设置"渤海馆"，专门负责同渤海地区的商务往来事宜。渤海国多次派遣学生赴唐朝请教问学，学习儒家经典，抄录史书。渤海国仿效唐朝国子监设立胄子监，使用汉文为通行文字，培养了一批熟知古代历史、深谙唐代汉文化的人才。渤海国统治共历228年，传15位王，最终于后唐天成元年（926年）为契丹耶律阿保机所灭。

渤海国被灭后，阿保机在渤海国故地建立"东丹国"，任命其子耶律倍在此镇守，每年向辽纳贡。后东丹国灭亡，渤海国遗民不断发起反抗，但都没有成功。除部分渤海遗民逃往朝鲜外，其余大部分被迁移到辽朝境内的其他地方。与此同时，居住在北方的黑水靺鞨部已经归附契丹，并逐步占据了原来渤海国的位置。这一时期，靺鞨更名为女真，后为避讳改为女直（避辽兴宗耶律宗真讳）。辽朝将女真人区分为生女真和熟女真。开原以南隶属于契丹户籍的被称作熟女真，开原以北不属于契丹户籍的被称作生女真。熟女真多分布于辽东和内蒙古地区，他们在和汉族交往融合的过程中，学习到了较为先进的文化与技术，汉化程度提高，被编入户籍，隶属于辽朝南枢密院下面的东京道，根据户籍纳税。生女真多分布于黑龙江、长白山地带，汉化程度低，生产力水平也相对较低，仍以渔猎生活为主，保留了更多的民族特色。生女真隶属于辽朝北枢密院所属的东北路统军司、黄龙府兵马都部署司、咸州汤河兵马司，需要定期向辽朝纳贡。

---

① 天宝三年（744年）正月朔，唐玄宗改"年"为"载"。

辽朝对女真的剥削与压迫，不断激起女真人民的反抗。生女真完颜部崛起，出现了杰出领袖完颜阿骨打。辽天庆四年（1114年），阿骨打起兵反辽，第二年称帝，国号大金，定都上京（今黑龙江省哈尔滨市阿城区南），建立起了女真族继渤海国之后的又一政权。金朝于1125年灭辽，两年后灭北宋。1141年，金朝迫使南宋订立《绍兴和议》，双方以东至淮水中流、西至大散关一带为界，重新划割宋金边界，奠定了版图。

金朝实行猛安谋克制度。猛安，即为千夫长；谋克，即为百夫长。金太祖于1114年规定，以三百户为一谋克，十谋克为一猛安，但其实不同时期的户数有所变化。猛安谋克制度是行政、军事、生产合一的制度，其中规定士兵于战时要出兵作战，没有战事的情况下则进行日常训练和从事农业生产。猛安谋克具有一定的特权，不受地方管辖且职业世袭。在记丁授田制度下，他们还可以从国家获取土地，而只需缴纳极少的赋税（被称为"牛头税"）。金朝为使女真人与汉人融合，更好地管理中原地区，对猛安谋克也进行了大量迁移和调整。大定二十一年（1181年）三月，诏遣大兴尹完颜迪古速迁河北东路两猛安，同时还迁移汉人进入女真地区，尤其是金朝东北故地，促进了当地的社会经济发展。

金朝初年，"既定山西诸州，以上京为内地，则移其民实之"，并"尽徙六州氏族富强工技之民于内地（上京）"。金大定十三年（1173年），迁徙东北等戍边汉军于内地。同时，金朝还把大批降人迁到"浑河路"（辽宁东部）、"岭东"（吉林东部）等地。这些移民与留居在东北地区的女真人融合后，为东北地区的社会经济发展带来了动力，农业和手工业都发展迅速。当然，在不断交往和融合的过程中，女真贵族的残酷剥削和统治，也激起人民的不断反抗。先有杨安儿在山东领导红袄军起义，后有撒八、移剌窝斡领导契丹人民起义等。金崇庆元年（1212年），耶律留哥领导契丹人民再一次发动大规模起义。金贞祐三年（1215年），金朝将领蒲鲜万奴据辽东，建立东夏国。

当金朝疲于内部战争之时，北方蒙古人趁势兴起。为防御北方蒙古人的进攻，从金熙宗天眷元年（1138年）起至金章宗（1168—1208年）在位期间，金朝动用大量人力物力，修筑了一条界壕边堡。界壕东起今内蒙古莫力达瓦达斡尔族自治旗，西南经辽庆州北境，沿阴山，直抵河套西曲之北，全长三千余里。但这一工程不仅无法阻挡蒙古势力的扩张，还在一定程度上激化了内部矛盾。蒙古人在铁木真的领导下，通过战争逐步统一蒙古高原各蒙古部落，金泰和六年（1206年），铁木真被蒙古各部推为"大汗"，即"成吉思汗"，建立了大蒙古国。经过铁木真和他的继承者们的不断努力，蒙古于1227年灭西夏，1234年灭金，1279年灭南宋，结束了五代后宋辽夏金元并峙的局面，重新统一了中国。

元朝对女真人加以区别对待。原来被迁入蒙古地区的女真人，可获"同蒙古人"的优待。这些多是金朝为防御蒙古而迁徙到东北路、临潢府、西北路的女真人，因长期与蒙古人交往，在蒙古人南下时为其所重用，元朝时多加入了蒙古人。对于原来被迁入中原的已被同化的女真人，元朝则采取等同汉人的办法。另外，元朝还在东北地区设立辽阳行中书省，以便管辖。辽阳行中书省管辖辽阳、沈阳、广宁、大宁、东宁、开元、合兰府水达达路，下设斡朵怜、胡里改、桃温、脱斡怜、孛苦江五个万户府，统治居住于这一地区的女真人。元朝还在黑龙江下游奴儿干特设东征元帅府，管理特林地区和库页岛，"设官牧民，随俗而治"[①]。元朝也会向该地征收貂皮、海东青等土贡。

元末，女真内部不堪元朝的剥削与压迫，纷纷起来反元。自元顺帝至正三年（1343年）起约十余年的时间内，女真各部不断起兵。至正六年（1346年）四月，"辽阳为捕海东青烦扰，吾者野人及水达达皆叛"。至正八年（1348年）三月，辽东锁火奴反，"诈称大金子孙"。与此同时，辽阳的兀颜拨鲁欢也"妄称大金子孙，受玉帝符文，作乱"[②]。这一时期，元朝内部其他民族也纷纷起义反抗，最终红巾军中的朱元璋走上历史舞台，将元朝势力驱逐至蒙古高原，建立了明朝。

第二节　明朝统治下的女真

明朝建立后，为防御元朝旧有势力，发兵攻打辽东地区，当地元朝故吏纷纷投降，于是女真各部归于明朝统治之下。

---

①　宋濂等：《元史》卷59《地理志二》，中华书局1976年版，第1400页。
②　宋濂等：《元史》卷41《顺帝本纪四》，中华书局1976年版，第874、881页。

一、设立机构管理女真

明朝在东北地区设立都司卫所进行管理。卫所制度不仅是明朝的基本军事制度，而且也是重要的地方行政制度。一卫有军队五千六百人，由指挥使统领，其下依序有千户所、百户所、总旗及小旗等单位，各卫所有事调发从征，无事则还归卫所。洪武年间，"又置十五都指挥使司以领卫所番汉诸军，其边境海疆则增置行都指挥使司"①。

明朝首先在辽东地区设立辽东都司。《辽东志》记载："明朝于洪武四年置定辽都卫，八年改为辽东都指挥使司，十年革所属州县置卫。"辽东都司共领二十五个卫，两个州。它在建制上属于山东承宣布政使司，又称山东行都司。永乐二年（1404 年），乌剌温等处女真头领把剌哈来朝，明朝在其地设置奴儿干卫。永乐七年（1409 年）设奴儿干都指挥使司，任命东宁卫指挥康旺为指挥使，千户王肇舟等为都指挥佥事。奴儿干都司管辖地区，"东濒海，西接兀良哈，南邻朝鲜，北至奴儿干北海"。永乐十一年（1413 年），内官亦失哈组织修建永宁寺，宣德八年（1433 年）组织重修永宁寺，两次活动分别刻有石碑《敕修永宁寺记》《重建永宁寺记》留存。这两块石碑详

《重建永宁寺记》原碑

奴儿干都指挥使司是明政府管辖黑龙江口、乌苏里江流域的最高地方行政机构。都司的主要官员初为流官，后为世袭。其境内的蒙古、女真、吉里迷、苦夷（苦兀）、达斡尔等族人民，多以渔猎为生。辖区内分置卫所，明朝政府还任命各族首领掌各卫所，给予印信，仍其习俗，统其所属，以时朝贡。贡物有海东青、貂皮、马匹等土特产品，相当于内地的赋税。明永乐十一年（1413 年）与宣德八年（1433 年）曾两次在特林修建永宁寺，并立有《敕修永宁寺记》和《重建永宁寺记》两碑，记录了明政府管理和经营奴儿干都司的事实。清光绪三十年（1904 年），两碑被俄国劫去，今藏于海参崴博物馆。

---

① 张廷玉等：《明史》卷 40《地理志一》，中华书局 1974 年版，第 881 页。

细记述了奴儿干都司及其各卫所情况，是明代对该地实施统治的重要历史见证。据万历《明会典》所载，有明一代，在东北边疆地区共设置了384个卫，24个所。

二、明代女真的内部概况

明代女真主要分为海西女真、建州女真和野人女真三部。《明会典》记载："盖女直（真）三种：居海西等处者为海西女直；居建州毛怜等处者为建州女直，各卫所外，又有地面，有站、有寨，建官赐敕，一如三卫之制；其极东为野人女直，野人女直去中国远甚，朝贡不常。海西、建州，岁一遣人朝贡。"

海西女真原居松花江流域，元明时期，松花江又称海西江，因此这一地区的女真人被称为海西女真，又称乌剌温女真。据《辽东志》记载，该部"略事耕种"，"俗善射驰猎"，"言语居处与建州类"。正统以后，他们逐步南迁至开元（今开原）一带，居辉发河流域，北至松花江中游。明朝海西女真分为哈达、乌拉、叶赫、辉发四部，俗称扈伦四部。

建州女真南迁后居住于绥芬河、珲春江一带的女真各部以及黑龙江下游和乌苏里江以东的女真各部为野人女真。明朝时期，或称之为"七姓野人"，或称之为"深处兀狄哈"，清初称之为虎儿哈、瓦尔喀等。野人女真居处"极东"而"远甚"之地，因此"朝贡不常"。

建州女真包括苏克素护、浑河、完颜（王甲）、栋鄂、哲陈、鸭绿江、纳殷、珠舍里等部，卫所制度管理下主要包括建州三卫和毛怜卫在内的女真人。建州女真原来生活在今牡丹江下游的依兰县等地，明初迁至绥芬河下游、图们江和珲春江流域，后来又迁至浑河支流苏子河流域。他们的活动范围东达长白山的东麓和北麓，南至鸭绿江边，且受汉族文化影响，"居有室庐，善耕种纺织，饮食衣服颇有华风"。

永乐元年（1403年），女真首领阿哈出等前来朝贡，明朝设置建州卫军民指挥使司，任命阿哈出为指挥使。永乐三年（1405年），明朝设置毛怜卫。永乐四年（1406年），吾都里万户童猛哥帖木儿前来朝贡，明朝授予猛哥帖木儿建州卫都指挥使之职，并赐予其印信。猛哥帖木儿在清朝文献中被记载为都督孟特穆，为满洲始祖，后改谥肇祖原皇帝。永乐十四年（1416年），明置建州左卫并任命猛哥帖木儿为建州左卫都指挥使。这样建州卫、毛怜卫及建州左卫相继建立，标志建州女真初步形成。宣德八年（1433年），建州左卫的首领猛哥帖木儿在配合明朝招谕叛逃的女真人杨木答兀的过程中被七姓野人杀害。他死后，其弟凡察与其子董山争夺卫印，明朝为平息纷争，于正统七年（1442年）析出建州右卫，升都督佥事董山为都督同知，掌左卫之事，升都督佥事凡察为都督同知，掌右卫之事。早在正统三年（1438年），李满柱奏称先前建州卫因靠近朝鲜，多次受到侵扰，其时已迁徙到造突山东南的浑河上。建州右卫析出时，董山已随凡察带领建州左卫人迁到建州卫之地，一同居住，与毛怜卫也实现了完聚。明朝不断晋升李满柱，正统十二年（1447年）将李满柱由建州卫都督佥事晋升为都督同知，掌管建州卫的事情。

然而，李满柱、凡察、董山等率领其部下不断骚扰朝鲜和明朝的辽东边境，抢掠人口、牲畜、财产等，给当地人民的生产、生活带来严重损失，最终导致明朝与朝鲜联合率兵攻伐建州女真。成化三年（1467年），李满柱等二百余人被斩杀，建州女真遭受重创。当然，经过一段时期的沉寂，建州女真又伺机崛起。

野人女真主要指位于黑龙江以北及乌苏里江以东地区的女真人，因不经常对明朝朝贡而得名，"令岁以冬月从开原入朝贡，唯野人女直僻远无常期"①。总体而言，野人女真的社会发展程度较之海西女真、建州女真更加落后，未能形成比较紧密的部落集团、社会组织。

三、明与女真的交往

明朝与女真联系的第一途径为朝贡。明朝规定，女真各卫所必须要定期到京城朝贡。朝贡者须持有明朝政府颁发的诰敕或印信，从指定的贡道入贡。入关时，要将敕书及进贡物品交由主管官员检查。进入京城后，住在专为贡使入京朝贡设置的会同馆内。这种朝贡关系，包含政治与经济双重内容。明朝为了表现女真各部为其臣属的政治关系，规定女真首领定期进京述职，同时汇报地方情况，还要缴纳一定的赋税即贡品，包括马匹、貂皮、人参、鹰、海东青等。明朝虽规定"凡各处夷人，贡到方物，例不给价"，却本着"厚往薄来"的原则，对朝贡的女真首领给予抚赏与回赐。对于女真各

---

① 茅瑞征：《东夷考略》，"中央图书馆"1981年版，第18—19页。

部而言，朝贡可以将他们所带来的货物及所得赏赐在市场上交易以获得生活所需品，因此他们不断增加朝贡次数与规模。

明朝和女真的关系还主要体现在马市上。明代的马市分为官市和私市。在官市中主要交易良种战马，在私市中主要交易生活必需品。明朝政府派官员主持马市，并收取名为"马市抽分"的商税。到永乐四年（1406 年），明政府已经下令开设了三处马市，和女真各部进行贸易，"一于开元城南以待海西女直；一于开元城东；一于广宁以待朵颜三卫，各去城四十里"。天顺八年（1464 年），明政府为建州女真开设抚顺马市。成化时在古城堡南为海西女真开设马市一处。嘉靖二年（1523 年），该马市迁到庆云堡北。万历初年，明朝在清河、瑷阳、宽甸三处开设马市，不久又开设义州马市。明代马市非常繁荣，女真人可以用其地方特产交易到满足其日常生活需求的所需品，明朝对于前来贸易的女真各卫所首领还会给予抚赏。

明代和女真人的联系还通过人口迁移来实现。洪武十四年（1381 年）十一月，"故元遗民六十九人自纳儿崖来归于女真千户所，诏以衣粮给之，遣归复州"[1]。明朝前期辽东都司境内安置了大量内迁的女真人户，由于内迁的女真人与边外女真人有着血缘、亲情等联系，为拉拢女真人来建构和维护东北边疆防线，以此牵制和防范蒙古，明朝政府对其实行种种特殊的优遇政策，其中一项即内迁后仍保持其在边外羁縻卫所时期的朝贡资格。随着内迁的女真人与汉人等杂居融合，其生产、生活甚至习俗都有了很大改变。

明朝与女真各部通过上述活动产生了密切联系，但一些矛盾也随之滋生。朝贡意味着可以获得更加丰厚的赏赐，因此女真不断增加朝贡的次数与规模，对明朝而言成为一项巨大支出，迫使明廷不得不对女真朝贡人数加以规定和限制。但女真各部为获得丰厚的经济利益，常常罔顾明朝规定，出现冒充朝贡的现象。成化三年（1467 年），总督辽东军务左都御史李秉曾上奏，称建州三卫多冒充毛怜卫人朝贡求赏，而毛怜人要求朝贡时，守关者又以人数已足而不容许他们进入，毛怜人因此生怨。为保边界安宁，希望皇帝可以下令制止建州头目此等行为。事实上，女真各部为增加朝贡机会，甚至相互攻伐，争夺敕书。史书记载："群雄蜂起，称王号，争为雄长，各主其

---

[1] 《明太祖实录》卷 140，"中央研究院"历史语言研究所 1964 年版，第 2203 页。

地，互相攻战，甚者兄弟自残，强凌弱，众暴寡，争夺无已时。"①分而治之正是明朝在东北的政策，"分其部落以弱之，别其种类以间之，使之人自为雄，而不使之势统于一者"②。

明廷发给女真首领的敕书代表着管辖部众的权力，同时也是朝贡的凭证，因而争夺敕书的事件在嘉靖中期便越发严重。嘉靖十九年（1540年），海西朵林山等卫女真都督金事额真奇等前来朝贡马匹时，巧遇古城等卫指挥同知塔哈等同时入贡，在唱名给赏之时，额真奇控告领赏人不是塔哈，而是王中（素黑忒之子）部落的额克捏。明朝经过调查得知，王中早先与海西首领兀允住抢杀帖列山等卫把秃郎中等，并夺其三十五道敕书，兀允住死后敕书归王中，于是使其部下额克捏等冒名入贡。虽然明朝下令将所抢敕书归还塔哈等人，禁止王中入贡，也不再任命他们为指挥、同知等官，对有关失察官员也做了罚俸半年的处分，但在巨大的利益诱惑面前，这样的事情仍屡禁不止。

第三节　努尔哈赤征战与后金政权建立

一、起兵与统一女真各部

明嘉靖三十八年（1559年），努尔哈赤出生于建州左卫赫图阿拉（今辽宁省新宾满族自治县）一个奴隶主家庭。努尔哈赤（1559—1626年），姓爱新觉罗，号淑勒贝勒，入清后被尊为"太祖"。他的六世祖即曾为建州左卫都指挥使的猛哥帖木儿，他的祖父、父亲也与明朝有较为密切的联系。努尔哈赤的祖父觉昌安（明朝称其为叫场）、父亲塔克世（明朝称其为他失）都曾担任过建州左卫都指挥使的职务，多次带其下属前往抚顺马市进行贸易并领取赏赐。努尔哈赤十岁时母亲去世，因无法忍受继母虐待，十九岁时被迫离家，靠采蘑菇、挖人参去抚顺马市进行贸易生活，后投到明辽东总兵官

---

① 《清太祖实录》卷1，中华书局1985年版，第25页。
② 熊廷弼：《答友人书》，载陈子龙等：《明经世文编》卷480，中华书局1962年版，第5287页。

努尔哈赤像　现藏北京故宫博物院

李成梁部下，受过军事训练，"每战必先登，屡立战功，成梁厚待之"，逐步磨炼成为足智勇猛之人。努尔哈赤能阅读《三国演义》和《水浒传》，受汉文化的影响很深，对明朝的政策和虚实情况也比较清楚。

当时女真各部处于混乱时期，相互攻伐。明朝杀死女真首领王杲后，他的儿子阿太章京逃回古勒城。万历十一年（1583年）二月，建州左卫苏克素护部图伦城主尼堪外兰，与明将李成梁合兵攻打阿太章京。阿太章京之妻为觉昌安的孙女，觉昌安闻讯后担心孙女遭遇不测，便同儿子塔克世前往营救。

父子二人刚进城，古勒城即被攻陷，阿太章京被杀，觉昌安父子也被误杀。努尔哈赤奔赴明朝边关讨要说法，明朝发觉误杀后赐予努尔哈赤三十道敕书、三十匹马，并同意努尔哈赤承袭其祖父建州左卫都指挥使的职务，但拒绝了他杀死尼堪外兰替其父祖报仇的要求。努尔哈赤遂以十三副遗甲起兵，这成为他统一女真各部的开始，时年二十五岁。

该年五月，努尔哈赤起兵征讨尼堪外兰，攻克图伦城，尼堪外兰逃到嘉班。八月，努尔哈赤率兵攻打嘉班，尼堪外兰逃到明朝抚顺所以东的河口台，希望得到明朝保护，但遭到明朝守将的拒绝，尼堪外兰只好继续奔逃，最后到达鄂尔珲并筑城居住。万历十四年（1586年），努尔哈赤攻克鄂尔珲城，杀死尼堪外兰。在这一复仇过程中，努尔哈赤趁机发展壮大势力，勒练兵马，屡克强敌，他自称"吾自幼于千百军中孤身突入，弓矢相交，兵刃相接，不知几经鏖战"①，在此过程中逐步统一建州女真各部。

努尔哈赤先后攻占苏克素护部的萨尔浒城和浑河部的兆嘉城。万历十三年（1585年），努尔哈赤以少胜多，挫败界凡、巴尔达、萨尔浒、章甲、托漠河五城联军八百人的进攻，声威始壮。同年，攻克苏克素护部安图瓜尔佳城。万历十四年（1586年），攻克贝珲城，降伏浑河部，继而进攻鄂尔珲城杀尼堪外兰，苏克素护部也落入其手。万历十五年（1587年），努尔哈赤征服哲陈部。万历十六年（1588年），董鄂部首领何和礼率众来归，苏完部首领索尔果也率领本部军民来投。同年，努尔哈赤还征服了完颜部。万历十九年（1591年），长白山鸭绿江部归附努尔哈赤，随后努尔哈赤向边远进军，在征服珠舍里部和纳殷部后，建州各部女真率先完成了统一。

努尔哈赤在统一建州各部的过程中，势力不断增强，引起海西女真的恐慌。万历十九年（1591年），叶赫贝勒纳林布禄遣使向努尔哈赤索要土地，遭到努尔哈赤拒绝。九月，叶赫贝勒布寨、纳林布禄，哈达贝勒孟格布禄，乌拉贝勒满泰之弟布占泰，辉发部落拜音达里，嫩北河蒙古科尔沁贝勒翁阿代、莽古思、明安，锡伯部，卦尔察部及满洲长白山所属珠舍里路长纤楞格，纳殷共九部联军分三路出兵满洲。努尔哈赤冷静分析形势，认为九部联军为乌合之众，"彼部长甚多，兵皆乌合，势将观望不前"，领兵前进的一定是其头目，伤其头目，敌军自会溃散，"我兵虽少，奋力一战，固可必胜耳"②，作战时只要集中优势兵力并力一战，即可取胜。努尔哈赤于是在古勒山据险布阵，让部下抓住时机斩杀叶赫贝勒布寨，联军大乱，四散而逃。通过这次战争，努尔哈赤生擒乌拉贝勒满泰之弟布占泰，缴获三千匹马和上千副铠甲，打击了海西女真的势力，使努尔哈赤部落成为女真部落中最为强大的一支力量。

万历二十五年（1597年），海西女真四部首领与努尔哈赤盟誓联姻修好，努尔哈赤借此与海西女真停战的机会大举扩张，向黑龙江流域的野人女真发起攻击。万历二十六年（1598年），努尔哈赤命其弟巴雅喇、长子褚英等领兵征伐东海女真瓦尔喀部安褚拉库，收取屯寨，招抚民众，获得大量人畜。第二年，东海女真虎儿哈路酋长王格、张格前来进贡，且自此以后每岁朝

---

① 《满洲实录》卷3，中华书局1985年版，第160页。
② 《清太祖实录》卷2，中华书局1985年版，第40页。

谒。而此时海西女真虽盟誓联姻，但其内部仍为争夺霸权、掠夺土地和人口而相互攻伐。万历二十七年（1599年），哈达部与叶赫部发生战争，哈达贝勒孟格布禄向努尔哈赤求援，努尔哈赤趁机攻取哈达，将其部下人口迁回满洲编入户籍。明朝得知努尔哈赤吞并哈达部后，责令其使哈达"复国"，努尔哈赤将女儿莽古济格格许配给孟格布禄的儿子武尔古岱，让他们携带旧部归居原地，后哈达遭遇饥荒，努尔哈赤趁机再次收服哈达。万历三十五年（1607年）辉发部内部发生叛乱，辉发贝勒拜音达里向努尔哈赤求援，请求其发兵帮助戍守，努尔哈赤率兵灭掉辉发，杀死拜音达里父子，招抚其民。

至此，海西四部还存有乌拉、叶赫两部。灭辉发部的同年，努尔哈赤与乌拉部也发生过交战。这一年东海女真瓦尔喀部蜚优城长策穆特黑率领部众归附努尔哈赤，由于其部原先归附乌拉，因无法忍受乌拉贝勒布占泰的暴虐统治，于是决心归附努尔哈赤。努尔哈赤命令舒尔哈齐、褚英、代善等前往迎接，途中遇到布占泰派兵截击，双方展开战斗，结果大败乌拉军，缴获马匹五千，铠甲三千。第二年，努尔哈赤又命褚英、阿敏率兵攻打乌拉的宜罕阿麟城并取得胜利，俘获大量战略物资。失去宜罕阿麟城使布占泰很恐惧，于是遣使与努尔哈赤通好。但因布占泰屡次背弃盟誓，万历四十一年（1613年），努尔哈赤率

努尔哈赤龙虎将军宝剑
明朝封努尔哈赤为龙虎将军，赐龙虎将军宝剑。此剑为典型的明剑样式，长80.5厘米，刃长58.3厘米，宽3.1厘米。剑身为钢制双刃，但剑刃未开，属于有象征意义的职官佩剑。此剑为国内仅存的努尔哈赤御用器物，现藏沈阳故宫博物院。

大军征伐。努尔哈赤部下斗志昂扬，又善于抓住时机，而布占泰虽然率兵三万拼死抵抗，却"十损之六七"，最终还是战败，遂只身投奔叶赫，乌拉部被灭。至此，海西四部中仅有叶赫依靠明朝支持与努尔哈赤对抗。

这一年九月，努尔哈赤向叶赫部索要布占泰遭拒，率兵四万人征讨叶赫，并攻克乌苏城，明朝责令努尔哈赤不许侵犯叶赫，同时派兵驻守叶赫。直到与明朝公开决裂前，努尔哈赤再也没有大规模出兵叶赫。这一时期，努尔哈赤对明朝采取拉拢政策，示以恭顺，"遣使通好，岁以金币聘问"。明朝受其蒙蔽，于万历十七年（1589年）封他为都督佥事，两年后升为左都督，万历二十三年（1595年）封龙虎将军，把他看成是"保塞有功""忠顺好学，看边效力"的地方官。

1616年，努尔哈赤称汗，两年后以"七大恨"祭天伐明，正式同明朝决裂。天命四年（1619年），努尔哈赤征伐叶赫，攻克二十余处屯寨，缴获大量战利品后回师，同年八月再次攻打叶赫，杀死叶赫贝勒金台石、布扬古，帮助叶赫守城的明朝士兵也被斩杀。努尔哈赤招抚其民而还，叶赫部灭亡。

在与海西女真激烈争夺之时，努尔哈赤也对东海女真加紧征伐。万历三十五年（1607年），他派巴雅喇等征伐渥集部，攻取赫席黑路、俄漠和苏鲁路、佛讷赫托克索路。万历三十七年（1609年），命扈尔汉攻取渥集部所属的瑚叶路，第二年招抚渥集部之那木都鲁、绥芬、宁古塔、尼马察四路。万历三十九年（1611年），夺取渥集部的乌尔古宸、穆棱（木伦）二路，同年十二月又攻克了虎儿哈路扎库塔城。万历四十二年（1614年），征服雅兰、西林二路。万历四十三年（1615年），攻占渥集部东额黑库伦城。万历四十四年（1616年），努尔哈赤命大臣扈尔汉、安费扬古率兵两千征讨位于黑龙江中游的萨哈连部，取其十一寨。同年还招抚阴达珲塔库喇喇（使犬部）、诺罗、石（锡）喇忻三路。万历四十五年（1617年），努尔哈赤的军队又攻占了库页岛及附近岛屿，收服各处散居人户，"库页内附，岁贡貂皮，设姓长、乡长、子弟以统之"①。至此，黑龙江和乌苏里江流域的野人女真大部分已被统一起来，努尔哈赤的势力自东海至辽边，北自蒙古、嫩江，南至朝鲜鸭绿江。此后，努尔哈赤还派兵征伐过瓦尔喀、虎儿哈等部，俘获大量

---

① 石荣暲编：《库页岛志略》卷1《沿革篇》，文海出版社1970年版，第46页。

努尔哈赤御用盔甲　现藏北京故宫博物院

人口、物资，但未能将其尽数收服。野人女真的后续统一工作则由其继任者皇太极继续完成。

努尔哈赤是满族杰出的政治家和军事家。他在统一女真各部时，采取政治招抚与军事征讨并用的方式。在攻打海西各部时，善于利用矛盾并抓住时机，通过联姻、盟誓或出兵等不同方式，最终达到各个击破的目的。对明朝，他的政策更加灵活务实，表面上处理好关系，利用各种方式向明朝表示忠心，不与其产生正面冲突。努尔哈赤定期向明朝贡，对于明朝不满之事，他会随时作出解释并表示服从明朝。万历四十一年（1613 年），努尔哈赤攻取叶赫部乌苏城被明朝责备后，马上给明朝的抚顺所游击李成芳写信，声称不敢与明结怨。明朝被努尔哈赤所蒙蔽，以为其非常忠心，遂在一定程度上放松了警惕，有时不但不加反对，反而在一定程度上支持努尔哈赤的发展。万历十七年（1589 年），明朝任命努尔哈赤为都督佥事，万历二十三年（1595 年）又封他为龙虎将军。努尔哈赤借助明朝的信任，紧锣密鼓地壮大势力，与明朝"分而治之""以夷制夷"的政策方针渐行渐远，其居心后为明廷发觉，双方矛盾才发展到不可调和的地步。

努尔哈赤统一女真，结束各部混战分裂的局面，为生产发展、社会进步创造了条件。他招徕人户迁入辽东并编入户口，在推进生产发展的同时，也促进了新的民族共同体——满族的形成。女真各部的统一还加强了东北地区各族的政治、经济联系，这对巩固边疆，促进统一多民族国家发展也具有重要意义。

二、努尔哈赤时期的统治

早在万历十五年（1587 年），努尔哈赤就曾建都于费阿拉，政权统治的政治、社会制度已具备雏形。万历三十一年（1603 年），努尔哈赤自虎拦哈达南岗移至苏克素护河、嘉哈河之间的赫图阿拉建都。万历四十四年（1616年）正月初一日，努尔哈赤在赫图阿拉称汗，被尊为"覆育列国英明汗"，建立金国，将这一年定为天命元年。为了和以前的金朝相区别，史称"后金"。后金政权此后又多次迁都，天命四年（1619 年）迁都界藩，天命五年（1620 年）迁都萨尔浒，天命六年（1621 年）迁都辽阳，天命十年（1625 年）迁都沈阳。

此前，女真人行师或打猎，无论人员多少，全以族寨而行。狩猎时每人各出一箭，十人设一头领，称牛录额真。明万历二十九年（1601 年），努尔哈赤据此将各部前来归附的人员，每三百人编为一牛录，每牛录设一额真。万历四十三年（1615 年），努尔哈赤已基本实现了对女真各部的统一，所得人户增多，于是创建八旗。努尔哈赤最初规定每三百人设一牛录额真，五牛录设一甲喇额真，五甲喇设一固山额真，固山额真左右各设一名梅勒章京。随着兵源的继续扩充，由开始时的黄白蓝红四旗，增加镶边旗四个，"幅之黄白蓝者红缘，幅之红者白缘"，总为八旗。当时努尔哈赤亲领正黄、镶黄

正黄旗

镶黄旗

正红旗

镶红旗

正白旗

镶白旗

正蓝旗

镶蓝旗

八旗军旗式样
八旗是清代满族的社会生活和军事组织的基本形式，八旗制度是满族的根本制度。

两旗，代善领正红、镶红两旗，莽古尔泰领正蓝旗，阿敏领镶蓝旗，皇太极领正白旗，杜度统领镶白旗。统辖各旗之贝勒，称为固山贝勒或旗主贝勒，简称为旗主。此外，努尔哈赤的另一些子侄也分辖若干牛录，隶属于旗主贝勒之下。八旗各级额真既总隶属于汗，又分隶属于各旗旗主。八旗各置官属，各有臣民，并立各不相下之体制，"凡有杂物收合之用，战斗力役之事，奴酋（努尔哈赤）令于八将（八旗主），八将令于所属柳累将（牛录），柳累将令于所属军卒，令出不少迟缓"①。行军时，如果是在地势开阔地带，八固山要并列而行；如果地势狭隘，八固山要一路而行。八旗军纪严明，有着非常强悍的战斗力，部队规定，逢遇战争，披重甲、执利刃者做前锋，披短甲、善射者在其后冲击。精兵暂且立于别地观望，不许下马，一旦有需要，必须立即投入战斗。八旗是兵农合一的组织，成员"出则为兵，入则为民，耕战二事，未尝偏废"②。总之，八旗制度不只是一个单纯的军事制度，还包括财、政、刑等各个方面的职能，从而构成了后金的根本制度，对后金政权的建立和发展，以及满族的形成发挥了重大作用。

随着战争的扩大和领土的增加，努尔哈赤于1615年设议政五大臣，和八旗旗主一同参议政务，"每五日集朝一次，协议国政，军国大事，均于此决之"③，从而成为建州女真政治、军事的中枢决策机构。与此同时，又颁布法律，设扎尔固齐十人分任庶务，负责审理诉讼案件。如有刑民案件，先由扎尔固齐审问，然后汇报五大臣，经复议后报诸贝勒，讨论决定。

满洲共同体逐步形成，女真各部需要更密切的联系，但当时满语还没有文字，来往文书，需由懂得蒙古语的人译成蒙古文字，"凡属书翰，用蒙古字以代言者，十之六七，用汉字以代言者，十之三四"④。万历二十七年(1599年)努尔哈赤命巴克什额尔德尼、扎尔固齐葛盖根据蒙古文字创制满文，颁行国内，俗称无圈点满文或老满文。满文的出现大大促进了满洲文化的发展，但老满文也有一定的缺点。例如，字头的书写形式不规范，同一个字头有几种书写形式，容易混淆，不便于使用；一字多音，即辅音的音位混乱，致使字头之间互相假借，较难识别；音译汉语借词时，如人名、官名、地名和物名

① ［朝］李民寏：《建州闻见录》，辽宁大学出版社1981年版，第44页。
② 《清太宗实录》卷7，中华书局1985年版，第98页。
③ 金梁：《太祖行军琐记》，载金梁辑：《满洲秘档》，文海出版社1966年版，第21页。
④ 福格：《听雨丛谈》卷11《满洲字》，中华书局1984年版，第216页。

等，已存在有字头不够用的情况，如《满文老档》所说："十二字头，原无圈点，上下无别，故塔、达，特、德，扎、哲，雅、叶等不分，均如一体。若寻常语言，按其音韵，尚可易于通晓。若人名、地名，则恐有误。"[1] 因此在使用了三十余年后，皇太极于天聪六年（1632 年）令达海加以改进，创制了有圈点的满文，这就是新满文。

新满文
老满文与新满文曾兼用过一段时间，崇德末年才退出舞台。清军入关后，中央机关和宫廷各部门大量使用满文，清朝灭亡后，满文使用范围迅速减少。

努尔哈赤起于行伍，起兵之初也意识到教育的重要性，曾任用客居东北的浙江文人龚正陆教育子弟。但因战争频仍，占领人口与土地是首要目标，常常无暇兼顾教育。在晚年时，努尔哈赤甚至对知识分子充满敌视与偏见，认为"种种可恶，皆在此辈"，反映在当时对待俘虏的举措上，便是"查出明绅衿，遂悉诛之"[2]。这种做法，不利于后金统治，因此继任者皇太极开始掌权后，便迅速改变了此种偏颇的政策。

后金政权建立时，满洲实行的是农奴制。奴隶的来源，多是由战争掳获。随着努尔哈赤对女真各部的统一，八旗旗主纵兵抢掠，对所得人口"降者编为户口，所俘各照牛录，派数上献"，奴隶数量急剧增加，且可以买卖。汉人奴隶大都被安排到农庄耕作，田耕的人所住的地方叫"拖克索"。16 世纪末，拖克索的数量还不多，此后迅速增加。到了 17 世纪初，农奴已经在东北遍地存在，他们被称为"阿哈"或"包衣阿哈"，也就是"家里的奴隶"的意思。阿哈地位低下，处在社会的最底层，和牲畜同列，农奴主对他们有任意处置的权力。农奴之外，还有"诸申"，也就是"自由民"的意思，他们是后金社会中的平民，包括八旗中的兵丁和一般平民，还有一些是归降的各族百姓和士兵。诸申人身比较自由，可自由支配自己的财产。此外，后金

---

① 吴元丰：《满文与满文古籍文献综述》，《满族研究》2008 年第 1 期。
② 《清太宗实录》卷 5，中华书局 1985 年版，第 73 页。

还有一定数量的"尼堪"，是指从事农业生产的汉人平民，地位相当于女真的诸申，隶属于八旗旗主，经常受诸申的凌辱。由于阶级矛盾和民族矛盾尖锐，后金的汉人反抗一直持续不断。

三、努尔哈赤与明朝的战争

努尔哈赤势力崛起后，明朝感到建州女真的发展严重威胁到了其在辽东的统治，于是从各方面加以限制，如利用叶赫部对抗努尔哈赤。万历三十六年（1608年），明廷停止了女真的朝贡，第二年又关闭马市贸易，导致在两年的时间内，建州女真的人参腐烂了十余万斤，同时还严禁汉人进入女真地区，等等。努尔哈赤说："（建州卫）保天朝地界九百五十里，俺管事十三年，不敢犯边，非为不恭顺也。"天命三年（1618年），经过充分准备，六十岁的努尔哈赤发布"七大恨"，誓师伐明。此"七大恨"分别是：明兵杀害努尔哈赤的父、祖；明朝违背誓言出边，护卫叶赫；伐木之争；明朝偏袒叶赫，致使努尔哈赤聘定的叶赫女被转嫁于蒙古；明朝不许后金收割已被后金兼并了的哈达属地的粮谷；明使者出言不逊，侮辱建州；明朝责令努尔哈赤退还哈达，恢复其国。努尔哈赤以此激励女真士兵进行战斗，攻克抚顺、东州、马根单等处，斩杀明总兵张承胤、副将颇廷相等官员五十余人，追击四十里而还，俘获战马九千匹，铠甲七千副，兵仗器械不可计数，明朝的游击将军李永芳也投降后金。此后，努尔哈赤又不断攻占其他地区，在明朝关内散发"七大恨"进行宣传，使明廷大为震惊。明朝加派"辽饷"以筹措军饷，任命杨镐为辽东经略，主持辽东事务。

1619年2月，明军兵分四路攻打赫图阿拉。当时明军左翼中路由山海关总兵杜松、保定总兵王宣、原任总兵赵梦麟、广宁道张铨领兵，由浑河出抚顺关，约两万余人；右翼中路由辽东总兵李如柏、辽阳副将贺世贤、辽阳道阎鸣泰领兵，由清河出鸦鹘关，约两万余人；左翼北路由开原总兵马林、大同副将麻岩、开原道潘宗颜统兵，由开元和叶赫兵出三岔口，约两万余人；右翼南路以辽阳总兵刘綎、海盖道、康应乾率兵一万余人，同朝鲜兵一万三千余人出宽甸口，向董鄂路进发。十万明军号称四十七万，向赫图阿拉挺进。当时连日大雪，给战事的展开造成困难。杜松等人建议待机而出，遭到杨镐的反对，他反而主张"数路齐捣，旬日毕事耳"。得到消息后，努尔哈赤设下埋伏，集中优势兵力，诱使杜松率领的西路军轻骑突进，陷入埋伏圈，然后亲率八旗劲旅，以两倍兵力勇猛冲杀，于三月初一日在萨尔浒迅速消灭这支部队，斩杀杜松、王宣、赵梦麟三总兵。第二日又在尚间崖击败北路兵，主帅马林匆忙逃走。努尔哈赤又命代善迎战东路刘綎部，代善在距赫图阿拉五十里处的阿布达里岗设下埋伏，遣明降官持所得杜松之"号矢"驰至明营，诈称杜松已抵达酋城，催促部队前往支援。刘綎冒进，中了埋伏，代善斩杀明军无数，刘綎身亡，朝鲜兵投降，明军南路奉杨镐之命回师，仓皇逃走。

萨尔浒之战，努尔哈赤以少胜多，大败明军。明军四路中有三路失败，四位总兵战死，道员、副总兵、参将、游击等官员阵亡三百一十余人，兵丁死亡四万五千八百余名，马骡骆驼丢失二万余匹，火器大小枪炮遗弃两万件。萨尔浒之战是明朝同后金的战略决战，关乎后金的生死存亡，八旗士兵自当竭尽全力作战；明朝处于神宗末年，皇帝荒于政事，朝中党争激烈，已经走向衰落。努尔哈赤取得胜利的主要原因是，后金正处于勃兴阶段，女真各部统一以后实力大增，接连取得的胜利又使他们信心满满、斗志昂扬。在战术上，努尔哈赤也作出了正确的预估与分析，集中优势兵力，坚持"凭尔几路来，我只一路去"。明朝军队数量虽然庞大，但兵分几路，因而被努尔哈赤各个击破。萨尔浒之战也是明朝和后金实力发生根本变化的转折点，此后后金获得战略主动权，接连攻克开原、铁岭等地。

明朝为挽回颓势，特派熊廷弼为兵部侍郎兼右佥都御使经略辽东。熊廷弼招集流亡，整肃军令。他督促士兵打造战车，置办火器，开挖战壕，修筑城墙，为御敌守城做准备。他整顿军纪，执法严备，"经略熊廷弼……任事才十余月耳，而辽阳之颓城如新，丧胆之人复定，至奉集、沈阳二空城，今且俨然重镇矣。迄于今而民安于居，贾安于市，商旅纷纷于途，而后之人因之以为进战退守之地"①。不过，熊廷弼的防御方针遭到明廷一些官员的反对，终因其他官员倾轧而去职。明朝遂任命袁应泰为辽东经略。

袁应泰经略辽东仅不到一年的时间，努尔哈赤就接连攻克沈阳、辽阳，辽东七十余城望风投降。天命六年（1621 年）三月，努尔哈赤迁都辽阳，袁应泰畏罪自杀，熊廷弼再任辽东经略。五月，明朝任命王化贞为广宁巡抚。与熊廷弼固守广宁的主张不同，王化贞主张"分兵守辽河"，二人之间产生矛盾，但实权掌握在王化贞手中，王化贞拥兵十余万，熊廷弼仅有兵

---

① 王在晋：《三朝辽事实录》卷 3，上海古籍出版社 1995 年版，第 106 页。

四千。天命七年（1622年），努尔哈赤率兵渡辽河而西，巡抚与经略二人又因战略布局产生分歧，熊廷弼主张集中力量驻守广宁，王化贞却将兵力分散于各城堡。后金围攻西平堡，王化贞派其心腹孙得功前往营救，孙得功却投降后金，奔回广宁"疾呼早剃头归顺"动摇军心，制造混乱。王化贞仓皇西逃，努尔哈赤歼灭明兵三万人，广宁失陷。努尔哈赤乘胜入广宁，河西四十余城望风投降。王化贞、熊廷弼皆因广宁失守下狱被处死。

明朝又派王在晋经略辽东。王在晋面对后金的凌厉攻势，消极抵御，主张放弃关外，退守山海关。这一想法遭到低级将领袁崇焕等人的坚决反对。广宁失陷后，袁崇焕曾单骑出关巡阅形势，并说："予我军马钱谷，我一人足守此。"[1] 他通过调查分析，认识到宁远（今辽宁兴城）的重要性，主张若保关内，必守关外，若保关外，必守宁远。袁崇焕的主张得到前往山海关巡视的明东阁大学士、兵部尚书孙承宗的支持。不久，明廷任用孙承宗取代王在晋。孙承宗到达山海关后，任用袁崇焕、满桂等将领，又采纳袁崇焕等人的建议，大力整顿山海关防务，重点加大宁远的防御力量。此后，孙承宗又修建锦州、大小凌河、松山、杏山及右屯诸要塞，构成了以锦州、宁远为重点的关外防线。与此同时，他命祖大寿守觉华岛，副将赵率教守前屯，先后筑城堡数十座，练兵十一万，使得努尔哈赤无机可乘。后孙承宗遭阉党攻讦去职，明朝以高第接替孙承宗。高第完全扭转孙承宗的方针，认为关外不可守，刚上任就匆忙下令尽撤锦州、右屯、大小凌河及松山、杏山等地的明军和守城器具，退入关内。明军因慌乱撤退而受到损失，军队士气更加低落。

袁崇焕因劝阻无效，决心坚守宁远。天命十一年（1626年）正月，趁明军还在匆忙撤退的混乱中，努尔哈赤发动宁远之战。此时的宁远是一座孤城，袁崇焕激励将士誓死守卫，并在后勤保障、稽查奸细等方面做了充足的准备。努尔哈赤围攻宁远城时，致书要求袁崇焕投降，袁崇焕不为所动。宁远城防守坚固，后金士兵强攻不克，努尔哈赤亲临前线督战，城上以红衣大炮轰击，努尔哈赤久攻不下，大挫而退，后金损失一万七千余人。宁远之战是明朝对后金作战的第一次重大胜利，挫败了努尔哈赤攻占辽西和山海关的企图，保卫了关内的安全。努尔哈赤在宁远失败后退回沈阳，郁郁而终，去世后葬入沈阳福陵。

---

[1]　张廷玉等：《明史》卷259《袁崇焕传》，中华书局1977年版，第6707页。

第四节　皇太极的统治与清军入关

一、后金势力的扩展

努尔哈赤去世后，后金集团展开激烈斗争，后努尔哈赤第八子、三十五岁的皇太极胜出。天命十一年（1626 年）九月，皇太极在沈阳即汗位，第二年改年号为天聪，并颁布诏书大赦天下。皇太极上台后，继续扩张势力，征战四方。

1. 两次出兵朝鲜

宁远之战后，明朝与后金进入战略相持阶段，为保持战略优势，双方都拉拢朝鲜。明将毛文龙据守朝鲜附近海岛，得到当地供给，从海上配合关外明军作战，且收纳后金叛民，对后金形成巨大威胁。天聪元年（1627 年）正月，皇太极派阿敏、济尔哈朗、阿济格、杜度、岳托、硕托统率大兵征伐朝鲜。当月十四日，大军到达朝鲜境内，旋即攻克义州城，迫使毛文龙逃至皮岛，此后后金又接连攻克定州、汉山城。阿敏率大军渡过嘉山江，攻克安州并驻兵于此，休养生息。不久，后金军队进抵平壤，当地官兵、百姓纷纷弃城出逃，朝鲜国王李倧

皇太极像　现藏北京故宫博物院

也逃到了江华岛。大军攻克黄州，由黄州行至平山驻营，等待朝鲜议和。朝鲜派王室原昌君李觉与之和谈，双方签订《江都和约》，规定朝鲜入质纳贡、去明朝年号、与金约为兄弟之国等。约成之日，阿敏纵兵抢掠，三天后才退兵，沿途骚扰，使百姓怨声载道。订约之后，后金又强迫朝鲜在中江、会宁两地开市，归还逃人，呈献供品，致使朝鲜人民起来反抗。另外，毛文龙退守皮岛，陷入孤立无援的境地，后金借机招降毛文龙，被袁崇焕得知消息，于后金天聪三年（1629 年）七月，以通敌叛国罪处死毛文龙。毛文龙部下

《朝鲜贡道图》（局部）现藏美国国会图书馆

孔有德、耿仲明等人随即投降后金，后金的东部威胁大体解除。

朝鲜战败后，寄希望于明朝，仍然对后金采取敌视态度，并不执行盟约中的条款。1636年，皇太极改国号为"清"，改元崇德，同年十二月，皇太极以朝鲜"败盟逆命"为由，第二次出兵朝鲜。清军一路攻克义州、郭山城、平壤、安州，进而围攻朝鲜王都。朝鲜国王李倧将其妻子儿女送往江华岛，自己和长子前往南汉山城驻守。清军围攻南汉山城，朝鲜官员数次派出兵力前来救援，均被清军击败，城内没有补给，李倧派使者求和，却不愿出城投降。多尔衮分兵攻克江华岛，俘获朝鲜王妃一人，王子两人，阁老一人，侍郎一人，李倧只好放下武器，献出明朝赐予的所有敕印，自南汉山城前来朝见，签订城下之盟。后金以李倧之子为人质，规定朝鲜必须与明朝断交，奉清朝为正统，每年前往清朝纳贡，纳物包括黄金一百两、白银一千两、水牛角两百对、豹皮一百张、鹿皮一百张、茶叶一千包、水獭皮四百张、青鼠皮三百张、胡椒十斗、腰刀二十六把、顺刀二十把、苏木二百斤、大纸一千卷、小纸一千五百卷、五爪龙席四领、各式花席四十领、白苎布两百匹、各色绵两千匹、各色细麻布四百匹、各色细布一万一千四百匹、米一万包。皇太极在班师回朝的路上，命人攻取皮岛，又俘获大量人口、物资。皇太极两次对朝鲜用兵，使朝鲜彻底成为清朝属国，又获得了朝鲜的物资和人力，以助其与明朝作战，对后金的发展具有重要意义。

2.统一漠南蒙古与黑龙江流域

后金时期的蒙古大体可分为三部：漠南蒙古，漠北蒙古和漠西蒙古。漠南蒙古在地域上大体同今内蒙古相合，主要包括察哈尔、科尔沁、杜尔伯特、喀尔喀、土默特、鄂尔多斯等部。漠北蒙古大体为今蒙古国地域，为喀尔喀部，后逐渐分为土谢图汗、札萨克图汗和车臣汗三部。漠西蒙古又称卫拉特蒙古，活动范围以今新疆伊犁为中心，分为准噶尔、和硕特、杜尔伯特、土尔扈特等部。

在三大部之中，漠南蒙古的察哈尔部实力最为强大，成为明朝与后金拉拢争取的对象。明朝每年给予察哈尔部林丹汗近八万银两的岁赐，支持林丹汗与后金争战。后来林丹汗更是独占明朝给予蒙古各部的岁赐，并控制着和明朝贸易的通道，获利丰厚。但林丹汗对内实行暴虐统治，诸部苦不堪言，这些部属转而企图借助后金的力量来抑制林丹汗，摆脱其统治。后金不失时机地通过招抚、联姻、联盟等政策，积极拉拢蒙古各部，并借机征服其他不愿归附的蒙古部落。不久，后金拉拢了邻近的科尔沁、奈曼等部，孤立了林丹汗。天聪二年（1628年）十月，皇太极亲自督军攻打林丹汗，占领西拉木伦河流域。天聪六年（1632年）四月，皇太极会合喀喇沁、土默特、喀喇车里克、伊苏忒、扎鲁特、敖汉、奈曼、科尔沁等部，再次率军进攻林丹汗，林丹汗西逃。天聪八年（1634年）皇太极第三次亲征，收服察哈尔余部，林丹汗逃至青海大草滩病死。林丹汗之子孔果尔额哲占据黄河以西，皇太极派多尔衮前去招降。天聪九年（1635年），孔果尔额哲携历代玉玺归降。崇德元年（1636年），漠南蒙古十六部四十九贝勒在沈阳召开大会，共奉皇太极为"博克达彻辰汗"。漠南蒙古自此臣服于清朝，清军西侧的包围圈已被打破。

统一漠南蒙古后，皇太极又积极联络漠北蒙古。崇德元年（1636年），皇太极遣使喀尔喀三部劝其投降，同年，车臣汗派遣卫征喇嘛等"赍书来朝，贡驼马貂皮等物"。因为喀尔喀蒙古首次朝贡，皇太极厚赏使者。崇德三年（1638年），喀尔喀三部遣使来朝，双方约定以后每年喀尔喀部均贡"白驼一，白马八"，这也被称为"九白之贡"。从此，漠北蒙古也与清朝正式建立了臣属关系。

皇太极征服蒙古各部，解决了清军兵源不足的问题，使骁勇善战的蒙古骑兵为其所用，实力大大增强。皇太极高度重视蒙古事务，专门成立蒙古衙门，崇德三年（1638年），改蒙古衙门为理藩院。通过一系列的举措，清和蒙古之间建立了牢固的政治联盟，不仅大大改变了同明朝的实力对比，也对日后统一多民族国家的建立和发展产生了深远影响。

与此同时，皇太极继续努尔哈赤对黑龙江流域的征讨政策。当时，黑龙江下游、沿海和库页岛等地，分布着东海瓦尔喀、虎儿哈、窝集、使犬和使鹿等部。天命十一年（1626年）十二月，皇太极刚即位不久，索伦部即派使者前来朝贡，进献名犬、黑狐、玄狐、红狐皮、白猞猁狲、黑貂皮、水獭皮、青鼠皮等。天聪八年（1634年）十二月，皇太极命令霸奇兰、萨木什喀率军2500人征伐黑龙江地区，收取编户壮丁2483人，人口7302人，还有很多畜牧皮张。当月，索伦部头目巴尔达齐率22人朝贡。

崇德二年（1637年）闰四月，索伦部博穆博果尔前来朝贡，第二年再次入贡，以打探清朝内部虚实。崇德四年（1639年）十一月，皇太极以博穆博果尔已降复叛为由，派索海、萨木什喀率兵征讨。经过激烈的战斗，清军大败博穆博果尔，俘获1500余人，后339户来降，皇太极将其编入牛录。第二年七月，皇太极派遣席特库、济席哈率军攻打索伦部，擒获博穆博果尔及大量物资，索伦部完全处于清朝控制之下。

皇太极还曾于天聪三年（1629年）、天聪八年（1634年）、天聪九年（1635年）、崇德二年（1637年）四次对瓦尔喀用兵，三次征伐虎儿哈（1633年、1642年、1643年），同期还出兵征讨卦尔察、库尔喀、兀扎喇等部。崇德七年（1642年），皇太极宣布他的统辖疆域是："自东北海滨（指鄂霍次克海）迄西北海滨（指贝加尔湖），其间使犬、使鹿之邦，及产黑狐、黑貂之地，不事耕种、渔猎为生之俗，厄鲁特部落，以至斡难河源，远迩诸国，在在臣服。"[1]西起斡难河，东至鄂霍次克海滨包含库页岛，北止外兴安岭的黑龙江流域，都是他的管辖范围。黑龙江地区被完全纳入版图，使得清对明朝作战没有了后顾之忧。

---

① 《清太宗实录》卷61，中华书局1985年版，第829页。

3.皇太极对明朝的战争

皇太极即位后一方面遣使与明朝议和，使明朝放松警惕，一方面不断对明朝发动进攻，削弱其实力。天聪元年（1627年），皇太极率兵攻打锦州、宁远，未攻克，便毁坏大小凌河城，经过一番抢掠后回师沈阳。天聪三年（1629年）十月，皇太极亲率大军避开袁崇焕防守的区域，从喜峰口入关，攻陷遵化后直抵北京城下，明朝朝野惊惧，崇祯皇帝急令袁崇焕、祖大寿从山海关外勤王，皇太极趁机利用反间计借崇祯之手杀掉袁崇焕，祖大寿率军退回关外。第二年二月，在占领永平、深州、迁安等府县后，皇太极留兵驻守永平、迁安、滦州、遵化四城，自己率军由冷口出关返回沈阳。不久，驻守永平四城的阿敏因孤军深入，被明军打败，退回关内。

天聪八年（1634年），皇太极再次率兵入关，攻打宣府、大同。此后军分四路，一路从尚方堡攻打宣府、大同，一路从龙门口直趋宣府，一路从独石口进攻应州，一路从得胜堡攻打大同。又是经过一番抢掠后，皇太极率军返回沈阳。同年秋天，皇太极命阿济格从独石口入居庸关，直抵北京，然后绕道保定，连续攻下十余座城池，掠夺人口十八万，再折回沈阳。崇德元年（1636年），皇太极命阿济格、阿巴泰等率兵征明，沿途攻克雕鹗、长安岭两城，进入明朝边境。皇太极又命多尔衮、多铎率军分左右两翼攻打锦州，以此牵制明军。阿济格先后率军攻克昌平、定兴、安定、安州、宝坻、东安、雄县、顺义、容城、安县等十六城，俘获大量人口、物资等后回师。

崇德三年（1638年）八月，皇太极命多尔衮、豪格、阿巴泰统领左翼兵，岳托、杜度统领右翼兵，分道入关。皇太极则亲率大军前往山海关，攻克山海关外多处屯堡，牵制明朝援军。岳托右翼军从密云以北墙子岭口进入明境，多尔衮左翼军从青山关进入，后相约在通州河西会师，由北边过京城。左右翼军自涿州分兵，一队沿山脉，一队沿运河，行抵山西和山东。左翼军攻克城池三四十座，归降六城，俘获人口二十五万七千。右翼军攻克十九座城池，归降两城，俘获人众二十万四千四百，黄金四千两，白银九十七万两。两军后出青山关回师沈阳。

自天聪三年（1629年）至崇德三年（1638年），清军先后四次深入京畿、山西、河北、山东等地。军队所到之处，一路烧杀掳掠，抢夺人口和财产，给明朝带来了深重灾难。此时，李自成等农民起义军已发展至川、陕、豫地区，使得明朝两面作战，疲惫不堪。与此同时，清军数次入关劫掠，却

洪承畴像　现藏南京博物院

洪承畴（1593—1665年），福建泉州人。明神宗万历四十四年（1616年）进士，累官至兵部尚书、蓟辽总督，松锦之战被俘降清。入关后以太子太保、兵部尚书兼右副都御史衔，为清初统治者制度重建献计甚多。顺治十年（1653年）受命经略湖广、广东等处，总督军务兼理粮饷，战功卓著。顺治十八年（1661年）自请致仕。康熙四年（1665年）逝世，谥文襄。

无法攻克北京城，也无法长久停留关内，这使得皇太极逐渐明白，若想夺取关内，必须夺取山海关，而夺取山海关，必先夺锦州。皇太极接连几次派兵攻打锦州，皆因"防守甚牢"而无法得手。

崇德四年（1639年），明朝任命洪承畴为蓟辽总督。面对锦州屡攻不下的情况，皇太极听取汉臣建议，对锦州实施围困之策。他派济尔哈朗率军修整义州城并驻扎屯田，为长久围困锦州做准备。崇德五年（1640年）六月，多尔衮被皇太极任命为锦州前线指挥。多尔衮下令围困锦州的清军后撤三十里驻营，并允许每牛录甲兵三人及每旗章京还家一次，造成清军军心浮动，明军乘此机会增兵运粮，锦州危机自解。皇太极盛怒之下处罚多尔衮，并于崇德六年（1641年）三月下令由济尔哈朗取代多尔衮为前线指挥，继续围困锦州。济尔哈朗亲率四万余骑在距离锦州城五六里处驻营，并派人进入城中招降蒙古人，诺木齐、吴巴什等人应招归降，且约为内应。借此清军攻占锦州外城，明军被迫退入内城。皇太极加紧围攻锦州，城内境况十分危急。锦州守将祖大寿派人向明廷求援，崇祯皇帝急令洪承畴等领步骑十三万解锦州之围。洪承畴率军驻扎宁远，"议以兵护粮饷辎重，由杏山输松山，再由松山输锦州，步步立营，以守为战"[1]，但明廷以"师久饷匮"为由屡次催战，遂不敢坚持前议。五月，洪承畴派遣一支明军进抵松山，与济尔哈朗所率清

---

① 魏源：《圣武记》卷1，中华书局1984年版，第29页。

军展开战斗，济尔哈朗战败。皇太极重新起用多尔衮。明廷一再催促洪承畴出兵，洪承畴迫于旨意，于七月二十六日在宁远誓师援兵锦州，二十八日挺进锦州城郊乳峰山一带，多尔衮率清军仓促应战，遭到沉重打击，"大清师退六十里，分守各隘"。消息传至沈阳，皇太极"闻之忧愤呕血"，未及痊愈便于八月十五日亲自率军前往锦州。

皇太极星夜兼程抵达锦州城北戚家堡，陈师于松山、杏山之间，在王宝山、壮镇台、寨儿山、长岭山、刘喜屯、向阴屯、灰窑山至南海口等处挖壕以断绝松山要路，继续围困明军。洪承畴与清军决战，皇太极命阿济格突袭塔山，夺取明军囤积在笔架山的十二垛粮草，使明军"因饷乏，议回宁远就食"。洪承畴将被困明军分成两路，由王朴等人带领左路，马科等人带领右路，于初更突围。但是这个计划动摇了军心，未达约定时间，王朴等便率先出逃，引发大乱。早已埋伏多时的清军对逃跑的明军进行截杀，明军损失惨重。最终，吴三桂、王朴等带领部众逃入杏山，马科、李辅明等逃至塔山，监军张若麒、马绍愉由海上乘渔舟逃回宁远。洪承畴等突围不成，率领一万多残兵败将退回松山城。八月二十六日，吴三桂、王朴从杏山出奔宁远，在高桥再遭清军伏击，二人仅以身免。

洪承畴等被困松山，城内粮草断绝，几次突围都没有成功，松山副将夏承德秘密降清，约为内应。崇德七年（1642年）二月十八日夜，清军应约攻城。城破，洪承畴、邱民仰、王廷臣、曹变蛟、祖大乐等人被俘，同时被俘的军官多达一百余人，士兵无数。随后邱民仰、王廷臣、曹变蛟三总兵被杀，洪承畴、祖大乐被送往沈阳后降清。

清军占领松山以后，皇太极集中兵力进攻锦州，三月十日祖大寿率众出降。四月二十五日，济尔哈朗率领清军进攻杏山，

《太宗皇帝大破明师于松山之战书事文玉册》 现藏北京故宫博物院

用红衣大炮击毁城垣二十余丈，迫使明军开城投降。至此清军攻占塔山、松山、锦州、杏山等地，松锦之战以清军的胜利而告终。明军辽东精锐损失殆尽，宁锦防线崩溃。皇太极也借此完成了进取中原的第一步战略，为清军入关做好了准备。

松锦之战后，清军第五次攻入关内。崇德七年（1642年）十月，皇太极封阿巴泰为奉命大将军征明。十一月，征明左翼兵从界岭口毁边墙进入，右翼兵攻破石城关，围住蓟州。清军入明境，攻克三府、十八州、六十七县，共八十六城，又一次深入山东地区，归降六城，俘获人口三十六万九千人，掠取牲畜三十二万一千有余，黄金一万二千二百五十两，白银二百二十万五千二百七十两，珍珠四千四百七十两等。第二年六月，清军班师回朝。清军此次入关，再次重创明朝势力，在获取巨大经济利益的同时，也扩大了政治影响。

与此同时，清军也已经做好了进入中原前的战略思想准备。皇太极认为："取燕京如伐大树，须先从两旁斫削，则大树自仆。朕今不取关外四城，岂能即克山海。今明国精兵已尽，我兵四围纵略，彼国势日衰，我兵力日强，从此燕京可得矣。"[1] 范文程曾建议应趁中原内乱纷起，进入关内，占领北方地区。洪承畴降清后，也曾上疏，建议入关后，有抗拒者，必加诛戮，不屠民众，不焚庐舍，不掠财物；布告各州县，开门归降，官则加升，军民秋毫无犯；若抗拒不服，城下之日，官吏悉诛，百姓仍予安全；有首倡内应者，破格封赏。这些都为日后的清军行动提供了方向。

二、皇太极时期的统治

经过八旗旗主共推，皇太极即汗位。皇太极即汗位后，与代善、阿敏、莽古尔泰三大贝勒共理朝政，"按月分直，国中一切机务，俱令直月贝勒掌理"[2]，实际上是四个人轮流执政，而且所得人口、财产也由八旗平均分配，汗权并未达到至高无上的地步，"若有得来，必同八家平分之，得些人来必分八家平养之。……内中许多陋习，真有不可一言尽者"[3]。有时还会出

---

[1] 《清太宗实录》卷62，中华书局1985年版，第853页。

[2] 《清太宗实录》卷5，中华书局1985年版，第67页。

[3] 《天聪朝臣工奏议》卷上，载潘喆等编：《清入关前史料选辑》第二辑，中国人民大学出版社1989年版，第12页。

清代沈阳故宫布局图

十王亭在沈阳故宫大政殿两侧南向，呈燕翅排列，是清朝入关前八旗旗主在皇宫内办公的地方。从北至南，东边是左翼王亭、镶黄旗亭、正白旗亭、镶白旗亭、正蓝旗亭，西边是右翼王亭、正黄旗亭、正红旗亭、镶红旗亭、镶蓝旗亭。多尔衮与豪格争位即在此发生。

现非常极端的情况，如朝鲜送来礼品，八旗主按例均分，如有余不足数，则片片分割。为加强集权，皇太极屡次采取措施打压诸贝勒权力。天命十一年（1626年）九月，皇太极为每旗设总管旗务大臣一名，由纳穆泰、连尔汉等担任。八大臣总理一切事务，可与诸贝勒一同议政，在狩猎或行军之时，各领本旗兵。皇太极又在每旗设两名负责出兵驻防的大臣，以及两名专门佐理国政但不负责驻防的大臣，从而削弱了旗主对属旗的控制。不久，皇太极又以让所有贝勒参与议政会议的方式，继续削弱旗主的统治权，使决议机构变为咨询机关。据记载："上集诸贝勒八大臣共议，因令八大臣传谕三大贝勒，'向因直月之故，一切机务辄烦诸兄经理，多有未便。嗣后可令以下贝勒代之。倘有疏失，罪坐诸贝勒'。三大贝勒皆称善，遂以诸贝勒代理直月之事。"①

代善像　现藏美国弗利尔美术馆

代善（1583—1648年），努尔哈赤次子，作战英勇，为四大贝勒之首。代善领满洲两红旗，在征伐女真各部及蒙古与明朝的过程中屡立战功。皇太极继位后屡受打击，赋闲家居，不问朝政。皇太极去世后，为消弭内争，代善拥戴皇太极第九子福临继位。顺治五年（1648年）病死于北京，终年六十六岁。乾隆时配享太庙。

　　此后，皇太极借机革除阿敏、莽古尔泰的大贝勒爵位，随着阿敏、莽古尔泰相继死去，代善也受到惩处。皇太极掌管了正黄、镶黄与正蓝旗，从而在八旗之中获得统治性优势。天聪六年（1632年），皇太极废除"与三大贝勒，俱南面坐"共理朝政的旧制，改为"南面独坐"，突出了汗位独尊的地位。

　　由于常年征战，俘获众多人口，皇太极遂创建蒙古八旗和汉军八旗。天聪七年（1633年），始编有蒙古二旗，第二年又将这两个旗的人丁划归满洲八旗管辖。天聪九年（1635年），征服察哈尔和统一漠南蒙古后，兵源得到扩充，皇太极将先前归于满洲八旗的蒙古牛录，再加上新归附的蒙古人合编

---

① 《清太宗实录》卷5，中华书局1985年版，第67页。

成蒙古八旗，士兵人数七千八百多人。蒙古八旗旗色、官制与满洲八旗相同。因汉人精于火器，天聪五年（1631年），皇太极将满洲八旗中的汉人选出，专门设置一旗，称作"乌真超哈"，即"重兵"之意，以额驸佟养性为旗主，旗色为青色。崇德二年（1637年），分为二旗，石廷柱为左翼固山额真，马光远为右翼固山额真。崇德四年（1639年），分为四旗，旗色为纯青色、纯青镶黄、纯青镶白和纯青镶红色。崇德七年（1642年），经松锦之战，皇太极将降人增编为四旗，与原有四旗合为八旗，旗色与满洲八旗同。随着蒙古八旗和汉军八旗的建立，皇太极成为统领满蒙汉八旗的最高首领，拥有绝对领导权。

　　通过宁远、锦州等战役，皇太极见识了明朝红衣大炮的威力，认识到新兴武器的重要。天聪四年（1630年），后金军队意外在海边发现一门西洋制铜炮，于是皇太极利用历次战争中俘获的汉人工匠进行仿铸。天聪六年（1632年），后金已成功铸造出七门"天佑助威大将军"火炮。天聪七年（1633

明朝红衣大炮

红衣大炮，又称"红夷大炮"，是欧洲在16世纪初制造的一种火炮，明代后期传入中国。红衣大炮炮管长，管壁厚，而且是从炮口到炮尾逐渐加粗，符合火药燃烧时膛压由高到低的原理。多数红衣大炮长3米左右，口径110—130毫米，重2吨以上，有效射程在1000米以上，是当时中国最为先进的重型武器。

年），孔有德率军来降，同时带来了数门红衣大炮，他还将火器操作与瞄准技术传播于后金。经过改良，后金在入关之前铸成的"神威大将军"炮，品质已达到当时世界的最高水平，使八旗兵的战斗力大大增强。

皇太极虽常年征战，但亦非常注重文治。在整顿和改革国家机构时，他仿明制设内三院、六部。天聪三年（1629年），皇太极设文馆，"命儒臣分为两直，巴克什达海同笔帖式刚林、苏开、顾尔马浑、托布戚等四人，翻译汉字书籍；巴克什库尔缠，同笔帖式吴巴什、查素喀、胡球、詹霸等四人，记注本朝政事"①，从而成为内阁的雏形。崇德元年（1636年），皇太极改文馆为内三院，包括：内国史院，负责草拟诏令，设大学士一人，学士两人；内秘书院，负责掌管和起草对外文书与敕谕等，设大学士两人，学士一人；内弘文院，负责讲经注史、颁布制度等，设大学士一人，学士两人。天聪五年（1631年），皇太极设立吏、户、礼、兵、刑、工六部，官员以三年为期进行考核。崇德元年（1636年）六月，又设都察院，负责参与议奏、会审案件、稽查衙门、检查考试等。崇德三年（1638年），更定蒙古衙门为理藩院，负责管理内外蒙古事务，后来成为清朝统治少数民族的管理机构。内三院、六部、都察院和理藩院合称"三院八衙门"，都直接听命于皇帝，有效地加强了皇权。

为了统治需要，天聪六年（1632年），皇太极令达海对努尔哈赤时期创制的老满文进行改进。达海利用在字头旁加圈加点、改变某些字头的形体、增加新字头等方法，以表达原来不能加以区分的语音。同时还规范词形，改进拼写方法，创制了专门拼写外来语的字头。改进后的满文，体系完备，且明显区别于蒙古文字，称为有圈点满文或新满文。新满文的创制不仅在当时意义重大，到今天仍然受到重视。作为"国书"，满文在清代文牍中和汉字一起使用。保留至今的清代满文档案，是我们研究清史的重要史料。

进入辽沈地区后，为适应汉族的先进生产方式，皇太极将汉人"编为民户"，使满汉分屯别居，直接向后金政权提供赋税徭役，缩小了拖克索的发展规模，也在一定程度上减轻了汉人所受的民族压迫，为后金向封建制过渡奠定了基础。

出于在中原建立政权的长远政治需要，皇太极一改努尔哈赤晚年对汉族知识分子的极端举措，对其进行政治上的拉拢。皇太极发现归降汉官有着特

---

① 《清太宗实录》卷5，中华书局1985年版，第70页。

殊的政治价值，即位之后就非常重视任用归降汉官，范文程是其中的杰出代表。皇太极的另一项重要举措，是开设科举考试，选拔人才。《钦定盛京通志》记载："从来国家之兴，必有吁俊之典。惟太宗文皇帝嗣缵洪基，首开选举。"皇太极在位期间，先后共举行过四次科举考试。天聪三年（1629年），皇太极降诏称，"自古国家文武并用，以武功勘祸乱，以文教佐太平。朕今欲振文治，于生员中考取其文艺明通者优奖之，以昭作人之典"①，举行了后金建国以来的首次儒学考试。当时应试者约三百人，全为各旗下汉族家奴，经过考试，共得儒士200名，皆被免除奴籍，并得到缎布赏赐、免二丁差徭等优待。天聪八年（1634年），皇太极再度开科，"命礼部考取通满洲、蒙古、汉书文义者为举人"，后共计取中各类举人16名，其中"满洲习满书者"有刚林、敦多惠两人，"满洲习汉书者"有查布海、恩格德两人，"汉人习满书者"有宜成格一人，"汉人习汉书者"有齐国儒、朱灿然、罗绣锦、梁正大、雷兴、马国柱、金柱、王来用八人，"蒙古习蒙古书者"有俄博特、石岱、苏鲁木三人。崇德三年（1638年）的科举考试，赐举人罗硕等十名牛录章京品级，赐一二三等生员十八名护军校品级。后人赞誉这次考试为"八旗科第之始"②。崇德六年（1641年）亦有考试取中生员、举人等。

清朝入关前的科举，由于开科规模小、应试人数少，加之偏居东北一隅，因而在考核形式、内容、目的等方面也呈现出一些特点。其一，此时期的科举大体继承明科举制，但又结合了自身特点，如在考试内容中加入满蒙文的考核。其二，重武轻文思想在这一时期仍占主导。皇太极心怀南面，虽较之努尔哈赤的观念有所缓和，但重武轻文的思想依旧非常明显。其三，此阶段的开科取士也是清代科举走向正规化、规范化的试验。

崇德八年（1643年）八月，皇太极因病去世，他留下的权力真空引起了清统治集团内部的激烈争夺。争位的主要人选为多尔衮和豪格。多尔衮是清太祖努尔哈赤的第十四子，他和同母弟弟阿济格、多铎均为乌拉那拉氏所生，受到努尔哈赤的偏爱。努尔哈赤去世时，乌拉那拉氏殉葬，多尔衮年仅十五岁。皇太极继位后，多尔衮地位逐渐上升，天聪四年（1630年）七月，成为吏部管部大臣，崇德元年（1636年）四月，与弟弟多铎同时受封亲王，

---

① 《清太宗实录》卷5，中华书局1985年版，第73页。

② 徐珂编撰：《清稗类钞》第2册，中华书局1984年版，第589页。

顺治皇帝像　现藏北京故宫博物院

顺治帝福临（1638—1661年），皇太极第九子，母亲为孝庄皇后。六岁继位，十四岁亲政，二十四岁去世，葬于河北遵化清东陵的孝陵，庙号世祖，谥号体天隆运定统建极英睿钦文显武大德弘功至仁纯孝章皇帝。

地位仅次于年高德劭的礼亲王代善。豪格为皇太极长子，身经百战，战功卓著，担任过户部众管部大臣，受封肃亲王，深孚众望。

皇太极去世四天后，多尔衮首先行动，探询两黄旗实权人物索尼的口风，索尼认为"先帝有皇子在，必立其一，他非所知也"。次日，多尔衮召集诸王大臣会议，讨论嗣君人选。两黄旗大臣在大清门盟誓，携带弓箭包围会场，要求必选皇子继位。索尼率先发言，要求豪格继位，多尔衮以异姓大臣不得干涉皇室事务为由，迫使两黄旗大臣退出会场。礼亲王代善、郑亲王济尔哈朗都拥戴豪格，豪格推辞，多尔衮顺水推舟，认为豪格既已退出，当另择人选。多铎、阿济格劝说多尔衮即位，多尔衮心有顾忌，犹豫不决。多铎毛遂自荐，要求诸王立他为帝，遭到多尔衮反对后，又提出立代善。代善以自己年老体衰拒绝了多铎的提议。争执不下时，两黄旗将领威胁称如不立帝子，便鱼死网破，"吾属食于帝，衣于帝，养育之恩与天同大，若不立帝之子，则宁死从帝于地下而已"[1]。多尔衮意识到自己争位无望，便当机立断，提出立皇太极第九子、六岁的福临为帝，自己和济尔哈朗共同辅政。多尔衮的提议得到诸王赞同，两黄旗大臣的要求也得到了满足，遂盟于三官庙，誓死效忠，政局得以稳定。福临即位后，改元顺治。

---

[1]　辽宁大学历史系编：《清初史料丛刊》第11种《沈阳状启》，辽宁大学历史系1983年版，第28页。

第二章　清军入关与全国统治的确立

第一节　定鼎北京

顺治元年（1644 年）三月十九日，李自成攻陷北京，明朝崇祯皇帝吊死煤山。当李自成农民军势如破竹，即将攻入北京之际，崇祯皇帝听从蓟辽总督王永吉的建议，放弃关外诸城，召宁远总兵吴三桂勤王。接到崇祯皇帝圣旨后，吴三桂率宁远军民二十万向山海关推进，但速度非常缓慢。三月十六日，吴三桂入关。二十日到达丰润时，吴三桂得到北京陷落的消息，便停止前进，命令部队返回山海关。摆在吴三桂面前的选择是降清或者降大顺农民军，他也在观望形势，以便作出判断。李自成进京后，派明降将携带吴父书信以及黄金、白银送给吴三桂，劝其归降，曰："及今早降，不失通侯之赏，而犹全孝子之名。万一徒恃愤骄，全无节制，主客之势既殊，众寡之形不敌，顿甲坚城，一朝歼尽，使尔父无辜并受戮辱，身名俱丧，臣子均失，不亦大可痛哉！"[1] 吴三桂经过深思熟虑，决定归降大顺军，但当吴三桂率军行至永平时，听闻李自成在京城向官吏追赃助饷，其父也在其中，并受到拷打，爱姬陈圆圆也被俘，他盛怒之下决定"仍拥众归山海关"，打败明降将唐通，挥师占领山海关。

与大顺军决裂后，吴三桂只能投向清军。顺治元年（1644 年）四月十五日，吴三桂派副将杨坤、游击郭云龙携带书信拜见睿亲王多尔衮，表示"当开山海关大门以迎大王，大王一入关门，则北京指日可待，愿速进兵"。多尔衮得知明朝皇帝已亡，京城落入大顺军之手，立即召开军事会议。洪承畴为多尔衮分析当前形势，并提出入关对策。清军遂改变战略，规定境内男丁中，凡十岁以上七十岁以下，无不从军。清军急速前行，十九日到达锦州。二十日，吴三桂派人送信催告，请多尔衮"速整虎旅，直入山海"。

---

① 　徐鼒：《小腆纪年附考》卷 4，中华书局 1957 年版，第 136 页。

二十一日，清军来到山海关门前，吴三桂亲自出城迎接。

大顺军得知吴三桂重夺山海关后，李自成再次派人携带吴父手书劝降吴三桂，吴三桂答复"父既不能为忠臣，儿亦安能为孝子"，拒绝归降大顺军。李自成决定亲自率兵讨伐。四月十三日，李自成率军向山海关进发，途中误中吴三桂缓兵之计，二十日才来到关门，此时吴三桂已于关内沿石河一线做好防备。二十一日上午，战斗打响，农民军首先向吴军发起攻击，主力攻打石河西，部分军队进攻山海关的东罗城、西罗城、北翼城，战斗异常激烈。经过一昼夜的激战，吴军渐渐不支。见情势危急，吴三桂炮轰包围圈，从间道直驰清营，拜见多尔衮。多尔衮经过亲身考察，反复斟酌后，决定清军马上入关。吴三桂剃发称臣，"以白马祭天，乌牛祭地，歃血斩衣，折箭为誓"[1]，表示誓死效忠。多尔衮吩咐吴三桂，让他的军队以白布系肩，与农民军相区别。吴三桂返回后，立刻下令打开山海关东大门、南北水门，迎清军入关。而农民军此刻也摆好一字长蛇阵，绵亘二十余里，准备决一死战。清军沿海排列，吴三桂军在清军右侧，率先出击，甫经交战，狂风忽起，尘土飞扬。激战至中午，吴军败势渐露，清军突然加入战斗，冲入农民军阵中，与吴军两头夹攻。李自成大将刘宗敏负伤，农民军惊散溃逃，李自成当时立马山岗之上，见败局已定，下令军队撤退。山海关大战是明清之际的一次重要战斗，意义非凡。此后，大顺军的战略目标便由推翻明王朝转变为对抗清军，而清统治者则迈出了进入中原的关键一步。

山海关之战失败后，李自成于四月二十六日退回北京。李自成对吴三桂的叛变恨之入骨，对其家人展开疯狂报复，将吴三桂家属34人全部处死，但这种行径无力挽回败局。得知农民军战败的消息后，城中谣言四起，各种敌对势力伺机而动。权衡利弊后，李自成于二十九日举行登基大典后西撤。离京前，李自成留下部分人马，命令焚烧全城。

五月初二日，多尔衮进京，当时京城的官绅百姓不知吴三桂已降清军，纷纷传言大明太子朱慈烺会继统，所以事先准备好法驾卤簿出城迎接，等见到这些装束奇异的满洲人后，只能接受现实。据《甲闯小史》记载，当时城中百姓俱不知悉，"及至，则秃发长髯，语言不同，官民皆相顾失色"。而在此之前，吴三桂已经被封为平西王，奉命不准进城，直接去追杀西去的农民

---

① 计六奇：《明季北略》卷21，中华书局1984年版，第495页。

多尔衮像

多尔衮（1612—1650年），努尔哈赤第十四子，清初杰出的政治家和军事家。十七岁随皇太极出征蒙古察哈尔部，因为军功被赐号"墨尔根代青"，成为正白旗旗主。天聪九年（1635年），多尔衮率军收降蒙古林丹汗之子孔果尔额哲并获得传国玉玺，同年因战功封和硕睿亲王。皇太极死后，多尔衮以辅政王身份辅佐福临即帝位，称摄政王；顺治元年（1644年）指挥清军入关，建立中央政权，先后封叔父摄政王、皇叔父摄政王、皇父摄政王。顺治七年（1650年）冬死于塞北狩猎途中，被追封为"清成宗"，谥懋德修远广业定功安民立政诚敬义皇帝。然而，顺治帝于顺治八年（1651年）二月剥夺多尔衮的封号，并掘其墓。乾隆四十三年（1778年），乾隆帝为其平反，恢复睿亲王封号，评价其"定国开基，成一统之业，厥功最著"。

军了。

从努尔哈赤开始，定鼎北京一直就是清方的夙愿，但当北京成为囊中之物时，清统治者内部却发生了分歧。英亲王阿济格反对迁都，认为乘此兵威，应"大肆屠戮，留置诸王以镇燕京，而大兵则或还守沈阳，或退保山海，可无后患"[1]，但多尔衮坚决反对这种短视行为，主张将首都定为北京，他说："先帝尝言，若得北都，当即徙都，以图进取。况今人心未定，不可弃而东还。"[2]

清军为在北京站稳脚跟，以此为根据地平定天下，采取了一系列争取官吏绅民的措施。第一，厚葬崇祯皇帝，下令百官、绅民为崇祯皇帝服丧三日。第二，广招贤才，重用明朝降官。其中较典型的有陈名夏，他在大顺农民军进京后主动投降，清军入关后逃回南方，但被南明朝廷视为贰臣。陈名夏走投无路，只好投靠清廷，最后官至大学士。第三，改革明朝弊政。明末三饷加派（辽饷、剿饷、练饷）使百姓苦不堪言，顺治元年（1644年）颁

---

① 吴晗辑：《朝鲜李朝实录中的中国史料》第9册，中华书局1980年版，第3735页。
② 《李朝实录》卷45，第35册，学习院东洋文化研究所1965年版，第439页。

布诏令，免去三饷，按万历年间赋役册征税，虽然在实施过程中有所出入，但在收揽人心上颇有成效。第四，抑制宦官干政。宦官专权为明朝后期的统治常态，皇帝无心朝政，将政权拱手让于宦官。宦官文化程度较低，不具备政治、军事素养，其专权导致政治更加腐败与黑暗。清廷为抑制宦官势力，设立十三衙门，从根本上对以宦官衙门执掌宫廷事务的历史传统进行变革，消除了宦官干政的可能。

六月十一日，多尔衮上书请顺治帝移驾北京。接到奏疏后，顺治帝与孝庄皇太后及皇室宗亲、满汉大臣等从沈阳起程，九月到达北京，经永平、通州，从正阳门入宫。十月初一日，顺治帝亲自到南郊祭告天地，再次即皇帝位，颁大清《时宪历》，标志着清王朝统治中原的开始。十月初十日，顺治帝在黄极门颁布诏书，大赦天下。

第二节　大顺、大西政权抗清

一、大顺军抗清

大顺军以雷霆万钧之势攻灭明朝，控制了北京周围诸省。在大顺军退败北京后，归降大顺军的原明朝官吏趁机反扑。四月二十七日，原明朝御史赵继鼎等发动叛乱，山东、北直隶的许多地方官绅群起响应，不到一个月就占领了山东四十三个州县。而清军一直对大顺军穷追不舍，五月初二日追到河北望都，双方激战，农民军战败。初三日，农民军撤到河北定州，吴三桂与清军尾随而来，大顺军再败，折损数千人。初四日，李自成退至真定，经由娘子关旁的故关进入山西。吴三桂与清军一直追到关前，双方交战不断，直至清军精疲力竭，吴三桂才停止追击，十二日率部返回北京。此前两天，一度投降大顺政权的明大同总兵姜瓖叛乱，归降清朝，大同落入清军之手。唐通估计大顺军难以同清军抗衡，在十月十一日也投降清军。1644—1645年，原来归顺大顺军的明朝降将几乎全部反叛，局势对大顺军越来越不利。在西撤过程中，大顺军继续镇压豪绅，"鞭挞县官，斩斫椽吏"[①]，连胥吏也不敢

---

① 吴伟业：《绥寇纪略》卷9《通城击》，上海古籍出版社1992年版，第262页。

多铎像 现藏美国弗利尔美术馆

下乡勒索。李自成败退至西安后，制定了南取汉中，西征甘肃，确保关中，以关中作为抗清基地的战略目标。不过，在全局失败的情况下，这几乎没有实现的可能性。

清军返京休整后，多尔衮决定兵分两路出征。顺治元年（1644年）十月十九日，以英亲王阿济格为定远大将军，带领平西王吴三桂与智顺王尚可喜向李自成所在地西安进发；十月二十五日，以豫亲王多铎为定国大将军，带领恭顺王孔有德、怀顺王耿仲明出征江南。得到李自成的最新动态后，多尔衮调整出兵计划，命令多铎停止南征，转攻陕西，与阿济格会师西安。多铎部进入河南陕县后，直驱潼关。潼关是关中平原的东门户，具有极其重要的战略地位，一旦潼关失守，西安必不可保。李自成亲率得力干将刘宗敏等赶往潼关救援。十二月二十九日，战役开始。刘宗敏率先迎战，失利。顺治二年（1645年）正月初四日，刘芳亮领兵出战，再次战败。初五、初六两日，大顺军反击，仍旧没有效果。初九日，清军的红衣大炮到来，给大顺军以沉重打击。十二日，留守潼关的巫山伯马世耀向清军伪降，派人暗中给李自成送信，不料密使被截获，清军在金盆口设下埋伏，将马世耀人马全部屠杀。多铎部在潼关留驻两天后，于正月十八日占领西安。就在大顺军与多铎部激战之时，阿济格、吴三桂部也在向陕西迅速前进。顺治元年（1644年）年底，兵锋到达保德县。进入陕北后，阿济格命姜瓖围攻榆林，自己带兵攻延安。李自成派李过守延安，高一功守榆林。为争夺延安，双方交锋七次，大顺军两次夜袭，都没有成功。与清军相持二十多天后，李过部撤离延安。"榆林守将高一功乃闯贼旧党，坚拒相抗"[1]，十六日，姜瓖等人进驻榆林。清军两大主力占领西安后，按照原计划，多铎仍复南下，阿济格则继续追击李自成残部。

李过、高一功部向西转移，为与李自成率领的主力会师，准备由陕西汉

---

[1] 《明清史料》丙编，第五本，维新书局1972年版，第469页。

中入蜀，不料镇守汉中地区的大顺军贺珍等降清，不许李过、高一功过境。经过激战，李过、高一功部冲破防线，经四川顺江东下，于1645年夏抵达湖北荆州地区。①

顺治二年（1645年）正月十三日，李自成部进入河南。二月，屠邓州。三月下旬，大顺军主力到达湖北襄阳。李自成把驻守襄阳、承天、德安、荆州的军队调走，与主力一同南下。由于没有守兵，清军轻而易举地拿下襄阳四府。李自成进入武昌后，阿济格部尾随而至，李自成命刘宗敏、田见秀领兵出战，被击败。于是李自成决定放弃武昌，向东撤退。四月下旬，在距江西九江四十里处，大顺军被清军击败，刘宗敏被俘，李自成的妻儿、两个叔叔和军师宋献策等被抓，清军收获马匹、船等物资无算。刘宗敏和李自成的两个叔叔立即被杀，宋献策则投降清军。九江之战使大顺军遭受重创，士气低落。五月初，李自成来到湖北通山县的九宫山下视察情况，与当地地主武装发生冲突，李自成被杀。得知李自成遇难，大顺军余部对当地进行疯狂报复。李自成的牺牲标志着大顺政权的灭亡，但大顺军余部仍一直在不遗余力地抗击清朝。

二、大西军的抗清斗争

张献忠领导的大西农民军也是一支举足轻重的抗清力量。从崇祯元年（1628年）起，他与李自成一同加入王嘉胤领导的农民军，自号"八大王"。张献忠"身长瘦而面微黄，须一尺六寸，骠劲果侠，军中称为黄虎"。王嘉胤死后，他与李自成等归附高迎祥。高迎祥死，两人各自创建自己的军队。两支队伍曾共同抗击明军，但随着各自势力的增长，分歧也愈来愈大，最终分道扬镳，各自发展。顺治元年（1644年），张献忠率部入川。途中，攻克夔州，在万县留驻三月。接着张献忠连克梁山、忠州和涪州，击败明朝总兵曹英，破浮图关，明朝四川总兵秦良玉率兵来战，也被他击败。此后起义军攻克泸州，并于六月二十日占领重庆。瑞王朱常浩、巡抚陈士奇、兵备副使陈纁、知府王行俭等一批明朝宗室和官员被起义军俘获，都被处死。七月初四日，张献忠命刘廷举守重庆，他则亲自率军分三路向成都进发，沿路通告地方州县，"但能杀王府官吏，封府库以待，则秋毫无犯"，各州县望风而

---

① 顾山贞：《客滇述》，转引自顾诚：《南明史》，光明日报出版社2001年版，第146页。

降。明朝的四川巡抚龙文光由顺庆驰援成都。八月初，张献忠兵分两路攻成都，并在初九日攻克。

顺治元年（1644年）十一月，张献忠在成都称帝，建国号"大西"，定年号"大顺"，以成都为西京。[1] 大西政权建立后，以"暂取巴蜀为根，然后兴师平定天下"[2]为目的，设置左右丞相、六部尚书等文武官员。汪兆麟、严锡命分别为左右丞相，王国麟、江鼎镇、龚完敬等为尚书。大西政权毁旧币，铸大顺通宝钱，并开科取士，选拔三十人为进士，各授官职。同时，蠲免西南各族百姓三年租赋。张献忠号令森严，严禁士兵扰民，违者正法。其四位养子都被封王：孙可望为平东王，刘文秀为抚南王，李定国为安西王，艾能奇为定北王。

然而，大西政权建立后，没能有效地组织和发展经济，经济收入仍然主要靠没收财产和出外打粮，不利于安定社会、恢复生产和稳定民心。到1645年，大西政权的处境已相当艰难，由于灾害严重，大西政权持续实行追赃罚饷，"拘绅袍富室大贾，罚饷款皆以万计，少亦数千，不问其力之足否，事甫毕，则又戮之如初"[3]，这直接损害了官绅地主的利益，普通百姓的生活也没有改变，使他们对大西政权的敌视与日俱增。此时，清廷和南京弘光政权都视张献忠为敌。

清军与李自成酣战之际，尚无暇顾及四川。随着李自成死亡和南明政权分崩离析，清军开始向大西政权发动进攻。顺治二年（1645年）十一月，清朝用剿抚兼施的策略，一面以何洛会为定西大将军进剿四川，一面派人诱

---

① 据史料记载，张献忠进川几年中，大肆屠杀蜀人。魏特所撰的《汤若望传》载："四川省城中僧道二千名，经他下令一律屠杀。就是在其他的地方也仅有少数僧道得以逃脱。据其他的记载，这位凶暴的人物所虐杀的士人竟达三万余名。1645年年底，曾有一支打了败仗的军队，他令全军放下兵器，然后就下令屠杀全军。据说，这次屠杀的人数竟达十四万名。然而他身边的侍卫，他却给以丰厚俸资，并且以假仁假义的勾当得他们的欢心，所以他们完全听命。1645年年底，成都城内之居民，曾被他驱至城外面，悉数加以杀戮。有人说，这次所杀的人数为六十万。河中冲流的血量多于水量，并且因那堆集成山的尸体，连船只都不能通行了。……张贼最爱施行剥皮与分裂肢体之残酷刑罚。"但这一记载似有不实。

② 李馥荣：《滟滪囊》卷2，载何锐等校点：《张献忠剿四川实录》，巴蜀书社2002年版，第55页。

③ 沈荀蔚：《蜀难叙略》，载何锐等校点：《张献忠剿四川实录》，巴蜀书社2002年版，第104页。

四川江口沉银

绵竹县五十两银锭

"骁右营总兵关防"铜印

金锭

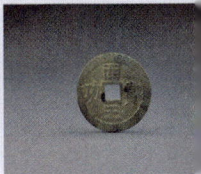
"西王赏功"金钱

张献忠江口沉银

张献忠在四川抢劫了大量金银珠宝，从成都顺水南下，在四川彭山县（今眉山市彭山区）江口镇"老虎滩"一带遭到川西官僚杨展突袭，千船金银珠宝绝大部分随船队沉落江中。2005年4月20日，彭山县城开建引水工程时，施工队打捞出部分银锭。同年底，来自中国社会科学院考古研究所、故宫博物院、国家文物局水下文化遗产保护中心、四川大学等机构的专家对出水文物进行鉴定，最后确认"江口沉银遗址"即为历史记载的张献忠沉银中心区域。

降张献忠，劝说他归顺清朝，称若"率众来归，自当优加擢叙，世世子孙，永享富贵……倘迟延观望，不早迎降，大军既至，悔之无及"①。张献忠不为所动，坚决反清。

顺治三年（1646年）初，清朝派肃亲王豪格为靖远大将军，统率八旗劲旅，全力向大西军进攻。当时，南明参将杨展领兵再次夺取川南州县，挥师北上，与张献忠的部队激战于彭山的江口，张献忠大败退回成都。杨展由南面逼近成都，王应熊又派曾英为总兵，王祥为参将，阻挡大西军东下。五月，豪格率清军攻占汉中。七月，为北上陕西抗击清军，张献忠决定放弃成都。九月，张献忠率军到达顺庆。十一月，张献忠大军扎营于西充凤凰山。原大西军将领刘进忠此时叛变，投降豪格，豪格以刘进忠为向导，进入张献忠驻扎之地。十一月二十六日，豪格派护军统领鳌拜等率八旗护军轻装疾进，对大西军发起突然袭击。二十七日早晨，两军相遇后，张献忠仓促迎战，指挥马步军分两路攻击清军。豪格率大军赶到，命令格布库等向大西军右翼进攻，准塔向大西军左翼攻击。战斗打得非常激烈，清军将领格布库等被大西军击毙，大西军也损失惨重。刘进忠为清军指明张献忠的位置，张献忠未及防备，被清军暗箭射中咽喉而死，时年四十一岁。

张献忠牺牲后，大西军余部在其四个义子带领下，面对穷追不舍的清军，一路过关斩将，渡过长江，向南挺进，实现由贵州入云南的战略转移

---

① 《清世祖实录》卷21，中华书局1985年版，第188页。

后，在云南安顿下来，联合南明，重新与清军抗衡。

第三节　南明政权相继灭亡

一、弘光政权

所谓南明，是指明朝灭亡后，明朝宗室在江南地区相继成立的延续明朝血统的弘光、鲁监国、隆武、绍武、永历等政权。

李自成进京，崇祯皇帝吊死在煤山，标志着明朝的灭亡。南京原是明朝的首都，明成祖定都北京后，南京成为陪都。北京失守十余天后，消息才传到江南。顺治元年（1644年）四月十七日，在南京的大臣们心急如焚，立即着手推举新君。由于崇祯的三个儿子均被大顺军俘获，在没有直接皇位继承人的情况下，南京的大官僚与手握兵权的将领开始为立哪位藩王拉帮结派，明争暗斗。当时的皇位备选人有福王朱由崧、惠王朱常润、桂王朱常瀛、潞王朱常淓。在这几人当中，朱由崧最有优势，但他当时并不在南京，而在淮安。部分东林党人对福王继统心存顾虑，原因是朱由崧的祖母是明神宗朱翊钧宠爱的郑贵妃，明朝后期的"红丸案""梃击案""移宫案"等著名案件都与郑贵妃有关。明神宗与郑贵妃都非常喜欢老福王朱常洵，想要立他为储君，只是由于东林党的反对才希望落空。东林党魁首钱谦益、南京户部尚书高弘图等人担心朱由崧继位后会算旧账，于是反对立他，转而支持立潞王朱常淓为帝。史可法是南京兵部尚书，又是东林党重要成员左光斗的门生，对于立不立朱由崧，一时拿不定主意，经过考虑，决定同凤阳总督马士英商量从桂王与福王之间选定继位者。史、马商量的结果是拥立桂王，史可法还指斥福王"不孝、虐下、干预有司、不读书、贪、淫、酗酒七不可立"。但在关键时刻，马士英得到密报，说总兵高杰、黄得功、刘良佐准备拥立朱由崧，而这些人都归马士英节制。马士英担心自己被架空，立刻见风使舵，转而拥立福王。当南京的大臣传阅马士英的书信后，虽感到震惊，也无可奈何。

顺治元年（1644年）五月十五日，朱由崧即皇帝位，以次年为弘光元年（1645年）。拥护他的那批人被授予高官，尤其是马士英，加太子太保、兵部尚书，而史可法的职衔虽高于马士英，但因拥立问题受到排挤，为避嫌他前往淮阳督师。此举曾引起舆论大哗，史可法也看到大局堪忧，但他决心"鞠躬致命，克尽臣节"①。

朱由崧即位后本应励精图治，以雪先人之耻，但实际情况却是，弘光朝廷在建立之初就腐朽不堪，危机四伏。这主要表现在以下几个方面。

一是统治集团腐败昏聩。史可法反对朱由崧继统的理由之一就是他贪图享乐，酗酒好色。果不其然，刚刚当上皇帝，朱由崧就下令在南京、苏杭等地采选秀女。其爪牙为迎合主子的需要，强征民女，害得老百姓家破人亡。好酒贪杯是朱由崧的另一大癖好。他常常通宵达旦地听乐纵饮，大臣几番进谏都无济于事。皇宫内廷悬挂的楹联竟是"万事不如杯在手；百年几见月当头"。掌握实权的马士英、阮大铖等同样醉生梦死，他们不仅不减轻赋税，还勒派军饷，增加盐酒课税，甚至动用手中权力卖官鬻爵，搜刮金银财宝。民谣"中书随地有，都督满街走，监纪多如羊，职方贱如狗，荫起千年尘，拔贡一呈首。扫尽江南钱，填塞马家口"，就是用来讽刺马、阮贪得无厌的。

二是朝廷门户林立。马士英以拥戴首功结党营私，不顾舆论反对，将阉党阮大铖拉入内阁，许多官员纷纷告退。阉党当权后，大肆打击迫害反对派，阮大铖还编过一本东林、复社人士黑名单《蝗蝻录》。另外，在弘光政权酝酿之初，就围绕立福王还是潞王起了争执。东林党人为自己的利益反对拥立福王，当福王借助马士英等人的支持登上宝座后，东林党人希望破灭，他们不能将矛头直接指向当今圣上，只能把马士英当作发泄对象，尤其是马士英冒天下之大不韪起用魏忠贤逆党阮大铖，更是给东林党人以口实。东林党人以正人君子自居，崇尚气节，公开鄙视马、阮之流。由于门户之见，整个弘光朝廷忙于钩心斗角，互相倾轧。

三是悍将拥兵自重，不听朝廷指挥。朱由崧能登上帝位，黄得功、刘良佐、高杰、刘泽清功不可没。他们原为败军之将，现在摇身一变，反而成为定策元勋。黄得功，字虎山，由于同张献忠等作战，累功至庐州总兵，后因平定叛将刘超功，封靖南伯。刘良佐，字明辅，同样因与起义军作战，升任总兵。高杰，字英吾，原为李自成部将，降明后多次追剿农民军，因功升总

---

① 徐鼒：《小腆纪传》卷10《史可法传》，中华书局1958年版，第122页。

兵。刘泽清，字鹤州，崇祯末年升至山东总兵。朱由崧继位后，封黄得功为靖南侯，刘良佐为广昌伯，高杰为兴平伯，刘泽清为东平伯。四镇自恃定策有功，桀骜不驯，皇帝和朝臣对他们无可奈何，马士英表面上以首辅自居，实则也受四镇牵制，无法有所作为。

四是财政入不敷出，朝廷与军阀大肆搜刮民脂民膏。弘光朝廷统治着最为富庶的江南地区，但统治集团奢侈腐败，竟然使得财政入不敷出。除朝廷要征税，四镇军阀也要搜刮。老百姓交不起税，只能卖儿卖女，社会矛盾非常尖锐。

清朝定都北京后，已经成为弘光朝廷最大的敌人，但朱由崧和弘光诸大臣鼠目寸光，没有远见，相信清军乃为报其君父之仇，决定要联合清军共同对付农民军。这样一来，"联虏击寇"就成为弘光朝的一项基本国策。顺治元年（1644年）七月十八日，弘光朝以左懋第、陈洪范、马绍愉为代表，组成北使团，前往北京议和。七月二十一日，北使团携带御书以及赏赐给吴三桂的黄金一千两、白银十万两和大量绸缎，由南京出发，走水路经济宁、临清、德州，于十月十二日从正阳门进入北京城。弘光使团以割让山海关外地和岁币十万两为条件，向清廷求和，但清方对南明使团的到来态度冷淡，只派大学士刚林与使团交涉。刚林蛮横，指责弘光朝擅立皇帝，拒绝议和。十五日，清户部官员将财物收去。二十六日，刚林传达多尔衮的旨意，要求北使团明早即行，并声称要发兵南下。北使团见和谈无望，仅要求祭祀和改葬崇祯皇帝，也被刚林拒绝。次日，北使团在清方将领的押送下南返。由于陈洪范在途中向清方密奏扣留左懋第、马绍愉，自己愿归降，所以当北使团一行来至沧州时，左、马二人被扣回北京，陈一人被放了回去。十二月十五日，陈洪范抵南京，一边麻痹弘光君臣，一边挑拨朝廷与黄得功、刘良佐的关系，以便拉黄、刘降清。弘光朝君臣虽然认为事有可疑，但没有深究，只是让陈洪范回籍了事。

清摄政王多尔衮写信给史可法，对弘光称帝严加斥责，令他们去掉帝号，仍称藩王，共同讨贼，否则便加征伐。史可法复信答应"合师进讨，问罪秦中"。北使团失败后，史可法也逐渐认识到与清方议和不现实，开始考虑与清军作战。1645年，史可法命高杰率军北上。正月初十日，军队来到睢州。镇守该地的许定国已暗中投降清军，考虑到高杰兵多将广，不敢与之正面冲突，于是设计把高杰骗入军营，灌醉后将其杀害。史可法得知高杰被

弘光通宝　　　　隆武通宝　　　　永历通宝

　　害的消息，赶赴军营做善后事宜，稳定军心。高杰被害，同为军政大员的左良玉起兵造反。他坐镇武昌，兵强马壮，开始并非真心拥立福王，在其手下劝说后，才表示拥戴。左良玉一介武夫，割据称雄，拥兵自重。早在弘光朝廷发生"假太子"案时，左良玉与马士英的意见就不和。左良玉抓住朝中大臣对马士英、阮大铖把持政权不满的机会，以讨伐马士英为名，率军攻打南京，南明政权大为恐慌。当兵至九江时，左良玉突然病死。左良玉死后，其对南京的威胁解除了。

　　在左良玉出兵的同时，清方也在积极筹划向南进发，意图攻克弘光政权。顺治元年（1644年）十月二十五日，多尔衮命多铎率师南下。次年，清军开始向南京进发。三月初七日，清军兵分三路向归德进军：多铎统兵出虎牢关口，固山额真拜尹图等出龙门关口，兵部尚书韩岱、梅勒章京伊犁尔德、侍郎尼堪等统外藩蒙古兵出南阳路。四月初五日，清军从归德出发，十三日到泗州，夜渡淮河，直趋扬州。十八日，清军兵临扬州城下。史可法向各镇求援，但无一至者。实际上，刘泽清、刘良佐等人已陆续向清方投降。二十四日晚，清军以红衣大炮轰城，次日，扬州陷落。在守城期间，豫亲王多铎曾先后五次致信，史可法都不启封。城破被执后，多铎仍倍加礼敬，劝其投降。史可法曰，"吾意早决，城亡与亡"[1]，慷慨就义。由于遭到扬州城军民的坚决抵抗，清军恼羞成怒，在攻克之后进行了惨绝人寰的大屠杀，史称"扬州十日"。

　　顺治二年（1645年）五月初五日，清军抵达长江北岸。初八日，取镇

---

[1]　徐鼒：《小腆纪传》卷10《史可法传》，中华书局1958年版，第129页。

江。初十日，弘光帝与宦官、后妃数十人逃出城外。十七日，多铎进入南京。来不及逃跑的官僚，纷纷手捧明疆域图本、户粮簿籍，冒雨跪降，"文武各官争趋朝贺，职名红揭堆至五尺者十数堆"。清改南京为江宁府，并派洪承畴为江南总督，招抚江南各省。朱由崧逃出南京后，奔往太平府（今安徽省当涂县），当地官员不予接纳，于是转投黄得功。清方得知朱由崧出逃，马上派刘良佐追击。后黄得功被杀，朱由崧被活捉，多铎将其带到北京宣武门外斩首，弘光政权灭亡。清廷改南直隶为江南省，以洪承畴总督军务，招抚江南，经略西南。洪承畴也十分卖力，劳累得几乎双目失明，为清军平定江南立下汗马功劳。

另外，马士英逃出南京后，带着邹太后东奔西转，于顺治二年（1645年）五月二十二日到达杭州，得知弘光帝被俘后，马士英与杭州官员商量请潞王朱常淓监国。六月初八日，朱常淓就任监国。朱常淓乃庸才，毫无治国能力，只是一味求和，希望能偏安一隅，清军却迅速向杭州逼近。六月十一日，清军到达塘西，马士英、阮大铖等又踉跄逃窜。十四日，清军占领杭州，潞王朱常淓投降。

潞王朱常淓的投降，带来了严重的政治后果。在朱由崧的弘光政权垮台后，朱常淓是血缘上最接近于万历皇帝的藩王，在皇位继承问题上最少争议，如果他坚持抗清，各支反清力量就比较容易团结起来，形成一股比较强大的势力。他的投降使得朱氏近支宗室几乎全部落入清军之手，直接导致两个远支宗室对皇位的争夺：鲁王朱以海和唐王朱聿键争立，朱聿键之弟朱聿镈则援引"兄终弟及"同桂王朱由榔争立。内斗严重消耗了南明的抗清力量。

二、隆武政权

顺治二年（1645年）六月十六日，唐王朱聿键在黄道周、郑鸿逵等人的拥戴下在福州建立隆武政权，就任监国，二十七日正式即皇帝位。朱聿键虽为藩王，但"英才大略，不能郁郁安于无事"，本人不饮酒，不喜声色犬马，爱读书。他备尝磨难，深知民间疾苦，即位之初，很想有一番作为。为减轻老百姓负担，他严惩贪官污吏，但因势单力薄，只能依靠郑芝龙、郑鸿逵兄弟。郑芝龙原为海盗，往来于明朝与日本之间，后归降明朝。在镇压海寇的过程中，他逐步高升，弘光时被封为南安伯。朱聿键励精图治，想要光复明朝，可是，真正效忠唐王的人并不多，郑氏兄弟也只是把他当作傀儡，在幕后威福自操。

朱聿键希望郑氏兄弟能出兵抗清，建功立业，但郑芝龙只图在闽粤两省横征暴敛，预借税米，大兴"助饷"，卖官鬻爵，以致闾里骚动。在朱聿键的多次催促下，郑芝龙派郑彩领兵出战，然而，他们只是做官样文章，在到达彬关后就按兵不动。对于郑氏兄弟的飞扬跋扈，大学士黄道周义愤填膺，自告奋勇率兵出福建，赴江西募兵。黄道周为天启年间进士，为人正直敢言，学识渊博，唐王对其礼敬有加，拜为武英殿大学士，位居首辅。然而，黄道周从来没有指挥过军队，对军事的理解只是纸上谈兵，郑芝龙也不为他提供兵械粮饷。顺治二年（1645 年）十二月，黄道周率兵进至婺源，遭遇提督张天禄等围攻，手下军士牺牲一千多人，他本人也被俘，被押往南京。洪承畴劝其降清不成，于次年三月将他杀害。

清军渡过钱塘江后，派人给郑芝龙送信，许以高官厚禄，望其归降，郑芝龙衡量利弊，决定降清，并秘密下令将仙霞关的守将撤掉，等待清军的到来。顺治三年（1646 年）八月，

黄道周《秋山幽居图》
黄道周（1585—1646 年），福建漳浦人，明末著名学者、书画家、文学家、儒学大师，以文章风节名高天下。一生勤于笔耕，著述宏富，成书几十种，后人辑成《黄漳浦先生全集》。南明隆武时，任吏部兼兵部尚书、武英殿大学士（首辅）。抗清失败，被俘殉国，谥忠烈。

征南大将军贝勒博洛等从衢州出发，进军福建。十八日，清军兵不血刃攻占仙霞关。二十一日，唐王从延平出奔前往赣州。二十七日，唐王到达汀州。次日，清军追至汀州，唐王及皇后、嫔妃等统统遇害，隆武政权灭亡。有个外国传教士目睹了这一切："隆武（'尚武的龙'之意）帝本人像受惊的绵羊，带领一支大军逃走，'绵羊'这个词可以恰当用来比喻失魂落魄的这一大群

人。他的逃亡无济于事，鞑靼矫捷的骑兵赶上了他，把这群愚蠢的绵羊全都射死。"[1] 不过，郑芝龙降清后并没有得到什么实惠，反而被清军解往北京，康熙元年（1662年）被杀于戍地宁古塔。

三、鲁监国政权

弘光政权灭亡后，浙东地区兴起反清运动。这一地区的明朝官员认为需要迎立一名宗室出任监国，便于号召各支队伍。鲁王朱以海虽是远支藩王，但除他之外，在浙江的其他明藩王都已降清，他成了唯一人选。顺治二年（1645年）七月十八日，朱以海就任监国，任命张国维、朱大典、宋之普等为大学士，建六部，置六部尚书，以张国维为督师，节制各部兵马。唐、鲁政权先后建立后，本应该同舟共济，互相扶持，共同对抗清军，但为了各自私利，却互相拆台。对于是否承认唐王政权，鲁监国大臣各执一词。在张国维等人的坚持下，鲁王政权决定拒绝接受隆武诏书，唐、鲁阋墙愈演愈烈。

鲁监国政权初期，为收复失地，积极布防，主动出击，收复了富阳，但在渡江攻杭州之役失败后，鲁监国政权开始转攻为守。朱以海虽比明其他藩王有过人之处，但他毕竟从小长于深宫，过惯了富贵奢侈的生活，即位之后，仍不忘享乐。另外，他任人唯亲，纵容亲戚招权纳贿。

顺治三年（1646年）二月十九日，清廷命多罗贝勒博洛为征南大将军率兵南下，进攻浙闽。五月二十日，抵达杭州。二十九日，清军东西两路会合出击，鲁监国钱塘江防线全部瓦解。是夜，朱以海出逃。六月初一日，清军占领绍兴，朱以海在张名振等保护下乘船到达舟山。十月二十五日他从舟山出发，十一月二十四日到达厦门。此时唐王政权已经覆亡，郑芝龙降清，欲捉拿朱以海向清军请赏，但郑彩不愿降清，在他的保护下，朱以海才得以安顿下来。隆武政权既已覆灭，鲁监国政权遂成为号召反清复明的旗帜。1647年7月，鲁监国政权号召各地起义，一时云集响应，其中既有各地百姓，也有原明朝官绅，反清复明烈火不断蔓延。至1648年上半年，以鲁监国政权为首的明朝各支队伍，收复了闽东北三府一州二十七县。

然而，这种兴盛的局面并没有维持多久。各派势力仍然钩心斗角，分散

---

[1] ［西班牙］帕莱福等：《鞑靼征服中国史 鞑靼中国史 鞑靼战纪》，何高济译，中华书局2008年版，第374页。

了力量，给清军以可乘之机。郑彩拥戴鲁监国政权，其真实目的在于通过操纵朱以海，排斥异己，巩固个人权势。他击杀大学士熊汝霖，逼死义兴侯郑遵谦，导致鲁监国政权内部涣散，失去凝聚力。浙江、福建各地的抗清运动如火如荼之际，清军调两广、江浙之兵分路进攻福建。顺治五年（1648年）三月下旬，清军进攻建宁，次月初四日将其攻克。其后，鲁监国政权所辖州县陆续被清军攻占，朱以海出逃，先至浙江健跳所，后移至舟山岛。朱以海以舟山岛为根据地，任命官将，积极抗击清军。清廷对鲁监国政权的存在感到如芒刺在背，认为必须铲除。顺治八年（1651年）八月中旬，清军各路兵马做好准备云集定关，舟山之役随即开始。八月二十日，双方在横水洋交战，战况激烈。九月初一日，明军不支，明总兵金允彦投降。九月初二日，舟山城被攻破，鲁监国政权的宫眷、大臣或被俘，或被杀，或殉国。朱以海和张名振等人被迫转移，乘船来到海坛岛，寻求郑成功的庇护，郑成功不承认鲁监国政权，虽接纳朱以海，但只负责他的饮食起居，并不尊他为帝。1652年，朱以海放弃监国名义，上表永历朝廷，这标志着鲁监国政权的结束。此后，朱以海在金门等地辗转寓居，于康熙元年（1662年）十一月死在台湾。

四、永历政权

隆武帝遇害的消息传到湖广等地后，继统问题再次被旧明官员提上日程。他们将候选人锁定为桂王朱由榔，这主要是出于对血统亲近的考虑。朱由榔是万历皇帝之子桂王朱常瀛的第四子。崇祯十六年（1643年）八月，张献忠进军湖南，朱常瀛逃往广西，朱由榔死里逃生，得以与其父相见于梧州。隆武朝廷建立后，封他为王。隆武政权灭亡后，朱由榔在两广总督丁魁楚、广西巡抚瞿式耜等拥戴下，在肇庆就任监国，史称永历政权。即位七天，传来赣州失守的消息，朱由榔逃往梧州。在他就任监国的同时，苏观生等拥立朱聿𨮁在广州称帝，史称绍武政权，同室操戈的局面再次重演。永历政权迁回肇庆后，派兵科给事中彭燿赴广州劝说绍武归并于永历，苏观生听后大怒，将彭燿处斩，调动军队问罪肇庆。顺治三年（1646年）十一月二十九日，双方大战于广东三水县，绍武政权失败。就在永历政权准备一举消灭绍武政权之际，绍武方面采取诱敌深入之计，导致永历全军覆没。与此同时，清军李成栋正向广州进兵。十二月十五日，清军到达广州，出其不意

贵州安龙博物馆（永历皇宫）

将绍武帝俘获，绍武政权随之覆亡。

清军占领广州后，永历帝再度出逃，先逃入广西梧州，又逃到桂林。李成栋紧追不舍，永历帝又想出逃，大学士瞿式耜坚决反对，认为"海内幅员止此一隅，以全盛视粤西则一隅似小，就西粤恢中原则一隅甚大"，"楚不可遽往，粤不可轻弃"[①]。但永历帝此时已被清军吓破了胆，根本听不进去，率随从逃往全州，桂林城只有瞿式耜勉强防守。次年三月十一日，清军进入桂林境内，焦琏部英勇作战，桂林转危为安。五月二十五日，清军再次突袭桂林，明军用红衣大炮轰击清军，迫使清军撤退。

永历帝逃到全州后，受军阀刘承胤控制。刘承胤请永历帝移住武冈，就是想挟天子以令诸侯。顺治三年（1646年）八月，孔有德被任命为平南大将军，带领怀顺王耿仲明、智顺王尚可喜、续顺公沈志祥等南征。清军一路势如破竹，于次年八月进攻武冈。刘承胤部将陈友龙等出战，但刘承胤不发救兵，致使陈友龙兵败。孔有德在距武冈山三十里处安营，刘承胤没有任何抵抗，出城投降，表示要将永历帝献给清军，孔有德怀疑其中有诈，没有立即答应。永历帝闻讯后，仓皇出逃，一路辗转，最后来到柳州。孔有德发现

---

① 徐鼒：《小腆纪传》卷28《瞿式耜传》，中华书局1958年版，第279页。

永历帝逃走，立即派军追击，兵临靖州城下，俘获肖旷、姚有性等。

1648年春，清军接连告捷，先后攻占辰州、贵州、广西等，孔、尚、耿撤离湖南，班师回朝。孔有德部队刚走，广东提督李成栋公开反清归明。在李成栋之前，江西提督金声桓与部将王得仁已在南昌举兵叛清，形势的发展对永历政权极为有利。不过，由于督师何腾蛟嫉贤妒能，永历政权在湖南战场上一再错失良机，逐渐陷于被动。九月，清廷任命郑亲王济尔哈朗为定远大将军，率师征湖南。次年正月济尔哈朗进驻长沙。顺治六年（1649年）正月二十日，清军从明俘房口中得知何腾蛟和马进忠在湘潭城内，便出其不意包围湘潭城。次日，清军进城，何腾蛟被俘，清军劝降未果，将其杀害。

金声桓反清数月后，清军派固山额真谭泰为征南大将军，出征江西。清军将南昌团团包围，南昌城内粮绝，以致杀人而食。顺治六年（1649年），清军发动攻击，南昌失守，"声桓自投于城之东湖死"①。

济尔哈朗出征湖南不久，清廷又派孔有德、耿仲明、尚可喜三王统兵南下。孔有德进军广西，耿仲明、尚可喜经由江西入粤。耿仲明行至吉安，听闻有人告发他收留逃人，清廷查问，遂畏罪自杀，其子耿继茂接管其军队。在尚可喜指挥下，清军于顺治七年（1650年）兵临广州城下，尚可喜发现广州城易守难攻，于是围而不打，直到十月二十九日才发起总攻，守城总兵范承恩投降。同年，孔有德部进入广西，进逼桂林，大学士瞿式耜催促诸将迎战，但手下诸将多贪生怕死，早已作鸟兽散，唯有瞿式耜誓与该城共存亡。十一月初六日，瞿式耜被俘，孔有德劝其归降无果，于次日将其杀害。

永历帝得知三王分别攻克广州、桂林的消息后，立即逃往南宁。他在南宁无将可用，无兵可守，无奈之下决定向大西军余部求援，而大西军在张献忠死后，余部向云南、贵州转移，并占领该地区，李定国、孙可望深感独力难支，也有心向永历政权靠拢。大西军余部开始执行联明抗清的路线，永历政权借大西军余部之力，支撑了14年之久。康熙元年（1662年），永历帝在缅甸被吴三桂俘获，后被押至云南昆明绞杀。

---

① 徐鼐：《小腆纪传》卷65《金声桓传》，中华书局1958年版，第742页。

第四节 大顺、大西政权余部联明抗清

一、大顺政权余部联明抗清

李自成牺牲后，大顺军余部的一支行至湖南，由于缺乏指挥核心，逐渐成为松散的政治联盟。另一支大顺军余部在清军占领西安后，由李过、高一功带领，来到湖北荆州一带，成为"忠贞营"的前身。

进入两湖地区的大顺军将领刘体纯、郝摇旗、田见秀在根据地全失的情况下，决定与明湖广总督何腾蛟联合抗清。顺治二年（1645年）七月间，双方达成抗清协定。由于对农民军历来的敌意和猜忌，何腾蛟并没有对他们加以重用，反而处处刁难、分化与掣肘。郝摇旗、王进才在这支队伍中地位较低，何腾蛟给郝摇旗、王进才加官晋爵，将他们视为亲信，田见秀、袁宗第、刘体纯等将领却备受歧视。在这种情况下，郝、王二人留在湖南，田见秀等则率部进入湖北，与李过、高一功部会合。

李过、高一功部在顺治二年（1645年）六月间占领荆州地区。八月，田见秀、袁宗第等与李过、高一功部会合。清廷知道大顺军余部是不可忽视的力量，想要尽力招抚。李过等虽有归附之心，但清廷坚决要求他们剃发。李过等大顺军余部遂与南明隆武政权达成联合抗清协议，建"忠贞营"。南明湖广巡抚堵胤锡与李过等人联手后，决定恢复湖北。他派李过部攻打荆州城，清守城将领郑四维抵挡不住，向湖广总督佟养和求救，佟养和无兵可派，又向平南大将军贝勒勒克德浑请援。顺治三年（1646年）正月初十日，勒克德浑部到达武昌，亲率主力与忠贞营决战。何腾蛟面对清军弃战而逃，勒克德浑直趋荆州。二月初三日，清军抵达荆州城，对忠贞营进行突然袭击，大获全胜。顺治四年（1647年）九月，休整过后的忠贞营来到湖南常德，十月二十四日收复益阳县，十一月初三日占领湘潭县，初九日又攻占湘乡、衡山两县，十一日，包围长沙。忠贞营受堵胤锡节制，但何腾蛟心胸狭窄，嫉贤妒能，与其有隙。当他听到忠贞营即将收复长沙的消息后，嫉妒不已，利用督师的权力将忠贞营改调江西，致使围攻长沙之役功亏一篑。1649年南昌失守，救援任务化为泡影，得知湖南大部分被清军占领后，李过、高一功率军南撤。退入广西后，李过病逝，大顺军余部由高一功和李过养子李

来亨统领。

清军相继攻占桂林、广州之后，高一功率领大顺军余部再撤退至贵州。入贵州途中，由于陈邦傅的挑唆，大顺军余部受到大西军首领孙可望的袭击，高一功不幸阵亡。余下的这支队伍在李来亨的带领下，于 1651 年与郝摇旗、刘体纯的队伍会师，继续抗清。永历后期，大顺军余部脱离南明番号，刘体纯、李来亨、袁宗第等各率本部人马，组建"夔东十三家"，在今川东、重庆、鄂西交界地区同清军斗争。清廷打算招降，但遭到十三家将领的拒绝。永历政权灭亡后，清廷全力剿灭十三家。康熙元年（1662 年），袁宗第、郝永忠等相继被清廷处死，李来亨独力难支，于康熙三年（1664 年）自杀，"来亨败没，中原无寸土一民为明者"[①]。

二、大西军余部联明抗清

张献忠牺牲后，大西军在孙可望、李定国、刘文秀等将领的带领下渡过长江，由贵州进入云南。顺治三年（1646 年），大西军余部占领贵阳。得知云南发生沙定洲叛乱，孙可望等决定攻取云南。三月二十五日，大西军攻入云南。四月下旬，到达昆明。五月，孙可望被推为盟主，全权指挥平定云南的斗争。李定国率兵攻打临安府，刘文秀向滇西地区进攻，孙可望则进攻滇东地区。十月，云南只剩阿迷、蒙自在沙定洲的掌控下。次年五月，孙可望命艾能奇出征东川，但艾能奇行至距东川三十里处时遭遇埋伏，中毒箭身亡。为彻底消灭沙定洲，李定国、刘文秀领兵征阿迷、蒙自。十月，沙定洲在昆明被处死，云南平定。

孙可望等把云南作为反清根据地，开展各方面建设，成绩颇为可观。政治上，废除大西国号，改用干支纪年。孙可望称平东王，李定国称安西王，刘文秀称抚南王，艾能奇称定北王，由孙可望主持全局。为便于老百姓进言和申冤告状，孙可望设登闻鼓。经济上，注意减轻老百姓的纳税负担，把田租减到十分之一；注重保护民间贸易，发行货币，活跃商品流通。军队建设方面，严整军纪，严禁骚扰百姓；加强军队训练，增强战斗力；提高士兵待遇。民族和宗教政策上，注意笼络当地的少数民族贵族、土司、官吏，尊重

---

① 王夫之：《永历实录》卷 15《李来亨列传》，载《船山全书》第 11 册，岳麓书社 2011 年版，第 482 页。

当地的佛教信仰。

云南安定后，孙可望等从大局出发，决定出滇抗清。当时永历政权处境困难，为取得大西军余部的支持，永历帝封孙可望为冀王，孙可望拒不接受，永历政权不得不让步，封其为秦王，双方分歧才算暂时解决。孙可望以贵州为根据地，作出军事部署，由他和李定国攻湖广，刘文秀攻四川。顺治八年（1651 年）四月，孙可望派冯双礼率领兵马出征湖南。四月十五日，占领沅州。次年四月，李定国率军支援，会合冯双礼进攻靖州。五月二十二日，攻克靖州。清续顺公沈永忠向定南王孔有德求救，孔有德与沈有隙，没有发兵，沈见救援无望，带领清廷任命的湖南官员逃往岳州。李定国部一路大捷，收复湖南大部分州县。

顺治九年（1652 年），李定国部再由湖南攻广西。六月三十日，抵达桂林。七月初四日攻入城内。孔有德见大势已去，设法令其子出逃，然后举家在王府内自焚身亡。占领桂林后，李定国部一鼓作气，于八月十五日收复梧州，广西平定。清廷得知李定国连克湖南大部分州县，大为震惊，急派敬谨亲王尼堪为定远大将军，统兵南下。十月十九日，尼堪军抵达湘潭县。二十二日，行至衡阳府，与李定国部相遇。尼堪骄兵轻敌，中了李定国埋伏，当场毙命。"两蹶名王，天下震动"，清军"闻定国名，股栗战惧，一时弃湘、粤、桂、赣、川、滇、黔七省"，有和永历议和之意。[1]刘文秀也在四川大败清军，收复叙州、重庆等地，迫使吴三桂退守汉中。李定国因功封西宁王，冯双礼封兴国侯。

刘文秀攻克叙州后，产生了骄傲轻敌的思想。在攻打保宁城时，急躁冒

---

① 郭影秋编著：《李定国纪年》，中国人民大学出版社 2006 年版，第 108 页。

进。顺治九年（1652 年）十月初八日，明军在刘文秀的指挥下攻城。吴三桂通过侦察，得知刘文秀部下张先璧部力量最弱，于是先攻打张军。张部不敌，四处溃逃，明军死伤大半，刘文秀率残兵败将返回贵州，孙可望大怒，解除刘文秀兵权，处死张先璧。同时，李定国在与清军作战中，屡立战功，声望日高，孙可望嫉贤妒能，想要加害李定国，迫使其出走，向广东进军。顺治十年（1653 年）三月二十五日，李定国部抵达肇庆，次日攻城。平南王尚可喜率军救援，双方恶战，李军战败，撤回广西。肇庆战役失败后，李定国总结失败教训，重新部署作战计划。顺治十一年（1654 年）六月二十九日，新会战役打响，持续半年之久。李部围困新会日久，城内粮食匮乏，清军竟以民为食，结果"饥死者半，杀食者半，子女被掠者半"。新会危在旦夕，清军援兵赶到，与李定国部在城外交战，李军抵挡不住，再次被迫撤回广西。

孙可望将永历帝迁到安龙后，大权在握，"假天子号令行中外，调兵催饷，皆不上闻，生杀与夺，任意恣肆"①。他的野心逐渐膨胀，欲杀永历帝自立，但顾忌李定国、刘文秀等一批将领，始终没有动手。永历帝对自己的处境十分担心，只能寄希望于李定国。永历帝密诏李定国勤王，但消息被奸臣马吉祥泄露给孙可望。孙可望为查真相，对参与密会的一干朝臣严加审问，重刑逼供，制造了南明史上著名的"十八先生案"。李定国接到密诏后，决心将永历帝从孙可望手中解救出来。孙可望派大将白文选阻止李定国，但白文选对孙可望的所作所为极为不满，阳奉阴违。顺治十三年（1656 年）正

---

① 屈大均：《安龙逸史》卷下，载顾久主编：《黔南丛书》第 5 辑，贵州人民出版社 2009 年版，第 3 页。

月二十二日，李定国将永历帝从安龙救出，前往云南。四月，永历帝封李定国为晋王，刘文秀为蜀王，白文选为巩国公，拜官命将，重新组织朝廷。永历帝、李定国等从大局出发，希望孙可望能回心转意，但孙可望一意孤行，决心反叛。顺治十四年（1657年）八月初一日，孙可望在贵阳誓师，亲率十四万大军攻云南。在战争关键时刻，大将白文选反正，与李定国里应外合，将其击败。走投无路之下，孙可望降清。清廷对孙可望的归降极为重视，给以高官厚禄以安其心。孙可望利用自身的影响力，在对永历政权的作战中立下汗马功劳。顺治十六年（1659年），有人告发孙可望放高利贷，清廷有意打击孙可望，孙可望感到朝不保夕，主动辞掉爵位，次年死去。①

顺治十四年（1657年）十二月十五日，顺治帝颁布谕旨，命令清军兵分三路向贵州进军：吴三桂为平西大将军，出四川，取贵州；固山额真赵布泰为征南将军，取道广西攻贵州；固山额真罗托为宁南靖寇大将军，与五省经略洪承畴会合，进攻贵州。顺治十五年（1658年），三路大军齐集平越州（今贵州福泉）附近举行军事会议，决定多尼部为中路军，吴三桂部为北路军，赵布泰部为南路军，三路大军齐攻云南，洪承畴和罗托留守贵阳，料理粮饷。李定国虽事先做了部署，但仍旧不敌三路大军的进攻，在败退昆明后，建议朝廷迁移。十二月十五日，永历帝离开昆明，劝谕百姓"各速远遁，毋致自误"②。顺治十六年（1659年）正月初四日，永历帝到达永昌，下罪己诏，李定国也自请处分。二月初二日，吴三桂、赵布泰进攻玉龙关，守关的白文选不战自逃。李定国保护永历帝撤离永昌。清军一路紧追不舍，于二月二十一日越过怒江，进抵腾越州（今云南腾冲）。李定国在距怒江以西二十里处的磨盘山设下三道埋伏，希望彻底消灭清军。吴三桂的军队进入埋伏圈，李定国与其决一死战之时，永历政权的光禄寺少卿卢桂生向吴三桂告密，吴三桂得知中计，急令军队后撤，暗中埋伏的明兵被迫出战，双方经过激烈交战，都伤亡惨重，李定国不再恋战，率部撤离腾越州。

永历帝离开永昌后，在一批文武大臣的保护下，逃入缅甸境内，后在缅甸寄人篱下，生活困难。顺治十八年（1661年）十二月初一日，吴三桂军

---

① 关于孙可望的死因，历来说法不一，官方说法是病死，民间传说为死于非命。

② 屈大均：《安龙逸史》卷下，载顾久主编：《黔南丛书》第5辑，贵州人民出版社2009年版，第33页。

李定国祠

李定国祠位于云南勐腊县勐腊镇东北侧曼嘎村山坡上，是祭祀明末清初农民起义军大西军领袖李定国的祠堂。李定国在勐腊病故后，当地傣族奉之为天王神，尊为汉王。康熙初年，当地群众在李定国墓遗址上建造李定国祠，又称"汉王庙"。每年春节，当地群众宰猪杀鸡敬供、祭奠，此习俗一直延续至今。1987年12月李定国祠被公布为云南省重点文物保护单位。

逼近缅甸，要求缅甸王交出永历帝。初三日，吴三桂俘获永历帝。康熙元年（1662年）四月二十五日，吴三桂向清廷请示后，将永历帝处死。李定国得知永历帝去世，悲愤欲绝，于六月二十七日病死。永历朝廷是南明史上存在最久的政权，在反清战争中创造了辉煌的业绩，但由于内部钩心斗角，争权夺利，消耗了实力，最终被清廷剿灭。

三、其他抗清活动

大顺军、大西军余部联明抗清运动引发了各地武装力量抗清的高潮。在山西，1648年，降清的大同总兵姜瓖倒戈。姜瓖是原明朝大同总兵，后投降农民军，在李自成山海关大战失败后，姜瓖投降清朝。他把大同地区拱手献给清廷，希望加官晋爵，不料事与愿违，遂心怀不满。加之1648年11月，蒙古喀尔喀部犯边，多尔衮派阿济格等加强对大同的防务，姜瓖认为这对自身不利，决心造反，举起反清大旗。多尔衮得知消息后，写信希望姜瓖能够回心转意，但姜瓖在回信中声讨清廷有功不赏、猜疑汉将的寡情行为，决意抗清。顺治六年（1649年）正月初四，多尔衮亲征，在中途听闻其弟多铎身染天花，无心再战，折回北京。姜瓖的抗清活动在山西地区产生了很大的影响，各种武装力量纷纷起义，席卷全省。山西是清朝统治的核心区域，多尔衮决定不惜一切力量予以镇压。顺治六年（1649年）六月时，战争形势开始有利于清军。八月，姜瓖军招架不住清军精锐力量的猛攻，姜瓖部下总兵杨振威投清，带领官兵杀害姜瓖及其兄弟，出城降清。

在陕北，有王永强领导的抗清斗争。王永强于顺治六年（1649年）二月十五日占领榆林，二十一日占领延安。清廷命平西王吴三桂、固山额真李国翰部率军镇压王永强。二十三日，两军相遇，大战后，王永强阵亡。在甘肃，有回族将领米喇印、丁国栋领导的抗清起义。回民在进军途中，连杀清朝官兵，攻城略地，声势大振，"号百万，关辅大震"。顺治五年（1648年）四月，清廷派固山贝子吞齐为平西大将军，率兵进剿。二十四日，大军会集兰州，大举攻城，起义军战败，兰州失守。五月二十七日，在清军的追击下，米喇印遇难，丁国栋等退往肃州，次年正月，清军攻破肃州，丁国栋被杀。

大顺军、大西军余部抗清斗争同样在南方引起强烈震动。在浙江，王翊、王江领导的大岚山寨起义规模最大。1649年春，大岚山义军打败清军，势力向东发展。1650年，清军集中兵力攻打大岚山，起义军寡不敌众，最后失败。此外，还有黄宗羲领导的四明山义军，抗清活动一直坚持到康熙年间。

在江西，有金声桓、王得仁领导的江西反正起义。金声桓原是南明左良玉部下，左良玉病死后，他与左良玉之子左梦庚一同降清。金声桓在帮清廷攻下江西大部分地区后，自以为"未费满洲一矢斗粮，孤军传檄，取十三府，七十二州县，以数千里地拱手归之新朝"，"意望旦夕封公王，次亦不失侯耳"，结果只得到了江西副总兵兼提督江西军务事的官职，故心怀不满。他们和清廷委派的江西巡抚、巡按也存在矛盾。顺治五年（1648年）正月二十七日，金声桓、王得仁杀掉巡按董学成、布政使迟变龙，宣布反清归明。三月，王得仁率兵攻下九江。三月十六日，金声桓统率二十万大军于十九日进抵赣州城下。闰四月初一日，王得仁率兵来援金声桓，共同猛攻赣州城。双方相持七十余日，清军派谭泰为征南大将军，兵分两路进攻九江与饶州府。金、王得到消息后，下令全军撤退，回保南昌。南昌被清军包围得水泄不通，金、王多次突围都没有成功，拖延到次年正月，南昌城破，金、王被杀。

顺治五年（1648年）四月，李成栋在广州反清复明。李成栋原为史可法部将，清军南下时，他率军降清。在平定两广的战争中，李成栋为清军出力不少，也只得到个两广总督的职位，故大为不满。他听到金声桓、王得仁反清归明的消息后，认为时机已到，于四月十五日在广州发动兵变。此时金声桓、王得仁围攻赣州，若李成栋率军北上，合力围攻赣州，清军将陷入被动局面。但李成栋忙于获得永历朝廷的封赏，错过战机。迟至八月，李成栋才清点兵马，从广州直趋南雄。十月初一日，到达赣州城下，赣州城清军守将趁金、王部队回师救援南昌，李成栋部未到之时，加强了城防工事。李成栋攻城失败，返回广州。顺治六年（1649 年）一月，李成栋再次出师，驻扎信丰。三月，清军反击，李成栋战败后投河身亡。

郑成功的抗清斗争也一度取得过很大的成就。郑成功（1624—1662 年），本名森，字大木，其父郑芝龙因立功被封为侯，隆武帝特赐姓朱，改名成功，号"国姓爷"，任御营中军都督，仪同驸马都尉宗人府宗正。后来郑芝龙降清，他"背父救国"，以厦门、金门为基地，领导最后一支抗清力量，多次进行北伐和南征，其中以顺治十六年（1659 年）的北伐声势最大。这年六月，郑成功新任招讨大元帅，以张煌言为监军，率十七万水陆大军直指南京，收复太平、宁国等四府三州二十四县，与李定国的起义军遥相呼应，"大江南北，相率送款"，四府三州二十二县主动投降，南京也在掌握之中。顺治帝认为局势紧迫，甚至准备御驾亲征。后郑成功因麻痹轻敌，中了清军总督郎廷佐假装谈判投降的缓兵之计，久围南京不攻，遭清兵偷袭，败归厦门。经过半年休整，郑成功于漳州海门港大败清军，稳定了局势。

从顺治十二年（1655 年）开始，清廷为断绝东南抗清势力的军饷及物资供应，禁止沿海省份帆船入海，此后又将局部地区居民赶到内地，实行迁海政策。顺治十八年（1661 年），全面实行

郑成功像　现藏中国国家博物馆
郑成功出生于日本平户，父亲郑芝龙从事海上贸易走私，母亲是日本人田川氏。郑芝龙降清后，田川氏在乱军中自尽，郑成功率领父亲旧部在中国东南沿海抗清，成为南明后期主要军事力量之一，后收复台湾，开启郑氏在台湾的统治，但不久即病死。郑成功去世后，台湾民间陆续建立庙宇祭祀，其中以台南延平郡王祠最为重要。

海禁，在沿海各地发布迁海令，派大臣前往山东、江苏、浙江、福建、广东五省"立界移民"，"不许人迹至海滩，片板不容入海洋"。[1]同年，清廷再发布《严禁通海敕谕》，称"郑成功盘踞海徼有年，以波涛为巢穴，无田土力可以资生，一切需用粮米、铁木物料皆系陆地所产，若无奸民交通商贩，潜为资助，则逆贼坐困可待"。直到康熙二十二年（1683 年），清朝收复台湾后，才下令全面复界，持续二十二年的迁海政策始告结束。实施禁海迁界，给郑成功造成了很大困难。为坚持长期抗清斗争，在爱国思想的支持下，他遂决意驱逐荷兰侵略者，收复我国固有领土台湾。

第五节　统治政策与民族矛盾

一、笼络汉族官僚、地主与整肃吏治

在清军入关以前，就有一些汉族地主知识分子为努尔哈赤、皇太极出谋划策。随着对明朝作战的不断胜利，越来越多的明朝官员投降清军，其中著名的有范文程、宁完我、洪承畴、孔有德、尚可喜、吴三桂、李永芳、耿仲明等。清廷能够建立中央政权，平定各地的反清势力，这些降官降将发挥了重要作用。

明朝灭亡后，众多汉族地主对于何去何从有着不同的考虑。一部分认为满洲乃蛮夷，耻于与其为伍，于是归顺农民起义军，力求恢复明朝统治；一部分在农民军的沉重打击下降清。对清统治者而言，要统治幅员辽阔、人口众多的泱泱大国，只凭满洲自身的力量肯定行不通。双方各取所需，满洲贵族对汉族地主极力笼络，依靠他们来统治中国。

定都北京后，为了能得到汉族地主的支持，清廷强调"义兵之来，为尔等复君父仇，非杀百姓也，今所诛者惟闯贼。官来归者，复其官；民来归者，复其业"[2]，竭力拉拢前明文武官绅。清军进入北京后，即礼葬崇祯皇帝，令官

①　叶梦珠：《阅世编》卷 1《田产》，中华书局 2007 年版，第 27 页。

②　李霨：《内秘书院大学士范文肃公墓志铭》，载钱仪吉：《碑传集》卷 4，燕京大学研究所 1932 年版，第 10 页。

民服丧三日，并保护明帝诸陵，春秋致祭。对前明官员也照旧录用，"其避贼回籍，隐居山林者，亦具以闻，仍以原官录用"①。在清廷的号召下，因依附阉党而声名狼藉的大学士冯铨降清后，仍以大学士衔佐理机务。参加过大顺政权的牛金星父子，降清后也受到重用。除了任用前明官员外，清廷还准许现任官员举荐，"凡境内隐迹贤良，逐一启荐，以凭征擢"②。如果被荐举之人确有真才实学，荐举人会得到赏赐；反之，则要负连带责任。

为消除汉族知识分子的反抗情绪，同时也需要大量的官员用以控制越来越大的占领区，清廷决定恢复科举考试。1645 年，举行了入关后的首次乡试，次年举行会试、殿试，通过科举考试，"读书者有出仕之望，而从逆之念自息"③。对于愿意与清廷合作的汉族官员、地主，清廷予以优待，而对于尚未归附清朝的"直隶及各省地方在籍文武"，以及抗清的汉族官员、地主，则取消其父兄子弟的特权。

吏治清浊关系到王朝的兴衰成败。明朝中晚期的政治极其腐败、黑暗，最终导致灭亡。清军刚进入北京后，也面临同样的局面："时天下初定，法纪从宽；司民牧者，鲜体朝廷至意，大半惟贿是求。庶僚相仿，大吏包荒。无情之讼，莫诘其奸，而讼狱日繁；不急之征，诛求四出，而差徭络绎。缙绅之后，修怨者概指为通南；素封之家，无端者指名为拔富。虚词诳上，按家计而算缗；游手谋生，望屋廛而构隙。凡有中人之产者，莫不重足而立，遁逃无地，控诉无门，民生日惴惴矣。"④ 贪官污吏上下其手，社会风气污浊，百姓深受欺压。摄政王多尔衮吸取明末教训，决定从速严整吏治。他要求各官"宜痛改故明陋习，共砥忠廉，毋朘民自利"，并承诺"我朝臣工不纳贿，不徇私，不修怨"，警告各官吏，如有违反，"必置重典"。清朝监察官员也纷纷上书，痛斥吏治败坏。吏科给事中林起龙说："今贪官污吏遍天下，虽有参劾，不过十之一，其他弊端较之明季更甚。"为严惩贪官，多尔衮采取以下措施：一是颁布法律条文，加重对贪官污吏的惩处力度，如发现有官吏贪污，"立行处斩"；二是要求科道官员切实履行职责，不得玩忽职守，

---

① 《清世祖实录》卷 5，中华书局 1985 年版，第 57 页。
② 《清世祖实录》卷 5，中华书局 1985 年版，第 65 页。
③ 《清世祖实录》卷 19，中华书局 1985 年版，第 168 页。
④ 叶梦珠：《阅世编》卷 4《宦迹》，中华书局 2007 年版，第 104 页。

"凡贪污枉法，暴戾殃民者，指实纠参，方为称职"①。在多尔衮的严格督率下，科道官员不遗余力地揭发各地官员的贪污案件，影响比较大的有顺治五年（1648年）的甘肃巡按许弘祚贿赂固山贝子满达海案，顺治六年（1649年）八月的福建巡按周世科虐杀平民案。

顺治七年（1650年）十二月，多尔衮病逝，顺治帝亲政。他延续多尔衮整肃吏治的政策，鼓励臣下向他进言："国家政务，悉以奏闻。朕年尚幼，暗于贤否，尚书缺员，其会推贤能以进。"顺治帝认为朝廷治国安民，首在严惩贪官，故首先从整顿监察官开始。顺治帝认为监察官是他的"耳目之官"，多次召见，鼓励他们"果能公廉自矢，为朕爱养斯民，使得享太平，自当升赏"，同时也对其予以警告，"若贪婪害民，必行治罪"。通过完善监察体制来打击贪腐，很快取得了效果，大批结党营私、贪污腐败的官员遭到严惩。顺治帝亲政后，任法严肃，"故人知畏惧，夙弊尽革，以成一代雍熙之治也"。凡大臣专擅如陈名夏、谭泰、陈之遴、刘宗正等人，"无不立正典刑"②。自顺治八年（1651年）到十七年（1660年），顺治帝亲自处理的贪污案件就有45件之多。

二、圈地、投充、逃人与剃发

清军入关后，为解决满洲王公、八旗士兵的生计，于顺治二年（1645年）正月颁布了圈地令："凡近京各州县民人无主荒地，及明国皇亲、驸马、公、侯、伯、太监等，死于寇乱者，无主田地甚多……尽行分给东来诸王、勋臣、兵丁人等。"③圈地令名义上针对的是近京各州县的无主荒地，实际上导致大量汉族百姓的土地被侵占。清廷又于该年十一月、顺治四年（1647年）二月两次大规模圈地，范围延伸至北京周围四十余府、州、县。

清廷规定，如果是有主土地被圈占，老百姓可以获得补偿，但实际上，被圈地的百姓得到的往往是一些盐碱地，根本无法耕种，即使获得补偿，土地也离原住地很远，最近者都有三四百里。圈地给老百姓生活带来巨大灾难，"圈田所到，田主登时逐出，室中所有皆其有也"。圈地实际上是对汉族

---

① 《清世祖实录》卷6，中华书局1985年版，第73页。

② 昭梿：《啸亭杂录》卷1《世祖勤政》，中华书局1980年版，第4页。

③ 《清世祖实录》卷12，中华书局1985年版，第117页。

劳动人民的野蛮掠夺。百姓流离失所，背井离乡，无法生存，只能加入流民队伍，社会秩序因此更加不安定。京畿附近的流民极为悲惨，"流民南奔，有父母夫妻同日缢死者；有先投儿女于河，而后自投者；有得钱数百卖其子女者；有刮树皮抉草根而食者；至于僵仆路傍，为鸟鸢豺狼食者，又不知其几何矣"①。有些农民走投无路，只能起来反抗，"自圈地圈房后，饥寒迫身，遂致起而为盗"②。顺治帝在诏书中也称："被圈之民，流离失所，煽惑讹言，相从为盗，以致陷罪者多，深可怜悯。"③

圈地不利于社会稳定，也不符合清政府的长期统治利益。从顺治四年（1647 年）开始，清政府多次下令禁止圈地。康熙八年（1669 年），规定"以后圈占民间房地，著永行停止"。不过，即使下达了禁止圈地的命令，零星的圈地仍在进行。康熙初年，鳌拜集团又掀起大规模圈地更换土地事件。圈地真正停止，是在康熙帝清除鳌拜集团之后，"比年以来，复将民间房地，圈给旗下，以致民生失业，衣食无资，流离困苦，深为可悯。自后圈占民间房地，永行停止"④。

通过圈地，清统治者占有的土地在二十万顷⑤左右。在圈得的土地上，分别设置皇庄、王庄、官庄等。皇庄按规定"每庄给田三百晌"⑥，每个王庄占田七十晌至一百三十晌。皇庄由内务府会计司管理，有 132 所，设庄头管理，庄上产的粮食、瓜果蔬菜、家禽、纺织物等由皇室专用。王庄大约有 1350 余所，分布在张家口、山海关外。官庄指八旗将领、官员的庄田。为耕种这些庄田，清统治者实行投充政策。所谓"投充"，是指投充为奴，"畿辅地区大量土地既被满洲圈占，原住汉族百姓被剥夺了资生之业，满洲贵族、官兵自己又不从事耕作，清廷以'为贫民衣食开生路'为名听任汉民投入旗下以奴仆身份耕种田地"⑦。顺治二年（1645 年）三月，多尔衮谕户部："闻贫民无衣无食、饥寒切身者甚众，如因不能资生，欲投入满洲家为

① 魏裔介：《魏文毅公奏议》卷 1《流民急宜拯救并请发赈疏》，定州王氏谦德堂校刊本，第 38 页。
② 《清世祖实录》卷 125，中华书局 1985 年版，第 967 页。
③ 《清世祖实录》卷 31，中华书局 1985 年版，第 257 页。
④ 《清圣祖实录》卷 30，中华书局 1985 年版，第 408 页。
⑤ 1 顷约为 66666.67 平方米。
⑥ 晌为清代八旗田亩单位之一，每六亩为一晌，一亩约为 666.67 平方米。
⑦ 顾诚：《南明史》，光明日报出版社 2011 年版，第 220 页。

奴者，本主禀明该部，果系不能资生，即准投充。"①顺治四年（1647 年）再
谕户部："前令汉人投充满洲者，诚恐贫穷小民，失其生理，困于饥寒，流
为盗贼，故谕愿投充满洲，以资糊口者听。"投充实际上使自耕农变为农奴，
是生产关系上的一种巨大倒退。其施行过程中，更是出现诸多弊端。满族贵
族常以语言恐吓，以威势胁迫汉族老百姓投充。另外还出现大批带地投充的
现象，有地主或自耕农希望投充后免除赋税，还有奸诈之徒"暗以他人之地
投"，使许多不在投充之内的百姓遭受不白之冤。顺治四年（1647 年）三月，
清廷规定"投充一事，永行禁止"，但投充现象一直持续到乾隆初期。

　　清初的圈地与投充，使百姓深受其苦，大大激化了阶级矛盾和民族矛
盾。投充百姓大量逃亡，成为"逃人"。逃人问题愈演愈烈，遂成为清初重
大社会问题。逃人问题早在入关前就已经存在。清军在辽东、山东等地俘
获大批汉民，人数至少在"一百万以上"②。当时就有人受不了虐待之苦，趁
机逃亡。顺治年间，逃人问题突出。顺治三年（1646 年），数月之间，逃人
已数万。奴仆大批逃亡，致使依靠圈地建立的各种庄田缺乏劳动力，直接影
响了满族王公贵族、八旗士兵等阶层的利益，"奴仆逃亡，生业凋零，艰难
日甚"。为解决逃人问题，清廷设立兵部督捕侍郎负责追捕逃人，同时制定
"逃人法"，严惩逃人与窝主，地方官也以捕获逃人的多少为政绩考核标准。
逃人法规定，"逃人鞭一百，归还本主；隐匿之人正法，家产籍没；邻右九、
甲长、乡约，各鞭一百，流徙边远。本犯居某州县，即坐州县以怠忽稽察之
罪。其知府以上各官不将逃人察解，照逃人数多寡治罪"③。逃人第一次、第
二次逃亡被抓回后受鞭责，发回原籍；第三次逃亡被抓后处以绞刑。私藏逃
人的窝主往往被处以死刑，邻里左右发现逃人不加举报，也要连坐，所谓
"缉逃事例，首严窝隐，一有容留，虽亲如父子，但经隔宿，即照例治罪，
使小民父子视若仇雠，一经投止，立时拿解"④。

　　逃人法造成地方社会长期动荡不安，"逃人一事，立法过重，株连太多，
使海内无贫富、无良贱、无官民，皆惴惴焉莫保其身家"⑤。逃人法也给无辜

---

① 《清世祖实录》卷 15，中华书局 1985 年版，第 133 页。
② 顾诚：《南明史》，光明日报出版社 2011 年版，第 223 页。
③ 《清朝文献通考》卷 195《刑考》，商务印书馆 1936 年版，第 6601 页。
④ 李元度：《国朝先正事略》卷 4《名臣·吴文僖公事略》，岳麓书社 2008 年版，第 91 页。
⑤ 《清世祖实录》卷 88，中华书局 1985 年版，第 695 页。

百姓带来沉重灾难，"直隶被水诸处，万民流离，扶老携幼，就食山东。但逃人法严，不敢收留，流民啼号转徙"①，惨不忍言。许多逃民生活无着落，只能揭竿而起，"隐匿逃人，其法甚严。凡有犯者，家长坐斩。尔时天下嚣然，丧其乐生之心，盗贼蜂起，几成燎原之势"。一部分汉族官员上疏陈言圈地、投充、逃人法的弊端，认为圈地、投充是逃人问题产生的根本原因，希望停止圈地，禁止投充，对窝主从轻治罪。出于对满洲贵族利益的维护，清统治者反而指责汉官"于逃人一事各执偏见，未悉朕心。但知汉人之累，不知满洲之苦"，"法不严，则窝者无忌，逃者愈多，驱使何人？养生何赖？满洲人独不苦乎"，认为汉官偏护汉人，"欲令满洲困苦，谋国不忠，莫此为甚"②。魏琯、赵开心、李裀等人或被降级，或被流徙。这也从侧面反映了清初满汉之间的民族矛盾和阶级矛盾。

清初的圈地和投充是简单粗暴的落后政策，随着逃人问题的不断升级，清统治者也察觉到问题的严重性，"若专恃严法禁止，全不体恤，逃者仍众，何益之有"③，遂逐步放宽了逃人法的执行，减轻对窝主的惩罚，禁止虐待奴婢。康熙三十八年(1699年)，清廷将兵部督捕衙门改为督捕司，督捕司"终岁不劾一失察之官，不治一窝隐之罪"，逃人问题大为减轻。

清初因浙江、广东、福建沿海聚集了一些抗清武装，还曾颁布"迁海令"，强制东南沿海所有居民内迁30—50里，使以捕鱼、贸易为生者失去生计。清朝统治者的这种掠夺与高压政策，激化了阶级矛盾和民族矛盾，引起人民的反抗。京畿、山东、山西、甘肃等地人民的抗清斗争此起彼伏，虽然都先后失败，但仍给清军以沉重打击，有力地配合了南方人民的抗清斗争。

剃发本是满族人的风俗，清朝统治者认为，汉人只有剃发梳辫，改从满俗，才是真心归顺，所以清军一入关，即连下剃发令。清军所到之处，严格规定汉人十天之内必须剃发，"遵依者为我国之民，迟疑者同逆命之寇，必置重罪"。但这种"留头不留发，留发不留头"的做法遭到汉族各阶层的强烈反对，即使是在朝的汉族官吏，剃发的也寥寥无几。多尔衮见时机还不成熟，只好收回成命："予前因归顺之民无所分别，故令其剃发以别顺逆。今

---

① 《清世祖实录》卷77，中华书局1985年版，第607页。
② 《清世祖实录》卷90，中华书局1985年版，第705—706页。
③ 《清世祖实录》卷102，中华书局1985年版，第788页。

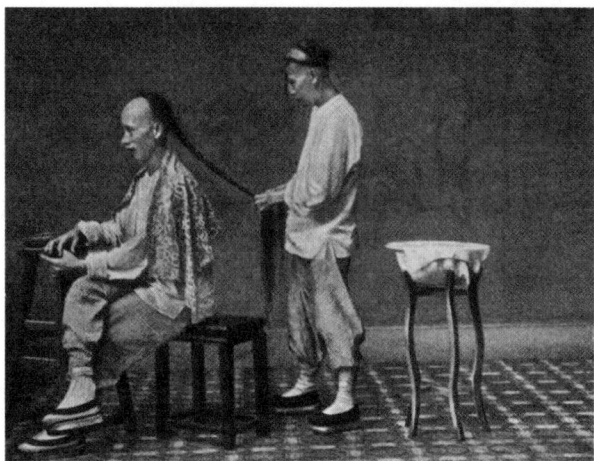
剃头梳辫

闻甚拂民愿，反非予以文教定民之本心矣。自兹以后，天下臣民照旧束发，悉从其便。"① 顺治二年（1645 年）六月，清军下南京，攻破苏杭后，清廷认为大局已定，便又重申剃发令：京城内外，直隶各省，"限旬日尽令剃发。遵依者为我国之民。迟疑者，同逆命之寇，必置重罪。若规避惜发、巧辞争辩，决不轻贷"；地方官若表示异议，则"杀无赦"②。对于违反剃发命令的汉族人民，清廷给以严厉惩处，即使是戏子也不放过。顺治十年（1653 年），刑部抓获两个没有剃发的戏子，顺治帝得知后，立即下旨："剃头之令，不遵者斩，颁行已久，并无戏子准与留法之例。今二犯敢于违禁，好生可恶。着刑部作速刊刻告示，内外通行传饬，如有借前项戏子名色留发者，限文到十日内即行剃发；若过限仍敢违禁，许诸人即为拿获，在内送刑部审明处斩，在外送该管地方官奏请正法。如见者不行举首，勿论官民从重治罪。"③ 这种民族高压政策，大大激化了民族矛盾。

入关之初，民族矛盾极为尖锐，清军曾大肆屠戮汉民，连顺治帝都说："本朝开创之初，睿王摄政，攻下江、浙、闽、广等处，有来降者，多被诛戮，以致遐方士民，疑畏窜匿。"④ 剃发政策更是引起汉族人民的强烈愤慨，激起了汉族各阶层的大规模武装抗清斗争。江苏的常州、无锡、宜兴、江阴、昆山，浙江的绍兴、嘉兴等地都是其中的突出者，尤以江阴、嘉定人民的反剃发斗争最为激烈。

① 《清世祖实录》卷 5，中华书局 1985 年版，第 60 页。
② 《清世祖实录》卷 17，中华书局 1985 年版，第 151 页。
③ "中央研究院"历史语言研究所编：《明清史料》甲编，第六本，北京图书馆出版社 2008 年版，第 533—534 页。
④ 《清世祖实录》卷 102，中华书局 1985 年版，第 789 页。

顺治二年（1645 年）六月，清廷委派方亨出任江阴知县，强迫剃发。生员许用等人在孔庙明伦堂集会，坚决反对剃发。剃发的消息不胫而走，老百姓也群情激奋。城内全体市民罢市，齐呼"头可断，发决不可剃！"他们杀掉方亨，推举陈明遇、阎应元指挥作战。阎应元自接任后，殚精竭虑，鞠躬尽瘁，他加强各城门的防守，整顿了队伍，将江阴城的布防工作做得井井有条。抵抗的消息传到清廷后，刘良佐立即领兵围剿。在攻城不利的情况下，刘良佐派人将劝降书射入城中，阎应元对其大加斥责，拒绝投降。刘良佐于是更猛烈地围攻江阴，在陈明遇、阎应元的坚守下，清军一直没有成功。顺治二年（1645 年）八月初，清军后援兵力不断增加，运来大炮二百余尊，集中轰城，城墙崩塌，清军涌入，下令满城杀尽，然后封刀。阎应元等率众巷战，陈明遇力战而死，阎应元被俘牺牲，其余兵丁也都壮烈牺牲。从闰六月初一至八月二十一共八十一日，江阴士民击退大批清军的多次进攻，粉碎其诱降阴谋，打死三王、十八将及数万清军。清军屠城三日，被杀者达十七万人，幸存者只有几十人。

嘉定百姓因清政府的剃发政策也发动了武装起义。在乡绅黄淳耀、侯峒曾的激励下，嘉定百姓在外无援兵、内无粮饷的情况下决定誓与此城共存亡。清军得知后，派吴淞总兵李成栋率兵来攻。由于守城的多是农民，没有作战经验，与清兵甫交锋便溃散，"走者不知所为，相蹈藉而死，尸骸乱下，一望无际"。顺治二年（1645 年）七月初四日，因连下大雨，土筑城墙倾毁，城被攻破，黄淳耀自缢身亡，侯峒曾遇难，李成栋竟残忍地下令三次屠城，"兵丁遂得肆其杀戮，家至户到，小街僻巷，无不穷搜"，清兵所杀的百姓不计其数，"其悬梁者、投井者、断肢者、血面者、被砍未死手足犹动者，骨肉狼藉，弥望皆是，投河死者亦不下数千人"①，非常惨烈，史称"嘉定三屠"。

此外，在昆山，王佐才、王永祚、朱天麟也坚持抗清。顾炎武、归庄等与其配合，力抗强敌。顺治二年（1645 年）七月初六日，城破，王佐才被杀，清军屠城，死者数万人。在吴淞，有黄蜚、吴志葵、夏允彝领导的抗清起义。义军攻打苏州失败，八月初六日，清军在泖湖纵火焚烧义军船只，黄蜚、吴志葵被押往南京后遇害，夏允彝投水自尽。在太湖，有崇祯进士吴日生起义抗清，义军一律用白布包头，被称为"白头军"。吴日生利用清军不

---

① 《嘉定屠城纪略》，载留云居士：《明季稗史汇编》，清时期都城琉璃厂刻本，第 346 页。

熟悉水战的弱点，凭借丰富的海上作战经验，多次大败清军。清廷派江宁巡抚土国宝、吴淞提督吴胜兆围剿，顺治三年（1646年）三月二十六日，双方在梅墩大战，义军将清军船底凿穿，清军淹死数千人。六月，吴日生参加宴会被人告密，清军将其俘获处死。此后，太湖地区的抗清活动转入低潮。

三、"奏销案""哭庙案"与"通海案"

平定江南后，清廷下令废除江南地区旧明的沉重苛捐杂税，"一时人心，翕然向风"，此后又"裁不急之征，减可缓之税，节可缓之用"[1]，使百姓负担大为减轻。不过，到了顺治末年，地方税收的拖欠又开始增多，"旧赋未清，新饷已近，积逋常数十万。时司农告匮，始十年并征，民力已竭，而逋欠如故"，官员常因奏销不合格而被罢免。江宁巡抚朱国治感到积欠过多，无法向中央交代，便提出严惩拖欠的地方绅士。他首先在常州府的无锡县和苏州府的嘉定县进行试点，出台这样的规定：凡绅衿拖欠八九分者，革去功名，枷号两个月，杖责四十大板，仍追未完钱粮，以下依次递减，拖欠三四分以下，亦杖责二十板，革去功名。这引起了江南地方士绅的强烈不满。

顺治十七年（1660年），苏州吴县知县任维初上任，一面以严刑催交赋税，杖毙一人，一面又大举盗卖官米七百石，中饱私囊，贪污受贿，吴中百姓不堪其苦。顺治十八年（1661年）二月初二日，顺治帝去世的遗诏到达苏州府，地方官员准备"哭临"。初三日，生员倪用宾等人向巡抚朱国治上书，揭露任维初的劣迹。任维初被摘掉官印，看押在土地庙中，不过他逢人就说是朱国治向他索要银两，他才不得不粜卖官粮。著名文人金人瑞（金圣叹）写《哭庙文》，借控诉任维初而将矛头直指朱国治：任维初，胆大包天，欺世灭祖，"公然破千百年来之规矩，置圣朝仁政于不顾"，潜赴常平仓，偷卖公粮，"罪行发指，民情沸腾"，"生员愧色，宗师无光，遂往文庙以哭之"。朱国治大为震怒，当场逮捕倪用宾等人，并上奏朝廷称，"当哀诏初临之日，正臣子哀痛几绝之时，乃千百成群，肆行无忌，震惊先帝之灵，罪大恶极"[2]，得到四辅政大臣的同意，以"纠党千人，倡乱讦告，拟不分首从斩决"，将带头的18名生员处死。金人瑞之死，给当时的文人以

---

① 叶梦珠:《阅世编》卷6《赋税》，中华书局2007年版，第154页。
② 金圣叹:《金圣叹全集》第6册，凤凰出版社2008年版，第237页。

巨大压力。

"哭庙案"的发生，使得清廷将原本限于嘉定、无锡的做法推广到整个苏州府、松江府、常州府和镇江府地区，统一要求"陈明钱粮拖欠之由补入年终奏销之例"。《东华录》也记载："钱粮系军国急需，经管大小各官须加意督催，按期完解，乃为称职。近览章奏，见直隶各省钱粮，拖欠甚多，完解甚少。或系前官积逋，贻累后官；或系官役侵挪，借口民欠。向来拖欠钱粮，有司则参罚停升，知府以上，虽有拖欠钱粮未完，仍得升转，以致上官不肯尽力督催，有司怠于征比，枝梧推诿，完解愆期。今后经管钱粮各官，不论大小，凡有拖欠参罚，俱一体停其升转，必待钱粮完解无欠，方许题请开复升转。尔等即会同各部寺酌立年限，勒令完解。如限内拖欠钱粮不完，或应革职，或应降级处分，确议具奏。如将经管钱粮未完之官升转者，拖欠官并该部俱治以作弊之罪。"经朱国治清查，最后上报乡绅 2171 人，生员 11346 人，均在降革名册中。地方官乘机上下其手，交不足钱粮的人家只有求助于高利贷，"每月利息加二加三，稍迟一日，则利上又复起利"，"赋税之惨，未有甚于此时者也"。探花、编修叶方蔼只欠一厘，也被降职，民间有"探花不值一文钱"之说。吴伟业、徐乾学等江南名流也都未能幸免。康熙帝亲政后，兵部尚书龚鼎孳奏称："三吴财赋最重，故明三百年来从不能完之地，而年来俱报全完，虽惕息于功令，不敢不勉力输将，然该抚朝夜拮据及地方剜肉医疮之状，可以想见。"直至康熙十四年（1675 年），因三藩叛乱，战事频仍，在军饷缺乏的情况下，朝廷才同意"顺治十七年奏销一案，凡绅衿无别案被黜者，分别纳银，许其开复，原系职官，照品级纳银，自六千两起至五百两止，进士纳银一千五百两，举人纳银八百两，贡、监生纳银二百两，生员纳银一百二十两，俱准开复。若运米豆、草束于秦、楚、闽、粤危疆输纳者，减本省之半"。

同一时期还发生了"通海案"。顺治十六年（1659 年），郑成功由崇明攻入长江，与南明兵部侍郎张煌言会师，直捣瓜州，一时间东南震动，一些明朝遗民也暗中接应。金坛县令任体坤谎称金坛士民造反纳降，朝廷信以为真。七月，郑成功兵败镇江、瓜州，乘船远去台湾。清廷以"通海"论处，下令朱国治追查，株连甚广。

"奏销案""哭庙案"与"通海案"被合称为"江南三大案"，被认为是"朝廷有意与世家有力者为难，以威劫江南人也"。戴名世曾回忆说，自三大案以来，"江南缙绅之体陵夷极矣，其祸始于一二家之横，致得重罪，他处遂多效之。官吏务以挫辱士大夫为能，逢迎上官，皆得美擢"。即便是和普通百姓发生纠纷，官府也往往直接判定百姓获胜，以致有些士绅只能冒充百姓，"生员辈与百姓讼，无问曲直，必百姓胜，遂有自匿衣衿而诈称百姓，遂获直者"①。

第六节　清初统治集团内部矛盾

一、多尔衮独揽大权

清军陆续平定大顺军、大西军以及南明诸政权后，多尔衮见大势已定，便开始着手巩固自己的权势，打击异己。

他首先对当初与他争帝位的反对派进行清算，特别是济尔哈朗、豪格等人。顺治帝登基后，由多尔衮和济尔哈朗共同辅政，两人地位不相上下，但此种情况逐渐发生改变。多尔衮为顺治帝的亲叔叔，而济尔哈朗是远房叔叔。顺治元年（1644年）十月，顺治帝封多尔衮为"皇叔父摄政王"，并为多尔衮立碑纪功，"永垂功名于万世"，而济尔哈朗只是被封为"信义辅政叔王"，二者已有云泥之别。顺治二年（1645年）五月，定摄政王仪制，比诸王规格高出很多，而且大臣见摄政王须下跪迎接。顺治三年（1646年）五月，多尔衮以为皇帝信符收贮于皇宫之中，每次调兵遣将都要奏请钤印，十分不便，于是将皇帝玺印都搬到自己的府中收藏备用，"大权在握，关内外咸知有睿王一人"②。顺治五年（1648年），多尔衮加封皇父摄政王，堪比皇上，甚至当时还出现了多尔衮迎娶顺治帝之母孝庄皇太后的谣言。

多尔衮大权独揽后，开始寻找各种机会打击济尔哈朗。顺治四年（1647年）正月，多尔衮以济尔哈朗的王殿台基不合规定为由，下令彻查议罪，结果济尔哈朗被罚银两千两。同年七月，为进一步削弱济尔哈朗的权力，多

---

① 戴名世：《遗文》，载土树民等编校：《戴名世遗文集》，中华书局2002年版，第130—131页。

② 《清世祖实录》卷88，中华书局1985年版，第699页。

尔衮召集各部尚书、启心郎，宣布其弟豫亲王多铎功勋卓著，晋"辅政叔王"。不久，济尔哈朗被罢去辅政王头衔。赋闲后的济尔哈朗仍具有相当的政治影响，为多尔衮所忌惮。为彻底消除济尔哈朗的势力，多尔衮企图将其铲除。顺治五年（1648年）三月，济尔哈朗之侄贝子吞齐、尚善、吞齐额以及公扎喀纳、富喇塔、努塞六人揭发济尔哈朗的"罪状"，检举他"不举发两黄旗大臣谋立肃亲王私议，及扈驾入关，擅令两蓝旗越次立营前行等事"①。众大臣迫于多尔衮的威势，判济尔哈朗死罪。但顺治帝认为济尔哈朗罪不至死，只是将其亲王爵位革去，降为多罗郡王，罚银五千两，其他大臣也从轻处罚。济尔哈朗降职两个多月后，被任命为定远大将军，出征湖广，在湘潭生擒何腾蛟。七月，分兵定靖州，进衡州，一直追剿至广西全州。顺治六年（1649年）班师回朝后，叙功，赐金二百两、银二万两。此后，济尔哈朗仍然在家闲居，直至多尔衮去世，情形才有所改变。

孝庄皇太后像　现藏北京故宫博物院
孝庄文皇后（1613—1688年），博尔济吉特氏，蒙古科尔沁部人，皇太极之妃，顺治帝生母，康熙帝祖母。十三岁嫁给皇太极，七十五岁去世。在顺治帝继位、康熙帝亲政过程中都发挥过重要作用。

　　顺治元年（1644年）四月，豪格骂多尔衮非有福之人，活不长久，都统何洛会向多尔衮告密，豪格被削爵位。十月，顺治帝大封诸王，念豪格平定中原有功，仍复原封。进京之初，各地战乱未平，豪格能征善战，多尔衮不得不加以利用。顺治元年（1644年）冬，豪格被派往山东剿匪，破满家洞等处，叛乱平定。顺治三年（1646年）正月，被任命为靖远大将军，同

---

① 《清史列传》卷2《济尔哈朗传》，中华书局1987年版，第59页。

豪格像

豪格（1609—1648年），皇太极长子，主满洲正蓝旗。初封贝勒，天聪六年（1632年）晋封和硕贝勒，崇德元年（1636年）晋封和硕肃亲王。定都北京后，被授为靖远大将军出征四川，灭张献忠政权。后遭多尔衮构陷削爵，幽禁至死。顺治七年（1650年），多尔衮与阿济格各纳其福晋一人。顺治帝亲政后为豪格昭雪，恢复其封爵，追谥肃武亲王。乾隆四十三年（1778年）配享太庙，世袭罔替。

衍禧郡王罗洛浑、贝勒尼堪等西征。三月至五月，豪格一直在陕西作战，最后将李自成军队赶出陕西。十一月，豪格进入四川南部地区，得知张献忠在西充县，于是令护军统领鳌拜充当先锋，大军随后赶到，射杀张献忠。顺治四年（1647年）八月，平定四川，五年（1648年）二月，凯旋回朝。顺治帝在太和殿设宴款待，但豪格仍遭到多尔衮的打压。在豪格回京后不久，多尔衮就以豪格"徇隐随征护军参领希尔根冒功事，又欲擢用罪人扬善之弟吉赛，议罪削爵"。经诸王、贝勒、贝子、大臣讨论，认为"肃亲王将希尔根冒功事隐蔽，旧念为除，因扬善为伊而死，欲升其弟，乱念不忘。奉有以罪人扬善弟吉塞为护军统领不合之旨，宥王之罪，至于三次戒饬，犹不引咎"。最后，豪格被判终身监禁，四十岁时死于狱中。豪格死后不到两年，多尔衮将豪格的福晋博尔济锦氏占为己有。

二、顺治帝掌控大局

顺治七年（1650年）十二月初九日，多尔衮在喀喇河屯打猎时突然逝世，年仅三十九岁。[1] 在出猎之前，他曾向锡翰、冷僧机等抱怨说顺治帝虽是皇帝，但自己"罹此莫大之忧，体复不快，上虽人主，念此大故，亦宜

---

[1] 谈迁的《北游录》记载多尔衮是因出猎坠马不治而亡。

循家人礼，一为临幸"①。死讯传到京师，顺治帝立即下诏，命全国臣民为多尔衮举哀。十七日，多尔衮的灵柩被运回北京，顺治帝率诸王、贝勒、文武大臣在东直门外迎灵。十二月二十五日，顺治帝下诏书，追尊多尔衮为"义皇帝"，庙号"成宗"。

多尔衮刚去世，英王阿济格就要夺权。据记载，多尔衮死后，阿济格立即私下派人到北京，让其第五子郡王劳亲领兵威胁多尔衮属下归附。阿济格还埋怨多尔衮不让多铎之子来他的王府，并指责多铎旧属阿尔津、僧格。阿济格不寻常的举动引起阿尔津等人的担忧，"必强勒诸王从彼，诸王既从，必思夺政"。多尔衮的灵柩至京，顺治帝迎丧，阿济格竟然刀不离身，劳亲也带领近四百人来护卫灵车，伺机行动。济尔哈朗说："似此举动叵测，不可不防。"额克亲、吴拜、苏拜等首先揭发阿济格的不轨，"诸王遂拨派兵役，监英王至京"。十二月二十六日，经议政王大臣会议讨论，

顺治帝御用盔甲　现藏北京故宫博物院

决定将阿济格削爵、幽禁，其子劳亲降为贝子。次年闰二月，"以初议罪尚轻"，诸王大臣再度集会，决定籍没其家人、财产，劳亲等皆降为宗室。阿济格所属前锋统领席特库为虎作伥，斩首，家产籍没。另外，毛墨尔根、穆哈达、马席被处死刑，郎球、星讷、都沙等被处以革职、罢任。顺治八年（1651年）九月十三日，章京毛海等到监狱巡视阿济格，阿济格向毛海等抱怨说将他两子给人为奴，家中妇女也发配给人为妻，他将"拆毁厢房，积衣举火"，毛海上报朝廷后，诸王大臣会议作出决定："阿济格屡罪当死，俱荷

① 《清世祖实录》卷49，中华书局1985年版，第394页。

阿济格像

恩宥，今复出妄语，烧毁监房监门，悖乱已极，应论死。"① 顺治帝不忍加诛，最后令其自尽。

顺治八年（1651 年）二月二十五日，多尔衮属下苏克萨哈、詹岱向朝廷告发其主生前罪行，说多尔衮死后，侍女吴尔库尼在殉葬之时，告知罗什、博尔惠、苏拜、穆济伦可将多尔衮生前就准备好的八补黄袍、大东珠朝珠、黑貂褂偷偷放在棺内。与此同时，又有人告发何洛会曾与多尔衮密谋夺权，在多尔衮面前对豪格之子恶言相向。顺治帝命诸王大臣彻查，借此没收多尔衮所属家产，养子女交付信亲王多尼。何洛会因依附多尔衮，被凌迟处死，籍没其家。二月二十一日，郑亲王济尔哈朗、巽亲王满达海、端重亲王博洛、敬谨亲王尼堪及内大臣上奏，历数多尔衮罪行，顺治帝要求大臣们详细讨论，结果将多尔衮所得封典悉行追夺。直到乾隆时期，多尔衮才被平反昭雪，睿亲王重新成为世袭罔替的"铁帽子王"之一。

多尔衮的党羽也遭到清算。首当其冲的是大学士刚林，济尔哈朗等认为他依附多尔衮，参与多尔衮逆谋，判处其死刑，籍没其家产，妻子为奴。大学士祁充格也因相似罪名被判死刑，籍没家产。四月，受处分的还有觉罗巴哈纳和冷僧机。八月，吏部尚书谭泰被人告发，罪状有十多条，其中最重要的是依附多尔衮，迫害索尼、鳌拜等，最后被正法，家产被籍没。顺治九年（1652 年）三月，顺治帝提到拜尹图、巩阿岱、锡翰、席讷布库、冷僧机依附多尔衮，令诸王大臣严加审问，最后判决拜尹图年老免死，囚禁狱中，其余四人俱正法，家产被籍没。经过一年多的穷追猛打，多尔衮的党羽多被清除。至此，顺治帝将大权牢牢掌握在手中。

此后，顺治帝依靠洪承畴、吴三桂等人，通过满汉联军镇压抗清武装力量，使南明最终灭亡。政治上，其采取的一系列措施也使得开国局面逐步走上正轨，为康乾盛世的到来做好了准备。《清史稿·世祖本纪》中对顺治帝一生的功绩做了高度评价："顺治之初，睿王摄政。入关定鼎，奄宅区夏。

---

① 《清世祖实录》卷 61，中华书局 1985 年版，第 479 页。

然兵事方殷，休养生息，未遑及之也。迨帝亲总万几，勤政爱民，孜孜求治。清赋役以革横征，定律令以涤冤滥。蠲租贷赋，史不绝书。践阼十有八年，登水火之民于衽席。虽景命不融，而丕基已巩。"

三、四大臣辅政

顺治十八年（1661年）正月初七，顺治帝在北京病逝。第三子玄烨继位，是为康熙帝。[①] 康熙帝继位时年仅八岁，还没有处理政事的能力，国家大事由顾命大臣索尼、鳌拜、遏必隆、苏克萨哈掌管。索尼，满洲正黄旗人，其祖父早年追随努尔哈赤，其父深得皇太极重用，为清开国元勋。鳌拜，满洲镶黄旗人，骁勇善战，屡建奇功。遏必隆，满洲镶黄旗人，其父为努尔哈赤女婿，出身显贵。苏克萨哈，满洲正白旗人，其父亦为努尔哈赤女婿，他自己亦深受多尔衮重用。皇太极死后，面对皇位之争，两黄旗大臣誓死支持立皇子，与多尔衮结下怨隙。多尔衮摄政后，多次借故排斥打击两黄旗大臣，索尼、遏必隆、鳌拜均受到惩处。顺治帝亲政后，他们才逐渐被重用，索尼封一等伯，遏必隆封一等公，鳌拜封二等公，三人都被任命为议政大臣，隆遇极殊。苏克萨哈虽为多尔衮之人，但在多尔衮死后，率先揭发多尔衮谋逆，倒向顺治帝一边，因此也被封为二等子爵，成为议政大臣。多尔衮摄政期间，大权独揽，严重威胁皇权，而四大臣并非宗室，却忠于皇室，屡建功勋，是比较合适的辅政人选。四人也可以与诸王、贝勒互相监督，便于皇帝掌握权力，贯彻意志。

顺治帝的遗诏中说自己渐染汉习，对满洲淳朴旧制改变不少。[②] 四大臣辅政期间，对于顺治年间的汉化政策多有更改，力图恢复满洲旧制，特别是鳌拜宣扬"率祖制，复旧章"，凡事都要"遵照太祖太宗例行"。其具体措施有以下四个方面。一是废除十三衙门，设立内务府。究其原因，在于顺治帝在位时，虽然对宦官职务、品级都做了严格限制，并立铁牌，禁止宦官干涉内政，但顺治帝本人并未能完全执行，他设立十三衙门，内廷多用宦官，尤其宠爱宦官吴良辅。二是提高理藩院地位，与六部并列。三是撤销内阁和翰林院，恢复内三院（内国史院、内秘书院、内弘文院）。四是废除八股文，

---

① 之所以选玄烨继位，据《汤若望传》记载是因为他得过天花。

② 顺治帝的遗诏是否按其意图所拟，学术界存有争议。

考试只考策论。这些政策属于全面倒退，具有明显的落后性。康熙帝亲政后，才次第恢复顺治帝时的措施。

四大臣受命之时，曾发誓绝对忠诚，"不求无义之富贵，不私往来诸王贝勒等府，受其馈遗，不结党羽，不受贿赂，惟以忠心仰报先皇帝大恩"[①]。辅政初期，四辅臣和衷共济，忠心辅佐幼帝，但这种和谐的局面很快因鳌拜的跋扈专权而结束。四大臣中，索尼声望最高，为四大臣之首，无奈年老多病，力不从心，遏必隆只知随声附和，见风使舵，苏克萨哈为人廉直，虽与鳌拜为姻亲，但"论事多与鳌拜迕，积以成仇"[②]。1666年，鳌拜以多尔衮圈地时偏袒正白旗为借口，"欲令镶黄旗与正白旗互易屯庄"，并开垦成熟民地，户部尚书苏纳海不赞同鳌拜的做法，谓"旗人安业已久，民地曾奉谕不许再圈，宜罢"[③]。但鳌拜一意孤行，派自己的亲信贝子温齐踏勘旗地，以镶黄旗地不堪耕种上奏，之后还强行派苏纳海会同直隶总督朱昌祚、巡抚王登联办理换地事宜。朱昌祚、王登联经调查后奏称，"两旗人较量肥瘠，相持不决。且旧拨房地垂二十年，今换给新地，未必尽胜于旧，口虽不言，实不无安土重迁之意"，而且旗地待换，民地待圈，"所在荒废不耕，农人环诉失业，请停止圈换之令"。苏纳海也称屯地难于丈量，请求停止。鳌拜以苏纳海、朱昌祚、王登联"藐视上命，迟悮拨地"为由，交刑部治罪。康熙帝知道鳌拜想要置苏纳海等三人于死罪，所以问其他三位辅臣的意见，索尼、遏必隆附和鳌拜，只有苏克萨哈以沉默表示反对。康熙帝虽不同意处死苏纳海等人，但"鳌拜矫旨即予处绞"，年幼的康熙帝也无可奈何。

索尼在世时，鳌拜还有所忌惮，1667年6月，索尼去世，鳌拜权倾朝野。苏克萨哈受

鳌拜像　现藏美国弗利尔美术馆

---

① 《清圣祖实录》卷1，中华书局1985年版，第41页。
② 《清史列传》卷6《苏克萨哈传》，中华书局1987年版，第344页。
③ 《清史列传》卷6《苏纳海传》，中华书局1987年版，第346页。

鳌拜压制，"居常怏怏"。8月，康熙帝亲政，苏克萨哈率先提出辞去辅政大臣之职，"往守先帝陵寝"。鳌拜把持政权已久，平时上朝，公然在康熙帝面前"施威震众"，俨然不把康熙帝放在眼里，根本没有还政于君的打算。苏克萨哈辞职的决定，无疑是将了鳌拜一军。鳌拜当然不会善罢甘休，他与同党大学士班布尔善给苏克萨哈罗织了"奸诈欺饰，存蓄异心"等二十四条罪名，要把苏克萨哈和其长子内大臣查克旦处以磔刑，其余诸子、侄儿、族人皆斩决。上报康熙帝后，康熙帝知道鳌拜有意陷害苏克萨哈，"以核议未当，不许所请"，但"鳌拜攘臂上前，强奏累日，卒坐苏克萨哈处绞，余悉如议"[1]。

鳌拜与弟弟穆里玛，侄儿塞本特、讷莫，大学士班布尔善，尚书阿思哈、噶褚哈、马尔赛，都统济世，侍郎泰壁图，学士吴格塞等党比营私，愈来愈威胁到皇权的稳固。汉族大臣对其专权也颇有微词，侍读熊赐履就批评其"急功喜事，但知趋目前尺寸之利，以便其私图"。不过康熙帝念其有功于大清，希望他能"感恩悔罪"，不仅没有怪罪，反而加赐鳌拜为一等公，其子那摩佛为太子少师。然而，鳌拜拒不悔改，甚至变本加厉。据说鳌拜"常托病不朝"，康熙帝去府上探望，鳌拜在床下置刀。康熙帝下定决心清除鳌拜。有一种记载说康熙帝"日选小内监强有力者，令之习布库（一种摔跤游戏）为戏。拜或入奏事，不之避也。拜更以帝弱且好弄，心益坦然。一日入内，帝令布库擒之，十数小儿立执鳌拜，遂伏诛"[2]。还有一种记载称康熙帝"以弈棋故，召索相国额图入谋画。数日后，伺鳌拜如见日，召诸羽林士卒入，因面问曰：'汝等皆朕股肱耆旧，然则畏朕欤，抑畏拜也？'众曰：'独畏皇上。'帝因谕鳌拜诸过恶，立命擒之"[3]。康熙帝逮捕鳌拜后，历数鳌拜三十条罪状，称鳌拜"愚悖无知，诚合夷族。特念效力年久，迭立战功，贷其死，籍没拘禁"，将他革职，永远拘禁，其党羽也被一网打尽。

四、平定"三藩"

"三藩"指的是平西王吴三桂、平南王尚可喜、靖南王耿精忠三位汉族

---

① 赵尔巽等：《清史稿》卷249《苏克萨哈传》，中华书局1976年版，第9678页。
② 姚元之：《竹叶亭杂记》卷1，中华书局1982年版，第1页。
③ 昭梿：《啸亭杂录》卷1《圣祖拿鳌拜》，中华书局1980年版，第5页。

清代布库游戏

藩王。他们原是明朝将领，在清军入关过程中陆续降清，并在夺取天下的过程中立下汗马功劳，因此得到高爵。三藩中，尤以吴三桂兵强马壮，手下计有一万两千绿营兵、五十三佐领，设前、后、左、右援剿四镇，部队大约有十万人。吴三桂在云南大权独揽，相传吴三桂所任命的官，各省都有，每有空缺，吏部任命的官还没到，吴三桂任命的官就先到了，因此有"西选"之说。这不免有所夸大，但凡是云南地区的文武官员，都须由他任命，督抚悉听节制。吴三桂在云南骄奢淫逸，将朱由榔在五华山的藩府和沐天波的庄田纳为己有，借着浚渠筑城的名义，广征税收，不仅将盐井、金矿、铜山的利润中饱私囊，还"招徕商旅，资以藩本，使广通贸易殖货财"。尚可喜年老多病，兵事由其子尚之信掌管，尚之信平时以饮酒、杀人为乐。耿精忠在福建也是作威作福，横征暴敛，勒索银米。三藩的统治造成当地百姓民不聊生、"苦疲难堪"的困境，巨大的军费开支使得清财政入不敷出，仅顺治十七年（1660 年）户部所奏，三藩饷需两千余万，出现了"天下赋半耗于三藩"[1]的局面。三藩尾大不掉也对清政府形成巨大威胁。康熙帝把三藩、

---

[1]　魏源:《圣武记》卷 2，中华书局 1984 年版，第 62 页。

河务、漕运列为三件大事，尤以解决三藩问题为当务之急。

康熙十二年（1673年）三月，平南王尚可喜因年老，请旨朝廷允许其带孤寡老幼、随属兵丁归老辽东，以其子尚之信留粤。康熙帝准其归老辽东，但以尚之信跋扈难制，下令撤藩。吴三桂、耿精忠见状，在七月也向朝廷提出撤藩的请求。围绕撤藩问题，康熙帝询问朝臣意见，主张撤藩的只有米思翰、明珠、莫洛等少数人，其余人都三缄其口。康熙帝又命议政王大臣会议讨论，结果仍然莫衷一是。康熙帝力排众议，坚决撤藩："吴、尚等蓄彼凶谋已久，今若不及早除之，使其养痈成患，何以善后？况其势已成，撤亦反，不撤亦反，不若先发制之可也。"[1] 八月，康熙帝派折尔肯、傅达礼往云南，梁德标往广东，分头办理撤藩事宜。九月，折尔肯、傅达礼至滇，传达撤藩旨意。吴三桂原以为朝廷会加以慰留，让他永镇滇中，等接到撤藩令后，愤愤不平，密谋起兵。他假意接受撤藩，暗中却与左都统吴应麟，右都统吴国贵，副都统高得捷、女婿夏国相、胡国柱谋乱。十一月二十一日，吴三桂蓄发，易服，斩杀云南巡抚朱国治，扣留折尔肯，自称"天下都招讨兵马大元帅"，举兵反清。按察使李兴元、知府高显辰、同知刘昆不屈被杀，提督张国柱、永北总兵杜辉、鹤庆总兵柯铎、布政使崔之瑛、提学道国昌等受伪职。云贵总督甘文焜被镇远副将江义围攻，自杀于吉祥寺。贵州巡抚曹申吉、黔西总兵王永清、沅州总兵崔世禄投降，三桂军进陷沅州、辰州。

康熙十二年（1673年）十二月，清廷闻变，索额图请求诛杀主张撤藩的大臣，示好吴三桂，康熙帝不许："此出自朕意，伊等何罪？"同时，康熙帝调兵遣将，遣前锋统领硕岱赴荆州守御，命都统尼雅、韩赫业、朱满，副都统席布、根特、穆占等率师分赴武昌、西安、汉中、安庆、兖州诸要地。不久，命顺承郡王勒尔锦为宁南靖寇大将军，出师荆州，同时下诏削吴三桂爵位，将其罪恶公示中外。

康熙十三年（1674年）正月，吴三桂军连陷湖南诸县。反清之初，吴三桂就给平南、靖南二藩及四川、湖北、贵州等地的旧党寄信，要他们配合进兵。至此，耿精忠，广西将军孙延龄、提督马雄，四川提督郑蛟麟、总兵吴之茂和谭弘，陕西提督王辅臣等纷纷响应吴三桂，举兵反清。面对诸处叛

---

[1] 昭梿：《啸亭杂录》卷1《论三逆》，中华书局1980年版，第5页。

乱的凌厉攻势，清廷措手不及，加之八旗士兵养尊处优，虽入关未久，却不复当年的骁勇善战，因此在对战初期，清军明显处于劣势。康熙帝为表示平叛决心，先将吴三桂子吴应熊、孙世霖诛杀，削去孙延龄、耿精忠爵位，再以康亲王杰书赴浙，安亲王岳乐赴粤，大学士莫洛赴陕，分路反击各路反叛势力。同时，康熙帝也大量起用汉人，要求"汉人中素有清操及才能堪任烦剧者，不拘资格……据实保举，发往军前"①。绿营将领张勇、赵良栋、李之

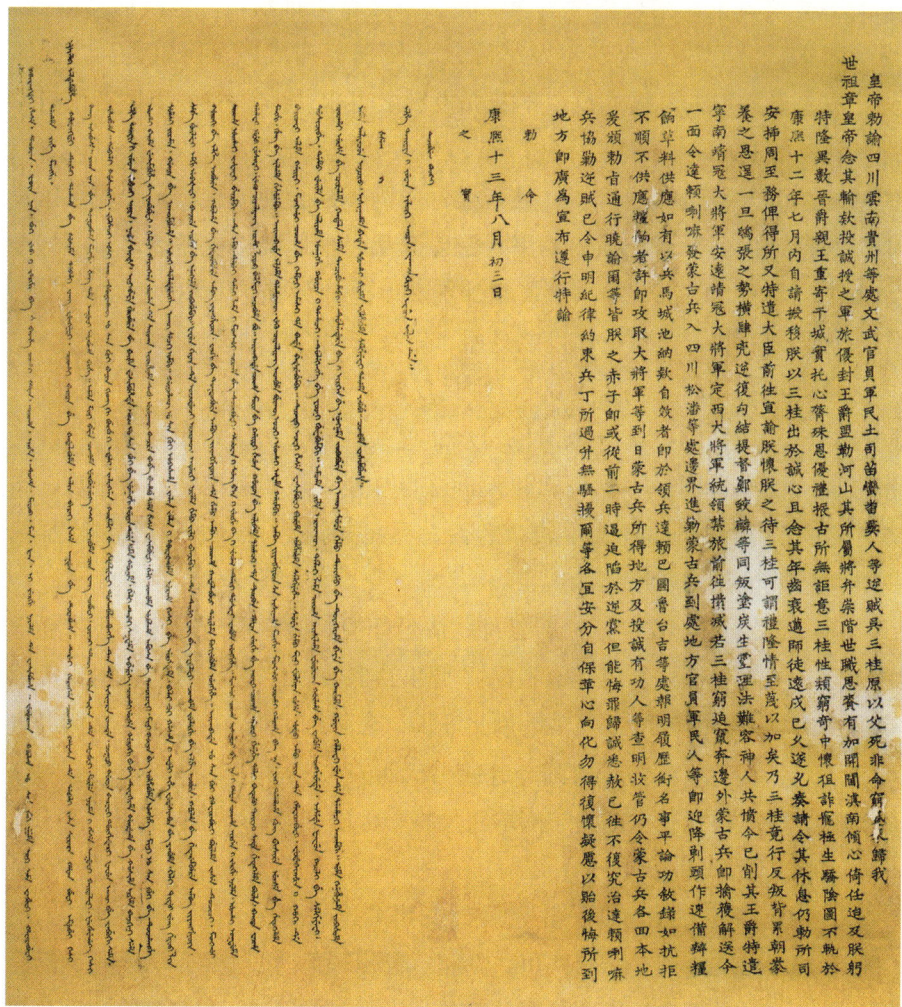

《康熙帝进剿吴三桂敕谕》 现藏中国第一历史档案馆

---

① 《清圣祖实录》卷46，中华书局1985年版，第609页。

芳、姚启圣等都因战功而得到破格重用。同时，康熙帝还开"博学鸿词科"，组织编纂《明史》，进一步拉拢汉族知识分子。

康熙十三年（1674年）三月，靖南王耿精忠在福建起兵响应吴三桂，囚禁福建总督范承谟，自称"总统兵马大将军"，蓄发，易服，私铸"裕民通宝"钱，兵分三路北上，又与台湾郑经约定共同抗击清军。浙江总督李之芳闻变，先遣副将王廷梅等出击叛军，自率兵驻衢州守御。叛军越过仙霞岭攻浙江，陷江山县，因为衢州有备，分陷温州、处州，又进攻江西、广信、建昌。康熙帝命平南将军赉塔率师到浙江，定南将军希尔根到江西；削耿精忠爵，收禁其在京兄弟，宣谕中外，希望耿精忠能归降。耿精忠拒不接受，率兵进攻江西、浙江、广东等地。六月，康熙帝以康亲王杰书为奉命大将军，贝子傅喇哈为宁海将军，率精兵，并调驻守江南的喀喇沁、土默特兵征浙江；又命安亲王岳乐统师驻南昌，简亲王喇布驻江宁。安亲王至南昌，送信约降耿精忠，耿精忠答复时，语多狂悖。康熙十五年（1676年）二月，贝子傅喇哈在黄岩誓师，出征温州，曾养性凭江拒战，与清军展开了长期的拉锯战。康熙帝命康亲王自金华移师衢州，征福建。八月，康亲王同将军赉塔在大溪滩大败耿军，马九玉逃遁；又招降金应虎，攻克仙霞关。十月初一，康亲王遣官宣示耿精忠，耿精忠出城降，希望能随大军出剿郑经，立功赎罪。康亲王杰书上奏康熙帝，康熙帝恢复耿精忠及属下官爵。耿精忠作为从逆分子，于康熙十九年（1680年）八月入朝，康熙帝将其监禁，1682年将其处死。

吴三桂起兵后，尚可喜始终没有反意，遣次子尚之孝征讨叛将刘进忠，并希望尚之孝能承袭爵位。清廷晋封尚可喜为平南亲王、尚之孝为平南大将军，又命尚之信以讨寇将军衔协助征剿吴军。康熙十五年（1676年）春，尚可喜卧疾，尚之信代理军事。在吴三桂引诱下，水师副将赵天元、总兵孙楷宗相继背叛，尚之信被迫投降吴三桂。吴三桂屡次胁迫尚之信出庾岭抗击清军，尚之信贿赂吴三桂黄金十万两，才作罢。尚可喜死后，吴三桂授予尚之信"辅德亲王"印。尚之信反悔，秘密派人去江西简亲王喇布军前议降，希望能戴罪立功。康熙十六年（1677年）三月，清廷以莽依图为镇南将军，赴广州。四月，莽依图至南安。叛将严自明献南雄城投降。六月，尚之信降清。康熙十九年（1680年）三月，尚之信护卫告他有谋反之志，康熙帝将其逮捕。七月，从宽赐死。

孙延龄，辽东人，父孙龙，随孔有德降清，授二等男爵。孔有德女孔四贞为其妇。康熙五年（1666年）五月，命孙延龄为镇守广西将军。吴三桂反叛，康熙帝以广西临近贵州，授孙延龄"抚蛮将军"，与都统线国安会同广西巡抚马雄镇、提督马雄抵御吴三桂军。康熙十三年（1674年）二月，在吴三桂的诱降下，孙延龄据桂林反叛，杀王永年、孟一茂、胡同春、李一第等，率兵围巡抚廨署。吴三桂封孙延龄为临江王。当吴三桂未反时，庆阳知府傅弘烈向朝廷举发吴三桂有不轨之心，因此受吴三桂忌恨，被谪戍苍梧。傅弘烈与孙延龄友善，屡次向孙延龄陈说大义，孙延龄犹豫未决，但表示傅弘烈如果与清军一同前来，就立即反正。吴三桂得知后，急派孙世琮进入桂林，诱杀孙延龄。康熙十七年（1678年），莽依图进入广西，与傅弘烈联手败吴世琮于南宁，吴世琮受重伤，其余叛将被斩杀，广西平定。

王辅臣，山西大同人。明末为盗，绰号"马鹞子"。顺治五年（1648年），大同总兵姜瓖反叛，辅臣从之，被授为副将。顺治六年（1649年），英亲王阿济格围大同，王辅臣投降，隶正白旗汉军，授侍卫。吴三桂反叛时，曾给王辅臣送去书信，约他一起举事。王辅臣将吴三桂的书信上报清廷后，得到康熙帝褒奖，授三等子爵。但王辅臣心怀叛志，终于在康熙十三年（1674年）十二月袭杀经略莫洛反叛。吴三桂趁机派兵攻陷兰州。康熙十五年

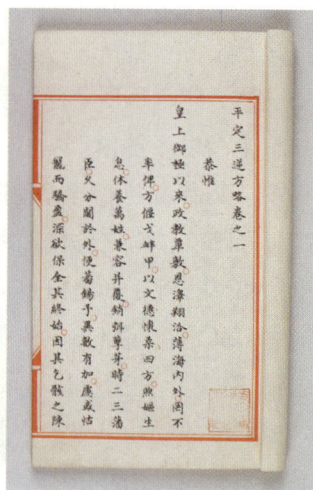

《平定三逆方略》 现藏北京故宫博物院

《董卫国参战纪功图》

董卫国，汉军正白旗人，清朝大臣。"三藩之乱"时，江西为楚粤咽喉，吴三桂兵逼袁州、吉安，耿精忠攻宁都、广昌、南丰，时任江西总督董卫国奏请统兵平叛，剿抚并用，江西四境肃清。随之率兵赴楚入黔，收复镇远，留守贵阳，直至云南平定，始回江西任上。董卫国因用兵得当，收复失地，受到康熙帝的嘉奖。

（1676年）五月，抚远大将军图海在平凉城大败王辅臣，王辅臣投降，伪将军吴之茂屡为靖逆将军张勇所败，逃回四川。

广东、福建、陕西各路反叛势力被平定后，吴三桂军仍在湖南负隅顽抗。清廷调遣精兵猛将猛攻湖南。安亲王收复平江、湘阴，吴三桂水师将军林兴珠投降。将军穆占攻永兴，收复茶陵、攸县十二城。简亲王与江西总督董卫国于宁都进剿韩大任，韩大任逃到福建后投降。

吴三桂军兵势日蹙，为鼓舞士气，于康熙十七年（1678年）三月初一日在衡州称帝，国号大周，改元绍武，大封百官诸将，制定新的历法，在云贵川湖地区举行乡试。吴三桂还在衡州建造宫殿，并于衡山设坛，准备举行郊天大礼，接受部下朝贺，不料适逢大风雨，典礼草草结束，吴三桂也得了重病。八月，吴三桂病情加剧，"又病下痢，嗫不能语"，于十七日病死。吴三桂部将在贵阳拥立吴世璠，改元洪化。清军趁机发动进攻，陆续收复湖南、广西、贵州等地。安亲王自衡州攻新宁，收复武冈。吴国贵以二万人凭借枫木岭迎战，大败，中炮死。吴世琮也败于广西，负重伤，逃走。康熙十九年（1680年）十月，康熙帝命贝子彰泰为定远平寇大将军，偕蔡毓荣、穆占等进攻贵阳，吴世璠逃奔云南。次年，清军分路攻入云南，十月，彰泰、宝塔、蔡毓荣、赵良栋合攻昆明，吴世璠自杀，三藩之乱平息。

三藩之乱的平定，使清朝消除了割据势力，全国局势趋于稳定。

五、平定台湾

台湾自古以来就是中国领土不可分割的一部分。元、明两朝设立澎湖巡检司，负责澎湖、台湾地区的防务。万历三十二年（1604年），荷兰殖民者开始占据澎湖，不久被明朝官兵赶走。天启四年（1624年），荷兰殖民者再次入侵，修建台湾城，次年，又修建了赤嵌城。1642年，荷兰又从西班牙殖民者手中夺取了基隆、淡水。

荷兰殖民者对台湾当地的百姓进行殖民统治，强迫七岁以上都要交人头税，每年光此项税收就达二十万荷兰盾。此外，大规模的屠杀也是荷兰侵略军"光荣的业绩"，"有许多'蛮人'（指台湾居民）给我们打死了，他们惨叫哀号，惊慌失措，纷纷逃出屋外"[①]。沉重的压迫使老百姓忍无可忍。1652年9月，赤嵌地区老百姓在郭怀一的领导下发动反荷起义，附近许多百姓群起响应，同荷兰殖民者进行殊死搏斗，但起义最后还是被血腥地镇压下去。

1658年，在进攻南京失败后，郑成功开始将目标转向台湾，意图以台湾为根据地进行抗清斗争。为解决军队给养，他大力发展海上贸易，金门、厦门地区每年有七十八艘官、民商船前往日本和南洋，年贸易额达250万两，获利70万两。1661年正月，郑成功在厦门为出征大修船只，四月二十一日，他率领大军二万五千人、战船数百艘，出金门料罗湾，渡海东征，次日抵达澎湖。四月二十九日，郑成功到达台湾鹿耳门港，在台湾老百姓的协助下，顺利登陆。荷兰殖民者已有防备，荷军在海面有四艘战舰，最大的海克托号首先向郑军开炮，郑军的舰船虽不如荷军装备精良，但郑军巧妙利用战术，从四面围攻荷舰，海克托号被击沉，郑军取得海上控制权。在陆战中，荷军同样惨败。郑军与贝德尔德军队交战，并没有像荷兰侵略者所想的"只要放一阵排枪，打中其中几个人，他们便会吓得四散逃跑"，而是奋勇争先，将侵略者打得抱头鼠窜。海陆作战大败后，荷兰侵略者只能退缩到赤嵌城和台湾城之内，郑成功在当地百姓的帮助下，很快将两座城围得水泄不通。郑成功决定首先攻打赤嵌城。他在赤嵌城下威胁荷兰侵略者，如不

[①]　[荷]赫波特：《爪哇、台湾、前印度及锡兰旅行记》，转引自厦门大学历史系编：《郑成功研究论文集》，上海人民出版社1965年版，第302页。

投降，将举火烧城。荷军向台湾城求救无果，被迫投降。攻下赤嵌城后，荷兰侵略者在台只剩下最后一个据点台湾城。5月1日，郑成功致信荷兰殖民者，要求台湾城荷兰守军投降。荷兰殖民者利用种种手段，企图拖延时间，等待救援。但荷兰援军因在海上遇到飓风，无法按指定日期到达台湾城。走投无路的荷兰守军只能向郑成功投降。1662年2月1日，荷兰殖民者在投降书上签字，长达38年的荷兰殖民统治结束。

郑成功收复台湾后，采取了许多政治、经济措施，置府县，编户籍，制定法律，兴办学校，招徕大陆移民，奖励垦荒，又派遣汉族"农师"向高山族人民传播先进的生产技术，使他们学会使用牛耕和铁制工具，并实行开放政策，大力发展海外贸易，加速了台湾地区社会经济的发展。郑成功收复和经营台湾，具有伟大的历史意义，他也一直受到人民的景仰。

收复台湾不久后，郑成功溘然长逝，年仅三十八岁，台湾由其子郑经统治。郑经坚持抗清，并鼓励开荒，种蔗制糖，开矿冶铁，发展生产，开展贸易，对开发台湾有一定的贡献。三藩叛乱后，郑经曾进兵福建，后因耿精忠降清而受挫。1680年，金门、厦门失守，郑经退回台湾，清廷招降，郑经表示愿意称臣入贡，但要保持独立状态，未得允许。次年，郑经病逝。郑经刚死，诸子纷纷争位，手足相残。郑经长子监国，但郑经部将冯锡范觊觎权力，于是与郑经诸弟密谋，发动政变，杀掉郑经长子，立郑经次子郑克塽为延平王。郑克塽年幼无知，大权落在冯锡范手中。台湾不再坚持抗清复明，而是想变成清朝的藩属国，称臣入贡，"不剃发登岸"，台湾问题已经转化为割据独立、分裂祖国的性质。

针对郑氏割据台湾的现状，清廷一直都在招降郑氏将领，企图从内部瓦解其政权。康熙元年（1662 年）到三年（1664 年），郑氏降清的文武将吏共 3985 人，康熙十六年（1677 年）到十九年（1680 年），又有大约十万官兵将吏降清，其中就包括施琅。施琅，福建晋江（今泉州）人，初为郑芝龙部下左冲锋，郑芝龙降清后，投入郑成功部，但两人因意见相左，遂反目成仇，施父子三人被扣押，施琅用计逃脱，而他的父亲和弟弟遭郑成功杀害。施琅降清后，屡立战功，从副将一直升到水师提督。1668 年，施琅向朝廷上奏："郑逆负嵎海上，虽戢翼敛迹，未敢突犯，而沿海不宁，朝廷两次招抚，尚梗顽如故。若恣其生聚，是养痈也，宜急剿之。"[①]康熙帝召施琅进京，面陈进兵方略。施琅为康熙帝分析了郑氏实力，称郑氏"战船不过数百，郑经智勇俱无，各伪镇亦皆碌碌"，认为"台湾计日可平"。但是朝廷内部对是否统一台湾的意见并不统一，有的大臣以"风涛莫测，难必制胜"为借口，反对出兵台湾。施琅的建议没能被康熙帝采纳。康熙二十年（1681 年）七月，内阁学士李光地上奏说，郑经已死，子克塽年幼，大臣争权，此时出兵必能获胜。经李光地举荐，康熙帝任命施琅为福建水师提督，负责出兵事宜。然而，户部尚书梁清标同意康熙二十年（1681 年）四月给事中孙蕙征台湾宜缓的意见，表示反对出兵，康熙帝遂下令暂停进剿台湾。九月，施琅向康熙帝上奏保证必能收复台湾。康熙帝最终下定决心，同意了施琅的意见。

经过两年的准备，康熙二十二年（1683 年），清廷派施琅率水师二万、战舰三百，攻打台湾。当施琅进兵之时，刘国轩、冯锡范致书福建总督姚启圣，表示郑克塽愿称臣入贡，但不剃发、登岸，如琉球、高丽例，康熙帝断然拒绝郑氏集团的要求，指出"台湾贼皆闽人，不得与琉球、高丽比"。六月，施琅由桐山攻克花屿、猫屿、草屿，刘国轩据守澎湖，"凡缘岸可登处，

---

① 《清史列传》卷 9《施琅传》，中华书局 1987 年版，第 609 页。

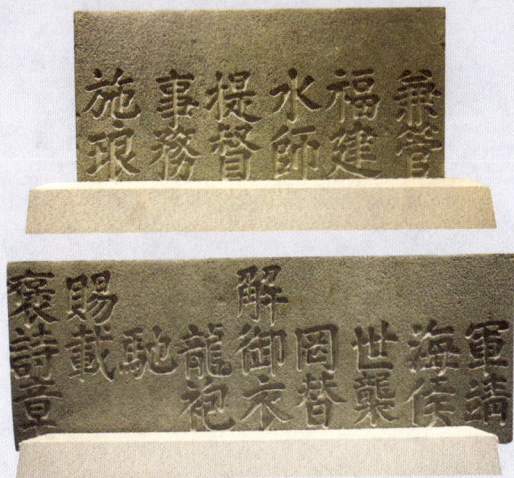

施琅福建水师提督碑刻

施琅（1621—1696年），字尊侯，号琢公，明末清初军事家。原为郑芝龙和郑成功的部将，降清后被委任同安总兵、福建水师提督，参与清军对郑军的进攻和招抚。1683年率军渡海，统一台湾。由于"背郑降清"，后人对施琅的评价颇有争议。

筑短墙，置腰铳，环二十余里为壁垒"[1]。施琅面对强敌，"乘楼船冲突贼阵，流矢伤目，以帕渍血，督战益力"。经过激烈交战，施琅军队大胜，郑军死者达万余人，刘国轩只身驾船逃回台湾。眼见大势已去，郑克塽等只能上表乞降。八月，施琅统兵进驻台湾，郑克塽率属下剃发归降，故明鲁王第八子朱柏等人也一并归附，百姓"壶浆相继于路，海兵皆预制清朝旗号以迎王师"，迎接清军的到来。

收复台湾后，有朝臣提出"迁其人、弃其地"，主张放弃台湾。施琅坚决反对："若弃其地、迁其人，以有限之船，渡无限之民，非阅数年，难以报竣。倘渡载不尽，窜匿山谷，所谓藉寇兵而赍盗粮也。且此地原为红毛所有，乘隙复踞，必窃窥内地，鼓惑人心，重以夹板船之精坚，海外无敌，沿海诸省断难安然无虞。至时复勤师远征，恐未易见效。如仅守澎湖，则孤悬汪洋之中，土地单薄，远隔金门、厦门，岂不受制于彼而能一朝居哉？"[2] 康熙帝命议政王大臣会议讨论，大学士李霨、侍郎苏拜与总督姚启圣赞同施琅的主张，康熙帝也支持施琅的意见，认为台湾战略地位重要，"弃而不守，

---

① 赵尔巽等：《清史稿》卷260《施琅传》，中华书局1976年版，第9865—9866页。

② 赵尔巽等：《清史稿》卷260《施琅传》，中华书局1976年版，第9866—9867页。

清代台南县十字街图　现藏美国国会图书馆

尤为不可"①。康熙二十三年（1684年），清廷在台湾设一府三县，派官员管理。从此，台湾重新回到祖国的怀抱。

---

① 《清圣祖实录》卷114，中华书局1985年版，第176页。

第三章　皇权集中与康乾盛世

第一节 皇位之争

一、康熙后期诸子争立

康熙帝在铲除鳌拜集团之后，皇权得到巩固。此后，他平三藩，收台湾，灭噶尔丹，建立赫赫武功，基本完成了全国的统一。康熙帝本人又以博通古今而闻名，他青年时甚至因读书过劳以至咯血，平三藩时仍勤奋苦学，经筵照常举行。他本人通拉丁文、希腊文，对西方天文历算、数学物理也颇有造诣。不过，这样一位雄才大略的皇帝，晚年却因诸皇子争夺储位而心力交瘁。

康熙帝仿照汉制立胤礽为皇太子。胤礽生母为孝诚仁皇后赫舍里氏，在生下皇二子胤礽后崩，年仅二十二岁。康熙十四年（1675年）十二月，尚在襁褓中的胤礽被立为皇太子。康熙帝对胤礽倍加宠爱，非常重视对他的教育与培养，"令大学士张英教之，又令熊赐履教以性理诸书。又令老成翰林随从，朝夕纳诲"。康熙帝甚至亲自教胤礽四书五经，读过之后，还要检查背诵。除背诵经典，胤礽的诗文骑射均值得称道，康熙帝也说胤礽"仪表及学问、才技，俱有可观"[1]。康熙帝虽重视胤礽的学问、才技，但是因为太溺爱迁就胤礽，对胤礽的一些过分之举也没有严加责备，以致胤礽后来做事肆无忌惮，为所欲为。康熙二十九年（1690年），父子间感情开始出现裂痕，这年康熙帝首次亲征噶尔丹，中途生病，召太子及皇三子前来问疾，太子却"略无忧戚之色"，康熙帝对此很不满，认为他"绝无忠爱君父之念"。

康熙四十七年（1708年）以前，康熙帝虽然对太子有不满之处，隔阂愈积愈深，但父子之间尚能表面和睦。至四十七年（1708年）九月，康熙

---

① 《清圣祖实录》卷253，中华书局1985年版，第504页。

帝召诸王大臣，历数胤礽罪行：一是对父不孝不忠，曾"窥伺康熙起居动作"，不服管教；二是对弟弟不友不爱，皇十八子抱病，胤礽毫无关爱之心；三是秉性奢侈，贪婪无度，曾经"邀截蒙古贡使进御之马"；四是侮辱臣僚，"平郡王讷儿素，贝勒海善，公普奇遭其殴挞，大臣亦罹其毒"。宣谕时，康熙帝声泪俱下，废太子后将之囚禁在咸安宫。

康熙皇帝共有三十五子，成年者二十四人。康熙帝首次废太子后，诸皇子间原本暗流涌动的夺位之争逐渐浮出水面。这些皇子出于感情与利益的需要，互相结党，有皇长子党、皇太子党、皇八子党、皇四子党之分。皇长子胤禔为庶出，在胤礽被废之前，为争夺皇位继承人，暗中派喇嘛巴汉格隆诅咒胤礽，胤礽被废后，又主动向康熙帝示意，"如诛胤礽，不必出皇父手"。胤禔诅咒胤礽的事被告发后，康熙帝将其囚禁，使其不再有机会争夺储位。皇八子胤禩周围聚集了众多皇子与大臣，势力最大，皇子胤禟、胤䄉等，大臣阿灵阿、鄂伦岱、揆叙、王鸿绪等，皆附胤禩，"欲立胤禩为皇太子，而列名保奏矣"[1]。胤礽被废后，康熙帝让大臣举荐皇太子人选，诸大臣推举胤禩，但未被采纳。康熙帝肯定胤禩的才能，但对胤禩结党营私、争夺皇位继承

康熙皇帝像　现藏北京故宫博物院

清圣祖爱新觉罗·玄烨（1654—1722年），即康熙帝，清定都北京后第二位皇帝。蒙古人称其为恩赫阿木古朗汗（Enkh Amgahan）或阿木古朗汗（蒙语"平和宁静"之意，为汉语"康熙"的意译）。八岁登基，十四岁亲政，在位61年，是中国历史上在位时间最长的皇帝。他开创了康乾盛世的局面，是一位杰出的帝王。

---

① 蒋良骐：《东华录》卷21，中华书局1980年版，第339页。

人的行为非常反感，以致责骂胤禩妄蓄大志，要将他交给议政处审理。康熙四十七年（1708年）十月初四日，胤禩被革去贝勒，降为闲散宗室。

康熙四十八年（1709年）三月初十日，康熙帝复胤礽太子之位。一方面，因为康熙帝对胤礽还抱有希望。康熙帝废太子后，愤懑不已，每每难以入眠，认为胤礽"与人大不同，类狂易之疾"，当得知皇长子派喇嘛巴汉格隆诅咒胤礽后，以为胤礽以前的行为是由魔魅所致，不相信胤礽以前的种种恶行出于其本心，于是打算复胤礽皇太子位。另一方面，诸子对皇位的觊觎也令康熙帝忧心不已，废太子后他就对诸皇子说："有谋为皇太子者，即国之贼，法所不宥。"复胤礽太子之位，也是平息诸子夺位风波，巩固自身皇权的权宜之举。但胤礽复位之后，仍然毫无悔意。一些大臣，如步军统领托合齐、兵部尚书耿额等为了将来的荣宠，又迅速聚集在胤礽周围。康熙帝发现胤礽再次结党，再次严惩太子党人，又将胤礽废黜，囚禁在咸安宫。胤礽二次被废后，皇八子势力有所抬头。不过康熙帝对胤禩一直保持着高度警觉，胤禩虽有谋立之心，但也无从施展。

胤禵为康熙帝第十四子，与胤禛（后来的雍正帝）为同胞兄弟，不过他与其兄并不是同一阵营，而是胤禩党重要成员。胤禩嗣位无望，其党人因此对胤禵寄予厚望。康熙五十七年（1718年）十月，康熙帝命胤禵为抚远大将军，征讨策妄阿喇布坦。临行之时，康熙帝亲自在太和殿授予大印，特许他用正黄旗纛，以示尊崇，从中可以看出他对胤禵的欣赏。

皇四子胤禛的势力不亚于胤禩党，只不过他的党羽一直在暗中积极行事，在表面上给人造成了无心争夺皇位的假象。他于康熙三十七年（1698年）受封为贝勒，四十八年（1709年），晋爵和硕雍亲王。康熙帝晚年，他多次受到重用。

二、雍正继位

康熙六十一年（1722年），康熙帝驾崩，胤禛继位，以次年为雍正元年（1723年）。雍正继位之谜也是清初疑案之一，学术界主要有正常继位与夺位两种观点。一种可能的解释是，康熙帝晚年着意培养十四子胤禵（雍正继位后改名"允禵"），但因去世突然，没来得及做好相关安排，结果胤禛与九门提督隆科多联手，继承了帝位。

继位之后，胤禛采取措施不断加强皇权。

第一，铲除争夺皇位的诸兄弟。雍正帝继位后，将其兄弟之名由"胤"改为"允"，作为避讳。允礽、允禵在康熙帝在世时已遭禁锢。雍正帝继位后，为维护皇权，消除潜在威胁，不可能再将其开释。允礽与允禵分别于雍正二年（1724 年）、十二年（1734 年）先后去世。皇三子允祉属太子党，与允礽关系交好，"诸兄弟中唯诚郡救护之，为圣祖所上赏"[1]。雍正帝在雍正六年（1728 年）五月的上谕中说诚亲王允祉"原系昏庸下质，不明大义之人。从前圣祖皇考因伊不孝不忠，屡经降旨切责。朕御极以来，允祉举动无礼、妄行渎奏之处，不可枚举"[2]，又说允祉对待诸兄弟刻薄寡恩，对待朝臣倨傲无礼，对待属下索求无厌。允祉在胤礽被废后也希冀皇太子之位，曾对庄亲王说"东宫一位，非我即尔"。

雍正皇帝像　现藏北京故宫博物院

清世宗爱新觉罗·胤禛（1678—1735 年），康熙帝第四子，年号雍正。雍正帝在位期间，平定边疆叛乱，设置军机处，推行改土归流、摊丁入亩、耗羡归公等一系列铁腕政策，一改康熙帝执政后期的宽大松懈，对康乾盛世的连续具有关键性作用。谥号敬天昌运建中表正文武英明宽仁信毅睿圣大孝至诚宪皇帝。去世后葬于清西陵之泰陵。

允祉后来也遭禁锢，雍正十年（1732 年）病逝。

雍正帝继位后，曾多次赞赏允禩，"朕之此弟较诸弟颇有办事之才，非允禟等可比"，"论其才具操守，诸大臣无出其右者"，"允禩平日素有

---

[1]　孟森：《清史讲义》，中华书局 2010 年版，第 209 页。
[2]　《清世宗实录》卷 70，中华书局 1985 年版，第 1055 页。

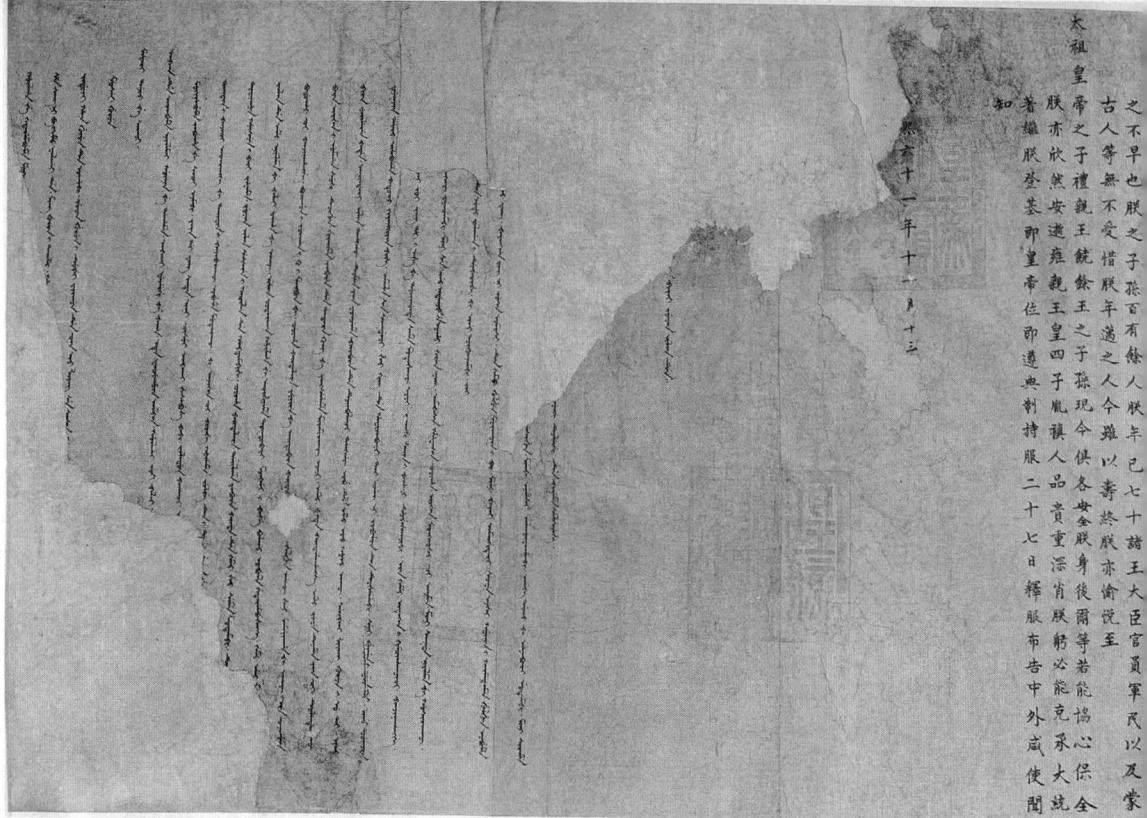

《康熙遗诏》 现藏中国第一历史档案馆

才干"①。但允禩并非甘居人下之辈，不可能真心为雍正帝做事。雍正帝也清楚地认识到这一点："朕果欲治其罪，岂有于众前三复教诲之理？朕一身上关宗庙社稷，不得不为防范。""朕可不念祖宗肇造鸿图，以永贻子孙之安乎？"②雍正帝最终对皇八子党人严厉打压。允禩、允禟、允䄉（即胤禵）都被囚禁。后来允禩、允禟病逝于禁所，允禵在乾隆时才被放出。

第二，严厉打击朋党。年羹尧为雍正帝妻舅，隆科多为雍正帝舅舅，两人均为皇亲国戚，位高权重，深受雍正帝宠信。隆科多在康熙帝病逝时任九门提督，在雍正帝继位问题上起过举足轻重的作用；年羹尧在雍正初年平定了青海罗卜藏丹津叛乱，对稳定政局起了重要作用。雍正帝曾对隆科多说："舅舅隆科多，此人朕与尔先前不但不深知他，真正大错了。此人真圣祖皇

---

① 《清世宗实录》卷31，中华书局1985年版，第475页。

② 赵尔巽等：《清史稿》卷220《允禩传》，中华书局1976年版，第9072页。

帝忠臣，朕之功臣，国家良臣，真正当代第一超群拔类之希有大臣也。"他对年羹尧则说："从来君臣之遇合，私意相得者有之，但未必得如我二人之人耳。尔之庆幸，固不必言矣；朕之欣喜，亦莫可比伦。总之我二人做个千古君臣知遇榜样，令天下后世钦慕流涎就是矣。朕实实心畅神怡，感天地神明赐佑之至。"[1] 但此后二人擅用权势，作威作福，结党营私。年羹尧以平定青海功劳晋爵一等公，其父年遐龄加一等公爵外，另授太傅衔；其家仆桑成鼎随军有功，累官至直隶守道；魏之耀至署副将。年羹尧权势日增，王公向他打招呼，他也只是点头示意而已。他勒索属下钱财，西安、甘肃、山西、四川的效力人员，每人被勒索白银四千两，又擅开捐纳，贩卖私盐营利，甚至目无皇权，出门以黄土填道，擅用黄袱，让总督李维钧、巡抚范时捷下跪迎送。雍正帝对年羹尧招权纳贿、擅作威福的行为早有耳闻，雍正四年

---

① 孟森：《明清史论著集刊正续编》，河北教育出版社 2000 年版，第 296、301 页。

（1726年）三月，雍正帝开始有意打击年羹尧的嚣张气焰，在谕旨中说他"自恃己功，故为怠玩，或诛戮太过，致此昏愦"，认为他不配居总督之位，改授杭州将军。七月，又革其将军职，授闲散章京，让他在杭州效力。不久，内阁、詹事、九卿、科道联合弹劾年羹尧，十月，雍正帝下令将年羹尧送来京城严鞫。十二月，议政大臣、三法司、九卿议奏年羹尧大逆之罪五，欺罔之罪九，僭越之罪十六，狂悖之罪十三，专擅之罪六，忌刻之罪六，残忍之罪四，贪黩之罪十八，侵蚀之罪十五，共计九十二款大罪。雍正帝念年羹尧立有功勋，免其碟死，令他自裁，并赦免他的父兄子孙伯叔等的死罪。年羹尧死后，其余党也次第伏法。雍正五年（1727年），雍正帝下旨："当日平定青海，年羹尧亦著有功绩。著将伊子远徙边省者俱赦回，交与年遐龄管束，以示朕格外恩宥之至意。"①

隆科多，满洲镶黄旗人，一等公佟国维第三子。胤禛继位后，加太保衔，兼管理藩院事，充任《圣祖仁皇帝实录》和《大清会典》的总裁官，又为《明史》监修总裁官。但他与年羹尧一样，贪赃枉法，结党自固，而且与年羹尧交结深厚，在年羹尧案发后，蓄意包庇，有意扰乱。雍正帝对隆科多的所作所为曾多次警告，希望他能改过自新，"其才尚有可用，朕心悯惜……令其料理阿尔台等路边界事务。……倘能尽心办理，尚可赎其前愆。如稍有怠忽，定难宽贷"②，但隆科多却不知悔改。雍正五年（1727年）十月，诸王大臣议定隆科多大不敬之罪五，欺罔之罪四，紊乱朝政之罪三，结党之罪六，不法之罪七，贪污之罪十六，共计四十一款大罪。雍正帝不忍诛杀，免其正法，将其永远禁锢在畅春园，他最终于雍正六年（1728年）六月死于禁所。

第三，秘密建储。储君问题是中国帝制时代皇权的重要组成部分。汉族建立的王朝多以嫡长子为储君，无嫡则立长；少数民族建立的王朝则很少遵循此种规定，而是在贵族内推举皇位继承人。不过这两种制度并不能很好地解决皇权归属问题，甚至会引起很大的政治动荡。雍正帝历经康熙晚年诸皇子争夺储位的斗争，对斗争的残酷性有着清醒的认识。他深知立皇太子弊病很多，容易造成皇帝与皇储的矛盾，容易围绕皇太子形成权力集团。为了彻

---

① 《清世宗实录》卷52，中华书局1985年版，第784页。
② 《清世宗实录》卷40，中华书局1985年版，第597页。

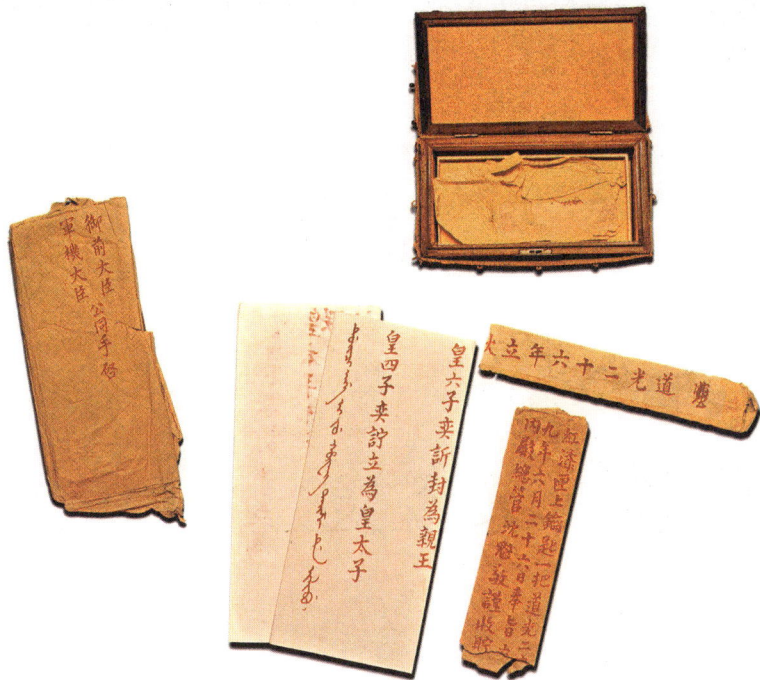

《道光帝秘密立储朱笔手谕》 现藏中国第一历史档案馆

底解决储位问题，雍正元年（1723年）八月，雍正帝在乾清宫西暖阁召集诸王及文武大臣，宣布将储君名字亲写密封藏于匣内，置于乾清宫顺治皇帝御书的"正大光明"匾后。为确保以后不出意外，雍正帝另书一道密旨，随身携带，以备异日查对。

雍正帝首创秘密建储制，至乾隆年间，正式成为清代独特的皇位继承制度。秘密建储制确立了新的皇位传承模式，不再以长幼有序为选拔标准，而是由封建最高统治者按照符合封建王朝的道德标准和长远发展，择贤立储君。从实际效果看，雍正以后并没有发生争夺皇位的宫廷悲剧，说明秘密建储制适应了帝制时代加强皇权的需要。

第二节 康乾盛世

清代前期，康熙、雍正、乾隆三帝均励精图治。政治上，皇权和中央集权加强，社会秩序安定；经济上，财政收入在百余年的时间内，一直稳步上升，而国库也颇为充盈，康雍年间，国库存银最少时也有八百万两，至乾隆

《康熙南巡图·出京》（局部） 现藏北京故宫博物院

年间情况更好，国库存银大体上保持在七八千万两；疆域上，经过三帝不断开拓，陆地面积就有 1300 多万平方千米；在文化、民族、对外交往方面也取得了举世瞩目的成就，达到了传统社会新的高峰。这就是为后人所称道的"康雍乾（康乾）盛世"。

一、恢复生产

明清更替，战乱持续数十年，社会生产遭受严重破坏。再加上明清生态环境剧烈变动所引发的自然灾害频发，导致人口下降，土地荒芜，全国呈现出一片凋敝景象。为巩固统治，清政府不得不采取一些恢复和发展生产的措施，其中主要包括以下几点。

第一，停止圈地。清初统治者的强行圈地，不仅使生产遭到严重破坏，也激化了社会矛盾。康熙八年（1669 年），清廷下令，"自后圈占民间房地，永行停止"[1]，另以张家口、山海关等处旷土补贴旗人，借以缓和阶级矛盾。

第二，推行"更名田"。原属明宗室藩王勋戚的直隶、山东、山西、河南、湖广、陕西、甘肃等地近 20 万顷庄田，除直隶一部分被圈占，其余大多被农民占有耕种。康熙八年（1669 年），清廷将部分明代藩王所占田地给予原种之人，并免其变价，永为世业，号为"更名田"。次年又规定凡是已出钱购买者，准将价银抵作钱粮，更名田"与民田一例输粮，免其纳租"，

---

[1] 《清圣祖实录》卷 30，中华书局 1985 年版，第 408 页。

使之完全变为自耕农。这实际上是承认了明末农民在起义斗争中夺回藩王所占庄田的事实。更名田和停止圈地同时推出，既阻止了满族贵族的非法扩张，也安抚了普通百姓，一举两得。

第三，奖励垦荒。清军入关之后即大力推行垦荒，凡州县卫所荒地无主者，皆分给流民及官兵屯种，无力者官给牛、种，三年起科。迨至康熙时期，为进一步推行垦荒，将起科年限又逐步放宽到六年以至十年。雍正时期继续劝农垦荒，诏令"凡有可垦之处，听民相度地宜，自垦自报，地方官不得勒索，胥吏不得阻挠"[1]。清廷还用爵赏劝富人投资垦荒，"贡监生员民人垦地二十顷以上，试其文义通者以县丞用，不能通晓者以百总用。一百顷以上文义通顺者以知县用，不通晓者以守备用"。当内地大面积荒地已被开垦，耕地呈基本饱和状态时，清政府又通过兵屯、民屯、回屯、犯屯等多种形式，适时开展了对边疆省份的开发。据统计，康熙二十四年（1685 年）时，全国共有在册耕地 6 亿亩；雍正二年（1724 年），增加为 72300 多万亩。乾隆十八年（1753 年），全国纳赋土地有 73500 多万亩；至嘉庆十七年（1812 年），则为 79100 多万亩[2]，可见开垦的成效。

---

① 《清世宗实录》卷 6，中华书局 1985 年版，第 137 页。

② 梁方仲编著：《中国历代户口、田地、田赋统计》，中华书局 2008 年版，第 380 页。另外，这些数字并未包括许多官田和被官僚地主隐瞒的土地；一些少数民族地区的耕地，当时被称为"回地""番地""瑶田""僮田"等，都没有被查丈。黑龙江、吉林、蒙古、新疆、西藏、青海等地的田亩，则根本没有收入。

二、摊丁入亩

　　清朝的丁役制度承明制而来，田赋和丁银是传统中国的主要财政来源。顺治、康熙年间，清政府出现丁银难征的状况。顺治十四年（1657 年），顺治帝令户部右侍郎王弘祚以万历年间赋役额为准，编成《赋役全书》颁行全国。康熙二十六年（1687 年），又在该书的基础上，编成《简明赋役全书》，作为征收地丁银的依据。但在征收过程中，权势之人有免役特权，贪官污吏遂对百姓巧立名目，任意加派，导致百姓负担加重，逃丁人数不断上升。山东黄县甚至因丁银负担过重，人口逃亡过半。为解决地丁逃亡，稳定社会秩序，康熙五十一年（1712 年），康熙帝宣布上谕："今海宇承平已久，户口日繁，若按见在人丁加增钱粮，实有不可。人丁虽增，地亩并未加广，应令直省督抚，将见今钱粮册内有名丁数，勿增勿减，永为定额。其自后所生人丁，不必征收钱粮。编审时，止将增出实数察明，另造清册题报。朕凡巡幸地方，所至询问，一户或有五六丁，止一人交纳钱粮。或有九丁十丁，亦止二三人交纳钱粮。诘以余丁何事，咸云蒙皇上弘恩，并无差徭，共享安乐，优游闲居而已。此朕之访闻甚晰者。前云南、贵州、广西、四川等省，遭叛逆之变，地方残坏，田亩抛荒，不堪见闻。自平定以来，人民渐增，开垦无遗。或沙石堆积难于耕种者，亦间有之。而山谷崎岖之地，已无弃土，尽皆耕种矣。由此观之，民之生齿实繁，朕故欲知人丁之实数，不在加征钱粮也。今国帑充裕，屡岁蠲免辄至千万，而国用所需并无遗误不足之虞，故将直隶各省见今征钱粮册内有名人丁，永为定数，嗣后所生人丁，免其加增钱

粮，但将实数另造清册具报，岂特有益于民，亦一盛事也。直隶各省督抚及有司官，编审人丁时，不将所生实数开明具报者，特恐加增钱粮，是以隐匿不据实奏闻，岂知朕并不为加赋，止欲知其实数耳。"[1]"滋生人丁，永不加赋"从康熙五十一年（1712 年）开始施行，以后到达成丁年龄的，再不承担丁役。

"滋生人丁，永不加赋"实施十年后，耕地面积增加了 22.81%，人丁增加了 2.79%，人丁逃亡现象减少，百姓负担减轻，有利于维护社会秩序，稳定政权。但是我们应该看到，此举也存在一些弊端。由于实际操作不当，丁户承担的丁银数并不均匀，可见"滋生人丁，永不加赋"并没有解决赋役不均问题。康熙帝在晚年也意识到这一问题，并试图通过实行摊丁入亩予以解决。康熙五十五年（1716 年），上谕"准广东所属丁银，就各州县地亩摊征，每地银一两摊丁银一钱六厘四毫不等"。但拥有大批田产的满汉官员不愿多纳赋税，因而抵制强烈，推行并不顺利。雍正元年（1723 年）九月，户部议复直隶李维均

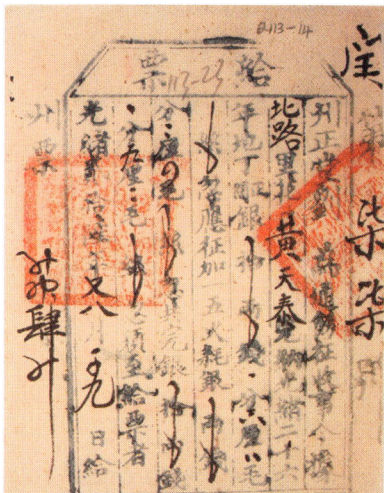

完纳地丁银票据

---

① 《清圣祖实录》卷 249，中华书局 1985 年版，第 469 页。

"直属地丁请摊入田粮"的奏本，建议于雍正二年（1724年）将地丁均摊地粮之内，造册征收。此后，从雍正二年（1724年）开始，直隶、福建、山东、河南、浙江等省相继推行。不过，在推行之初，各省都曾遭到富户豪绅的强烈反对。例如，浙江各地的满汉贵族子弟聚集到省城，要求清廷撤销摊丁入亩的命令，结果浙江巡抚李卫逮捕带头闹事人员，通过严厉手段平息了风波，摊丁入亩才得以顺利推行。至乾隆四十二年（1777年）贵州实行摊丁入地，除奉天户籍无定外，全国最终都实行了这一重大改革。

摊丁入亩制度具有重要的历史意义。王庆云说，"前后数十余年，时历三圣，其减除重则缺额者，史不绝书，经营哀益，然后法制大定。乃知唐之庸钱，不得不归于两税；明之均徭，不得不改为条鞭；皆势之所趋，不得已也"[1]。它极大地简化了征税手续，以田地和人丁征收赋税的双重标准被取消。从汉代以来一直沿用的人头税从此被废除，"自后丁徭与地赋合而为一，民纳地丁之外，别无徭役矣"[2]。百姓无须单独交纳丁税、服丁役，成了自由人，为社会经济的发展提供了更多劳动力。

三、耗羡归公和养廉银

米粮在晾晒或运输过程中，难免会遭虫吃鼠咬，征收的碎银因成色问题需要熔铸，其间也会有损耗。为保证钱粮足额，弥补征钱粮时的损耗而增收

---

[1] 王庆云：《石渠余纪》卷3《纪丁随地起》，文海出版社1967年版，第256页。

[2] 赵尔巽等：《清史稿》卷121《食货志二》，中华书局1976年版，第3546页。

的附加税就称为"耗羡"，依征收对象不同可分为雀耗、鼠耗及火耗。清前期耗羡之重，早在顺治、康熙年间就有大臣论及。顺治帝、康熙帝也曾为此颁布过禁令，但无济于事，至康熙中叶后反而有愈演愈烈之势。康熙后期，吏治松弛，官员贪污盛行，各省财政亏空频繁发生，为弥补亏空，"各州县火耗，每两有加二三钱者，有加四五钱者，除量留本官用度外，其余俱捐补通省亏空"①。另外，清代官俸非常低，"总督每年支俸一百五十两，巡抚每年一百三十两，知州八十两，知县四十五两。若以知县论之，计每月支俸三两零"。官员的俸禄连维持日常开支都有困难，更不用说还要打点上司。

出于各种原因，各级官员遂肆意私派耗羡，极大地加重了百姓的负担。不过，由于康熙帝对官员太过宽容，又不愿承担加派之名，对此始终睁一只眼闭一只眼。

雍正帝继位后，湖广总督杨宗仁奏称："从前凡有公事，无一不分捐州县，派累百姓，臣通长计算，但令州县于所得加一耗羡内，节省二分，解交藩司，以充预塘报资甲兵养赡并钦差过往必不可省之公费，此外丝毫不许派捐。"②继杨宗仁后，山西巡抚诺岷、河南巡抚石文焯也纷纷上疏，请求实行耗羡归公。他们的意见得到雍正帝肯定，并命山西、河南迅速实行。在推广耗羡归公的过程中，虽然因部分官员利益受损而出现反对之声，但在雍正帝坚持之下，还是顺利推行下去。到

览过知道了好第一名不但文章好妇是一个端人正士当心性理的人不似重文大闹舟首

雍正元年五月初八日

雍正帝朱批

雍正帝喜朱批，现存的大量朱批，都用白话文书写，嬉笑怒骂，活泼直白，生动有趣，是了解雍正帝执政、为人、性情、喜好的重要资料。

① 庄吉发：《清世宗与赋役制度的改革》，学生书局 1985 年版，第 107—108 页。
② 《雍正朝汉文朱批奏折汇编》，雍正元年五月十五日，湖广总督杨宗仁奏折，江苏古籍出版社 1991 年版，第 401 页。

了乾隆年间，围绕此制朝臣又展开辩论。大学士鄂尔泰、刑部侍郎钱陈群、湖广总督孙嘉淦认为"耗羡之制……良法美意，可以垂诸久远"，但御史柴潮生却持反对意见："自耗羡归公，输纳比于正供，出入操于内部，地丁公费除官吏养廉无余剩。官吏养廉除分给幕客家丁修脯工资，及事上接下之应酬，舆马蔬薪之繁费，亦无余剩。地方有应行之事，应兴之役，一丝一忽，悉取公帑。有司上畏户、工二部之驳诘，下畏身家之赔累，但取其事之美观而无实济者，日奔走之以为勤，故曰天下之大弊也。"不过因乾隆帝赞同耗羡归公，最后不了了之。

归公银两的用途有三个方面：一是弥补地方财政亏空；二是作为官吏养廉银；三是充当地方办公经费。以山西为例，雍正元年（1723 年）实收耗羡银 43 万两，其中弥补地方财政历年亏空 20 万两，占耗羡银总数的 47%；给各官养廉银 11 万两，占 26%；用于支付通省公费和州县杂费 9.2 万两，占 21%；结余 2.8 万两。

养廉银在雍正初年范围只限于地方文官，银两数额差别很大，且多有变化。到雍正六年（1728 年），在京部院堂官及兼尚书衔的内阁大学士开始享有养廉银。至乾隆年间，养廉银制度更趋完备，地方各级文武官员按等级享有数额不等的养廉银。养廉银的数额远高于正俸，督抚一二品大员为 15000 两至 30000 两，知县也在 400 两到 2000 两之间。改革初期，征收总额较以前有了较大幅度的下降，在一定程度上减轻了农民的负担，而国库收入也激

增。耗羡归公和养廉银制度实施后，可称是"吏治肃清，民亦安业"。

四、赈济蠲免

历代明君为标榜德政，总会实行赈济与蠲免。康熙帝曾说："欲使民生乐业，比屋丰盈，惟当己责蠲租，万姓得沾实惠。"[1]康熙九年（1670年），淮、扬大水，康熙帝下令灾民每人赈米五斗。康熙四十六年（1707年），两地区又遭水灾，清廷再次赈济，成人每月赈银三钱，孩童减半。

至于蠲免形式，则有灾蠲、恩蠲、逋蠲等。灾蠲就是以灾区受灾程度轻重，予以蠲免田赋。康熙年间，灾蠲次数很多，数额也很大，至康熙四十四年（1705年）十一月，全国共免田赋9000余万两白银。恩蠲就是当遇到国家庆典、皇帝出巡、战争等重大事件时，对百姓蠲免钱粮，在康熙十年（1671年）、三十五年（1696年）、三十七年（1698年）和六次南巡时都曾实行恩蠲。逋蠲是免除百姓历年所欠租税。康熙二十八年（1689年），免江南积欠220余万两；康熙三十三年（1694年），免山西泽、沁二州因遭灾所欠地丁银58万两，借赈米粮2.8万石；康熙四十五年（1706年），免直隶民欠8万余两、粮5900石，免山东逋银169万两、粮5900石，又免晋、陕、苏、湘、赣、闽、粤等11省积欠212万两、粮15.57万石；康熙四十六年

---

[1] 《清圣祖实录》卷120，中华书局1985年版，第267页。

（1707年），免江苏在康熙四十二年（1703年）以前民欠漕项银 68.7 万两、米 31 万石；康熙五十六年（1717年），免直隶等八省区因积欠而代征的地丁屯卫银 230 万两，漕项银 49.5 万两，米、麦、豆 114 万两。[①] 从康熙五十年（1711年）始，朝廷又决定普免天下钱粮，三年而遍，即在三年之内，将全国所有的钱粮全部蠲免一次。

雍正时，蠲免力度虽不如康熙时期，但也免除了苏州、松江、嘉兴和湖州四地的浮粮，当地百姓受惠不少。雍正三年（1725年）三月，管理户部事务的怡亲王允祥上奏吴民免银粮的请求，雍正帝命酌减苏州正额银 30 万两，松江 15 万两，但不涉及嘉兴、湖州。不过两年后，嘉兴、湖州共免银 87200 两有余。乾隆帝效法祖父康熙帝，在蠲免方面有过之而无不及。赈济、灾蠲、恩蠲、逋蠲之事在乾隆朝比比皆是。例如，乾隆七年（1742年），上下两江水灾，共赈济白银 540 万两，米 220 万石；乾隆十二年（1747年），山东九十州县大水，共赈米 50 余万石，谷 46 万余石，白银 170 余万两。在灾蠲方面，乾隆朝灾蠲的州、县、卫所共有 4919 个，平均每年 82 个，较之康熙朝平均灾蠲数多 17 个。[②] 蠲免银两也数额巨大。从乾隆元年（1736年）至十八年（1753年），仅江南灾蠲银就达 2290 万两，是雍正朝的 16 倍。在恩蠲方面，乾隆帝每次巡幸沿途州县，都会免征该年地丁钱粮的十分之三。六次南巡，蠲免白银数额达 2000 万两。在逋蠲方面，全国性的逋蠲共有两次，一次是在乾隆帝即位之初，一次是在乾隆五十九年（1794年）。地区性的逋蠲则更多，计有直隶两次，山东三次，河南两次。除此之外，乾隆朝还五次普免各省钱粮，三次全免南方各省漕粮。八次蠲免，共计白银 15200 万两。

赈济、蠲免的实行，极大地减轻了百姓的负担。正如王庆云在《石渠余纪》中的评论所言："本朝丁田赋役素轻，二百余年来，未尝增及铢黍。而诏书停放，动至数千百万。敛从其薄，施从其厚，所以上培国脉，下恤民依。岂唐宋以来所可同年而语者哉！"昭梿在《啸亭续录》中也说："本朝轻薄徭税，休养生息百有余年，故海内殷富，素封之家，比户相望，实有胜于前代。"在统一多民族国家空前巩固和发展的基础上，伴随着社会经济的高

---

① 郭松义主编：《清代全史》第 3 卷，方志出版社 2007 年版，第 81 页。
② 常建华：《乾隆朝蠲免钱粮问题试探》，《南开史学》1984 年第 2 期。

度发达，形成了所谓"康乾盛世"。

第三节　清代文字狱

文字狱是指从文人著作中发现对清政府不满的言辞而加以治罪的狱案。萧一山在《清代通史》中曾说，顺康雍乾时期，针对文字狱的风格各不相同，顺治帝为"放任政策"，康熙帝为"怀柔政策"，雍正帝为"调和政策"，乾隆帝为"压制政策"。总体来说，文字狱历朝皆有，但次数之多、程度之重，没有比清朝更厉害的。这也是康乾盛世的重要思想文化背景。

清朝是满洲贵族所建，一些汉族知识分子受传统"夷夏"观念影响，对此多少有些排斥。一部分人不愿入仕清朝，甘愿隐逸山林，以明遗民自居；一部分人虽被迫出仕，但偶尔还是难免在诗文中流露出故国之思；更有一部分人坚决不承认清朝的正统地位，立志反清复明。清政府虽然标榜满汉一体，对许多汉族知识分子也多加重用，但对于思想控制从未放松。

清朝文字狱肇端于顺治朝，最早的一起文字狱发生于顺治四年（1647年）。当时广东和尚函可随身携带一本记录抗清志士事迹的史稿《变记》，被南京城门的清兵查获，在受严刑折磨一年后，函可被判流放沈阳。次年，又出现毛重倬等坊刻制艺序案。毛重倬为坊刻制艺所写的序文没写"顺治"年号，大学士刚林认为此举"目无本朝"，加以严惩，并特别规定："自今闱中墨牍必经词臣造订，礼臣校阅，方许刊行，其余房社杂稿概行禁止。"不过由于顺治朝尚未统一全国，对思想文化领域的控制尚不十分严格，文字狱的严酷程度与波及面远逊于康熙、雍正、乾隆三朝。

康熙时，著名的文字狱有庄廷鑨《明史》案和戴名世《南山集》案。全祖望在《鲒埼亭集外编》中特别指出："本朝江浙有两大狱，一为庄廷鑨史祸，一为戴名世《南山集》之祸。"庄廷鑨是浙江湖州庄允诚之子，十五岁入选国子监，双眼失明后，受司马迁所说的"左丘失明，厥有国语"的鼓舞，决定发愤著书。恰巧他的邻居为明熹宗天启朝内阁首辅朱国祯。朱国祯受魏忠贤排挤告老还乡后，写有明史著作及明朝公卿传记，但书未成而卒。朱国祯死后，庄廷鑨从朱后人那买来书稿，延揽江南18位名士参与修订，最后成书《明史辑略》。庄廷鑨的岳父朱佑明也是富商，在顺治十七年（1660

年）以庄廷鑨的名义将该书印行于世。书中在叙及南明史事时，仍奉明朝为正朔，不承认清朝的正统，还提及明末建州女真故事，如直写努尔哈赤的名字，写明将李成梁杀死努尔哈赤的父祖，斥骂降清的尚可喜、耿仲明为"尚贼""耿贼"，称清军入关为"夷寇"等。该书问世后，许多人都想利用书中违禁之处向庄允诚勒索钱财。顺治十八年（1661年），归安县县令吴之荣被罢官，想借告发立功，以求官复原职，便将此事报告给杭州将军松魁。庄家通过贿赂免于起诉，吴之荣看到他第一次告密失败，便买了该书到京师直接告到司法部门。吴之荣向来怨恨朱佑明，于是乘机嫁祸说庄书中所称"旧史朱氏"指的就是朱佑明。吴之荣进京，将书中若干内容摘录出来后，上交辅政大臣。鳌拜等人对此很感兴趣，颁旨严究。康熙元年（1662年）十一月，刑部派官员至湖州调查此案。康熙二年（1663年）五月二十六日，刑部将审判结果上报四位辅臣：庄廷鑨虽死，仍剖棺戮尸；庄允诚及廷鑨之兄廷钺、弟侄等十八人皆论死；刻书、买书者以及知事不举的知县、推官连坐。在撰写此书时，庄廷鑨为提高身价，在未征得名士查继佐、陆圻、范骧、吴炎、潘柽章的同意下，将他们的名字私列书上。五人本在被参之列，不料周亮工将事情原委告知范骧，于是范骧、陆圻、查继佐向官府检举，后虽被牵连，但逃过一劫，并未获罪。而吴炎、潘柽章则已被凌迟处死。此案牵连甚广，最终，因《明史》案被处死的共70多人，受株连的有200余人。时人对该案的印象非常深刻："擅修国史事发，全处死。连累浙直二省富宦名家廿户，并害现任宪司官府俱削籍，构成大狱，处死者百人。妇女皆发配满州，用囚车解北，见闻颇惨。此江南第一巨案也。"[①]

戴名世，字田有，一字褐夫，号南山，别号忧庵，桐城派奠基人、文学家。康熙二十六年（1687年），以贡生补正蓝旗教习，授知县，不就。康熙四十五年（1706年），参加应天乡试，四十八年（1709年）殿试中一甲第二名，授翰林院编修。康熙五十年（1711年），左都御史赵申乔弹劾编修戴名世所著《南山集》《孑遗录》语多狂悖，认为戴名世"前为诸生时，私刻文集，肆口游谈，倒置是非，语多狂悖。逞一时之私见，为不经之乱道。……今名世身膺异数，叨列巍科，犹不追悔前非，焚削书板。似此狂诞之徒，岂

---

① 姚廷遴：《历年记》，载《清代日记汇抄》，上海人民出版社1982年版，第84页。

容滥厕清华？"① 于是康熙帝下旨彻查。刑部官员从《南山集》的《与余生书》中找到了"罪证"。《与余生书》是戴名世写给他的一个门人余湛的。余湛曾偶然同僧人犁支谈及南明桂王之事。犁支原是南明桂王宫中的宦官，桂王被吴三桂所杀后，他削发为僧，皈依佛教。戴名世得知此消息后，忙赶到余湛住处，但犁支已离去，二人未能晤面。戴名世于是嘱咐余湛把所听到的情况写给他，并与方孝标所著《滇黔纪闻》加以对照，考其异同，发现一些可疑之处。于是戴名世又写信给余湛，询问犁支下落，想要与其当面交谈。戴名世在《与余生书》中论王朝正统，以明亡后弘光、隆武、永历三朝比拟蜀汉政权，当然为清政府所不容。刑部审判后，将戴名世凌迟处死，其弟平世斩立决，其祖、父、子孙、兄弟、伯叔父兄弟之子，立即逮捕，其母女妻妾姊妹、子之妻妾、十五岁以下子孙、伯叔父兄弟之子，赐给功臣为奴。后经康熙帝赦免，除戴名世被处斩外，其余一干人等均从轻发落。因《南山集》多引用方孝标《滇黔纪闻》中所记南明桂王史事，方氏宗族也遭牵连。当时方孝标已去世，清廷将其剖棺戮尸，妻儿等人被发配黑龙江，财产被籍没。为《南山集》出资、刊刻、作序的尤云鹗、方正玉、方苞等人也都被治罪。

雍正、乾隆两朝文字狱数量更多，其中比较有名的是雍正朝的年羹尧案、汪景祺案、钱名世案、曾静张熙案、查嗣庭案和乾隆朝的胡中藻案、王锡侯案、徐述夔案。

雍正朝的文字狱最早始于年羹尧案。年羹尧是汉军镶黄旗人，进士出身，并且很有军事才能，在四川、西藏地区平叛屡建奇功，康熙末年授定西将军，兼理川陕总督，是雍正帝即位前的忠实拥护者。雍正帝即位后，年羹尧备受宠信，官拜川陕总督、太保、抚远大将军并赐爵封一等公。年羹尧居功自傲，逐渐引起雍正帝的不满，雍正帝早就想杀一儆百，只是苦于没有借口。雍正二年（1724 年），出现"日月合璧，五星连珠"的天文奇观，文武百官都上表称贺，皇帝特别注意年羹尧的奏表，终于发现年羹尧的奏表将成语"朝乾夕惕"写成"夕惕朝乾"。雍正帝认为年羹尧居功藐上，心怀不轨，那些对年羹尧心存怨恨的人见皇上欲惩处年羹尧，便群起而攻之，上书历陈年羹尧罪状。最终，年羹尧被审判犯有九十二款大罪，雍正帝下令年羹尧自裁，亲族、同党或斩首或流放或贬谪，凡是与他有一丝牵连的人统统受到处罚。

---

① 《清圣祖实录》卷 248，中华书局 1985 年版，第 455 页。

汪景祺、钱名世两案都与年羹尧有关。汪景祺，钱塘（今浙江杭州）人，在年羹尧幕府中曾著《读书堂西征随笔》二卷。在书中他讥议康熙谥号和雍正年号，又有"功臣做不得"之语，以檀道济、萧懿比年羹尧，称"鸟尽弓藏，古今同慨。论者或谓功高不赏，挟震主之威，不能善自韬晦，故鲜有以功名终者"。雍正帝读过后，在书页题字云："悖谬狂乱，至于此极！惜见此之晚，留以待他日，弗使此种得漏网也。"雍正帝赐死年羹尧后，立即抓住汪景祺将其斩首，其头骨在北京菜市口枭示了十年，妻儿被发配黑龙江给满洲军士为奴，兄弟叔侄辈流放宁古塔，疏远亲族凡在官的都革职，交原籍地方官管束。由于牵累的人多，汪景祺侨居的县城甚至传出"屠城"的谣言，吓得当地居民惊惶逃窜。

钱名世，字亮工，江苏武进（今属常州）人，曾中探花，与年羹尧乡试同年。他曾赠诗给年羹尧，写道"鼎钟名勒山河誓，番藏宜刊第二碑"，赞扬年羹尧平藏功绩。年羹尧死后，雍正帝并没有杀他，只是将其罢归乡里，但对钱名世谄附年羹尧深恶痛疾，为了羞辱钱名世，御书"名教罪人"匾额，勒令其悬于正门之上，并且令科甲出身的官员作诗讽刺。结果共有三百八十五人奉诏作诗，雍正帝将这些诗编集为《名教罪人诗》。詹事陈万策诗云："名世已同名世罪，亮工不异亮工奸。"而那些作诗不力的官员则受到惩处，翰林院侍读吴孝登被发往宁古塔为奴，侍读学士陈邦彦被革职，乾隆初才起复原官。

曾静，湖南永兴人，平生推崇吕留良。吕留良，浙江崇德（今桐乡西南）人，为明末清初杰出的学者、思想家、诗人，顺治十年（1653年）应试为诸生，后隐居不出。吕留良在康熙年间还拒绝应征博学鸿词科，后削发为僧。吕留良的著作重在强调华夷之分，宣扬强烈的民族主义思想和民族气节。曾静曾读过吕留良的《时文评选》，深受其反清复明思想的影响。他误以为川陕总督岳钟琪为岳飞后人，想鼓动他反清复明，便派弟子张熙与张勘前往湖南，劝说岳钟琪造反。岳钟琪，字东美，号容斋，谥襄勤，四川成都人。雍正二年（1724年），率军随年羹尧平定罗卜藏丹津叛乱，授三等功，赐黄带。岳钟琪并无反叛之心，为弄清事情的来龙去脉，他假意答应反清复明以骗取张熙信任，张熙本是一介书生，毫无政治经验，在听到岳钟琪的保证后，便将事情的经过和盘托出。岳钟琪立即向雍正帝上奏。雍正七年（1729年），雍正帝派刑部官员协同湖南巡抚王国栋审理曾静等人，后将其押解至京师，做进一步审问。雍正帝从曾静那里查明散播其"弑兄杀母"谣言的实情，为证明他继统的合法性，并没有杀掉曾静一干人等，而是将有关审问曾静的供词、自己所发的上谕等编成《大义觉迷录》一书，命刑部侍郎杭奕禄带曾静到江浙一带宣讲，兵部尚书史贻直带张熙到陕西宣讲，要求各府州县之人、乡曲小民均须学习，"倘有未见此书，未闻朕旨者，经朕随时查出，定将该省学政及该县教官，从重治罪"。吕留良的子孙也受到波及，曾静投书案发生后，雍正帝就命浙江总督李卫查抄吕留良家，将吕留良、吕葆中父子开棺戮尸，枭首示众，吕毅中斩立决，吕留良诸孙发往宁古塔给披甲人为奴，家产悉数籍没。吕留良学生严鸿逵被开棺戮尸，学生沈在宽斩立决。乾隆帝即位后，又将曾静、张熙等人处死。

查嗣庭，浙江海宁人，康熙进士，官至内阁学士兼礼部侍郎。据传雍正四年（1726年），作为江西乡试主考官的查嗣庭出了一道"维民所止"的试题，被认为是去掉雍正帝的头，雍正帝"以其怨望毁谤，谓为大不敬"，下令将查嗣庭逮捕严办。其实查嗣庭当时主持江西乡试的试题，分别为《论语》中的"君子不以言举人，不以人废言"，"日省月试"和《孟子》中的"山径之蹊间，介然用之而成路，为间不用，则茅塞之矣，今茅塞之心矣"。他获罪的根本原因在于他著有《维止录》，其中记载了一些对雍正帝不利的事。例如，首页云："康熙六十年某月日，天大雷电以风，予适乞假在寓，忽闻上大行，皇四子已即位，奇哉。"案发后，查嗣庭受到残酷折磨死于狱中，其子也惨死狱中，族人遭到流放，浙江乡试、会试被停止，直到雍正六年（1728年）才重新恢复。

到了乾隆时期，文字狱的数量、程度更甚于前。乾隆朝共有两次文字狱高峰，第一次从乾隆十六年（1751年）至四十一年（1776年），第二次从乾隆四十二年（1777年）至四十八年（1783年）。乾隆十六年（1751年），发生"伪孙嘉淦奏稿"案，此后文字狱愈演愈烈。乾隆二十年（1755年），为打击鄂尔泰、张廷玉两派，乾隆帝策划了胡中藻案。胡中藻，号坚磨生，江西新建（今属南昌）人，乾隆元年（1736年）进士，官至内阁学士。胡中藻著有《坚磨生诗》，其中有"一把心肠论浊清"之句，乾隆帝望文生义，曲解诗句，痛斥胡中藻讥讪朝廷。大学士九卿翰詹科道奏称："胡中藻违天逆道，覆载不容，合依大逆，凌迟处死。"乾隆帝兴起此案的目的，在于消除威胁皇权的朋党势力，因此并没有大肆株连，只将胡中藻从宽处斩，其老母、弟弟被免去罪责，与案件有牵连的鄂尔泰之侄鄂昌被赐自尽。

乾隆四十二年（1777年），王锡侯《字贯》案发。王锡侯（1713—1777），文学家，善于考证字音字义。他对《康熙字典》做过精深研究，认为《康熙字典》虽然收字很多，但使用者查到字却不能知其所有组词用法，而且字与字之间没有联系。于是他想出"以义贯字"的方法，加以补强，并称"字犹零钱，义以贯之，贯非有加于钱，钱实不妨用贯，因名之曰《字贯》"。全书分天文、地理、人事、物类四大类，共四十卷。不料有人讦告王锡侯作《字贯》一书，将《康熙字典》和其他各书并列，只视为一家之言，且书中对康雍乾三位皇帝之名字直接书写，不加避讳。后王锡侯获死罪，为该书题识的官员获罪，查办此案的总督、巡抚、布政使、按察使皆革职治罪，尤其是江西巡抚海成，本是查办禁书最为出力的官员，江西一省经其禁毁的书就多达八千余种，仍因此案交刑部治罪。"自字贯之狱兴，清一代无敢复言字书者。"① 文字学家段玉裁，为许慎作《说文解字注》，就是逃避时忌。

徐述夔《一柱楼诗》案也发生在第二次高峰期。徐述夔，字赓雅，江苏东台人，乾隆年间中过举人，当过知县。他去世后，其子刊印《一柱楼诗集》以纪念亡父。乾隆四十三年（1778年），其仇家蔡嘉树检举诗中辱骂清廷，指集中诗句"大明天子重相见，且把壶儿抛半边"，用"壶儿"喻"胡儿"，意在诋讥清朝。乾隆帝批示："徐述夔身系举人，却丧心病狂，所作《一柱楼诗》内系怀胜国，暗肆底讥，谬妄悖逆，实为罪大恶极！"当时徐述夔及其子已死，但仍被剖棺戮尸，子孙、族人也都被处斩。沈德潜老年才入翰林，乾隆帝怜惜他老有所成，数年之间擢为卿贰，乞休后，赐尚书衔，在籍食俸，荣宠一时。可是因为他曾给徐述夔本人作过传，又有"夺朱非正色，异种也称王"的诗句，乾隆帝也没有放过他，将其生前的官爵及在乡贤祠中的牌位统统撤掉。

在文字狱盛行的同时，清廷在全国范围内也掀起了大规模查封著作和藏书的浪潮，前后持续了十余年，对文化界造成了很大的影响。尤其是清朝借修纂《四库全书》之机，大规模销毁了许多图书。为修纂《四库全书》，清廷前后整整花了10多年时间，共计编成25万余册，1600多万页，前后用

———————

① 郑天挺主编：《明清史资料》下，天津人民出版社1981年版，第170页。

了将近4000人抄写，近200人校阅，工程极为浩大。乾隆帝花费如此巨大的人力财力来编纂《四库全书》，固然有整理文化古籍之意，并且一些古籍也因此得以保存下来，但同时也应该看到，乾隆帝借"修书"之名要求各地进贡图书，把隐散于民间的丰富藏书征集至朝廷，并从中禁毁了他认为有"违碍"的以及"不合教化"的书。仅乾隆三十九年（1774年）到四十七年（1782年）间，据兵部奏报毁书共24次，销毁书籍达538种、13862部之多，实际被销毁的书目数量更是无法统计。

这些被列为销毁书目的图书主要包括两种。第一，"有悖谬之言"，即含有批判清王朝统治的内容的书目。清王朝以少数民族建立中央政权取代朱明王朝，明清之际的著作中若含有不利于满族统治者形象的，均被列为禁书，其中一部分收入存目。辽、金、元与清一样，属于北方少数民族建立的政权，而且金是满族祖先，此类记载中如有不利的内容也被大肆篡改、禁毁或列为存目。史部杂史类著录的只有22种，列为存目的多至179种，几乎全是宋明及清初杂史。第二，"非圣无法"，即含有反礼教、反传统或宣传异端倾向的内容的书目。清王朝崇奉程朱理学，厉行思想专制，因此对于"离经叛道"的著作，必定严厉打击。例如，明代著名思想家李贽著书反对盲目崇拜孔子，明代学者李之藻的著作宣传天主教义、介绍西方近代科学知识，都被列入销毁书目。

对于违禁书目的查处也有不同的规定，分为全毁、抽毁和删改三种。全毁是指销毁全部的书籍，除诋毁本朝的清人文集、著作，明万历以前的书目中，凡涉及辽东、女真之类语句的也皆在销毁之列。抽毁即抽出部分违碍字句进行销毁，援引、转载了获罪人员的诗文的，需将所引之文字摘出销毁，从书中除去。由于清代笔祸盛行，历年被列入抽毁之列的书目可达400余种。删改主要是针对前人对辽、金等少数民族政权的描写中用词不当的部分，被改后载入《四库全书》的书籍不胜枚举，大大影响了《四库全书》的质量。

乾隆帝禁书的本意是想用皇恩来引诱、用严刑来威吓，使天下的藏书者交出所有藏书，以便清政府排查，从此使得诋毁清朝、排斥夷狄的思想可以被一网打尽。而经他所删改的本子，尽量给士子以传抄的机会，借此流传开来，用来维护清朝的统治。清朝的文字狱与销书政策相辅相成，时人因书罪人，因人毁书，彼此株连，涉案人数、书目都令人咋舌。龚自珍说士人"避席畏闻文字狱"，在清政府恐怖的文化高压政策之下，文坛最终出现了"万马齐喑"的衰颓景象。

清前期诸帝通过文字狱，打击威胁皇权的势力，压制了汉族知识分子的反清思想，士人从此噤若寒蝉，不敢再抨击黑暗的社会现实，而是埋头故纸堆，这严重阻碍了社会的发展与进步，造成了极其严劣的影响。

第四章　清代政治制度

第一节 清承明制与因袭变革

清统治者以少数民族建立中央政权，为稳固统治幅员辽阔的疆域，满洲贵族既吸取历代封建王朝管理国家机器的有效统治经验，又处处注意保持满洲贵族的利益，建立起一套传承中有变革的政权体系。

一、中央机构

清承明制，对明朝的内阁、六部、通政司、都察院等机构予以保留，同时又创设议政王大臣会议、理藩院、内务府、南书房、军机处等机构。其中议政王大臣会议、内阁、军机处先后为中枢机构，掌决策；六部、通政司、都察院等为执行机构；内务府、理藩院为清廷独创，汉人不得参预，以便皇室管理内廷，满洲贵族掌握权力和处理民族事务。

议政王大臣会议是清初的最高权力机构。它由八旗贵族组成，"国初定制，设议政王大臣数员，皆以满臣充之。凡军国重务不由阁臣票发者，皆交议政大臣会议，每朝期坐中左门外会议，如坐朝仪"①。这种制度实质是原始军事民主制的遗存，随着满洲汉化的加深，议政王大臣会议制度必然与皇权产生冲突。因此，皇帝掌握权力后，都在逐步削减其权力。多尔衮摄政时，议政王大臣的权力日益缩小，诸王贝勒被解除管部大臣之职。顺治帝亲政后，议政王大臣会议的权力曾短暂恢复。此后，权力又逐渐衰落。至雍正朝军机处设立后，议政王大臣会议名存实亡。乾隆五十六年（1791 年），议政王大臣会议被取消。

内阁为明朝所创。顺治十五年（1658 年），仿明制改内三院为内阁。清朝内阁的前身是内三院（国史院、秘书院、弘文院），内三院的前身是文馆。

---

① 昭梿：《啸亭杂录》卷 4《议政大臣》，中华书局 1980 年版，第 93 页。

文馆在皇太极时代已存在,掌文馆者皆学问深厚之士。内三院成立后,掌院者名为承政,后改称大学士、学士,如希福于崇德元年(1636年)被任命为国史院承政,不久改授弘文院大学士。内三院改成内阁后,内三院大学士改称内阁大学士,仍兼各部尚书。康熙元年(1662年),恢复内三院旧制,内阁、翰林院俱被裁。康熙九年(1670年),仍改为内阁。内阁时设时废,反映了满洲贵族间对是否援用汉族政治统治模式存在矛盾心理。内阁大学士初设时人数不定,康熙年间,满、汉各四人。乾隆十三年(1748年),定满汉大学士各两人。满汉大学士不必都有翰林身份,可凭资历和功劳入选,这和明代是不同的。乾隆时,大学士赵国麟、孙士毅等人就是非翰林出身。内阁大学士通常系以殿阁之衔。殿阁旧制,首为中和殿,下面依次为保和殿、文华殿、武英殿、文渊阁、东阁。乾隆十三年(1748年),乾隆帝裁中和殿,增加体仁阁,变为三殿三阁。内阁大学士初为五品,雍正时定为正一品,"沿明制主票拟,然一一皆禀上裁,大学士无权也"[1],与明朝内阁大学士相去甚远。

南书房在乾清宫西南隅,是康熙帝原来读书的地方。康熙十六年(1677年),康熙命侍讲学士张英、内阁中书高士奇供奉内廷。康熙三十三年(1694年),因翰林为文学亲近之臣,"宜不时咨询",所以特意命令从翰林学士以下、编修、检讨以上的人中,或者从詹事府詹事以下、中允、赞善以上的人中,每日挑选四人轮值南书房。南书房的主要任务是为皇帝撰写谕旨,实际上是皇帝的秘书班子,但因接近皇帝,对政治有很大的影响。军机处成立后,南书房逐渐成为闲职机构。

军机处初名军需房,是雍正帝为处理西北军务而设。[2] 军机处始设于乾清门外西边,与南书房相邻。军机处有军机大臣、军机章京,人数不定,由皇帝特旨选任,不问出身,但非亲信不用。军机处依然是皇帝的秘书班子,职权更广泛,军机大臣、章京有入值之责,军机大臣当面承旨,转授军机章京缮写。这一暂时性的军事行政组织逐渐成为处理全国军政大事的常设核心机构,"军国大计,罔不总揽。自雍、乾后百八十年,威命所寄,不于内

---

① 吴振棫:《养吉斋丛录》卷23,中华书局2005年版,第293页。
② 关于军机处设立的具体时间,争议较多,有雍正四年(1726年)、七年(1729年)、八年(1730年)、十年(1732年)等诸种说法。目前一般认为成立于雍正八年(1730年)。

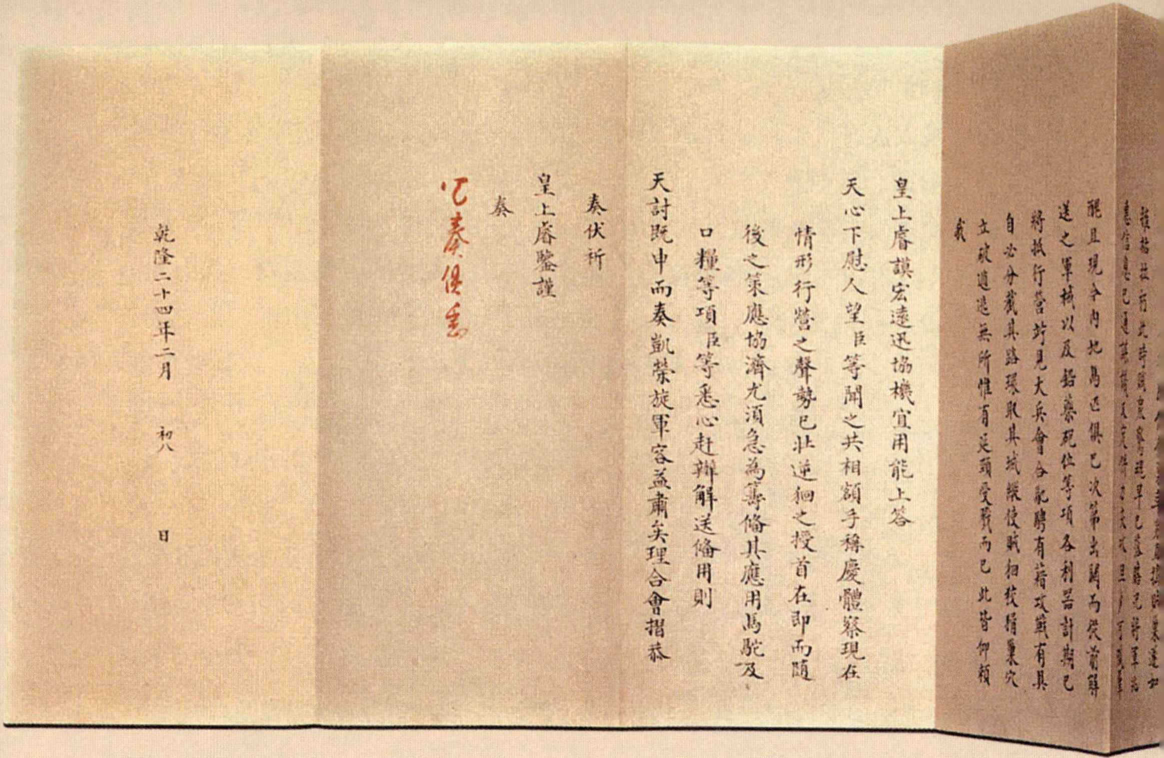

天討既申而奏凱榮旋軍容益肅矣理合會摺恭
皇上睿謨宏遠迅協機宜用能上答
天心下慰人望臣等聞之共相額手稱慶體察現在
情形行營之聲勢已壯迅遞之授首在即而隨
後之策應協濟尤亟急為籌備其應用馬駝及
口糧等項臣等悉心趕辦速修用則
奏
皇上睿鑒謹
奏伏祈

乾隆二十四年二月 初八 日

阁而于军机处，盖隐然执政之府矣"①。军机大臣没有决策权，事事听命于皇帝，"只供传述缮撰，而不能稍有赞划于其间"②。军机处起草的谕旨分为两种，一种是明发上谕，一种是寄信上谕，也称廷寄。明发上谕由内阁下发各部；廷寄通常涉及军国机密，不经内阁，由军机处直接寄给受命之人。督抚、布按、将军、都统等地方官员有重大事务，也可直接上书皇帝。军机处也非常注意保密，"军机处为办理枢务承写密旨之地，首以严密为要，军机大臣传述朕旨，令章京缮写，均不应稍有泄漏"③。即便是军机处的杂役人员，也选自内务府童子，到二十岁就必须换人。清帝通过军机处，可以迅速得知全国各地发生的大事，便于强化皇权，使皇帝意志贯行地方。

与此相伴随的，还有奏折制度。奏折是指各级官员向皇帝直接呈送的秘密文书。清初，官员奏事，可用题本和奏本。二者区别在于题本用来上奏公事，且须加盖印章，奏本则用来上奏私事，无须盖印。乾隆时，停止使用奏

---

① 赵尔巽等：《清史稿》卷176《军机大臣年表一》，中华书局1976年版，第6229页。
② 赵翼：《簷曝杂记》卷1《军机处》，中华书局1982年版，第3页。
③ 梁章钜、朱智：《枢垣记略》卷14《规制》，中华书局1984年版，第146页。

奏為奏

聞事本年二月初六日臣等見肅州軍臺遞過副將軍富德等於本年正月十三日自清逄前拜發

奏摺夾板一副傳鈔內開奏

聞學政賊眾情形并准將軍兆惠來咨商約夾攻賊

奏

陝甘總督臣吳達善
甘肅巡撫臣明德跪

乾隆朱批奏折

奏折是清代官吏向皇帝奏事的文书，因用折本缮写，故名"奏折"，或"折子"。奏折的页数、行数、每行字数，皆有固定格式。按内容可分为奏事折、奏安折、谢恩折及贺折四类，其公文程式各有不同。奏折档案是最直接的原始文献史料，具有极高的史料价值。奏折凡经皇帝朱墨批示后即为朱批奏折。清制凡经朱批，有关衙门及具折之人，必须根据朱批内容遵照执行。同时军机处均须将所有朱批奏折另录一份存档，称为军机处录副奏折。

本，题本成为各级官员向皇帝奏报政务的重要官方文书。无论题本还是奏本，都要经通政司、内阁层层传达才能上达皇帝，手续繁多，除影响行政效率外，还要经过多人参阅，容易泄露，各级官员因此心存顾虑，难以直言无隐，也滞碍皇帝了解重要信息。为了改变此种局面，奏折制度便应运而生。康熙前期时奏折很少，呈递奏折人员只限于康熙帝的一些耳目和亲信。曹寅、李煦等人就曾通过奏折向康熙帝报告其管辖地的情况。康熙中叶以后，奏折的使用范围逐渐扩大，地方督、抚、提、镇有了以密折奏事之权。到雍正时，使用奏折的官员范围进一步扩大。雍正元年（1723 年）二月十六日，雍正帝在给科道官的上谕中说："朕仰承大统，一切遵守成宪，尤以求言为急。在京满汉大臣，外省督抚提镇，仍令折奏外，尔等科道诸臣原为朝廷耳目之官，凡有所见，自应竭诚入告，绝去避嫌顾忌之私，乃为忠荩。"[①] 不仅如此，对于一些低级官员，皇帝也给他们上奏的权利。乾隆时，凭奏折言事的官员范围更扩大到各省盐政、城守尉、关差等。另外，乾隆帝对所奏之事的范围也做了规定，不仅有关雨旱灾害、人口统计、粮价波动、官吏臧否等

---

① 《清世宗实录》卷 4，中华书局 1985 年版，第 103 页。

事可上奏，就连"诸如甄别教职、千总，查办鸟枪，估修船制"等微末之事也在上奏范围。

康熙时，奏折进呈尚无定制，部院官员可直接呈递，京外官员可派家仆或专差乘驿站马匹递送。雍正时规定，只有所奏为要紧之事，才准许用驿马递送。乾隆时，奏折的递送方式有了严格的规定，只有军事要务或紧急事件才许用驿站递送，一般事务必须派专差递送。除此之外，奏折的封存方法也有很大改变。康熙时，官员在写好奏折后，用夹板封固好就可递送。雍正时，为提高奏折的保密度，出现"折匣"，就是放奏折的皮匣。雍正帝将特制折匣分发给有奏事之权的官员，依官员品级、地方远近，官员拥有数量不等的折匣。折匣外附有铜锁，雍正和奏事官员各有钥匙一把，只有他们才能将折匣打开。通过上述措施，奏折内容很难再被泄露。

奏折的处理方式也有变化。康熙时期，皇帝将奏折批示后，即直接发还上奏诸臣，没有设立专门机构收发、留存奏折。雍正时，设立专门管理收发奏折的机构奏事处。奏事处分内外两处，外奏事处从兵部官员那里接到奏折后，立即送往内奏事处，之后由奏事太监送交皇帝批阅。雍正帝还创建了奏折的录副和收缴制度。奏折副录制度指经皇帝批示的奏折在返还大臣之前，要由军机处抄录，留存副本。奏折的收缴制度指上奏官员在看过被批示过的奏折后要上交，不得保留，否则治以重罪。上交奏折不仅包括雍正帝批过的，就连康熙时的奏折也被缴回。乾隆时，对于奏折的副录和缴回制度又有所完善，如设置专门抄录奏折的官员以及规定大臣上交奏折的日期。康雍乾时期的奏折内容涉及政治、经济、民族、文化等方方面面的内容，奏折制度的建立，有利于提高行政效率，便于强化皇权，监督大臣，了解民情。

清在入关前已经设立六部。吏部主管全国文职官吏的挑选、考查、任免、升降、调动、封勋，雍正以后，皇帝亲操用人之权，吏部只负责官吏任免的备案事宜。户部主管国家户籍、田亩、货币、赋税、官员俸禄，下设十四个清吏司，掌管各省钱粮收支并兼管不属本省的专门业务。礼部主管朝廷重要典礼（如祭天地、祭祖先等）、学校和科举考试。兵部主管全国武职官员、练兵、武器、驿站，但八旗兵自成系统，兵部不得干预。刑部主管国家司法，与大理寺、都察院合称"三法司"，重要案件须三司会审。工部主管兴修水利、土木建筑。入关前六部长官、副长官称承政、参政，入关后分别改称尚书、侍郎。每部满汉尚书各一人，满汉侍郎各两人，其下则有郎中、员外郎、主事等官。清代六部尚书权力大不如前，无权向地方官发布命令，侍郎也可不经过尚书直接向皇帝奏事。

通政司于顺治元年（1644 年）设立。通政司执掌各省题本，审阅后交送内阁。通政司设有通政使、副使、参议、经历、知事满汉各一人，笔帖式满洲六人、汉族二人，经历十五人。通政使为九卿之一，可以参与国家大事。通政司设有登闻鼓厅。登闻鼓初设在都察院，顺治十三年（1656 年）移往长安右门外，康熙六十一年（1722 年）并入通政司。百姓如有冤屈可于此申诉。

都察院设立于崇德元年（1636 年）五月，其职责为监察、谏言和司法审判。都察院院务官有左都御史、左副都御史、左佥都御史、右都御史、右副都御史、右佥都御史等。右都御史、右副都御史例为督抚兼衔。都察院办理行政事务，有经历、都事二厅和值月处、督催所，所属有六科、十五道、五城察院、宗室御史处及稽查内务府御史处等部门，尤以六科和十五道最为重要。六科成立于顺治元年（1644 年），雍正时，六科并于都察院。六科掌发"科抄"。"各科每日派给事中一人赴内阁接收题本，按题本内容，抄给各关系衙门分别承办（原题本至年终缴存内阁）。这种抄的题本叫做'科抄'（分'正抄'与'外抄'。抄给承办衙门的为'正抄'，抄给其他关系衙门的为'外抄'。如密本则不抄）。题本发抄后，另摘要记录二份，一份送内阁备史官记注，名为'史书'；一份存本科，以备编纂，名为'录书。'"[1] 雍正之前，六科有封驳权，"国初会典开载：该科所奉旨意，有灼见未便之处，许封还。执奏部院督抚本章，有情理未协者，俱都驳正题参，是旧制犹以封驳为职，不任以他事也"。但自雍正元年（1723 年）起，"以六科内升外转一事，奉旨归都察院管。此后科臣循照台例，一切城、仓、漕、盐等差，与御史一体开列。台省并为一官，与列代之制异矣"[2]，至此，六科的封驳权名实俱亡，对皇帝的牵制作用彻底消失。台谏合一，适应了专制皇权的需要。十五道监察御史为顺治元年（1644 年）所设，以河南道参治院事，以河南、江南、浙江、山东、山西、陕西六道为掌印道，授印信，称坐道，其余各道隶属六掌道，称协道。各坐道是空衔，不办本道之事，协道也不固定办理某

---

① 张德泽编著：《清代国家机关考略》，中国人民大学出版社 1981 年版，第 116—117 页。
② 吴振棫：《养吉斋丛录》卷 1，中华书局 2005 年版，第 13 页。

道事物。

内务府是管理皇宫事务的机构，设立年月无考。内务府下设机构众多，有七司（广储、会计、掌仪、都虞、慎刑、营造、庆丰）、三院（武备院、奉宸苑、上驷院）以及造办处、敬事房，负责掌握宫廷事务，照料皇帝的生活。内务府长官为总管大臣，乾隆十四年（1749年）定为正二品。各司设郎中、员外郎、主事、笔帖式。内务府的职官多达3000人，是六部1700人的将近一倍。宦官专权是中国帝制时代的政治变态，往往在皇权衰弱的时候出现。清朝鉴于明宦官之祸，入关后对太监有意防范。不过顺治帝对宦官颇为信任，在其当政时期成立十三衙门，使宦官势力有所恢复。康熙帝即位后，废除十三衙门，将宦官重新纳入内务府严格管理之下，使其无法专权。

宗人府，顺治九年（1652年）设，下辖经历司、左右司、银库、黄档房、空房、左右翼宗学及八旗觉罗学。宗人府有宗令一人、左右宗正各一人、左右宗人各一人。这些职位只能由拥有亲王、贝勒、贝子、镇国公、辅国公爵位的人担任。此外，还有府丞、堂主事、笔帖式，主要职责是管理皇族户口，修撰玉牒，处理与皇族有关的事务。皇室成员地位、权力依血缘远近划分。按清朝规定，从努尔哈赤的父亲塔克世辈算起，他的子孙都称宗室，俗称"黄带子"；塔克世兄弟的后代则称觉罗，俗称"红带子"。宗室、觉罗犯法，由宗人府审理即可，宗人府是维护皇族利益的机构。

皇太极于崇德三年（1638年）六月改蒙古衙门为理藩院，理藩院从此成为总管蒙古、西藏、新疆等各少数民族地区事务的机构。入关前，设长官承政一人，副长官左右参政各一人，副理事官八人，启心郎一人。顺治元年（1644年），承政改称尚书，参政改称侍郎，副理事官改称员外郎，另有堂主事、司务、副使、笔帖式等官。理藩院下设有六个清吏司、满汉蒙档房、司务厅、当月处、督催所、银库、饭银处等处理行政事务的单位。理藩院除管理少数民族事务外，还负责对藩属国和外国事务的交往。康熙年间，修订《理藩院则例》，用法规固定了对少数民族地区实施统治的各项措施，后来又四次校修。

二、地方政权

清代地方行政机构分为省、道、府（与其平行的有直隶州、厅）、县（与其平级的有散州、散厅）四级。此外，还有与省大体平行的边疆特别行政区

清代直隶总督衙署
清代直隶总督驻河北保定，由于地处京畿要地，直隶总督地位极为显赫，被称为"疆臣之首"，清代重臣多有担任直隶总督的经历。从雍正元年至清朝灭亡，直隶总督共74人，99任，其中实授38人，署理30人，护理6人。

等机构。

清初共有十八省，光绪十年（1884年）以后，增为二十三省。省级最高长官为总督、巡抚。总督、巡抚曾根据形势需要添设与裁撤，于雍正、乾隆年间逐渐稳定下来。总督共有8位，分别为直隶总督、两江总督、湖广总督、闽浙总督、两广总督、陕甘总督、四川总督、云贵总督。其中，因直隶处于京畿要地，地理位置十分重要，故一省单设总督。四川省位于西南腹地，同陕西、湖北、贵州、云南、西藏等省区交界，不仅幅员辽阔，而且地形、民族、文化复杂，军事战略地位重要，同样一省单设总督。其余总督则兼辖两省或三省。巡抚共有15位，分别为山东巡抚、山西巡抚、河南巡抚、江苏巡抚、安徽巡抚、江西巡抚、福建巡抚、浙江巡抚、湖北巡抚、湖南巡抚、陕西巡抚、云南巡抚、贵州巡抚、广西巡抚、广东巡抚。山东、山西、河南三省不设总督，巡抚为最高官员，一般例加提督衔，便于巡抚节制该省绿营，权力很大。其余巡抚之上均有总督，特别是有一些地区总督、巡抚同城办公，巡抚的权力就会受到一些约束。

总督职务本为正二品，但因常兼兵部尚书衔，实际上为从一品。巡抚职务本为从二品，但因常兼兵部侍郎衔，实际上为正二品。总督、巡抚的职权相似，在清朝也未做严格的区分，一般统称"督抚"。一般而言，总督更加侧重军政事务，而巡抚主要侧重民政事务。督抚权力很大，清前期，清廷为防范汉人，很少任用汉人为督抚。康熙朝，汉人任督抚者不到总数的十分之二三。乾隆朝，担任巡抚职务的满汉官员大致各半，但总督职务基本由满人担任。直至太平天国起义后，这一局面才有了根本性改变。

清代每省还设有提督学政一人，会同督抚主管一省的教育、科举考试等事务，在任期间，其地位与督抚平行，有"学台"之称。督抚以下辅佐官有布政使和按察使，分别称作藩司、臬司，布政使主管一省民政、财政，为从二品，按察使主管一省刑名，为正三品。布政使下有参政、参议等官，按察使下有副使、佥事等官。

道设道员，为省藩、臬二司与府、厅中间一级的地方长官，各省无定员。在明代，道为监察区，参议、参政，副使、佥事称为分司官。到清代，官员称为道台。道有分守道与分巡道，分守道专掌钱谷，分巡道专掌刑名。道员初有三、四、五品之分，乾隆十八年（1753 年），定各守、巡道为正四品。此外，还有专职道，主管一省某方面的事务，如粮储道、盐法道、兵备道等。

道下为府。清代全国共有 215 府，府设知府一人（又称太守），上隶于省，下督率所属州县官员。知府初为正四品，乾隆十八年（1753 年）改从四品。知府"掌总领属县，宣布条教，兴利除害，决讼检奸。三岁察属吏贤否，职事修废，刺举上达，地方要政白督抚，允乃行"。

州分散州（又称属州）和直隶州两种，设知州一人（又称刺史）。散州隶于府，辖区较县为大，但级别与县同。直隶州与府同级，直属于省。厅一般在边远地区，分属厅、直隶厅两种，设同知或通判一人。属厅隶于府，直隶厅与府同级，隶于省。

府下有县，设知县（又称县令）一人，正七品，"掌一县治理，决讼断辟，劝农赈贫，讨猾除奸，兴养立教"①。知县下设县丞、主簿等官，分管一县户口、缉捕、赋役诸项。清代全国共有县 1358 个。

清代还设有负责漕运、河道、盐政、榷关、织造等方面的机构，各有品级和属员，专门负责特定的事务。

县以下的基层社会组织包括里社和保甲。清代以一百一十户为里，选纳粮多的十人为里长，其余一百户编为十甲；又以十人为一牌，十牌为一甲，十甲为一保，分设牌头、甲头和保长。百姓出入往来，要在官府发的纸牌上书写姓名及丁男口数。里社的作用在于征收赋税，而保甲的作用在于维护基层秩序和治安。二者相互配合，构成了管理百姓的基层政治模式。清初，清

---

① 赵尔巽等：《清史稿》卷 116《职官志三》，中华书局 1976 年版，第 3357 页。

政府重里社，自雍正帝"摊丁入亩"以后，赋税定额基本确定，人口编审不再重要，里社的职能有所弱化。到了清中后期，人民反抗日益加剧，清政府通过强化保甲制加强对百姓的人身控制，维护其自身的统治。

清代中央与地方的政治组织主要是为加强皇权与中央集权以及维护满族贵族利益服务的。清代皇权达到顶峰，皇权通过大大小小的官吏，层层控制，将触角延伸到基层。

第二节　官员铨选与考课

清代官吏的任用主要包括特简、会推、荫袭、荐举和捐纳等几种方式。凡由皇帝直接任命的叫特简，可以不受任何条例的限制；大臣互推任用的称为会推；高官、有功官员或因公殉难官员的子弟可以荫袭得官；清代还偶尔实行过荐举，捐纳则是一种卖官行为。清代沿袭明朝的制度，以科举制度作为培养和选任官员的主要途径，因而科举制度也被称为"正途"。

一、科举制

隋唐以后，科举逐步成为历代王朝选拔人才的主要考试方式，清代也不例外。清代学校沿袭明制，京师有国学，各省有府、州、县学，此外，还有供满族子弟学习的八旗、宗室等学校。国子监设祭酒、司业及监丞、博士、助教等官。府州县学分别设有正学、教谕、教授各一人，教授生员。清代读书人最初称为"童生"，通过三场初级考试取得秀才资格后，可以进入官学（府州县学）。

官学学生按考试成绩高低可分为廪膳生、增广生、附生，其中廪膳生每月有廪饩银四两。入国子监读书的生员称贡生。贡生共有四种：岁贡、拔贡、优贡、恩贡。经过考试进入国子监的廪生为岁贡，进入国子监的品学兼优的一、二等生员为拔贡，府州县学推荐并通过学政、督抚考核的生员为优贡，遇有国家大典或新皇帝登基而额外赏赐入国子监的生员为恩贡。岁、拔、优、恩，再加上副榜，称为"正途五贡"。贡生之外，还有监生。

生员、贡生、监生都可以参加乡试。乡试每隔三年在省会举行一次，中试者为举人，第一名称解元。清代乡试于九月放榜，多选寅、辰日支，以辰

属龙，寅属虎，取"龙虎榜"之义；又因时值秋季，桂花盛开，所以也称"桂花榜"。新科举人第二年即可赴京参加礼部会试；会试一科或三科不中，也可以经过吏部的"拣选"或"大挑"直接就任低级官员。

乡试之后还有会试、殿试，也是三年举行一次。清代会试于春季在京师贡院举行，试期多在三月，所以也称"春试"或"春闱"，因系由礼部主持考试，也称"礼闱"。会试每三年一科，逢丑、未、辰、戌年举行；遇乡试恩科，翌年之会试即为会试恩科，是年正科或提前或延后一年举行。会试放榜之时，正值春天杏花开放，故称"杏榜"。中会试的人数，顺治间最多有四百名。康熙以来，多则三百名，少则百余名。正榜上的人可以参加殿试，副榜上的人可直接出任官员。后来停止了副榜，只要达到一定的标准而没有入正榜的，都可以做官。

殿试于会试放榜一月后举行，乾隆二十六年（1761 年）定在四月廿一日举行，廿五日传胪（公布名次），着为定制。殿试最初在天安门外，顺治十四年（1657 年）改在皇宫太和殿东西阁阶下，遇风雨时，在太和殿东西

殿试状元试卷

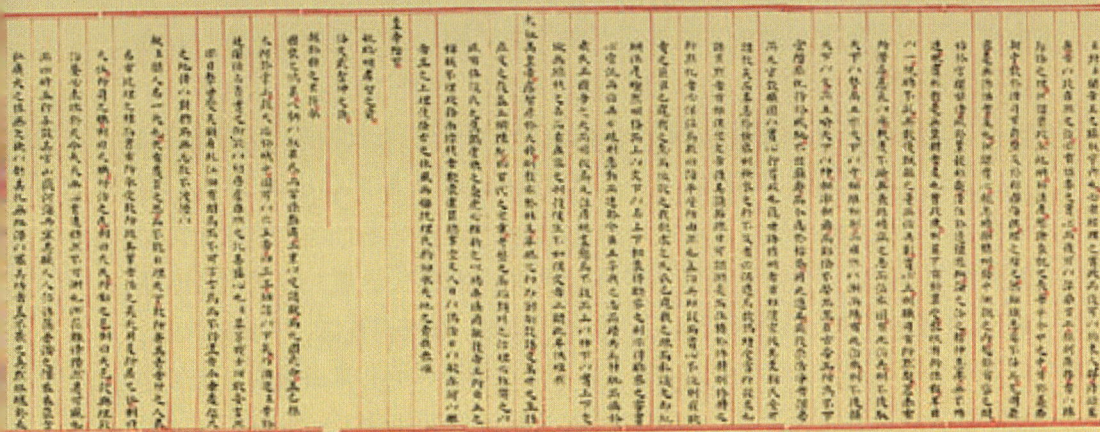

考中状元是中国古代读书人的最高理想。清代进行了 112 场科举考试，年均录取百人左右，状元分布以江苏和浙江居多。直到太平天国起义后，江浙地区的社会经济受到沉重打击，科举地位才开始衰落，受到湖湘、岭南等地的挑战。不过一直到今天，江浙地区的文化和教育都非常发达。

两庑。乾隆五十四年（1789 年），又从太和殿改至保和殿。殿试的内容为时务策一道，由读卷大臣拟出若干题，送皇帝钦定圈出，作为试题。中殿试者称进士，进士分三甲，一甲名进士及第，共三人，即状元、榜眼、探花，二甲名进士出身，三甲名同进士出身。能中进士已属难得，而进士一甲所受殊荣更是非比寻常。"胪传毕，赞礼官引状元、榜、探前趋至殿陛下迎榜。……榜亭出，一甲三人随之由午门正中而出。亲王、宰相无此异数。"①顺天府尹还要在长安门外设彩棚，给状元递酒、簪花后，派执事人等将其送回府第，以示隆重。殿试以后，状元例授翰林院修撰，榜眼和探花例授编修，二、三甲进士经过挑选后可以入翰林院继续学习，散馆后，或被任命为编修、检讨等官，或外转，改授科道、道员、知府等。其余不分二、三甲，分拨六部、都察院、通政司、大理寺各衙门，实习三个月，然后铨选。

科举之外，还有异途。异途有多种，尤以特科和捐纳较为常见。特科是

① 吴振棫：《养吉斋丛录》卷 9，中华书局 2005 年版，第 107 页。

由皇帝下诏不定期延纳人才的方式，如"博学鸿词科"。康熙十七年（1678年），为延揽人才，扩大统治基础，消灭知识分子的反清思想，康熙帝特于正科之外，命内外大臣荐举博学鸿词。当时被举荐到北京的，总计有183人，包括直隶15人，江南67人，浙江49人，山东13人，山西12人，河南5人，湖广6人，陕西9人，江西3人，福建3人，贵州1人。正在打仗的省份都未参与。考试在体仁阁举行，取50名成绩优异者，包括一等彭孙通等20名，二等李来泰等30名，都授予职位，并安排纂修《明史》。清廷对誓死不赴考的著名学者顾炎武、傅山等人也网开一面，未做追究。著名思想家黄宗羲自誓不仕新朝，却派自己的儿子黄百家和学生万斯同参与《明史》的编修工程，可见招安工作取得了很好的成绩。雍正十一年（1733年），命内外诸臣荐举。乾隆元年（1736年），授职十五人；又行"博学鸿词科"，二十六年（1761年）行"太后万岁恩科"。这几次特科，都号称"得人最盛"。

捐纳就是捐功名以及官位。早在顺治年间，读书人可以捐谷物换取监生。康熙帝平定三藩时，以军费不继，允许士子捐资买官，不久后停止。后有人想要恢复捐纳，李光地以"此法妨学害正，不可行及"，严厉反对。雍正年间，特开"监谷"之例，即捐谷换监生。除捐监生，还可以捐贡生、举人以及郎中以下的京官，道员、知府以下的地方官等。捐纳补充了清政府的财政收入，开辟了士绅进入仕途的捷径，但也严重腐蚀了清政府的官僚系统。

二、品级与俸禄

清代的爵位分为宗室爵位与功臣爵位。宗室爵位前后变化极大，清初统称之为"贝勒"，皇太极时期始定亲王、郡王、贝勒、贝子和镇国、辅国二公五等爵。乾隆时期，将宗室因军功受封或恩封之爵位分为十四等，即和硕亲王、世子（亲王嫡子）、多罗郡王、长子（郡王嫡子）、多罗贝勒、固山贝子、镇国公、辅国公、不入八分镇国公、不入八分辅国公、一二三等镇国将军、一二三等辅国将军、一二三等奉国将军和奉恩将军。功臣爵位，清初分为世爵和世职两种，共有九等。世爵有公、侯、伯、子、男五等，世职有轻车都尉、骑都尉、云骑尉、恩骑尉四级。

官员的品级系继承明制而来，文官分为九品十八阶，即正、从一品，正、从二品，正、从三品，正、从四品，正、从五品，正、从六品，正、从

文官一品　　　　　文官二品　　　　　文官三品

文官四品　　　　　文官五品　　　　　文官六品

文官七品　　　　　文官八品　　　　　文官九品

清朝文官一品补服仙鹤

服饰是体现等级的重要方式。清代的官员补服，是在褂子的前胸后背各缀一块布，称为"补子"。上绣不同的飞禽走兽，以表示官职的差别和道德含义。

七品，正、从八品和正、从九品。清代官吏有别，十八阶以外，有典史、驿丞、库大使、巡检等小吏属于未入流，他们在一定年限后可以被选为低级官员。武官也有九品十八阶，但没有未入流。官员因品级不同，服饰有严格区别。与明代相比，清代的服饰稍有变化，文官一品至九品的补服图案分别为仙鹤、锦鸡、孔雀、云雁、白鹇（五品、六品）、鹭鸶、鸂鶒和练雀，武官则分别为麒麟、狮、豹、虎、熊、彪（六品、七品）、犀牛和海马。此外，顶戴、腰带、朝珠的质地、颜色和数量也不同。皇帝还有特赏的服饰，以示恩宠。

俸禄是官吏俸银、禄米和养廉银的总称。清代官俸沿袭明代而稍有调整，一般是按品级发给俸禄，但文官和武官、京官与外官，都区别对待。京官收入分为俸银、禄米两种。年俸正、从一品给银 180 两，正、从二品 155 两，正、从三品 130 两，正、从四品 105 两，正、从五品 80 两，正、从六品 60 两，正、从七品 45 两，正、从八品 40 两，正九品 33.114 两，从九品及未入流者 31.52 两。每俸银一两给禄米一斛。各省文官亦照京官按品级支给俸银，数额与同级京官相等，但不给禄米，而是给薪银、蔬菜烛炭银、心红纸张银、案衣什物银等项。其中俸银是个人和家庭的私人消费开支，其他各项皆属办公经费。宗室勋贵的俸禄要高出数倍，据《户部则例》记载，宗室一等爵亲王岁俸银 1 万两，禄米 5000 石；以下各等爵俸禄递减，十四等爵奉恩将军岁俸银 111 两，禄米 55 石。功臣世职的俸禄则稍逊于宗室。

雍正时期推行养廉银制度，极大地提高了官员的实际收入。官吏俸银、禄米和养廉银合计，是一项巨大的开支。据嘉庆十七年（1812 年）奏销统计可知，当时的官俸银支出为 191.4 万两，文职养廉银为 284.1 万两，绿营养廉银为 135.3 万两，驻防八旗养廉银约 5.2 万两，总数约为 616 万两。除此之外还有禄米，每年禄米开支在 95.7 万石左右。

三、官员考课

清代对官员的考核制度比以往朝代都要成熟。清代对现任官员实行"官缺制"。所有官职岗位分为满官缺、蒙古官缺、汉军官缺、汉官缺四种。重要部门的官职，如中央理藩院、宗人府及掌握钱粮、火药、兵器的府库全部为满官缺，各省驻防将军、都统、参赞大臣、盛京五部侍郎等也全都是满官缺。地方督抚也大多由满族和汉军旗人担任。知府以下的官员中，汉人则占大多数。凡属满官缺的，不许汉人补任，但京内外的汉官缺，则允许满人担任，充分显示了清朝在任官制度上的区别对待。

清代汉族官员的考核方式主要有在京官员的"京察"和地方官员的"大计"，三年一次，"视其称职与否，即可分别去留，以示劝惩"。顺治年间，三品以上京官及各省督抚自陈，康熙时增加盛京侍郎，雍正时又加入奉天府尹。乾隆十七年（1752 年），停止内外大臣自陈。在京三品以下官员考核初由吏科都给事中、吏科给事中与河南道掌理，其后考核权归各院部堂官。[①]各堂官对其属下分定优劣后，送交吏部。吏部定期按名册点验，称"过堂"。另外还有"过半堂"的说法："京察各官，于吏部过堂时，惟翰、詹衙门不唱名，但称某官几员，则管部事大学士以下皆起立，云请回。"对地方官的考核叫"大计"，也是三年一次。考核标准为"四格""六法"。"四格"即守（操守，包括清、谨、平）、才（才能，包括长、平）、政（政绩，包括勤、平）和年（年龄，包括青、壮、健）。"四格"于顺治三年（1646 年）实行，康熙初停止，康熙四年（1665 年）恢复。如正途出身的知县、推官，"四格"

---

① 堂官是明、清对中央各部长官，如尚书、侍郎等的通称，因其在各衙署大堂上办公而得名。

考核三年全部为优者，经地方高级官员保举和考选，就有了"行取"资格。行取三年一次，大省三人，中省两人，小省一人。行取后会被授主事之职，并有资格考选科、道。"六法"在明代原为"八法"，即贪、酷、无为、不谨、年老、有疾、浮躁、才弱，后来去掉贪、酷，改为"六法"，"六法"即"不谨""罢软""浮躁""才力不及""年老""有疾"六种缺失。考核结果被列入"不谨""罢软"者，革职；属"浮躁""才力不及"者，降级；属"年老""有疾"者，勒令退休。"四格""六法"考核程序为上级考核下级，最后上报皇帝审批。三品以下京官的考核同样采用"四格""六法"的标准。

为了肃清吏治，防范官员之间相互勾通和发展私人势力，清朝实行"回避"和"连坐"制度。康雍年间，回避还不是很严格，乾隆时日渐严密。清代官员回避类型大致有籍贯回避、亲族回避、师生回避等。籍贯回避规定官员在本省五百里之内任职的都要回避，以防止汉官利用乡土宗亲关系结成反对势力。连坐是官吏因他人过失而被问责和惩处的制度。连坐范围既包括与犯法官员同一衙门的上下级，又包括不在同一衙门而有联系的官员，尤其是举荐、领导犯官的同僚和上下级。

第三节　军队与法律

一、八旗和绿营

清代的军队主要分为八旗和绿营，此外在蒙古地区有旗兵，西藏地区有番兵，黑龙江地区有索伦兵。

八旗是清代满洲的社会组织形式，由清太祖努尔哈赤于明万历二十九年（1601 年）正式创立，初设四旗：黄旗、白旗、红旗、蓝旗。1614 年将四旗改为正黄、正白、正红、正蓝，并增镶黄、镶白、镶红、镶蓝四旗，合称八旗，统率满、蒙古、汉族军队。之后皇太极在满洲八旗的基础上又创建了蒙古八旗和汉军八旗。天聪三年（1629 年），已有蒙古二旗的记载，称为左右二营。天聪八年（1634 年），改称左翼兵和右翼兵。天聪九年（1635 年），在征服察哈尔蒙古后，皇太极对众多的蒙古壮丁进行了一次大规模的编审，正式编为蒙古八旗。大约在天聪五年（1631 年），汉军单独编为一旗。崇德

二年（1637 年），汉军分为两旗，崇德四年（1639 年）分为四旗，崇德七年（1642 年）正式编为汉军八旗。蒙古、汉军八旗与满洲八旗编制相同。八旗的地位原本无高下之分。多尔衮死后，顺治帝为加强对八旗的控制，对八旗的顺序进行调整。八旗中正黄、镶黄和正白三旗由皇帝亲领，称"上三旗"，地位最为尊贵，其余五旗称"下五旗"。

八旗的基本编制为牛录。牛录是以血缘和地缘为单位进行集体狩猎的组织形式。每旗以三百人为一牛录，设牛录章京（佐领）一人；五牛录为一甲喇，设甲喇章京（参领）一人；五甲喇为一固山，即一旗，设旗主固山额真（都统）一人，副职为梅勒章京（副都统）。八旗共计 20 余万人。据统计，入关后，仅北京一地，增编了满洲八旗佐领 8 个、蒙古佐领 8 个、汉军佐领 47 个。康熙年间增设满洲佐领 342 个，蒙古佐领 72 个，汉军佐领 53 个。北京八旗及各地驻防八旗佐领总计达到 2000 余个，比入关前的 611 个增加了三倍有余。

入关之初，满洲、蒙古、汉军八旗士兵有时能相互改旗。例如，华善本属汉军正白旗，因其先人为苏完人，因此入满洲旗；和济格尔原是蒙古乌鲁特人，后改入汉军正白旗；莽鹄原是蒙古正蓝旗人，后入满洲镶黄旗。另外，八旗士兵如立有功勋，或皇帝特旨，可以"抬旗"，或由蒙古八旗或汉军八旗抬入满洲八旗，或由满洲下五旗抬入上三旗，范围只限本人及直系子

孙，同胞兄弟及其子孙仍属原旗，但如果是皇太后、太后母家人，则不受此规定限制。乾隆七年（1742 年），清廷又规定汉军八旗的士兵有愿意改还原籍以及移居外省的，可"出旗为民"。

八旗兵兵籍世袭，占有圈占的土地，每丁三十亩，免纳赋税，同时按月发放饷银和岁米，是享有一定封建特权的军事集团。入关后旗设都统，由中央八旗都统衙门掌握，地方督抚无权征调。康熙十八年（1679 年），规定正副都统的职责是"掌宣命教养，整诘戎兵，以治旗人"，八旗兵自成系统，分别独立，直接听命于皇帝，下不问地方行政，只理旗内事务。康熙帝晚年，又派自己的儿子们管理旗务，以加强对各旗的控制。雍正帝继位后，进一步打破旗主与属下旗人的关系，认为一旗二主，"何以聊生"，严格规定各旗主若调拨补用旗内人员，必须"列兵请旨"，旗主对旗下人等也"不许擅行治罪，必奏闻交部"。

八旗分为守卫京师的"禁卫兵"和驻防各地的"驻防兵"。在京八旗按旗色驻于城内四周，北方为镶黄、正黄二旗，驻于安定门、德胜门；东方为正白、镶白二旗，驻于东直门、朝阳门；西方为正红、镶红二旗，驻于西直门、阜成门；南方为正蓝、镶蓝二旗，驻于崇文门、宣武门。禁卫兵又分为郎卫和兵卫。郎卫由上三旗中才武出众者组成，分班入值禁中。兵卫分为八旗骁骑营、八旗前锋营、八旗护军营、八旗步军营、内府三旗、火器营、健锐营和虎枪营。驻防兵则根据驻防地的轻重，确定驻兵人数多寡。从省会以下至城镇要地，分别设将军、都统、副都统、城守尉、防守尉等职，负责统领。禁旅八旗近十万人，驻防八旗则有十余万人。八旗驻防屡有变动，至乾隆时才稳定下来。据魏源《武事余记》记载，畿辅驻防 25 处，东北驻防 44 处，新疆驻防 8 处，内地驻防 20 处。八旗在前中期作战能力、流动性较强，后期腐败严重，战斗力严重下降。

绿营兵主要是清军入关后收编的明朝降军和各省改编的队伍，用绿色军旗，故称绿旗兵或绿营兵。绿营兵分为马兵、战兵、守兵和水师四种。在京师者为巡捕营，隶属步军统领。在各省者，有督、抚、提、镇诸标，分别由总督、巡抚、提督、总兵等所统辖，但皆受总督节制。巡抚原则上不节制提、镇，但在江苏、湖南、福建、台湾、甘肃、新疆和贵州等省，巡抚也有节制总兵之权。标下设协，由副将统领；协下设营，由参将、游击、都司、守备统领，每营的人数少则二三百人，多则六七百人；营下设汛，由千总、把总分别统领。另外，还在四川、新疆设有军标，由将军统辖；在河道总督、漕运总督之下设有河标、漕标等。全国绿营兵额总数时有增减，嘉庆时期全国共计提督 23 人，总兵 83 人，兵力 66 万余人，是八旗兵丁的三四倍。在清代前期，尤其是在康熙初平定三藩之乱及乾隆中叶以前的历次战争中，绿营都曾发挥过重要作用。但后来承平日久，营务废弛，日趋腐败。从嘉庆初年镇压川楚白莲教起义开始，绿营战斗力已锐减，至咸丰年间镇压太平军时，更是屡战屡败。于是自同治至光绪年间绿营历经裁汰，最后被改编为巡防营，失去了常备军的作用，绿营仅存空名。

绿营和驻防八旗一道，屯戍全国各地，构成军事控制网，既便于对各族人民进行统治和镇压，也便于八旗兵对绿营兵进行监视和控制。清朝的民族统治和民族歧视政策，在军队中也有鲜明反映。八旗兵有军功，给以功牌，"兵部计其叙功，与之世职"，而绿营兵则大为逊色，"核计功加二十四次，始叙一云骑尉，较之八旗功牌，殊为屈抑"①。八旗兵无论政治待遇还是装备和兵饷，都要优于绿营兵，绿营兵中的重要官职也都定为满官缺。

清中期以后，八旗、绿营都腐败不堪，特别是旗丁因各种原因丧失旗地，其生计成为清朝统治者头痛的问题。团练随之而起。团练或称乡兵，是

---

① 昭梿：《啸亭杂录》卷 6，中华书局 1980 年版，第 177 页。

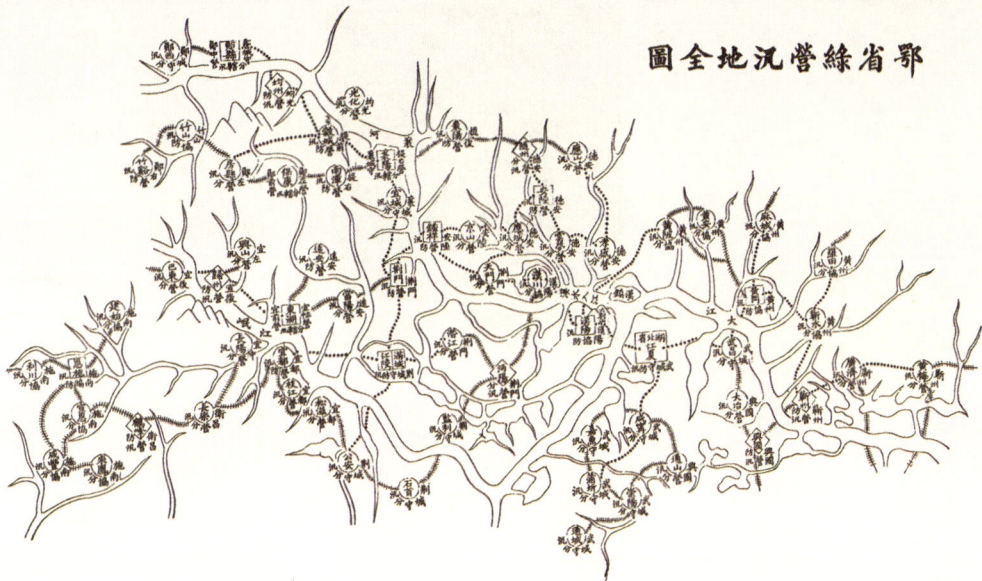

總圖篇幅較窄所有營汛四至
八到程途里數均已備載於冊
凡通州縣驛站者用圓筆點通
舖處皆黃系點各營教圖故此

《鄂省绿营汛地全图》

汉族地主自募自练的地方武装，人数、营制无定，战争结束就要解散，不是
正式的军队。在镇压川楚白莲教起义中，团练发挥了重要作用。

清代军队除发挥军事功能外，还担负了日常警备治安、监督统治人民的
职责。提督京城九门步军巡捕五营的步军统领衙门，兼掌防守、稽查、门
禁、缉捕、断狱等工作，并负责查禁官民住房、服用、书刊等项事宜。

二、法律

清代主要的法律典籍有《大清律例》和《大清会典》。清朝统治者取得
全国政权之初，暂用《大明律》。顺治二年（1645 年），清廷即以"详译明
律，参以国制，增损剂量，期于平允"为指导思想，着手制定法典，次年律
成，定名为《大清律集解附例》，颁行全国。顺治十三年（1656 年）又颁布
满文版本。康熙二十八年（1689 年），将康熙十八年（1679 年）纂修的《现
行则例》附于律文之后。雍正元年（1723 年）继续修订，雍正三年（1725
年）书成，雍正五年（1727 年）发布施行。乾隆五年（1740 年），更名为《大
清律例》，通称《大清律》。《大清律例》律文共七篇，四十六卷，即名例律、
吏律、户律、礼律、兵律、刑律、工律。首篇是名例律，有四十六条，亦称
四十六例。其主要内容除了传统的五刑、十恶、八议等罪名外，还规定了一
些定罪量刑的基本原则。余下各篇按六部命名排列，分为职制、公式、户

役、田宅、婚姻、仓库、课程、钱债、市廛、军政、祭祀、仪制、宫卫、关律、厩牧、邮驿、贼盗、人命、斗殴、骂咒、诉讼、受赃、诈伪、犯奸、杂犯、捕亡、断狱、营造和河防，共三十门，计四百三十六条。

《大清会典》是以行政法律为主要内容的法律汇编，历康熙、雍正、乾隆、嘉庆、光绪五朝，不断增修。《康熙朝会典》原名《大清会典》，由大学士伊桑阿、王熙任总裁，时间起自崇德元年，止于康熙二十五年(1636—1686年)。全书共162卷。《雍正朝会典》由大学士尹泰、张廷玉任总裁，时间起自康熙二十六年，止于雍正五年（1687—1727年），共250卷。《乾隆朝会典》由履亲王允祹，大学士傅恒、张廷玉任总裁，时间起自雍正六年，止于乾隆二十三年（1728—1758年），分为《清会典》100卷，《清会典则例》180卷。《嘉庆朝会典》由大学士托津、曹振镛任总裁，时间起自乾隆二十三年，止于嘉庆十七年（1758—1812年），分为《大清会典》80卷，《大清会典事例》920卷、目录8卷，《大清会典图》132卷、目录2卷，总计1142卷。《光绪朝会典》由大学士昆岗、徐桐任总裁，时间起自嘉庆十八年，止于光绪十三年（1813—1887年），分为《清会典》100卷、目录1卷，《清会典事例》1220卷、目录8卷，《清会典图》270卷，总计1599卷。

《大清律例》和《大清会典》旨在维护满族贵族和汉族地主阶级的利益。清代社会等级森严，各个等级之间的权利与义务有天壤之别。法典中的"八议"（议亲、议故、议贤、议能、议功、议贵、议勤、议宾），和传统封建王朝一样，就是为清代特权阶层而设的。"八议"范围不仅包括本人，连同本人祖父母、父母、妻子儿女在内，犯法后援引有关"八议"的律文，就可以免除或减轻罪责。《大清会典事例》还规定："皂隶、马快、小马、禁卒、门子、弓兵、仵作、粮差及巡捕营番役皆为贱役，长随亦与奴仆同。其奴仆经本主放出为民者，令报明地方官，咨部存案。俟放出三代后，所生子孙

《大清律例》 现藏北京故宫博物院

准与平民应考、出仕，京官不得至京堂，外官不得至三品。"即这些贱民本人及其三代子孙，不准参加科举考试，也不准出钱捐官，三代以后的子孙才可以应考、出仕。主人杀死无罪奴婢杖六十、徒一年，家内奴婢全部放为良人；奴婢辱骂主人者绞，殴打者不论有伤无伤，一律处斩。

乾隆朝《大清会典》　现藏北京故宫博物院

　　清代刑罚沿袭明朝五刑旧制，有笞、杖、徒、流、死五种。笞刑用小荆条行刑，杖刑一般用比笞刑更大的竹板来行刑。徒刑指在一定时间内剥夺犯人的人身自由并强迫其服劳役。流刑适用于比较严重的刑事犯罪但又罪不至死之人。死刑分绞、斩。绞刑会给犯人留全尸，斩刑比绞刑更重一等，死刑犯会身首异处。死刑据犯罪情节又分成斩绞监候与斩绞立决。监候即监禁、等候之意，凡是斩绞监候的罪犯，一律暂行监禁，等到秋审、朝审时，按具体情况，分别处理。五刑之外还有一类刑罚，如远徙、充军、戮尸、凌迟等，也能独立适用，与五刑共同构成清代刑罚的主刑。除五刑常刑外，尚存在其他酷刑，如"挑脚筋""贯耳鼻""点天灯""浸猪笼""站笼"等，然此类刑罚多系私刑，为律例所不载，常常因事而设、事过而废，应视为特例。

　　清代司法审判程序由下而上依次为州县、道府、臬司、巡抚。流刑之下的案件督抚可决定，流刑之上死刑之下的案件须呈报刑部审理，死刑案件须三法司或九卿会审。清代会审有秋审、朝审、热审三种。秋审是三法司复审各省死刑案件的制度，因每年秋天举行而得名。秋审案件原分四类，即情真应决、缓决、可矜、可疑。雍正年间，去可疑一项。后因避雍正帝讳，将情真改为情实。被判"情实"的罪犯奏请皇帝裁决，执行死刑，其余均可能免除死刑。秋审处初设司官两人。乾隆二年（1737年），增加两人。乾隆七年（1742年），增协办司官满、汉各两人。朝审是对刑部判决的案件以及京师四周斩监候、绞监候的案件进行复审的制度，每年霜降后举行。入关之初，朝审复审的仅是刑部判决的案件，外省案件在霜降前请旨施行，不下刑部、九卿核议。康熙十六年（1677年），开始命刑部、九卿复核。为减少冤假错案，以示慎重，秋审、朝审都需要皇帝亲自"勾到"。勾到有一套仪式，勾到时，"案置黄册，大学士、军机大臣、刑部堂官、内阁学士等按班跪，讲官四人立侍，满阁学一人跪读本案前。上升座，阅黄册，满阁学启奏某省某人某事。上略论一、二语，谓情有可原者，免勾；谓法无可贷者，秉笔之大学士以朱笔勾其姓名。既勾，满阁学启奏第二人，上论谕如前。以次勾毕，大学士捧黄册退，众皆退，其最后为讲官"[1]。罪犯在勾到日都被押赴刑场。刑部满汉右侍郎，刑部满汉给事中莅临。等到"勾到"结果出来后，刑部司员带着圣旨骑马来到刑场，唱名后，兵马司官员在被"勾到"的罪犯面上以墨笔书"斤"（斩）、"交"（绞）二字，未被勾到的罪犯仍旧押回狱中。行刑时，由巡城御史监刑，后改为刑部司员监刑。热审是审理京师笞杖案件的制度，一般于小满后十日至立秋前一日，由大理寺官员会同各道御史及刑部承办官员审理。

清代的法典、刑罚都是为了维护清朝统治集团的利益而设，皇帝具有至高无上的权力，可以决定一切案件。满人犯法后也能享有特权，可依例"减等"或"换刑"。收监方面，宗室犯罪，应枷及徒以至军流的，都折以板责，圈禁于宗人府"空房"。对蒙古、维吾尔、回、藏和"土番"等少数民族首领，也专有特定的法律。清代通过专门的法律条款，来加强民族等级特权。

---

① 吴振棫：《养吉斋丛录》卷6，中华书局2005年版，第74页。

第五章　嘉道中落

第一节　盛世危机

经过清初社会生产的恢复，清代的经济在康雍乾时期达到了传统社会的新高峰。随着时间的推移，各种潜伏的经济、政治危机日趋严重。至乾隆后期，土地兼并严重，政治腐败，人口膨胀，各族人民的大规模反抗斗争此起彼伏，清朝开始由盛转衰。

康雍乾时期，天下承平日久，国家强盛，但在盛世之下，潜藏的危机也逐步露出苗头，其中尤以帝王巡幸奢靡和官员贪污腐败最为突出。天子三年一巡，本是治国常例，古已有之，隋炀帝巡幸亡国之后，天子巡游受到一定程度的约束。总体来看，中国历史上巡幸规模之大，当首推康熙帝和乾隆帝的六次南巡。康熙帝六次南巡时间分别为康熙二十三年（1684年）九月十八日至十一月三十一日，康熙二十八年（1689年）正月初八日至三月十九日，康熙三十八年（1699年）正月初三日至五月初七日，康熙四十二年（1703年）正月十六日至三月十五日，康熙四十四年（1705年）二月初九日至四月二十八日，康熙四十六年（1707年）正月十三日至五月二十二日。康熙帝南巡重在考察风土人情，他首次南巡到杭州时，当看到"省会兵民俱相和辑，生齿藩庶，闾里乂安"的景象后，颇为称赞。与此同时，巡视河工也是康熙帝南巡的重中之重。康熙帝曾对大臣说："朕听政以来，以三藩及河务、漕运为三大事，夙夜廑念，曾书而悬之宫中柱上，至今尚存。"[1]在南巡途中，他对治河殚精竭虑，多次督促与检查河工情形，并考察吏治。清代巡幸规模虽大，但在南巡时康熙帝力戒奢靡，饮食起居务求简单，不允许当地官员铺张浪费以加重百姓负担。

到了乾隆时期，南巡则主要变成了游山玩水，并且奢靡无度，劳民伤

---

[1] 《清圣祖实录》卷154，中华书局1985年版，第701页。

财。乾隆帝六次南巡时间分别为乾隆十六年（1751 年）正月十三日至五月初四日，乾隆二十二年（1757 年）正月十一日至四月二十六日，乾隆二十七年（1762 年）正月十二日至五月初四日，乾隆三十年（1765 年）正月十六日至四月二十一日，乾隆四十五年（1780 年）正月十二日至五月初九日，乾隆四十九年（1784 年）正月二十一日至四月二十三日。表面上，乾隆帝南巡的目的与康熙帝并无二致，但每次出巡，随行人员众多，一路浩浩荡荡，旌旗蔽日，沿途也广建离宫别馆三十余处。地方官员、富商为讨好乾隆帝，于路旁"结棚如物形，或楼台状，穷极眩彩，横亘数十里"①。上层社会因南巡大肆寻欢作乐，但百姓却深受南巡之扰。乾隆帝两次南巡至徐州，正赶上黄河决堤，百姓受灾严重，可乾隆帝不顾其死活，仍命江苏捐献银两。据统计，乾隆帝六次南巡，总开销高达 2000 万两白银。乾隆帝六次南巡，严重败坏了社会风气，正如黄鸿寿所言，六次南巡"劳民伤财，卒耗元气，而中国无宁岁焉"。其他的花销也极为巨大，乾隆年间，皇太后六十大寿庆典，自西华门至西直门之高梁桥，张灯结彩十余里，搭设亭台楼阁，"锦绣山河，金银宫阙，剪彩为花，铺锦为屋"，"每数十步间一戏台，南腔北调，备四方之乐……如入蓬莱仙岛"②，可见奢侈。

上行下效，乾隆朝中后期，贪官污吏辈出，发生了数起震惊全国的贪污大案。乾隆四十六年（1781 年），甘肃省发生"捐监冒赈案"，成为清朝历史上规模最大的贪污案。乾隆三十九年（1774 年），陕甘总督勒尔谨以甘肃地瘠民贫，仓储不足，请求实行捐粮为监，以粮食充实仓储。朝廷批准，并派浙江布政使王亶望前往甘肃主持捐监。王亶望与勒尔谨勾结，将捐监豆麦改成折色银两，为王亶望及各级官吏中饱私囊提供了便利。至乾隆四十二年（1777 年）年初，甘肃全省已开销监粮六百余万石。乾隆四十二年（1777 年）五月，王亶望升任浙江巡抚，改由王廷赞接任布政使一职。乾隆四十二年（1777 年）六月至四十六年（1781 年）年初，王廷赞在任上又办理监粮 500多万石，但实际上仓库里并无一粒粮食，赈款均被贪官私分。经统计，甘肃全省官员几乎全部参与此案，共计侵吞白银 1000 余万两。由于苏四十三起义，乾隆帝偶然发现贪污线索后派阿桂查办，才水落石出。陕甘总督勒尔谨

---

① 吴晗辑：《朝鲜李朝实录中的中国史料》第 11 册，中华书局 1980 年版，第 4686 页。
② 赵翼：《簷曝杂记》卷 1《庆典》，中华书局 1982 年版，第 10 页。

《一发双鹿图》 现藏北京故宫博物院

赐自尽，浙江巡抚王亶望、兰州知府蒋全迪被斩首，甘肃布政使王廷赞被判绞刑。甘肃省当时共有直隶州6个，直隶厅1个，州6个，厅8个，县47个，而最后被追查出来的贪官即达一百余人，其中县官63人，知州5人，同知3人，通判5人，县丞2人。经过此番审理，甘肃省的官员几乎"为之一空"。在查处甘肃"捐监冒赈案"的过程中，还发生了闽浙总督陈辉祖侵盗王亶望入官财物的"案中案"。乾隆帝命陈辉祖查抄王亶望的家产，由浙江运往北京。但乾隆帝发现王亶望的家产中并无珍贵东西，暗令浙江布政使盛柱查访，经确认为陈辉祖侵贪。最后陈辉祖自尽，布政使国栋，知府王士瀚、杨仁誉通同作弊，从中分肥，均判为斩监候。

嘉庆初年，权臣和珅被赐死，查抄家产清单共109号，计黄金33500余两，白银300万余两，当铺75座，银号42座，此外还有大量古玩、珍宝等，其中已经估价的26号清单即值22000多万两白银，全部家产不下8亿两白银，而当时国库每年的收入仅4000多万两，可见贪污数额之巨。

此外，乾隆朝后期特别重大的贪污案件还包括杭嘉湖道王燧贪纵不法案、哈密通判经方亏空案、乌鲁木齐各属侵冒粮价案、山东巡抚国泰等贪婪营私案、江西巡抚郝硕勒索属员案、两广总督富勒浑贪婪不法案、浙江平阳知县黄梅勒派入己案、浙江巡抚福崧等侵挪库项案、闽浙总督伍拉纳等贪赃受贿案等。乾隆帝虽然也力图反贪，处理多起大案要案，但因制度等多种原因，导致陷入了屡禁不止、越反越贪的恶性循环。

乾隆帝继位时曾表示，若在位六十年，即将皇位传给皇子，绝不超越皇祖康熙帝在位六十一年之数。乾隆三十八年（1773年），乾隆帝通过秘密立储制选定皇十五子永琰为嗣子。乾隆六十年（1795年）九月，乾隆帝正式宣布立永琰为太子，并将"永"改为"颙"，方便百姓和官员避讳。次年初一，乾隆帝主持授受大典，颙琰正式继位，年号嘉庆，乾隆帝成为太上皇。尽管嘉庆帝登基，但统治大权仍牢牢掌握在太上皇的手中，甚至宫中仍沿用乾隆的年号，直至乾隆帝去世。嘉庆帝只能处理一些日常事务，重大政务特别是选人用人方面，都必须听从乾隆帝的安排。嘉庆帝曾想调自己的老师、时任两广总督的朱珪入京，升为大学士，但乾隆帝不但未批准，反而以朱珪在广东剿匪不力为由，将其贬为安徽巡抚。嘉庆帝韬光养晦，隐忍不发，直至乾隆帝去世，才真正将皇权掌握在手中。

清代中后期，天下承平日久，人口迅速膨胀，人口与土地的矛盾尖锐。

当时民间和政府所采取的办法，包括移民、垦荒、减赋、节俭、库储、救荒、节育、推广新品种等，但都没有从根本上解决问题。洪亮吉曾写《治平篇》等文章加以反思，被称为"中国的马尔萨斯"。与此相伴随的，则是物价飞涨，百姓生活维艰，四处流浪，成为数量巨大的流民。人口压力和天灾人祸相结合，就极易引发起义。到乾隆后期，反清起义已经此起彼伏。这些起义主要包括以下几次。

其一，王伦起义。乾隆三十九年（1774年），山东清水教（白莲教的一支）首领王伦提出反对官府额外加征的口号，领导寿张农民起义，人数至几千人，攻占了南北交通要道临清旧城。清廷极为惊慌，急调四方军队围攻起义军。经过激烈的战斗，城被攻陷，起义失败。

其二，苏四十三和田五领导回族、撒拉族人民起义。乾隆四十六年（1781年），住在甘肃、青海地区，信奉伊斯兰教的回族和撒拉族人民在苏四十三等人领导下，举行反清起义。当地旧有的伊斯兰教各处教长逐渐发展成为门宦地主，使宗教地位差别演变成阶级对立。乾隆二十六年（1761年），马明心另创新教，反对老教的门宦制度，得到广大贫民的支持。清政府则维持门宦地主利益，极力压制新教。1781年，循化地区爆发新教和老教的冲突，清廷将马明心逮捕下狱，苏四十三遂领导反清起义，攻占河州（今甘肃临夏），并一度占领兰州西关。清朝统治者杀掉马明心，并派大将军阿桂等前往镇压，最终用断绝水源、放火烧寺等毒辣办法，将起义镇压下去。三年后，新教阿訇田五等以为马明心复仇为口号，再次反清，阿桂等人故技重施，进行残酷镇压，起义军千余人全部殉难。

其三，林爽文起义。林爽文是台湾彰化县反清秘密组织天地会的首领。早在康熙六十年（1721年），台湾就爆发过朱一贵起义，七天之内席卷全台，后因内讧失败。乾隆年间，台湾人民苦难更甚。乾隆五十一年（1786年），林爽文发动起义，攻占彰化、诸罗（嘉义），建立政权，改元"顺天"，台湾各族人民纷纷加入，围攻台湾府半年有余。后遭清朝离间，起义失败，林爽文被俘处死。

其四，湘黔苗民起义。改土归流后，满汉地主和高利贷商人在苗族聚居地区大肆盘剥，土地日益集中，阶级矛盾非常尖锐。乾隆六十年（1795年），贵州铜仁苗民首领石柳邓首先起义，湖南永绥厅石三保等人纷纷响应，他们提出"逐客民、复故地"的口号。起义军发展迅速，很快控制贵州、湖南和四川的广大地区。清政府派云贵总督福康安等率十余万兵众镇压，并采取"以苗治苗"的分化政策，使起义遭受严重挫折。嘉庆元年（1796 年），石柳邓在战斗中牺牲，但持续到嘉庆十一年（1806 年），起义才被彻底镇压。此后，清政府在苗疆开屯田十二万亩，给无地苗民和汉民耕种，下令汉官不得在苗地"擅派差役"，同时设义学、书院，扩充苗民的科举名额。

以上各族人民的起义斗争，前后持续几十年，虽然都被清廷残酷镇压下去，但大大削弱了清朝的统治。

第二节　嘉道政局

嘉庆帝亲政后，处理的第一件大事就是惩办权臣和珅。和珅，钮祜禄氏，原为咸安宫官学生，后成为三等侍卫。乾隆三十八年（1773 年），他抓住机会在乾隆帝面前展示自己的才学，受到乾隆帝的欣赏，破格重用，迅速晋升。和珅精通满文、蒙文、藏文、汉文，在处理理藩院等事务时颇为得心应手，最重要的是他善于揣摩乾隆帝的心思，无微不至地照顾乾隆帝的日常起居，深得乾隆帝宠信，历任各部尚书、内务府总管、文华殿大学士等要职。乾隆帝晚年精力大不如前，许多政务需要和珅代为处理，为和珅攫取权力提供了机会。和珅控制军机处以后，不请示乾隆帝便任意撤换军机处记名人员，以印文形式命令各省将奏折另抄一份送达军机处，即所谓"副封关会军机处"，这使得和珅对于地方军政大事无所不知。掌权后的和珅大肆卖官收贿，积累了大量财产。和珅的种种行为，令嘉庆帝大为恼怒。乾隆帝甫一去世，嘉庆帝便果断查办和珅。

嘉庆四年（1799 年）正月初八日，在召

嘉庆帝像　现藏北京故宫博物院

清代宫廷玉器

清代是古代玉器史上最华丽多彩的时期。雍正至嘉庆年间是清代玉器最兴盛的阶段，平定新疆保证了优质玉石的供应，文化经济的繁荣和手工业的发达，使玉雕工艺走向新高峰。这些质地上乘、技艺精湛的佳品，展现了清代豪华绚丽的宫廷生活。

碧玉兽面纹觥

碧玉花插

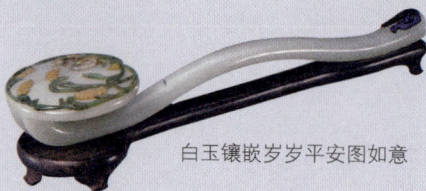

白玉镶嵌岁岁平安图如意

集群臣宣读乾隆帝遗诏后，嘉庆帝命令仪亲王永璇、成亲王永瑆等捕获和珅及依附于和珅的福长安，并查抄和珅在京全部家产。十一日，嘉庆帝正式向内阁宣布和珅罪状。然而，嘉庆帝并未以和珅案为契机进行系统改革。他最关心的事情有两件。第一是占据和珅富可敌国的财产。当时，一位名叫萨彬图的副都统上疏请求追查和珅财产下落，嘉庆帝宣称："岂萨彬图视朕为好货之主，敢以此尝试乎？"[1]从此诸臣不敢再重蹈萨彬图的覆辙，不再追问和珅巨额财产的去向问题。实际上，除了少数财产留给了宗室外，绝大部分流入了嘉庆帝的腰包，以至于民间传谣"和珅跌倒，嘉庆吃饱"。第二是急于恢复皇权专制。他不能容忍和珅擅权干政，威胁皇权，因此于正月十九日便谕令军机大臣："从前和珅意图专擅，用印文传知各省抄送折稿，因此带有投递军机处另封事件，业经降旨饬禁，并随折批谕。今和珅业经伏法，所有随带文书，当永远停止，倘经此番饬禁之后，尚有仍蹈前辙者，必当重治其罪，决不姑贷，将此各传谕知之。"[2]

嘉庆帝在有限领域内进行了一些改革。首先，一改乾隆朝晚期的奢靡之风，严格限制臣下进贡。嘉庆帝本人较为节俭，他改变其父爱好巡游的习惯，外出巡幸明显减少，出巡时也时常叮嘱一切从简，不准修建新行宫。他

---

① 《清仁宗实录》卷43，中华书局1985年版，第523页。
② 《清仁宗实录》卷38，中华书局1985年版，第435页。

多次发布禁止臣下进贡珍奇物品的上谕，收到了一定效果。然而，官场积习很难快速根除，嘉庆三年（1798 年）八月福州将军庆霖不顾禁令照旧进贡，嘉庆五年（1800 年）肃亲王永锡进玉器陈设等物，均被嘉庆帝痛斥、革职。嘉庆四年（1799 年），嘉庆帝命令禁止役使新疆叶尔羌回民采玉。其次，重振官场纲纪。嘉庆朝，各部院大臣贪图安逸，在御门听政前后几日，能不奏事就不再奏事，许多事情集中在御门听政日齐奏，被嘉庆帝屡次申饬。皇宫守卫也疏于训练，平时多不带武器，疏于职守。嘉庆八年（1803 年）闰二月，平民陈德手持小刀从皇宫顺贞门直奔嘉庆帝轿前行刺，当时有侍卫百余人，竟只有六人上前护卫。最后，下诏求言。嘉庆帝曾下令"诏求直言，下至末吏平民，皆得封章上达"，王杰等官员的上疏针砭时弊，有利于清统治的巩固，且使得乾隆时期"文字狱"的高压思想钳制政策有所松动。但嘉庆帝鲜克有终，几项有限的改革措施均未能长期继续，效果不佳，腐败反而日甚一日。军队的腐败更是惊人。嘉庆四年（1799 年），嘉庆帝曾说，"川、楚军需三载，经费至逾七千余万，为从来所未有"，"其在京谙达侍卫章京，无不营求赴军；其归自军中者，无不营置田产，顿成殷富"①。

嘉庆二十五年（1820 年），嘉庆帝在避暑山庄逝世，其子绵宁继位为道光帝，即位后改称旻宁。道光帝资质更为平庸，他不具有兴利除弊的改革决心和能力，为政之道就是"守成"，希望通过恪守祖制重建康乾盛世的荣光。和清朝其他皇帝相比较，道光帝最大的特点是节俭，在上谕中，"崇俭去奢""黜华崇实"等辞藻大量出现。时人评价道光帝"在御三十年，德盛功巍，莫可殚述，而节用爱人，尤廑圣念。热河避暑，木兰秋狝，久成故事。然官司耗费不赀，跸路供亿不可数计。且外藩各部落奔觐扈从，久亦甚苦劳费。故自登极以后，不复举行此事。他若省游观、停兴筑、罢南府、撤三山及各园苑陈设。御极之初，即罢福建荔支贡、扬州玉贡，嗣又停减各直省例任土贡，裁损膳房等处员役，惟日以崇俭昭示天下后世"②。但是此时的清朝已经积弊深重，崇尚节俭的实际效果不免大打折扣。

道光朝时，统治机构更加腐朽不堪，捐纳和署职泛滥，贪污攘窃和骄奢

①　魏源：《圣武记》卷 9，中华书局 1984 年版，第 399、398 页。
②　吴振棫：《养吉斋余录》卷 2，载《养吉斋丛录》，中华书局 2005 年版，第 364—365 页。

淫逸、政务废弛和道德沦丧问题更为突出。① 直隶藩司书吏王丽南，私雕藩司及司库官印信，与银匠串通，自嘉庆元年（1796 年）至十一年（1806 年），以各种手段冒领地丁、耗羡、杂款 31 万余两，涉及 24 州县。清朝实行的是量入为出的财政制度，每年财政收入相对固定，支出则因军需、河工、漕运、赈灾等事务而常有变化，容易出现入不敷出的现象。清廷的解决办法是通过官吏捐纳筹款。至乾隆年间，捐纳的比例还不算特别大，但自嘉庆朝白莲教起义时，因军费浩大，财政拮据，大开捐纳之门，从此捐纳一发不可收拾，至道光朝时已经成为国家重要的财政来源。道光朝三十年中，捐监者达 31 万人，银款达 3300 余万两。尽管正途官员未必不贪，捐纳官员亦有贤才，但捐纳官员花钱买官，得职后绝大多数人必然借职捞钱，结果大大败坏了吏治。而且随着捐纳官员越来越多，各级机构人满为患，甚至出现了署职现象。有些地方，署理之员一年一换，甚至半年一换，地方官习以为常，至道光末年，署理官员几乎泛滥成灾。

尽管道光帝厉行节俭，但贪纵之风愈演愈烈，官员只知收纳贿赂。张集馨在《道咸宦海见闻录》中记载，他从陕西按察使调任四川按察使进京陛见时，别敬军机大臣每处 400 金，两班军机章京每位 16 金，如有特别交情及通信办折者 100 金、80 金不等，以及六部尚书、总宪（都察院左都御史）100 金，侍郎、九卿 50 金，同乡、同年及世好等共 1.5 万余两。只有军机大臣赛尚阿一人未收张集馨的别敬。地方官员更是如此，自督抚到州县，陋规金额非常优厚。至于把持国计民生的漕运、盐政、河工官员更是利用职务之便，中饱私囊。阿克当阿把持两淮盐政十余年，人称"阿财神"，生活极其奢靡腐化。河工衙门更是借水利工程经费营私舞弊，每年治河的经费中，投入工程者仅十分之一，其余十分之九均被各级官吏挥霍，故谚语称"黄河决口，黄金万斗"。官吏泛滥和贪腐成风的后果就是政务废弛、风气败坏。各级官员唯知贪恋权位，因循苟且，拖拉推诿，不以政务为重。中央官员如九卿，在召开会议时往往由一二王公主持，其余官员只是"占位画诺"。乾隆、嘉庆和道光三朝元老曹振镛的为官之道是"但多磕头，少说话耳"。地方政府的废弛程度比京官还要严重，"州县有千金之通融，则胥役得乘而牟万金

---

① 喻松青、张小林主编：《清代全史》第 6 卷，方志出版社 2007 年版，第 64 页。

《潞河督运图》（局部）督运漕粮的官舫　现藏中国国家博物馆

之利；督抚有万金之通融，州县得乘而牟十万之利"①，大大加速了社会风气的败坏。

面对这些弊病，道光帝也曾力求改革。第一，他曾发布过多道上谕，提倡节俭。道光帝刚即位时，在御门听政中指出："省一分，天下荫受一分之福，于吏治民生，不无小补也。"此后，道光帝下令停止福建荔枝、扬州玉器、陕甘口外梨等的进贡。和嘉庆帝一样，道光帝也认为外出巡幸必然会给地方带来额外负担，甚至成为官员乘机侵吞财物的借口。为此，他去木兰秋狝的频率和次数比嘉庆帝还要少。

第二，道光六年（1826年）试行漕粮海运。清代除征收地丁银之外，还在山东、河南、江苏、安徽、浙江、江西、湖北和湖南八个靠近河道的省份征收漕粮、白粮。运到京仓的330万石，称为正兑，供八旗兵食之用；运到通州仓的70万石，称为改兑，供王官百官俸廪之用。漕运为清朝生命线，

---

① 章学诚：《章学诚遗书》卷29《上执政论时务书》，文物出版社1985年版，第327页。

但嘉道之际漕运弊端丛生，成为一大秕政。道光四年（1824 年），洪泽湖发生决口，漕粮难以到达北京。道光五年（1825 年），道光帝见漕运难济，要求试行海运。但两江总督、江苏巡抚及漕运衙门各官为了漕运巨大的利益，纷纷认为海运"窒碍难行"。道光帝将一批官员治罪，起用支持海运的官员陶澍等人。经过一番周密准备，道光六年（1826 年）正月开始，各州县分别将本粮运抵上海受兑，然后分批北运。船队从吴淞口出发，沿海岸线行走，经山东进入直沽口，将 160 万石漕粮运抵天津，漕粮海运获得成功。但是，漕粮海运架空了漕运部门，遭到相关官员的强烈反对。结果漕粮海运只实行一次便戛然而止，并未形成制度。

第三，道光十年（1830 年），道光帝任命陶澍为两江总督，主管两淮盐政，支持陶澍在淮北的"票盐制"改革。盐税为清代的重要税收之一，乾隆时期每年征收盐税 500 万两。清承明制，除少数地区外，各地基本上都推行晚明的专商世袭卖引纲法。为保证专商引岸的推行，清代牢牢确立了盐产区与盐销区的一一配套。在国家的强力垄断之下，盐商获得高额利润。雍正朝以后，地方官对盐商渐行额外摊派和勒索，盐商也勾结官府，垄断横行，导致官盐因价高滞销，私盐泛滥。两淮盐区是最大的盐区，按规定应年销 160 万引，但道光十年（1830 年）淮南仅销出 50 万引，淮北仅销出 2 万引，成为重灾区。道光帝令陶澍为两江总督，治理盐政。陶澍首先裁减盐政衙门陋规，革除积弊，随后在淮北地区实行票盐制改革，规定无论什么人，只要按章纳税，即可领票运盐。每票一章，运盐十引，标明所运数量、运销地点和限期，票不离盐，否则以私盐论处。票盐制革除了盐商垄断之弊，增加了国家的收益。但是，陶澍的票盐制改革只实行于淮北地区，淮南并未实行，局限性非常明显。

通过以上改革可以看出，道光帝资质平庸，缺乏将改革进行到底的决心和魄力。每当改革触动官僚的利益，遭到他们的反对时，道光帝就会产生动摇，作出让步。道光帝最为倚仗的大臣如曹振镛、穆彰阿、潘世恩等人，都以揣摩上意、讨得皇帝欢心为己任。曹振镛是三朝元老，任大学士长达 22年，"小心谨恪，动循矩法，从未稍蹈愆尤"。晚年，其门生弟子向他请教做官的诀窍，他说："无他，但多磕头，少说话耳。"穆彰阿深受道光帝宠爱，"门生故吏遍于中外，知名之士多被援引，时号曰'穆党'"，但其办事毫无魄力。潘世恩也是久居要津，殊少建树，"在枢廷凡十七年，益慎密，有所

论列，终不告人"。嘉庆和道光两位皇帝的执政能力，对于当时的社会衰落也产生了重要影响。

第三节　社会危机

一、财政困难

清初赋役依明朝万历旧例，基本上按一条鞭法，将正、杂、本、折钱粮，开列易知由单，汇总统一征收。除正额赋银外，还有盐课、茶税、渔税、牙税、契税、当税、关税等各色杂税。此外，还有花样繁多的各种额外项目，如折耗，即借口征收粮食存仓有"鼠耗""雀耗"耗损，每石正粮之外加收粮食达二斗五升之多；又如，纳银时有"火耗"，多有加收至每两二三钱、四五钱者。额外加征导致百姓负担多至几倍、十余倍。在"陋规"的名义下，不合法的贪污也变得合法了。

从乾隆朝至道光朝，每年财政收入稳定在 4000 万两上下。清朝财政最大的收入项是田赋和丁银，随着土地开垦基本完毕和实行"摊丁入亩"，田赋和丁银两项都非常稳定，实收量保持在 2000 万两左右。清朝又以农立国，诸帝纷纷强调保护农业生产的重要性，不能随意增加田赋，这使得财政制度过于刚性，缺乏弹力。盐税和关税每年征收各为500万两，再加上杂税、捐纳和报效，共合成4000万两之数。但嘉道时期的财政支出却大大高于以往，造成了巨大的财政压力。

首先，军费和河工两项支出增加浩大。随着八旗人口的不断增长，为优养满族，八旗官兵俸禄随之增加。普通士兵每人每月饷银达3—4两，俸米年均40斛。乾隆四十六年（1781年），乾隆帝又谕令增加绿营兵额，使军饷开支年增300万两。尽管当时阿桂指出此举日后将导致军费负担大大加重，但并未引起重视。嘉庆十九年（1814年），清廷被迫裁去一万余士兵，使得绿营兵恢复到乾隆四十六年（1781年）以前的定额，但仍有61万人。军费的临时性开支也非常巨大，仅镇压白莲教起义，军费即达到1.5亿两白银，几乎为乾隆朝"十全武功"[①]的总和。对天理教起义、东南沿海海盗、西南少数民族起义等的镇压，军费也常达千百万两。河工花费以前每年不过百余万两，但随着水灾频繁和工程屡兴，支出也大大增加。嘉庆十年（1805年）至十五年（1810年）间，仅南河岁修抢修专案另案各工就共用去白银4099万两。

其次，随着社会经济的发展，物价大幅上涨。"康乾盛世"时期，社会经济不断恢复、发展，区域工商业活跃，物价也随着经济发展而上涨。嘉道两朝时，粮价相比较乾隆后期几乎上涨一倍。粮价的上涨，带动了很多商品价格的上涨，包括物料价格、用工价格。物价上涨，但财政收入却并未相应增加，财政的压力更大。

再次，清朝的财政管理弊端丛生，积重难返。在征收中，地丁漕粮的"浮收"和"勒折"非常普遍。"浮收"是地方管理者不按赋役全书的规定擅自加收钱粮，"勒折"是当征本色却以高价折收银钱，或当收白银，而以高出市价的比例征收铜钱。道光十六年（1836年）江苏常熟县米价每石2.09元，"勒折"高达每石7.2—7.3元。除此之外，还有盐课、茶税、渔税、牙税、契税、当税、关税等多种杂税。各种额外征收的项目也非常多，如折耗、火耗等。清代百姓的官定赋税并不算重，但实际负担却是官定赋税的若干倍，甚至十余倍。

最后，钱粮亏空的长期存在，对财政也造成了巨大压力。亏空并非全部

[①] "十全武功"是乾隆帝在乾隆五十七年（1792年）对自己一生战功做的总结：平准噶尔为二，定回部为一，打金川为二，靖台湾为一，降缅甸、安南各一，受廓尔喀降为二。

由于各级官吏侵贪，有些也是出于公务原因不得已而为之。雍正时期，专门成立会考府，彻查各地亏空问题，严令将亏空补足。不过，乾隆年间亏空之风又起。嘉庆初，对亏空问题没有引起足够的重视。嘉庆帝认为亏空"徐徐办理，自有成效。……捐廉罚银之事，朕不必为"。这一错误认识使亏空迅速发展到非常严重的程度。嘉庆二十年（1815年），仅山东一省亏空即达到670余万两白银。尽管此后嘉庆帝意识到了亏空的严重危害，也作出了一些调整，但因积重难返，未有实际效果。道光年间，亏空更加严重。道光十九年（1839年），经常性积欠达近3000万两白银之多。户部银库自查办和珅后，也从未清理过，道光晚期发现历年亏空达1200万两白银。

除了财政压力，这一时期的货币稳定性也遭到破坏。清朝实行银钱双本位制，大宗交易用白银，小宗交易用铜钱。乾隆朝及以前，银和铜原料供应充足，银钱比价长期稳定在1两白银兑换1000文铜钱。自嘉庆中期开始，银钱比价迅速上升，银贵钱贱的趋势越发明显，至鸦片战争前夕，1两白银已经可以兑换1500文以上的铜钱。银贵钱贱的主要原因在于罪恶的鸦片贸易，导致白银外流。同时，由于外国银元在中国市场上享有超过其含银量的高价，外国商人常以银元套购白银走私出口。银钱比价的上升，对财政和社会经济产生了重要影响。民间买卖多用铜钱，而官方收税却用白银，百姓缴纳赋税时要以钱换银。银钱比价上升意味着国家收入虽未增加，但纳税人的负担却上升了，因而大大加重了百姓负担，增加了社会不稳定因素。

二、武备废弛

清朝的衰败，在军事上表现得十分突出。至鸦片战争前夕，军队开支已占政府财政支出的十分之六七，遇有战事，耗费更多。但八旗兵入关后，随即转化为世袭特权寄生集团。八旗将领侵贪军饷、索取贿赂，过着花天酒地的生活。《啸亭杂录》记载，八旗诸将会饮，"多在深箐荒麓间，人迹之所罕至者，其蟹鱼珍羞之属，每品皆用五六两，一席多至三四十品，而赏赐优伶，犒赉仆从之费不与焉"[1]。各级军官往往克扣军饷，中饱私囊。嘉庆初年，河南士兵竟至衣着褴褛，"以牛皮裹足"，弱不能战。士兵缺乏必要的军事训练，武艺不精，嘉庆帝检阅营伍旗射时，士兵居然"射箭箭虚发，

---

① 昭梿：《啸亭杂录》卷8《军营之奢》，中华书局1980年版，第258页。

《戍守运河的绿营河兵图》

驰马人坠地"①。嘉庆十六年（1811 年）七月，嘉庆帝称"射布靶之前锋、侍卫、护军参领等，中箭人数甚属寥寥"。普通士兵也无所事事，游手好闲，提笼架鸟。就连乾隆年间最为精锐的部队健锐营、火器营也毫无能力，勒保奏称："健锐、火器二营京兵不习劳苦，不受约束，征剿多不得力。距达州七十里之地，行二日方至。与其久留靡饷，转为绿营轻视，请全撤回京，无庸续调。"八旗兵丁涣散，有时还成为地方治安的祸害。

清朝兵制的另一大支柱绿营兵也逐渐衰微。清廷对以汉人为主体的绿营戒备重重，处处制约，多所防范，厉行绿营将领三年俸满加衔更调制度，使武将不得久任一地，这种制度使得绿营失去了拥兵割据的可能，但负面效果也很明显，使清朝难以对军队有长远规划。绿营将领和士兵的待遇较之八旗，也有很大差距。各地高官平素看不起绿营兵，常令绿营兵丁在衙门、私邸当差。和珅曾役使步军统领衙门及巡捕五营的兵丁达千余人。这些额外的差役使绿营士兵地位变得更加低下，大大激化了绿营官兵之间的矛盾，也使绿营

---

① 《清仁宗实录》卷 38，中华书局 1985 年版，第 447 页。

沾染上官场恶习，不思训练备战。乾隆时期，乾隆帝就多次指斥绿营兵的"懦弱习气"。嘉庆时期，绿营兵"军纪废弛，将不习兵，兵不尊将，已非一日"。至道光朝，积弊更甚。福建水师建造战船的费用大多被水师将领及地方官侵贪。水师官兵还与海盗勾结，"水师与洋盗，是一是二，其父为洋盗，其子为水师，是所恒有。水师兵丁，误差革退，即去而为洋盗；营中招募水师兵丁，洋盗即来入伍"①。绿营还存在严重的吃空饷问题。道光年间，福建龙溪名册上有 1200 名兵丁，实际上并无一人，所发军饷均被长官侵吞。

官兵战斗力大大下降，武器装备也日渐衰退。清朝在对付国内反叛及周边"四夷"叛乱之时，常规武器已经足够，因此长期没有发展火器的动力。当时清军的鸟枪为前装滑膛火绳枪，长达两米，点火装置落后，射速慢、射程近、射击精准度低，且并无定期修造报废的制度。一支鸟枪使用几十年稀松平常，甚至竟有使用 166 年未更换者。清军火炮主要仿照西方 17—18 世纪初的加农炮系列，存在铁质差、工艺落后、瞄准器具不完善、炮弹质量差等缺陷，威力有限。同鸟枪一样，火炮亦无定期报废制度，使用几十年的火炮比比皆是。清初，中国在引进了西洋大炮的同时，还引进了先进的"开花弹"。但承平日久，连统治者自身也忘记了这种武器的存在，至鸦片战争时作战官员和技术专家竟然已不知"开花弹"为何物。相反，嘉道之际的西方已进入热兵器的时代，各种火器技术突飞猛进。武器差距的拉大，为日后鸦片战争中的失败埋下了伏笔。

三、土地兼并与鸦片贸易

清初由于战乱、灾害等原因，土地比较分散，随后就开始了土地不断集中的过程，至嘉道时期达到顶点。根据严中平主编的《中国近代经济史（1840—1894）》的统计，1840 年全国耕地税亩面积约 7.5 亿亩，其中皇室所有和各种名目的庄田达 8300 万亩，约占全国总耕地数的 11%。大贪官和珅有田 80 万亩，两个家奴仰仗其势也占有土地 6 万亩。道光时期，琦善被抄家后，穆彰阿奏称："琦善入官地亩，现据内务府按契核计，共地二百五十二顷十七亩零，以地方官征租差地核计，每年可收租银二千

---

① 张集馨：《道咸宦海见闻录》，中华书局 1981 年版，第 63 页。

余两。"①这样算来，琦善的土地超过2万亩。这在当时的一品、二品高官中，并不算最多。据估计，嘉道时期地主所占耕地约占全国耕地的70%。②

随着土地兼并的扩大，大量自耕农失去土地，被迫沦为佃农。乾隆时期的湖广地区，"近日田之归于富农者，大约十之五六，旧时有田之人，今俱为佃耕之户"③。在江南地区，永佃权比较流行，这使得土地所有权和使用权分离，一定程度上瓦解了原有的土地所有制，保护了佃农的利益。但随着土地供求矛盾的尖锐化，永佃权逐步落入地主、二地主等手中，使佃农受到更加沉重的剥削。大量失去土地的农民成为流民。流民是双刃剑，既减轻了流出地的人地矛盾，有利于流入地的经济开发和社会发展，同时又是一种社会不安定因素。如果碰上发生连年灾害，流民就会揭竿而起，冲击统治政权。相当多的流民迁徙到了川楚交界地区的深山老林地区垦荒，"川、楚、粤、黔、安徽无业之民，侨寓其中以数百万计，依亲傍友，垦荒种地，架数椽栖身，地薄不收则徙去，统谓之棚民"④。棚民被视为"贱人"，他们把很多荒山旷野变成富饶之乡，但也往往会带来生态环境的破坏和政府管理的困难，白莲教起义就是由这部分流民发动的。

鸦片贸易则是清中期，英国殖民者为打开中国市场而采取的走私贸易。鸦片贸易给中国社会带来了深重灾难。英国完成资产阶级革命后，资本主义迅速发展。自18世纪60年代起，英国开启"工业革命"模式，成为世界第一海上霸主，经济腾飞，对海外市场的需求更加迫切。英国一直谋求打开中国市场，为此曾两次派遣使团访问清朝。乾隆五十七年（1792年），英国以给乾隆帝祝寿为名，派遣马戛尔尼使团来华交涉通商事宜，未获成功。嘉庆二十一年（1816年），英国又派阿美士德使团访华，重申前请，但因朝见礼仪之争，最后根本未获得嘉庆帝接见。在遣使失败后，英国多次派遣武装舰只闯入中国海域，以武力相威胁，但未能得逞。

---

① 中国第一历史档案馆编：《鸦片战争档案史料》第3册，上海人民出版社1987年版，第460页。

② 许涤新、吴承明主编：《中国资本主义发展史》第1卷《中国资本主义的萌芽》，人民出版社2003年版，第220页。

③ 杨锡绂：《陈明米贵之由疏》，载贺长龄、魏源等编：《清经世文编》卷39《仓储》，中华书局1992年版，第958页。

④ 严如熤：《规画南巴棚民论》，载贺长龄、魏源等编：《清经世文编》卷82《兵政》，中华书局1992年版，第2020页。

在中英正当的贸易中，中国处于出超的有利地位，英国则处于入超的不利地位。中国自给自足的经济不需要太多外来商品，一般民众也没有足够能力购买，但中国的茶叶、瓷器、生丝等产品，在国外却有着大量需求。这种贸易的结果导致中国长期处于出超地位，外国只能运送大量白银以弥补贸易逆差。为改变其不利的贸易地位，英国采取了鸦片贸易的无耻手段。鸦片给中国社会带来了一系列灾难性后果。鸦片是一种具有强烈麻醉作用的毒品，长期吸食鸦片会使人自甘堕落，甚至为购买毒品倾家荡产，沦为盗贼。鸦片贸易严重摧残了中国人的身心健康，毒害了几代中国人，使中国长期被人讥讽为"东亚病夫"。鸦片贸易也加剧了清朝政治的腐败，鸦片波及清朝社会各阶层，各级官吏也未能幸免。1831 年，刑部奏称："现今直省地方，俱有食鸦片烟之人，而各衙门为尤甚，约计督抚以下，文武衙门上下人等，绝无食鸦片烟者，甚属寥寥。"① 官吏吸食鸦片后不理政务，更加腐败。且鸦片贩子为走私方便，多方贿赂官吏，使鸦片屡禁不绝。道光二年（1822 年），御

---

① 《刑部折奏酌加买食鸦片烟罪名》，载中国史学会主编：《鸦片战争》第 1 册，上海人民出版社、上海书店出版社 2000 年版，第 414 页。

史黄中模在奏疏中说："闻迩来洋商与外夷勾通贩卖鸦片烟，海关利其重税，遂为隐忍不发，以致鸦片烟流传甚广，耗财伤生，莫此为甚。"[1]鸿胪卿黄爵滋也指出，鸦片之害，"其初不过纨袴子弟，习为浮靡，尚知敛戢。嗣后上自官府缙绅，下至工商优吏，以及妇女僧侣道士，随在吸食，置买烟具，为市日中。盛京等处，为我朝根本重地，近亦渐染成风"[2]。鸦片贸易还严重削弱了军队的战斗力。道光时期，福建、广东、云南、四川、贵州、浙江等省官兵吸食鸦片非常普遍，"军营战兵，多有吸食鸦片者，兵数员多，难于得力"。林则徐也曾忧心忡忡地指出："是使数十年后，中原几无可以御敌之兵，且无可以充饷之银。"[3]

第四节　起义频发

一、川陕白莲教起义

乾隆中后期，民间秘密结社在下层群众中广为传播，其中尤以白莲教势力最大。随着社会矛盾的加剧，这些秘密结社从清政府的潜在威胁转变为公开反对清政府统治的武装斗争。嘉庆元年（1796 年）爆发的白莲教起义，历时九年，波及湖北、四川、陕西、河南和甘肃五省。清廷为镇压白莲教起义，耗军费约 1.5 亿两白银。白莲教起义令清朝元气大伤，是清朝走向衰落的重要转折点。

贪污腐败是白莲教起义的重要原因。湖北、四川的官场非常腐败，起义前的湖广总督毕沅、巡抚福宁和藩司陈淮三人朋比为奸，毕沅常常提用银两馈送领兵大员，福宁、陈淮贪黩，当时有民谣称，"毕不管，福要死，陈到包"，"毕如蝙蝠，身不动摇，惟吸所过虫蚁；福如狼虎，虽人不免；陈如鼠

---

① 《贵州道监察御史黄中模奏请严禁纹银偷漏出洋折》，载中国第一历史档案馆编：《鸦片战争档案史料》第 1 册，浙江人民出版社 1992 年版，第 38 页。
② 《鸿胪寺卿黄爵滋奏请严塞漏卮以培国本折》，载中国第一历史档案馆编：《鸦片战争档案史料》第 1 册，浙江人民出版社 1992 年版，第 255 页。
③ 《湖广总督林则徐奏为钱票无甚关碍宜重禁吃烟以杜弊源片》，载中国第一历史档案馆编：《鸦片战争档案史料》第 1 册，浙江人民出版社 1992 年版，第 361 页。

蠹，钻穴蚀物，人不知之"[1]。四川总督是福康安，人称清朝吏治内坏于和珅，外坏于福康安，可见其为人。两省的基层官员更是如狼似虎，"今日州县之恶，百倍于十年、二十年以前"[2]。白莲教起义的爆发，也和清中叶人口大幅增长有着密切联系。随着农业、经济的发展，人口逐渐增长。人口的增加激化了人地矛盾，大量移民迁入各省深山老林进行垦荒。乾隆中期，陕西兴安州所辖平利、洵阳、白河、紫阳、石泉、汉阴六县，便有大量来自河南、安徽、江西等地的移民，户口骤增至十余万。移民扶老携幼，历经千辛万苦在山地进行垦荒，希

冀通过劳动丰衣足食。然而，他们不仅要忍受恶劣的生活条件，还要忍受来自地主、商人、官吏们的多重剥削，几乎达到了民不聊生的地步。在这种情况下，白莲教在他们中间传播开来。

白莲教是一种民间秘密宗教，来源于佛教净土宗，是佛教与儒家学说及各种传统民间信仰结合的产物，诞生于南宋时期。其教义较为简洁，通俗易懂，容易为下层人民所接受。在早期，教义中并没有"造反"的内容，而多以消灾获福为号召，声称来世托生好人。清朝时期，白莲教根据深山老林移民的特点，在教义中增加了很多世俗内容，如"从教者先送供给米若干，入教之后，教中所获赀物，悉以均分"[3]，吸引大批移民入教。乾隆四十年（1775年）以后，白莲教又吸收了其他秘密宗教如混元教、收元教"劫变""反清"的教义，宣称要发动起义"换乾坤"，从此走向极乐世界。

白莲教起义波及的地区为川陕五省，最早在湖北爆发，以湖北、四川、陕西三省交界地区为核心区域。三省交界区域为南山、巴山，均为未经开发的原始森林地区，主要包括湖北的竹山、竹溪、房县、兴山、保康、郧西等地，四川的南江、通江、巴州、大宁、开县、奉节、巫山等地，以及陕西的凤县、宝鸡、旬阳、安康、平利等地。这片地区山高林密，绵延数百里，居民主要是各省移民，土著非常少见，清政府的统治也非常薄弱。

---

① 徐珂：《清稗类钞》第4册，中华书局1984年版，第1569页。

② 洪亮吉：《征邪教疏》，载贺长龄、魏源等编：《清经世文编》卷89《兵政》，中华书局1992年版，第2206页。

③ 严如熤：《三省边防备览》卷14，清道光十年刻本，第8页。

清政府认为白莲教是"奸民假治病持斋为名，伪造经咒，惑众敛财"，一向采取镇压的态度。乾隆四十年（1775 年），安徽白莲教教首刘松在河南鹿邑被捕，遣戍甘肃。但其党羽刘之协、宋之清继续传教，教徒遍布四川、陕西和湖北。刘之协以鹿邑王氏子王发生诡名朱姓，冒充明朝皇室后裔，煽动群众。乾隆五十八年（1793 年），事情败露，大量参与人员被捕获，但刘之协逃逸。清政府为捕获刘之协，在武昌、荆州、宜昌等地肆行搜捕，株连数千无辜人民，死人无数，令当地百姓极为仇恨。乾隆五十七年（1792 年）时，宋之清与刘之协因财物问题发生矛盾，宋之清便自立门户，另行成立"西天大乘教"，其徒弟齐林在襄阳一带发展，齐林的徒子徒孙将西天大乘教传播至陕西安康一带。乾隆五十九年（1794 年），清政府对西天大乘教大行搜捕，将四川大宁县、陕西安康等地的教首抓获，又顺藤摸瓜在襄阳捕获宋之清。清政府的大规模镇压导致各地白莲教教徒开始酝酿大规模的反清武装起义。

乾隆六十年（1795 年），湖北白莲教教徒开始秘密为起义做了充分的准备。荆州枝江、宜都地区的白莲教首领张正谟、聂杰人等购买制造火药用的硝磺，制作大量兵器。嘉庆元年（1796 年）正月初八日，他们约定到三月"劫数"时发动起义。由于起义消息为清政府所侦知，只能提前发动。聂杰人家中房屋宽大，张正谟等便将起义教众安置在聂家。正月初十日，清军前来抓捕，张正谟、聂杰人等拒捕反抗，白莲教起义就此爆发。他们计划先行抢占枝江、宜都县城，再夺取荆州、襄阳，并向河南发展。枝江、宜都起义后，湖北各地教徒纷纷响应，宜昌、东湖、当阳、远安、保康等地纷纷起义，形成燎原之势。

清政府对起义极为震惊。湖广总督毕沅、湖北巡抚惠龄调兵镇压荆州，乾隆帝命令西安将军恒瑞率兵进剿当阳。嘉庆元年（1796 年）三月，又派都统永保、侍卫舒亮、鄂辉带兵赴湖北。四月，以毕沅、舒亮负责当阳、远安、东湖一带，惠龄、富志那负责枝江、宜都地区，鄂辉负责襄阳、谷城、均州、光化一带，孙士毅负责西阳、来凤地区。各地起义军之间互不统属，缺乏统一领导，各自为战，很快就被清军各个击破。嘉庆元年（1796 年）二月，富志那擒获聂杰人；五月，孝感一带起义军被消灭；六月，当阳起义军首领杨起元被杀；七月，清军攻破当阳；八月，清军攻破枝江，张正谟投降。襄阳起义军在姚之富和齐林妻王聪儿的率领下，坚持的时间最长。

八月，襄阳被攻破后，他们转战钟祥，后突围至双沟。此后，起义军兵分两路，一路由姚之富、王聪儿率领，到达唐县；一路由张汉潮率领，到达邓州。之后，起义军又进入陕西、四川。

在与清军的斗争中，屡屡受到沉重打击的起义军逐渐摸索到了生存的战术。他们不再固守城池，而是"虏胁日众，不整队，不迎战，不走平原，惟数百为群，忽分忽合，忽南忽北，以牵我兵势"。这使得清军疲于奔命，无法达到将其彻底消灭的目的。在迁徙的过程中，不断有当地教徒加入，反而使起义军规模越来越大，剿不胜剿。而各地清军将领为保存实力，多虚与委蛇，尽量避免同起义军正面交锋，多次出现"时景安避贼驻军内乡，贼入陕后二十余日景安始至。而惠龄亦于庆成收复十余日后始抵郧西，庆成约恒瑞夹击于汉北，恒瑞以新有秦贼辞。又阿尔萨朗奉檄赴郧西，亦逗留不至"①和"贼来不见官兵面，贼去官兵才出现"②的奇景。尽管嘉庆帝对这类行为非常震怒，屡次下旨切责，甚至免去惠龄职务，但仍难以彻底改变。

正当清军在湖北同白莲教激战之际，四川、陕西的白莲教也在徐天德的率领下，于嘉庆元年（1796年）九月揭竿而起。太平、东乡的首领王三槐、冷天禄响应。十一月，陕西南部白莲教也纷纷起事。四川总督英善、成都将军勒礼善、陕甘总督宜绵等前往镇压，给四川、陕南等地的起义军以沉重打击。嘉庆二年（1797年）五月，徐天德、王三槐、冷天禄等在东乡与迁徙来的湖北襄阳起义军会师，进行了统一编号：姚之富、王聪儿为襄阳黄号，高均德、张天伦为襄阳白号，张汉潮为襄阳兰号，徐天德为达州青号，冷天禄为东乡白号，罗其清为巴州白号。不过双方并未真正合作，四川起义军甚至拒绝湖北起义军留在四川。嘉庆二年（1797年）七月，姚之富、王聪儿再次率部转移，经过清军半年多的围追堵截，他们在郧西山岔河附近被清军包围，姚之富、王聪儿跳崖牺牲，白莲教起义中实力最强的一支部队覆灭，从此主战场转移至四川。

嘉庆四年（1799年）年初，太上皇乾隆帝去世，嘉庆帝终于摆脱了傀儡的地位，掌握大权。他认为白莲教长期镇压不下的原因是"和珅压阁军报，欺罔擅专，致各路领兵大臣恃有和珅蒙庇，虚冒功级，坐糜军饷，多不

---

① 魏源：《圣武记》卷9，中华书局1984年版，第379页。
② 《清仁宗实录》卷37，中华书局1985年版，第426页。

以实入奏"①。为肃清和珅的影响，嘉庆帝任用亲信勒保为经略，节制川陕五省军务。后因勒保督战不力，改由额勒登保继任。额勒登保继任后，一方面将起义军引出老林地区，再驱赶至川北加以剿灭；一方面推行坚壁清野的策略，以断绝起义军粮食、物资补给和人员补充。嘉庆四年（1799年）十月，张汉潮战死；十一月，高均德兵败被俘。嘉庆五年（1800年）正月，冉天元部在川西地区将清军包围，先击毙总兵朱射斗，后将德楞泰包围。德楞泰以为必死之际，乡勇头目罗思举奋勇出击，冉天元坐骑中箭，落马跌入山涧被俘，清军才反败为胜。

嘉庆五年（1800年）开始，白莲教起义逐渐走向衰败。起义军长期奔走于深山老林之中，得不到良好的给养和休整，疲惫不堪，其主要将领也相继牺牲或被俘。最重要的是，由于没有明确的目标，以白莲教信仰为维系的斗争热情和意志也在逐渐消退，教徒甚至产生了厌战情绪。而清军则源源不断地进行补充，坚决贯彻坚壁清野的方针，使起义军陷入困境。嘉庆六年（1801年）四月，马学礼、高天德在四川大宁县被俘；六月，徐天德在陕西西乡河口覆舟而亡，起义军又失去一位杰出领导。嘉庆六年（1801年）下半年以后，起义军活动地区只限于万山老林，人数已减少至两万余人。嘉庆七年（1802年）以后，失败的形势已经无法逆转。十二月，额勒登保奏称"大功勘定"。此后的两年时间里，起义军余部仍在老林中坚持斗争，直至嘉庆九年（1804年），最后两名将领苟文润、苟朝九牺牲，白莲教起义才最终被镇压下去。

白莲教起义波及五省，声势浩大，清军从16个省份调集重兵，耗费饷银1.5亿两以上，历时九年方才平定。这次起义虽然以失败告终，但沉重打击了清王朝的腐朽统治，使其走向了衰落的道路。政治上，清朝吏治腐败，民不聊生，百姓对官员十分痛恨，反抗的决心特别强烈。起义军首领王三槐被擒获后送到北京审讯，供认起义的理由是"官逼民反"。嘉庆帝闻之恻然，下诏称："百姓生长太平，使非迫于万不得已，安肯不顾身家铤而走险？皆由州县官吏朘小民以奉上司，而上司以馈结和珅……达州知州戴如煌老病贪劣，胥役五千，借查邪教为名，遍拘富户，而首逆徐天德、王学礼等反皆贿纵，民怨沸腾；及武昌府同知常丹葵奉檄查缉，株连无辜数千，惨刑勒索，

---

①　魏源：《圣武记》卷9，中华书局1984年版，第398页。

至聂杰人拒捕起事。"① 军事上，八旗和绿营腐朽不堪，难堪大用，主要将领素无谋略，不晓军事，只知钩心斗角，蒙骗领赏。每次战役，"辄令乡勇居前，绿营兵次之，满兵、吉林、索伦又次之"，身为国家主要军事力量的八旗和绿营兵如此畏葸不前，又如何能赢得战争胜利？将领福宁在起义军两千余人投降后，将其全部杀戮，以临阵歼敌邀功请赏，直至嘉庆四年（1799年）才被皇帝发现，将其革职查办。将领景安，唯知阿谀奉承，剿堵皆不出力，任由起义军来往，被人讥讽为"迎送伯"。

反观白莲教起义军，充分利用有利的地理环境，采取灵活多变的战术，常常使清军猝不及防，疲于奔命，多次给予其重创。九年之间，起义军击毙清军将领达400余人，其中仅提督、总兵等一、二品高官就达20多人，副将以下军官400多人。不过，白莲教起义者自身也存在严重弱点。他们以宗教教义宣传来组织、号召群众，固然可以吸引群众于一时，但因并未提出明确的具有号召力的政治主张，导致起义者对起义目标的认识模糊不清，理想信念在困难条件下会发生动摇。起义队伍人数虽多，但往往各自为战，缺乏统一指挥，也无长远计划，而是根据局势的发展到处流窜，没有一个稳定的根据地，容易被清军各个击破。

二、天理教起义

嘉庆十八年（1813年），在京畿和河南、山东等地爆发了天理教起义。嘉庆十六年（1811年）以后，林清、李文成等完成了京畿地区白阳教和直隶、河南、山东八卦教的统合工作，成立了天理教。天理教参加者多为受到官吏压迫的贫苦农民。他们根据天理教的末世理论，决定于嘉庆十八年（1813年）秋九月十五日午时在几地同时发动反清起义，并决定起义时一律使用白旗，以白布裹头系腰。

不料，起义的消息为滑县知县强克捷所获悉，李文成于嘉庆十八年（1813年）九月初五日被捕入狱，受到严刑拷打，"刑断其胫"。为营救李文成，滑县教众提前起义，聚众三千攻破滑县，救出李文成，杀害强克捷。滑县起义的消息传出后，附近的教徒决定不再遵守原定的九月十五日之约，提前起事。直隶的长垣、东明，山东的曹县、定陶、金乡等地教徒纷纷包围城

---

① 魏源：《圣武记》卷9，中华书局1984年版，第399页。

清代中期官员仪仗（西洋画）

池，曹县、定陶城被攻破。而在京畿地区，以林清为首的教徒尚不知滑县提前起义的消息，仍按原计划潜入京城，买通宫内太监刘金、高广福、阎进喜等人，相约里应外合，攻占紫禁城。起义者一部分进入东华门，被护军关门后驱散；一部分进入西华门，在隆宗门附近与宫中侍卫、守军发生激战，至今故宫博物院隆宗门匾额上还保留有当年起义者所射的箭头。当时，嘉庆帝赴木兰秋狝，身为皇子的旻宁以鸟枪击毙两人。经过半天的战斗，清军将起义者及涉事太监尽数抓获。嘉庆帝对起义军攻入紫禁城的消息极为震惊，他下诏罪己，并紧急返回北京，这才稳定住了局面。九月十七日，清军将林清擒获，嘉庆帝亲自审讯，将其传首畿内。

此后，清军集中力量镇压河南、山东的天理教起义军。嘉庆帝原派直隶总督温承惠为钦差大臣，会同总兵色克通阿在北面包抄，山东巡抚同兴在东面堵截，河南巡抚高杞紧防西南。然而，"温承惠督兵大名，巡抚高杞军濬，皆按兵不动。而山东巡抚同兴闻报，逾旬不发兵，盐运使刘清力争始发"[1]，令嘉庆帝大为不满，改命那彦成为直隶总督、钦差大臣，节制河南、山东清

---

① 魏源：《圣武记》卷10，中华书局1984年版，第454页。

军，陕西提督杨遇春副之，护军统领庆祥率领健锐营、火器营士兵参战。嘉庆十八年（1813年）十月初八日，那彦成抵达卫辉，见到起义军声势浩大，竟也逡巡不进。只有杨遇春作战勇猛，带领亲兵八十名在道口与起义军数千名遭遇时，果断突击，斩杀二百余人，起义军败退。经过清点，发现亲兵少了两名，杨遇春又再次冲入起义军阵营，夺取两名亲兵的遗体，使起义军士气大挫。二十七日，清军将道口攻下，撤掉了滑县的屏障，从三面将滑县紧紧包围。十月三十日，起义军将领刘国明取道清军防守微弱的北门，将李文成救出，但十一月二十日遭清军伏击，李文成自焚而死。清军对滑县进行了猛攻，在进行激烈巷战后，守城起义军将领宋元成、刘宗顺等牺牲，牛亮臣、徐安国等被俘，天理教起义宣告失败。

天理教起义波及直隶、河南、山东等省，时间长达五个月，消耗了清政府大量人力物力。尽管其起义规模不算大，但由于发生在清政府统治的中心地区，甚至一度攻入紫禁城，给统治者在心理上带来极大震撼。嘉庆帝曾哀叹："从来未有事，竟出大清朝。"

三、其他起义

嘉道年间，除白莲教起义和天理教起义两次大规模起义外，还发生了湘黔苗民起义、天地会系统大小规模的起义和先天教起义、蔡牵东南沿海起义等系列起义。这些起义沉重打击了清政府的统治。

乾隆末嘉庆初年，在湘黔地区发生了苗族人民反抗清政府压迫和地主剥削的起义，波及湖南永绥、乾州、凤凰厅及沅州府北部，贵州铜仁府、松桃厅及四川西阳州等地区，历时十二年。清政府势力在进入苗族地区后，对苗族人民采取歧视和高压政策，并进行严酷的经济剥削。乾隆五十九年（1794年）十二月，凤凰厅鸭保寨百户吴陇登召集苗民首领召开秘密会议，决定发动反清起义。经过一番准备，乾隆六十年（1795年）正月十八日，他们在松桃、永绥、凤凰、乾州等地同时发动起义。起义军利用湘黔边区深山老林的有利地形同清军展开周旋，使清军难有进展，大将福康安也因病于嘉庆元年（1796年）五月在军中去世。清政府见武力镇压难以奏效，便"剿抚兼施"，对起义军进行分化瓦解。吴陇登等人先后降清，使起义势力受到沉重打击，大规模起义于嘉庆元年（1796年）十一月结束。不过，此后零星反抗仍不断，直至嘉庆十二年（1807年）才被彻底镇压下去。湘黔苗民起义，曾一度控制贵州、湖南和四川的广大区域，起义期间，起义军共杀死清军将领116人，耗费清廷数千万两白银，调动清军十余万兵力。

嘉道年间，天地会在各地下层群众中秘密发展壮大，发动了多次武装起义。天地会诞生于康熙年间，一直以"反清复明"为宗旨。嘉庆七年（1802年），在广东博罗、归善、永安一带，爆发了嘉道年间规模最大的天地会起义。博罗县天地会首领陈烂屐四打出"顺天行道"的旗号公开聚众起义，会众万余人。嘉庆帝严令两广总督吉庆、广东巡抚瑚图礼、广州将军书敬等剿办。清军抵达博罗后，分路向羊屎山罗溪营进攻。经过一个月的战斗，羊屎山被攻克，陈烂屐四被俘。在博罗天地会起义的同时，归善天地会在首领陈亚本、蔡步云的领导下也在谋划造反，但未及动手即被清军缉拿。嘉庆八年（1803年）十月，江西广昌、宁都、石城一带的天地会也发动了起义，但很快都被清军镇压。

道光十五年（1835年），山西赵城爆发了曹顺领导的先天教起义。先天教为八卦教中离卦教的一支，曾称"无为救苦教""离卦门下无为受苦教""收源教"等。曹顺入先天教后，取得教首的信任，实际主持教内事务，后自立门户。道光十五年（1835年），曹顺在修房取土时发现铜印一枚，认为乃非常之物，日后必定大贵，该年二月商定同年八月十五日在赵城、平阳、霍州、洪洞同时起事。后事泄，只能仓促提前起义，三月初四日杀死赵城县令杨延亮。清军即行镇压，曹顺逃往山东，三月二十日在曹州府被擒，起义失败。

在东南沿海地区，海盗蔡牵在广东、福建、浙江海域同清军水师斗争长达14年之久。蔡牵（1761—1809年），福建同安（今属厦门）人，幼丧父母，家境贫寒，因饥荒于乾隆五十九年（1794年）下海为盗寇，船帮驰骋于闽、浙、粤海面，劫船越货，封锁航道，收"出洋税"。嘉庆八年（1803年），因遭浙江水师提督李长庚打击，处境不利，遂向清廷诈降。次年再次起事，攻占台湾一些地区，并击杀李长庚。因长期流动作战，伤亡甚重，起义军内部分裂。1809年8月，蔡牵与清军闽浙水师连续交战于浙江渔山外洋，遭清军围击，寡不敌众，发炮自裂座船，与妻小及部众250余人沉海而死，起义失败。

此外，嘉庆十八年（1813年）至十九年（1814年），陕西岐山三才峡爆发木工起义，道光十二年（1832年）台湾爆发张丙领导的反清起义。这些起义虽然最终都失败了，但共同打击了清王朝的腐朽统治。

第六章　统一多民族国家的巩固与发展

第一节　反对民族分裂的斗争

一、平定噶尔丹叛乱

清初，我国的蒙古族分为漠南蒙古、漠北蒙古和漠西蒙古三部。漠南蒙古又称内蒙古，同清朝的关系最为密切，科尔沁部和满洲频繁通婚。1634年，察哈尔部林丹汗在与皇太极的战争中失败，死于青海大草滩，从此漠南各部便归附清廷，被编入八旗，王公贵族接受清朝赐予的亲王、郡王、贝勒、贝子等封爵称号，并与清廷世代联姻，形成牢固的"满蒙联盟"。漠北蒙古又称喀尔喀蒙古，1580年喀尔喀万户长阿巴泰称"赛因汗"，这是喀尔喀蒙古有汗号的开始。阿巴泰孙衮布称"土谢图汗"；1596年，喀尔喀右翼长赉瑚尔汗之子素班第成为第一代"扎萨克图汗"；1630年左右，硕垒称"车臣汗"，随之喀尔喀蒙古分为了三个汗部。从崇德三年（1638年）起，三部每年向清廷贡献白驼一、白马八，史称"九白之贡"。

漠西蒙古又称卫拉特蒙古或厄鲁特蒙古，明朝中叶时分为四部：准噶尔部、和硕特部、杜尔伯特部和土尔扈特部。漠西蒙古的准噶尔部（蒙语"左翼"之意）带有浓厚的氏族制残余，经常劫掠、奴役他部，自17世纪中叶以后逐渐强盛起来。明末清初，和硕特部在顾实汗的带领下迁入西套、青海和西藏，准噶尔部趁机崛起，迫使土尔扈特部西迁伏尔加河。准噶尔部的首领噶尔丹是活跃于17世纪后30年政治舞台上的著名人物，年轻时即赴西藏随五世达赖学习佛法，深受达赖器重。康熙十年（1671年），准噶尔部首领僧格在内讧中被杀，噶尔丹在西藏僧俗上层的全力支持下，日夜兼程返回准噶尔，平息了政变，成为准噶尔部首领。噶尔丹野心勃勃，且富有军事才能，先统一天山南北路漠西蒙古各部，后进军天山南路统治回疆，并向中亚地区大举扩张。至17世纪80年代中期，噶尔丹已经建立了北起鄂木河、西抵巴尔喀什湖、东达鄂毕河、南至南疆的大帝国。噶尔丹的终极目标是与清政府争夺对青海和喀尔喀蒙古的控制权，实现统一蒙古，建立大蒙古帝国的梦想。而这必然给清朝西北边疆带来严重威胁，清准双方的冲突不可避免。

康熙二十七年（1688年），噶尔丹借口两年前喀尔喀蒙古诸部的会盟上哲布尊丹巴呼图克图对达赖喇嘛使者有不敬之举，率兵三万进攻喀尔喀蒙古。噶尔丹迅速击败了仓促应战的车臣汗和扎萨克图汗两部，大肆劫掠土谢图汗和哲布尊丹巴的游牧地。危急之中，哲布尊丹巴以各部风俗、习惯、宗教信仰等皆与满洲相同，而"俄罗斯素不奉佛，俗尚不同我辈，异言异服，殊非久安之计。莫若全部内徙，投诚大皇帝，可邀万年之福"[1]，主张南下投靠清政府。康熙帝闻知后，立即发放归化城、张家口、独石的存粮、牲畜、茶布进行救援，并拨给科尔沁牧地暂时安置数十万难民。噶尔丹对喀尔喀蒙古的进攻，带来了严重的后果。第一，噶尔丹与沙俄侵略者勾结，向正在同沙俄作战的喀尔喀蒙古土谢图汗部背后插刀，便利了沙俄的扩张；第二，噶尔丹的行动严重威胁到了中俄尼布楚谈判，迫使清朝使团中途撤回，导致在谈判中对俄国作出重大让步。

但是，噶尔丹在喀尔喀蒙古"高歌猛进"之时，却后院起火。为争夺权位，其侄策妄阿喇布坦占据了噶尔丹的冬营地博尔塔拉，又在乌兰乌苏歼灭噶尔丹的军队，给噶尔丹以沉重打击。在这种情况下，噶尔丹无法返回新疆，他决定孤注一掷，于康熙二十九年（1690年）六月深入科尔沁草原，抵达乌珠穆沁部。噶尔丹同清军在乌尔会河展开首战，理藩院尚书阿喇尼准备不足，加之所辖并非清军主力，因而遭到惨败。噶尔丹趁机深入距离北京仅七百余里的乌兰布通（今内蒙古克什克腾旗南境），清廷震动，康熙帝决定亲征噶尔丹。七月初二日，康熙帝命令裕亲王福全为抚远大将军，皇长子胤禔副之，出古北口；又命恭亲王常宁为安北大将军，简亲王雅布、信郡王鄂扎副之，出喜峰口。十四日，康熙帝从北京出发赴前线，因身患疾病驻扎在博洛和屯（今内蒙古正南旗南）。马思哈的《塞北纪程》称，噶尔丹"布阵于山岗，以骆驼万千缚其足，使卧于地，背加箱垛，毡渍水盖其上，排列如栅以自蔽，谓之驼城。于栅隙注矢、发枪、兼施钩矛以挠我师，为不可胜

---

[1] 松筠：《绥服纪略图诗注》，载张穆：《蒙古游牧记》卷7，南天书局1987年版，第131页。

《康熙帝命福全征噶尔丹图》 现藏天津博物馆

计"。八月初一日，双方在乌兰布通展开激战，损失均非常巨大。最终，清军火炮击溃"驼城"，取得了战争胜利。清军本可以趁此机会扩大战果，但噶尔丹假装求和，麻痹了清军，于八月初四日逃走。

清军胜利后，在多伦诺尔举行了全体喀尔喀蒙古贵族的会盟，史称"多伦会盟"。会盟包括集中、召见、宴赏、会盟、阅兵、修庙等几个步骤。康熙三十年（1691年）四月十五日以前，清廷令喀尔喀蒙古的左翼和右翼分别集中，康熙帝则于三十日抵达多伦诺尔。五月初一日，康熙帝调解土谢图汗兄弟与扎萨克图汗贵族间的矛盾。初二日，康熙帝正式接受全体喀尔喀蒙古贵族的臣服，蒙古贵族按次序入座，举行大规模宴赏。初三日，康熙帝给予喀尔喀蒙古贵族丰厚的赏赐，并应允了他们仿照内蒙古设旗的请求。初四日，举行盛大的阅兵。初五日，康熙帝亲自赏赐喀尔喀蒙古营寨。初六日，康熙帝令原理藩院尚书阿喇尼等编喀尔喀旗分佐领，拨给游牧地方，又宣布实行清朝的封爵制度和法律制度，废除原有的济农、诺颜等称号。初六、初七两日，康熙帝两次接见宗教领袖哲布尊丹巴呼图克图，令其维护喀尔喀蒙古的和睦。至此，会盟宣告结束。清朝后来又于多伦诺尔兴建汇宗寺，使其成为该地的黄教中心。多伦会盟意义深远，它使喀尔喀蒙古落实盟旗制度，被真正纳入清朝的统治范围，对统一多民族国家的巩固和发展有着重要作用。

尽管乌兰布通之战后噶尔丹实力受到严重削弱，但他不甘心失败，不断煽动内蒙古和喀尔喀蒙古的贵族，劝他们叛离清朝。康熙帝为永绝后患，决定再次亲征。康熙三十五年（1696年），清军兵分三路，西路军由抚远大将军费扬古统率，承担切断敌军归路、相机歼敌的责任；东路军由黑龙江将军萨布素统率，围堵噶尔丹东进之路；中路军由康熙帝亲率，出独石口。五月，双方在昭莫多（今蒙古国乌兰巴托以南之宗莫德）遭遇，由中午战至黄昏，不分胜负。此时宁夏总兵殷化行见敌军阵后森林中人马甚多，断定为妇女家眷与辎重。费扬古将军遂命令精兵夺取妇女家眷与辎重，使噶尔丹大败，其妻子阿奴中枪毙命。昭莫多之战是清准双方的关键一战，从此噶尔丹尽失精锐，注定了其败亡的命运。

此后清军继续追击噶尔丹，于康熙三十六年（1697年）二月擒获噶尔丹之子，噶尔丹在走投无路后，三月在科布多暴病而亡。噶尔丹的覆亡，归根结底是违背了统一多民族国家发展的历史潮流。

二、平定策妄阿喇布坦叛乱

噶尔丹败亡以后，清廷与准噶尔部之间有一段短暂的和平时期。但策妄阿喇布坦也具有很大的野心，不断与清朝为敌。康熙五十四年（1715年），策妄阿喇布坦进占哈密，并谋求夺取西藏、青海。西藏为黄教圣地，不仅具有巨大的宗教影响力，还会对蒙古各部产生政治影响。因此，策妄阿喇布坦认为只要占领了拉萨，就能通过宗教的力量挑拨蒙古各部和清朝的关系。当时，西藏的实际统治者为和硕特汗廷的拉藏汗，庸懦无能，又因立六世达赖的问题和西藏宗教界、青海蒙古贵族发生了剧烈冲突。策妄阿喇布坦虽然看不起拉藏汗，但为减少入藏的阻力，仍娶拉藏汗之姐为妻，又将女儿嫁给拉藏汗长子噶尔丹丹衷。康熙五十五年（1716年）十月，策妄阿喇布坦以护送噶尔丹丹衷夫妇返藏为名，派遣大策零敦多布率兵6000余名翻越雪山，昼伏夜行，于康熙五十六年（1717年）七月抵达藏界。而此时拉藏汗正在度假，闻讯后才慌忙派遣颇罗鼐等在达木草原抵抗。由于拉藏汗指挥优柔寡断，宗教界也离心离德，抵挡不住强悍的准噶尔军，布达拉宫于十一月初一日被攻破，大策零敦多布建立了傀儡政权。准噶尔军在西藏烧杀抢掠，破坏寺庙，倒行逆施，很快激起了西藏人民的反感。

康熙五十六年（1717年）七月初三日，清军才获知大策零敦多布进军西藏的消息。至十月，清朝确认准噶尔的意图是消灭拉藏汗，占领西藏。康熙帝非常重视西藏的战略地位，认为西藏一失，西南边疆将永无宁日。康熙五十七年（1718年）二月十三日，康熙帝令侍卫色楞和护理西安将军额伦特统兵赴西藏征剿准噶尔。然而，康熙帝犯了盲目乐观自大的错误，以为准噶尔军不堪一击，故只派遣了4000余名士兵。这种轻敌思想也影响到了主将色楞。虽然额伦特主张慎重，反对冒进，但色楞并不听从，执意要进兵。七月十七日，额伦特和准噶尔部在齐诺郭勒展开激战；二十一日，色楞也与准噶尔部交战。但到八月初，清军已经被大策零敦多布包围，供给断绝。经过两个多月艰苦的防守，至九月二十八日，清军被迫徒步突围，渡过喀喇乌苏（黑河），次日再被准噶尔部合围，额伦特战死，色楞被俘。

色楞和额伦特失败的消息传来，朝野震动，满汉大臣均反对继续进兵。但康熙帝力排众议，仍决心再次进兵。这一次，康熙帝吸取了教训。他任命皇十四子胤禛为抚远大将军，驻扎西宁，统率各路人马；护军统领吴世巴、噶尔弼带兵驻庄浪；副都统石亨、宝色驻甘州；以年羹尧为四川总督，管理南路事宜；重用青海蒙古，晋封察罕丹津为郡王。康熙五十八年（1719年）二月二十日，胤禵抵达青海后，专程赴塔尔寺隆重叩见达赖灵童噶桑嘉措，获得了噶桑嘉措的支持。清军兵分北路、中路和南路。北路的主要目的为进攻准噶尔部本土以牵制敌军进藏，北路又分为两支：一支由傅尔丹统率，驻扎于阿尔泰山附近；另一支由富宁安统率，屯驻巴里坤。中路则由胤禵、弘曙率领，驻木鲁乌苏，管理进藏军粮，调延信为平逆将军，另有宗查布、讷尔苏驻防古木。南路以噶尔弼为定西将军，年羹尧办理粮饷，率川滇兵从拉里入藏。这三路大军号称"三十六万人"，实力远远超过了在藏的准噶尔部军队。

此时的准噶尔部军队，由于伤亡病故、押送财宝回伊犁等原因，只剩约4200名士兵。大策零敦多布兵分两路，一路由宰桑① 吹木丕勒带兵600名，裹挟藏兵2000名坚守墨竹工卡，阻挡清军南路；大策零敦多布自率主力抗击清军中路。清军南路噶尔弼率先出发，在吹木丕勒尚未到达墨竹工卡时，先行驻守墨竹工卡的呼图克图便主动请降清军。噶尔弼当机立断，于康熙五十九年（1720年）八月初四日从拉里起程，直取墨竹工卡，走到半道的吹木丕勒又被迫撤回。噶尔弼势如破竹，八月二十三日攻克拉萨。攻克拉萨后，噶尔弼立即采取了如下措施：召集拉萨僧俗官员，以稳定人心；将达赖喇嘛的仓库封存，保护其财产；在拉萨要地扎营，以断绝准噶尔人的往来及粮道；令第巴用藏文印信遣散大策零敦多布处的藏兵；清查准噶尔人，查出101名准噶尔喇嘛，并斩首5人。噶尔弼的这些举措迅速稳定了局势，加速了准噶尔军的崩溃，有力支援了中路大军。中路军原本为进藏主力，负有拥护达赖坐床的重任。但青海各处蒙古军进展缓慢，影响了其进军速度。七月十七日，胤禵亲自护送达赖喇嘛坐船渡过木鲁乌苏，八月初二日延信统率大军入藏。大策零敦多布曾于二十日偷袭清军，但被击败。大策零敦多布见败局已定，仓皇逃往伊犁。九月初八日，清军抵达拉萨。十五日，噶桑嘉措在布达拉宫举行隆重的坐床典礼，结束了长达23年的六世达赖真假之争。北路军队在准噶尔本部也频频进攻，牵制了其大部分力量，使其无法支援在藏的准噶尔军，达到了预定的战略目标。

---

① 官号，汉语"宰相"的音转。

平定策妄阿喇布坦侵藏是康熙帝维护国家统一的重要举措，粉碎了准噶尔将西藏纳入势力范围的企图。从此，清政府实现了对西藏的直接管辖，这对于统一多民族国家的发展具有重大意义。

三、平定罗卜藏丹津叛乱

和硕特部顾实汗曾长期控制青藏地区。他去世后，其子嗣内部纷争剧烈，和硕特部实际分裂为青海和西藏两部。青海和硕特部曾多次侵扰内地，噶尔丹崛起后，又害怕被噶尔丹袭击，纷纷避居大草滩。康熙三十六年（1697 年），平定噶尔丹叛乱后，清廷派遣官员前往青海招抚和硕特诸台吉，并在察罕托罗海举行会盟。次年，青海和硕特率部归附清朝。顾实汗之子达什巴图尔被清政府晋封为亲王，任诸部首领。康熙五十五年（1716 年），达什巴图尔去世，其子罗卜藏丹津袭封亲王爵位。在康熙末年"驱准保藏"战役中，罗卜藏丹津还曾帮助清军，立有功劳。因此，清政府加给罗卜藏丹津俸银 200 两，加封原为郡王的察罕丹津为亲王，并命二人共同管理青海右翼。然而，罗卜藏丹津也是一个野心家，妄想统治整个青藏地区，不但不满足于现有权势，反而因清朝加封察罕丹津为亲王，事实上削弱了自己已有的地位而耿耿于怀。因此，他便公开发动武装叛乱。

雍正元年（1723 年）五月，罗卜藏丹津乘抚远大将军胤禵回京奔丧之机，胁迫青海和硕特诸台吉在察罕托罗海会盟。他自称"达赖珲台吉"，强令各部取消清朝封号，恢复旧日名号。尽管察罕丹津等拒绝参加会盟，反对这种叛乱行径，但不敌罗卜藏丹津。雍正帝获知叛乱消息后，派遣兵部侍郎常寿赴罗卜藏丹津驻地宣谕，但罗卜藏丹津反而拘禁常寿，并对西宁附近展开大规模围攻，招纳大批喇嘛、番人，一时间兵力达到 20 余万，声势浩大。

为镇压这场叛乱，雍正帝命令川陕总督年羹尧为抚远大将军，四川提督岳钟琪为奋威将军，参赞军务。年羹尧、岳钟琪指挥得当，先是断绝了叛军进扰内地、进入西藏、串通准噶尔部的道路，然后再对西宁进行围攻。罗卜藏丹津抵挡不住，其党羽作鸟兽散，罗卜藏丹津向西逃走。雍正二年（1724年）二月，清军乘春草未生之际，兵分三路突然袭击，在乌兰穆和尔擒获罗卜藏丹津的母亲及妹妹，罗卜藏丹津只身逃往准噶尔部。此后清军又扫清了青海地区零星的叛乱。

《平定准部回部得胜图·格登鄂拉斫营之战》 现藏北京故宫博物院

乾隆二十年（1755年）春，平定准噶尔部达瓦齐叛乱的一次战役。清军分两路进兵伊犁，沿途准噶尔诸部相继降附。准部首领达瓦齐集聚万余人依格登山（今新疆昭苏西南特克斯河北岸）列阵，被清军击溃，降者过半，达瓦齐率残部奔南疆乌什，为乌什城伯克渥集斯擒献清军。

四、平定阿睦尔撒纳叛乱

准噶尔部策妄阿喇布坦在与清朝的斗争中频频失败，基本失去了在喀尔喀蒙古、青海和西藏等地的势力。雍正五年（1727年），策妄阿喇布坦去世，其子噶尔丹策零继位。噶尔丹策零"励精图治"，使准噶尔部势力重新崛起，在雍正九年（1731年）六月的和通泊战役中大败清军，此后又大举进犯喀尔喀蒙古，清准之间陷入长期的相持阶段。

乾隆十年（1745年），噶尔丹策零病逝。准噶尔部贵族为争夺继承权，展开了激烈斗争。先是噶尔丹策零次子策妄多尔济纳木扎勒袭汗位，但他当时仅十三岁，年幼无知、没有势力却肆行淫欲，于乾隆十五年（1750年）被其长兄喇嘛达尔扎取代。但喇嘛达尔扎系庶出，遭到准噶尔部贵族大小策零敦多布后裔的反对。乾隆十七年（1752年），大策零敦多布之孙达瓦齐在辉特部台吉阿睦尔撒纳支持下，袭杀喇嘛达尔扎，成为新首领。达瓦齐虽出身显贵，却无能，导致民怨沸腾。阿睦尔撒纳是噶尔丹丹衷遗腹子，即拉藏汗之孙、策妄阿喇布坦之外孙。他并不甘心辅佐达瓦齐，而是想取而代之。乾隆十九年（1754年）春夏间，二人在额尔齐斯河源附近进行激战，阿睦尔撒纳大败。为击败达瓦齐，阿睦尔撒纳便假意归顺清朝，幻想日后依靠清朝的力量东山再起。

　　清政府十分重视阿睦尔撒纳的"归附"，册封其为亲王，乾隆帝还在避暑山庄亲自召见他。准噶尔部的内乱大大削弱了其实力，为清政府最终解决准噶尔问题提供了良好契机。阿睦尔撒纳的"归附"，更令乾隆帝了解到准噶尔部衰弱不堪的状况，乾隆帝认为机不可失，力排众议，决定迅速出兵荡平准噶尔部割据势力。乾隆二十年（1755年）二月，清军兵分两路出兵伊犁：北路任班第为定北将军、阿睦尔撒纳为定边左副将军，出乌里雅苏台；西路任永常为定西将军、萨喇尔为定边右副将军，出巴里坤。两路军各2.5万名士兵，7万匹战马，约定会师博尔塔拉。清军推进十分迅速，于六月擒获达瓦齐，荡平了准噶尔部割据势力，阿睦尔撒纳也被封为双亲王，食亲王双俸。

　　准噶尔部平定以后，清政府仿照以往的方针，实行"众建以分其力"的政策，将厄鲁特分为四部，阿睦尔撒纳仅为辉特汗。这是野心极大的阿睦尔撒纳所不能接受的，他要求自己为珲台吉，总管四部，遭到乾隆帝的拒绝。早在平定达瓦齐的过程中，阿睦尔撒纳就露出谋反的迹象：以准噶尔汗自居，不穿清朝官服，不用清朝官印；收复伊犁后将达瓦齐牛羊财产占为己有，隐匿不报；屡次散布"厄鲁特若无总统之人，恐人心不一"的消息，蛊惑人心。对于阿睦尔撒纳的种种乖戾行径，乾隆帝早已有所察觉，一面密令班第将其擒拿正法，一面催促阿睦尔撒纳回避暑山庄觐见。但班第优柔寡断，丧失时机，未敢将其擒拿。阿睦尔撒纳一面佯装回热河觐见，一面密谋反叛。乾隆二十年（1755年）八月，抵达乌隆古地方后，阿睦尔撒纳将副将军印交给额林沁多尔济，令其先行。其后阿睦尔撒纳迅速北逃，回到塔尔巴哈台，公开叛乱。当时，清军多数士兵已经撤离，仅有班第、鄂容安率领的500名士兵在伊犁处理善后事宜。阿睦尔撒纳的突然叛乱，令其措手不及，班第和鄂容安被迫自杀。而定西将军永常驻扎乌鲁木齐，竟不敢赴援，反而退至巴里坤，一时间天山北路叛乱四起。

阿睦尔撒纳的叛变令乾隆帝十分震怒。乾隆二十年（1755年）九月，乾隆帝命策楞为定西将军，达尔党阿为定边左副将军，扎拉丰阿为定边右副将军，哈达哈、玉保为参赞大臣，分两路进攻。乾隆二十一年（1756年）正月，各路官兵抵达伊犁。阿睦尔撒纳此时又施展诡计，派人散布谣言，谎称自己已被擒获。玉保、策楞等均不审虚实，受其蒙蔽，将此奏告乾隆帝，并按兵不动。乾隆帝以为军务告竣，宣谕中外，结果发现是虚假消息，颜面尽失。此时玉保距阿睦尔撒纳仅一日路程，但并未出击，导致阿睦尔撒纳乘机逃往哈萨克。四月，乾隆帝得知真相后，将策楞、玉保解京治罪，换达尔党阿为定西将军，兆惠为定边右副将军。七月，达尔党阿率军大败阿睦尔撒纳。但因喀尔喀蒙古青滚杂卜发动撤驿之变，威胁到清军北路后勤，延误了清军的军事行动。十二月，准噶尔台吉噶尔藏多尔济等也相继叛乱，阿睦尔撒纳又乘机从哈萨克返回，在博尔塔拉同新叛变的台吉、宰桑等会盟，自立为总台吉。

乾隆二十二年（1757年）三月，清军开始新的军事行动，以成衮扎布为定边将军，车布登扎布为左副将军，兆惠为右副将军，从珠勒都斯和额林哈毕尔噶两路出发，进展非常顺利。阿睦尔撒纳的叛军人数虽多，但离心离德，毫无凝聚力。至六月十九日，阿睦尔撒纳再次逃往哈萨克，后又投奔俄国。清政府强烈要求俄国遣返阿睦尔撒纳，但俄国并不愿意，直到阿睦尔撒纳患天花而死，才被迫交出遗体。至此，阿睦尔撒纳叛乱被彻底平定。

五、平定回部大小和卓叛乱

清代天山以南地区称为"回部"。策妄阿喇布坦时期，回部各城首领大小和卓博罗尼都（布拉尼敦）和霍集占被囚禁在伊犁。乾隆二十年（1755年），清军平定准噶尔部时，遣博罗尼都回归故地，安抚叶尔羌等地回众；霍集占留在伊犁，掌管伊斯兰教。阿睦尔撒纳叛乱时，霍集占也参与其中。阿睦尔撒纳逃往哈萨克后，霍集占潜回叶尔羌。博罗尼都愿意归附清政府，但霍集占要求自立，最终两人决定叛离。他们杀害清军招抚使副都统阿敏道等100余人，南疆地区的叛乱活动愈演愈烈。

乾隆帝对大小和卓的叛乱行动采取坚决镇压的态度。乾隆二十三年（1758年）五月，乾隆帝命雅尔哈善为靖逆将军，出征南疆。由于大小和卓倒行逆施，失去了当地民众的信任，哈密维吾尔族上层玉素普、吐鲁番额敏

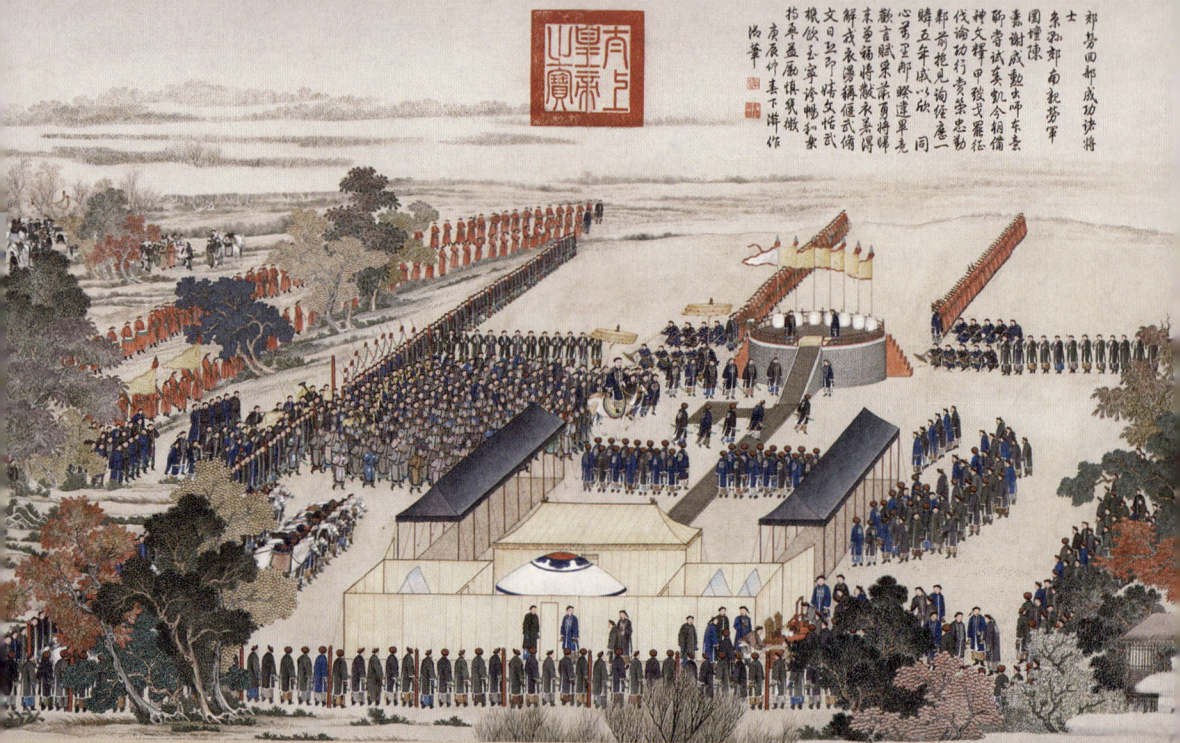

《平定准部回部得胜图·郊劳回部成功诸将士》

此图是乾隆时期为记述清廷平定准噶尔部噶尔丹叛乱和回部大小和卓叛乱的战争而绘制的一组铜版画，由当时供职清廷的耶稣会传教士画家郎世宁、王致诚、艾启蒙、安德义等绘制而成。

和卓和原库车阿奇木伯克^①鄂对等均随清军出征。五月初七日，清军抵达库车。清军火炮无法攻克库车，遂断其水道，长期围困。六月，大小和卓亲率兵马由阿克苏驰援库车，被清军击败，退回库车。鄂对预言大小和卓必定会逃遁，建议派兵在北山和城西埋伏。但雅尔哈善毫无谋略，不听从鄂对的正确建议，导致大小和卓逃遁，而他竟把责任归于下属。此后，提督马德胜命绿营兵挖地道，以便用火药炸城。雅尔哈善急于成功，令士兵昼夜挖掘，结果被敌人发现，便从城内向地道灌水，六百名绿营兵死难。八月，库车阿奇木伯克逃出库车，剩余老弱病残投降。雅尔哈善围困库车三个月之久，却屡失战机，最后只获得一座空城，乾隆帝命令将其押解回京治罪，换兆惠为定

---

① 伯克是清代新疆回部特有的官名，以阿奇木伯克为长，伊什罕伯克为副，下设各级伯克，均由清政府加以任命，概称伯克。

边将军。

大小和卓逃遁后，大和卓逃往喀什噶尔，小和卓逃往叶尔羌。兆惠率领 4000 余士兵前往叶尔羌，于乾隆二十三年（1758 年）十月初六日在叶尔羌城东黑水河附近扎营，称为"黑水营"。小和卓的士兵占据人数优势，将"黑水营"团团围困，大和卓也从喀什噶尔派来数千军队合围清军。兆惠率领清军坚持三个月之久，直到乾隆二十四年（1759 年）正月，富德、阿里衮、爱隆阿三路清军前来救援后，兆惠才杀出重围，撤回阿克苏。在休整百余天后，清军兵分两路，一路由富德带领，由和阗进取叶尔羌；一路由兆惠带领，由乌什进取喀什噶尔。大小和卓闻讯后惊慌不已，逃往巴达克山。七月，巴达克山首领擒杀大小和卓，将其尸首献给清军，至此方才平息了大小和卓之乱。

六、平定张格尔叛乱

大小和卓叛乱后，清军广为追查其亲属、后裔，然而大和卓博罗尼都之子萨木克仍逃往浩罕国。萨木克之次子即张格尔。张格尔的本名为和卓·亚海亚，张格尔为其尊号"张格尔和卓"的简称。他早年曾在阿富汗地区求学，成年后在中亚地区活动。张格尔作为和卓集团的后裔，一直伺机重返南疆，恢复昔日的统治。而 19 世纪初清政府的腐败，加深了南疆地区的矛盾，当地维吾尔族人民普遍存在不满。英国殖民者也早想染指我国新疆，因此决定利用张格尔来实现其野心。

道光六年（1826 年），张格尔在英国殖民者和浩罕国的支持下，侵入新疆，攻打喀什噶尔，舒尔哈善、乌凌阿等清军大臣先后阵亡。八月，喀什噶尔被叛军攻破，英吉沙尔、叶尔羌、和阗等城也纷纷沦陷，张格尔重新建立了和卓家族的反动统治。张格尔及其亲信到处奸淫妇女，抢掠财物，激起各族人民的坚决反对。即位不久的道光帝在对待张格尔问题上态度非常坚决，他任命伊犁将军长龄为扬威将军，陕甘总督杨遇春和山东巡抚武隆阿为参赞，率兵平定张格尔叛乱。道光七年（1827 年）春，清军主力在巴尔楚克首战告捷，随后又在沙布都尔庄（今新疆伽师西）与叛军激战，获胜后直逼喀什噶尔。叛军在此囤积重兵，清军先以索伦骑兵佯攻，吸引叛军主力，后用火炮猛轰叛军中段，清军主力随即渡河成功，收复喀什噶尔，张格尔狼狈逃脱。清军一共九战九捷，先后收复英吉沙尔、叶尔羌和和阗。张格尔叛乱

《平定回疆战图册·生擒张格尔》 现藏北京故宫博物院

虽告终结，但其本人并未毙命。为永绝后患，道光帝要求必须擒获张格尔。杨遇春、杨芳等设计引诱张格尔偷袭喀什噶尔，并早做好埋伏。张格尔发现中计后仓皇逃窜，杨芳星夜追击，在喀尔盖山全歼叛军，张格尔本人也为清军所生擒。道光八年（1828年），张格尔被押赴北京，在午门献俘仪式后被处死。

第二节　加强对边疆少数民族地区的管理

一、加强对西藏的管理

西藏是黄教圣地，清朝统治者十分清楚笼络西藏僧俗上层的重大意义。明末清初，控制青海、西藏的和硕特部顾实汗就与清朝关系密切。早在崇德元年（1636年），顾实汗即派遣人员携带马匹、狐皮等物品赴盛京朝贡。崇德七年（1642年），顾实汗与四世班禅、五世达赖共同派出伊拉古克三呼图克图赴盛京，受到皇太极的隆重接待。顺治九年（1652年），在顾实汗的安排下，五世达赖决定进京觐见顺治帝，同年十一月到达，次年（1653年）十月返回西藏。清廷给予了五世达赖极其隆重的礼遇，赐予其金印、金册，封为"西天大善自在佛所领天下释教普通瓦赤喇怛喇达赖喇嘛"，由此正式规定了"达赖喇嘛"的封号。同时，清朝也对顾实汗进行封赏，鼓励他管理好自己的封地。

顾实汗去世后，其子嗣的威望、势力无法和达赖喇嘛相提并论。康熙十八年（1679年），五世达赖任命其亲信桑结嘉措为第巴。三年后，五世达赖圆寂，第巴桑结嘉措秘不发丧，以达赖喇嘛的名号总揽教权达十五年之久。直到昭莫多之战后，清朝才从准噶尔降众口中获知了五世达赖去世的真相。康熙帝对第巴桑结嘉措的欺诈行为十分震怒，下诏切责。第巴桑结嘉措被迫提出立六世达赖仓央嘉措坐床，实际上是仍想通过仓央嘉措来控制西藏的教权，这就必然要和拉藏汗发生冲突。第巴桑结嘉措阴谋毒害拉藏汗，反被发觉，拉藏汗抢先下手，捕杀第巴桑结嘉措。同时，拉藏汗向朝廷参奏仓央嘉措行为放荡，应予以废黜。康熙四十五年（1706年），康熙帝同意拉藏汗的要求，命令将仓央嘉措拘捕入京，仓央嘉措走到西宁口外时病故。拉藏汗另立益西嘉措为六世达赖。然而，尽管仓央嘉措放荡不羁，却深得青藏僧众信服，拉藏汗废掉仓央嘉措另立益西嘉措的行为受到了他们的强烈反对。青海蒙古多次指责益西嘉措为假达赖，要求另立噶桑嘉措为六世达赖。康熙帝采取了缓和矛盾的办法，暂时把噶桑嘉措保护起来，送至塔尔寺居住。在策妄阿喇布坦侵藏、拉藏汗的统治结束之后，清政府宣布益西嘉措为假达赖，押送北京，立噶桑嘉措为六世达赖。[①]

在驱准保藏战争胜利后，清政府加强了对西藏的管理。在拉萨屯驻满洲八旗、蒙古八旗、绿营兵3500名。建立西藏地方政府，废除第巴一职，设立由噶伦数人组成的政府，任命康济鼐、阿尔布巴、隆布鼐、达赖的商卓特巴扎尔鼐为噶伦，以康济鼐为首席噶伦。又因颇罗鼐在阿里抗击准军有功，令其管理后藏事务，也授为噶伦。五噶伦分理西藏政务，有助于清政府加强对西藏的管理。清政府还开辟了自打箭炉到拉里的驿站，进一步加强了西藏

---

① 后清廷默认其为六世仓央嘉措转世，是为七世达赖。

和中原的联系。

不过，五噶伦之间矛盾重重，雍正五年（1727年）六月，阿尔布巴制造叛乱，杀害康济鼐，并准备谋害颇罗鼐。颇罗鼐智勇兼备，提前在雍正六年（1728年）五月突袭阿尔布巴，在布达拉宫将阿尔布巴、隆布鼐等俘获。阿尔布巴叛乱平息之后，清政府意识到对西藏的控制还应加强，于是一方面封颇罗鼐为贝子，总理全藏事务，另一方面正式决定设立驻藏大臣两人，任期三年。颇罗鼐在驻藏大臣的监督下，实行了一系列有利于西藏社会生产发展的举措，获得了清政府的信赖，乾隆五年（1740年）被封为郡王。

乾隆十二年（1747年），颇罗鼐病故，其子珠尔默特那木扎勒袭封郡王。但他不同于其父，反感清朝设立的驻藏大臣，阴谋脱离驻藏大臣的羁绊。驻藏大臣纪山终日宴饮，并不关心政务，被珠尔默特蒙蔽。珠尔默特趁机暗中采取一系列行动，排除异己，调遣军队，做好了叛乱的准备。乾隆帝察觉到了珠尔默特的叛逆行为，将纪山革职，换为拉布敦。驻藏大臣傅清和拉布敦认为与其等珠尔默特羽翼渐丰，不如先行将其诛杀，以绝后患。乾隆十五年（1750年）十月十三日，傅清和拉布敦召珠尔默特至驻藏大臣行署，珠尔默特认为驻藏大臣势单力孤，便不以为意，欣然前往，被傅清当场诛杀。然其亲信随即率众围攻衙署，傅清和拉布敦均身亡。为纪念两位驻藏大臣的忠勇，清政府在拉萨驻藏大臣衙署旧址建立"双忠祠"，表彰其历史功绩。珠尔默特那木扎勒叛乱平息后，乾隆十六年（1751年）清廷对西藏行政体制进行改革，成果集中体现在策楞、班第等

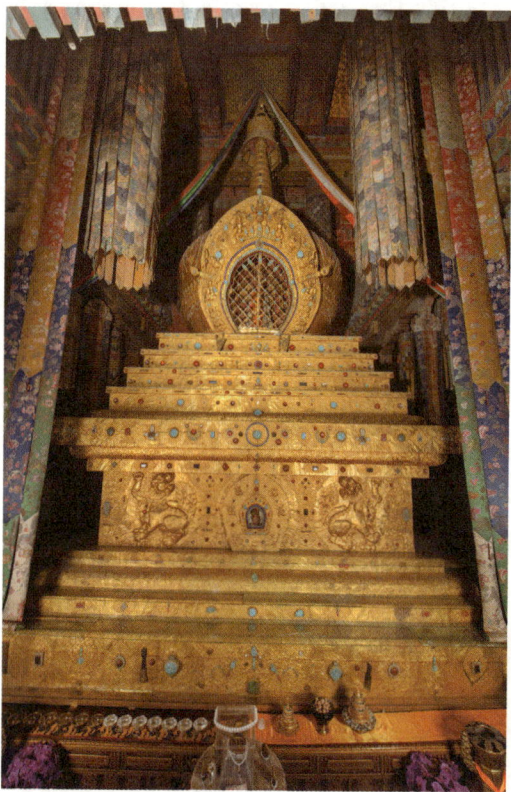

拉萨五世达赖灵塔布宫

人提出的《酌定西藏善后章程》十三条中。这个章程的主要内容为：噶伦中添设喇嘛一名，明确噶伦办事原则；酌定官员革除治罪章程；加强藏地防务，在西藏长期驻兵1500名；调整差役徭役，颁发乌拉牌票。《酌定西藏善后章程》加强了驻藏大臣的职权，确立了驻藏大臣和达赖喇嘛共同处理政务的平等地位，巩固了清政府对西藏的统治。

早在康熙年间，为限制达赖喇嘛的权力，清政府于康熙五十二年（1713年）册封五世班禅为"班禅额尔德尼"，从此班禅活佛系统获得清朝的承认。班禅驻锡地为日喀则的扎什伦布寺，其影响力主要在后藏地区，部分分割了达赖喇嘛的权力。乾隆四十四年（1779年），为给乾隆帝庆祝七十大寿，六世班禅决定来京觐见。这是继顺治年间五世达赖后第二位入京觐见的西藏宗教领袖，同时也是班禅首次入京觐见。乾隆帝对此十分重视，令各级官员沿途迎接，做了十分充分的准备。次年七月，六世班禅抵达热河，乾隆帝亲自出迎，特建了须弥福寿之庙为其驻地。九月，六世班禅进京，清政府以五世达赖觐见时的规格予以接待，乾隆帝多次重赏，并颁给金册。六世班禅进京是当时清政府极其重视的政治活动，有力地加强了对西藏、对蒙古诸部王公的笼络。十一月，六世班禅因天花病在京圆寂，乾隆帝十分悲痛，予以隆重哀悼。乾隆四十六年（1781年）二月，乾隆帝命理藩院尚书博清额护送其灵柩及诸多赏赐回藏。

就在清政府巩固对西藏统治的同时，喜马拉雅山南麓的廓尔喀（今尼泊尔）土邦崛起。廓尔喀王崇尚武力，肆意扩张，先后吞并了境内22个小土邦，进而把侵略的目光瞄向了西藏。而英国殖民者已经占据印度，也在谋求将势力范围扩展至西藏，对廓尔喀的侵略行径采取暗中支持的态度。当时，西藏和廓尔喀的贸易往来非常频繁，西藏盛产食盐，但缺乏粮食、布匹，而廓尔喀富有粮食、布匹，但缺乏食盐，这种互补的商业往来使双方都获益。但西藏的税务制度不健全，引起了不少商业纠纷。西藏在售卖给廓尔喀的食盐中掺有沙土，令廓尔喀人心怀愤恨。清政府资助给西藏大量银锭，市场上不便使用，廓尔喀的3个土邦便长期收集西藏银锭，然后铸成廓尔喀银币运回西藏使用，获利很多。新的廓尔喀王朝建立后，所铸新钱成色较高，于是向西藏地方政府提出新银币升值，并要求旧银币停用，这理所当然地被西藏政府拒绝。廓尔喀便以贸易和银钱纠纷为借口，发动第一次侵藏战争。乾隆五十三年（1788年），廓尔喀摄政入侵西藏，占据聂拉木、济咙、宗喀三地。

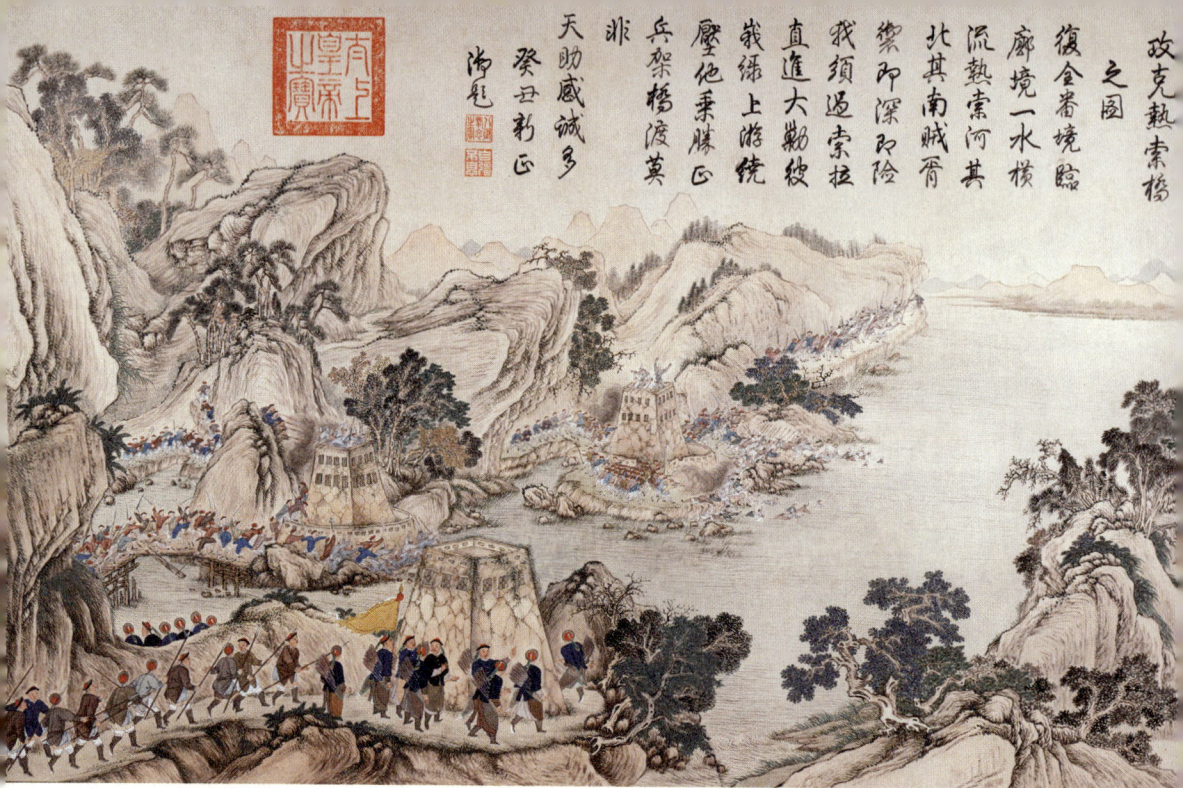

非
天助感诚多
癸丑新正
御笔
复令眷境睑
廓境一水横
流热索河其
北其南贼胥
窜印深阻险
我须遇索拉
直进大勒绲
裁绿上游绕
廛他秉胜正
兵架桥渡莫
之围
改克热索桥
御笔

《平定廓尔喀得胜图·攻克热索桥之图》 现藏北京故宫博物院

当时西藏兵力衰微，达赖和班禅都向清廷告急。乾隆帝派遣侍卫巴忠、成都将军鄂辉等行军万里抵达西藏。但巴忠行事专擅，并不与廓军交战，反而私自决定每年给廓尔喀元宝三百个，换回廓尔喀退还侵地，却对乾隆帝谎称廓尔喀"归顺"。廓尔喀第一次侵藏战争未及交锋便结束。巴忠以金钱换取侵地，可谓丧权辱国，为日后廓尔喀第二次侵藏埋下了祸根。

乾隆五十六年（1791 年）七月，廓尔喀以藏民不纳元宝为借口，发动了第二次侵藏战争。这次侵略战争还有一个直接因素，即觊觎清廷赐予六世班禅的财富。六世班禅圆寂后，清政府赐予的财富归其兄仲巴呼图克图掌管，丝毫不给其弟沙玛尔巴呼图克图。沙玛尔巴当时居住在廓尔喀，垂涎财富，便唆使廓尔喀入侵。由于沙玛尔巴的指引，廓军深入日喀则，占领扎什伦布寺，将六世班禅的金银财物、珍宝、法器、金册等悉数抢走。乾隆帝在获知廓军第二次侵藏的消息后，极为震怒，立即将巴忠、鄂辉等无能之辈革职处理，并力排众议再次用兵廓尔喀。十月十八日，乾隆帝颁布上谕："至贼匪来藏侵扰，若不过因索欠起衅，在边境抢掠，原不值兴师大办。今竟敢扰至扎什伦布，则是冥顽不法，自速天诛。此而不声罪致讨，何以安边境而慑远夷耶！"① 这一次，乾隆帝令功勋卓著的福康安为将军，海兰察、奎林为参赞大臣，统率精兵从青海、四川两路进藏。乾隆五十七年（1792年）五月，清军与廓军交火，七战七捷，深入廓尔喀境内700余里。廓尔喀王大为惊恐，遣使悔罪请降。八月二十七日，受降仪式在帕朗古清军大营举行。至此，廓尔喀侵略军以失败告终，西藏领土全部收复。

廓尔喀的两次入侵，暴露出清朝对西藏的治理、管辖上存在诸多薄弱环节，边防、吏治、财政等方面均存在严重问题。乾隆帝从战略大局出发，把加强对西藏的管辖视为巩固边疆民族地区的重要举措，决心重新订立章程，革除已有积弊，真正确保西藏的长治久安。他命令福康安根据西藏的实际情况，逐次拟定各项章程，最终于乾隆五十八年（1793年）综合汇集成《钦定藏内善后章程》二十九条，对西藏的政治、经济、军事等方面进行重大改革。章程明确规定驻藏大臣督办藏内事务，其地位"与达赖喇嘛、班禅额尔德尼平等"。各级地方官及管事喇嘛，都归驻藏大臣管辖，他们的任命，也由驻藏大臣会同达赖喇嘛拣选奏补。在以前，达赖、班禅及其他呼图克图"灵童"转世，直接由大农奴主操纵，积弊极深，清廷便创造了"金瓶掣签"制度。"金瓶"亦称"金奔巴"，奔巴，即藏语"瓶"的意思。举行仪式时，要把呈报的"灵童"姓名、出生年月日，用满、汉、藏三种文字写在签上，放进皇帝颁发的金瓶内，诵经七日，当众抽签听选，而且要由驻藏大臣亲临监视，再呈请中央政府批准，方为有

《钦定藏内善后章程二十九条》

---

① 《清高宗实录》卷1389，中华书局1985年版，第652页。

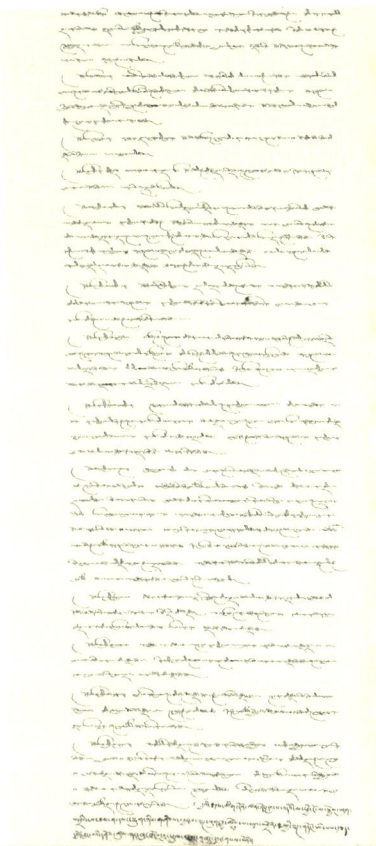

效。其他如财政、外交等事务，也都由驻藏大臣经管。此外，还整顿了地方军队，铸造西藏银币。

福康安亲自向达赖喇嘛及主要僧俗官员进行宣讲，提高他们对章程的理解力；并将章程在全西藏张贴公布，使其家喻户晓。如此广泛、强大的宣传力度，在中国法制史上也是极为罕见的，充分反映出乾隆帝对解决西藏弊端的坚定决心。章程不仅为清朝日后处理西藏事务提供了指导，民国时期，甚至中华人民共和国时期西藏民主改革前，对西藏问题的处理也时常参考此章程，可见《钦定藏内善后章程》的历史影响是极为深远的。从此，西藏与中央政府的关系更加紧密。

二、对西南各族实施"改土归流"

我国西南地区由于自然条件的限制、多民族的构成和生活习惯的差异，历朝历代对其统治力度远远不及中原地区，一般采取特殊的统治方式。唐宋时期，西南地区一般实行羁縻府州制。元朝时期，蒙古统治者任用各地豪门首领、部落酋长为各级官吏，且准予世袭，形成了土司制度。明朝的土司制度进一步得到发展。在清代，土司分为隶属于吏部者和隶属于兵部者两类：属于吏部的有土府、土州、土县、土巡检等，属于兵部的有宣慰司、宣抚司、安抚司、招讨司、土游击、土都司、土千户、土百户、土守备等。清代前期，云南、贵州、四川、广西及湖南、湖北西部，曾存在过拥有职衔的土司约800个。

土司作为一种特殊的统治方式，曾经起过不少积极的作用，它是中央政府统治西南少数民族地区的一个媒介，各土司也在各自辖境内推行过一些保境安民、发展经济的措施。然而，随着历史的发展，土司制度越发显得落后，走向了反面。土司制度带有浓厚的离心力和割据性。土司辖境内，土司有生杀予夺的一切大权，堪称土皇帝。有些土司势力膨胀，尾大不掉，与中央政府的矛盾十分尖锐。在土司辖境内部，一般实行落后的农奴制，土司、头人对普通民众的剥削和压迫非常严重。土司对属民"一年四小派，三年一大派，小派计钱，大派计两。土司一取子妇，则土民三载不敢昏。土民有罪被杀，其亲族尚出垫刀数十金，终身无见天日之期"[1]。甚至在一些已经实行

---

[1]　魏源：《圣武记》卷7，中华书局1984年版，第284页。

过改土归流的地区，土司势力仍尾大不掉。因此，改土归流是势在必行的举措。

早在明代，改土归流便已经开始实行，但所行时间、地区均有限，成效不大。清初，南明永历政权和大西军的抗清活动，以及吴三桂的"三藩之乱"均曾得到当地土司支持。平定三藩后，当时有不少大臣主张乘机改土归流，但康熙帝觉得时机尚不成熟而未允。雍正帝继位后，决心强力推行改土归流。雍正四年（1726年），他任命鄂尔泰为云贵总督，由鄂尔泰具体推行改土归流的政策。鄂尔泰是雍正帝即位后一手提拔起来的心腹，拥有很强的能力，在改土归流上又得到雍正帝的鼎力支持，因此推行的效果非常显著。

鄂尔泰针对各地不同的情况和土司们对待改土归流的态度，采取了和平招抚和武力镇压两种手段，"改流之法：计擒为上，兵剿次之；令其自首为上，勒献次之"①。鄂尔泰到任不久，就建议将东川由四川划归云南管辖。他的理由是东川距离成都2800余里，归四川管辖鞭长莫及；而其距离昆明仅400余里，管理较易，有利于改土归流的推行。鄂尔泰胸有成竹，尚未等到雍正帝批复，即派人到东川勘察当地的疆界、山川、城池、衙署、兵丁、户口、粮饷等基本情况。雍正帝允准后，他便立即行动，将所有土官尽行更撤，由流官管辖，一举解决东川归滇的问题。鄂尔泰在推行改土归流上先斩后奏，便宜之权甚大。他首先拿臭名昭著的云南镇沅府土知府刀瀚开刀，雍正四年（1726年）六月将刀瀚等拿获，押解至昆明后再上奏。雍正帝颇为赞赏其果敢做法，给了鄂尔泰更强的信心。此后，他大刀阔斧地开展改土归流。在他的影响下，四川总督、湖广总督也纷纷实行改土归流。雍正四年（1726年），先后有8个土司进行改土归流，其中云南7个，湖广1个；雍正五年（1727年），先后有15个土司进行改土归流，其中湖广10个，云南2个，贵州2个，广西1个；雍正六年（1728年），有4个四川土司进行改土归流；雍正七年（1729年），有6个土司进行改土归流，包括贵州2个，广西2个，云南1个，湖广1个。雍正年间的改土归流中，西南地区共革除县、长官司以上土司67个，湖广地区土司基本不复存在，消除了以往土司割据的落后状态。

---

① 赵尔巽等：《清史稿》卷288《鄂尔泰传》，中华书局1976年版，第10231页。

乾隆时期，四川省西北部的大小金川土司地区，在平叛的基础上实施了改土归流。四川省西北部为嘉绒藏族的聚居地区，元明以来分设土司，令其互相牵制，以为羁縻。至清初，该地出现了十四土司，包括即木坪、革布什咱、巴旺、巴底、绰斯甲布、促浸、儹拉、鄂克什、党坝、松岗、卓克基、梭磨、杂谷、瓦寺。雍正元年（1723 年），川陕总督年羹尧为削弱儹拉势力，另授促浸土司为大金川安抚司，习惯上称儹拉为小金川。大小金川接受清朝政府的册封后，常常打着朝廷的名号恃强凌弱，势力日益强大。大小金川近接成都，远连卫藏，是内地联系西藏、青海、甘肃等藏族地区的桥梁和咽喉。大小金川长期蚕食邻封，打破了川边嘉绒地区各土司的均势；加之清朝地方官在处理土司事务时有不当之处，激化了各土司的矛盾，使局势越来越严峻。乾隆皇帝决定兴师进剿，以彻底解决大小金川问题。

大小金川战争共有两次。第一次是因为乾隆十一年（1746 年），大金川土司莎罗奔以联姻之计，囚禁小金川土司泽旺，夺其印信，乾隆十二年（1747 年），又攻打革布什咱及明正土司。四川巡抚纪山草率派兵弹压，遭到失败。川陕总督庆复奏请用"以番治番"之法，暗令小金川、革布什咱、巴旺等与大金川相邻的土司发兵协助，对大金川进行围攻，但并无效果。乾隆帝遂调具有办理苗疆事务经验的云贵总督张广泗任川陕总督，以治苗之法治蛮。乾隆十二年（1747 年），第一次金川战争爆发。张广泗率兵三万，自恃有对苗疆用兵的经验，盲目轻敌，未能了解进攻大金川的艰巨性。大金川之地山高路险，陡峻无比，险要之处均设有碉楼，碉楼"高于中土之塔，建造甚巧，数日可成，随缺随补，顷刻立就。且人心坚固，至死不移，碉尽碎而不去，炮方过而人起。客主劳佚，形式迥殊，攻一碉难于克

《清代大金川番民画像》 现藏北京故宫博物院

一城"①。清军很快就遭遇挫折，战局长期没有进展。乾隆十二年（1747 年）九月，清军张兴部反被金川番兵围困，张兴向张广泗求援，但张广泗却不采取任何行动，导致张兴部几乎全军覆没。乾隆十三年（1748 年）四月，乾隆帝命大学士讷亲为经略，前赴四川统管军务，另重新起用岳钟琪，加给四川提督职衔。然而，讷亲不懂军务，骄娇二气甚重，第一次督师即遭到惨重失败。这令张广泗十分轻视讷亲，不与之合作，而讷亲在大败后也不敢再行统兵打仗，只知株守。岳钟琪虽精于军事，但受到张广泗等人的排挤，难以施展。几位主帅不和，相互参奏，这令乾隆帝颜面无存，大为恼怒。九月，他命令将张广泗革职，交刑部治罪，后将其处斩；讷亲身为经略，漫无胜算，邮寄其祖先遏必隆之剑于军前赐死。后乾隆帝又派傅恒为经略大臣赴川。此时乾隆帝也发觉自己对用兵大金川的困难估计不足，后悔草率出兵，也在谋求撤兵。大金川被围困两年，难以长期支撑，也有乞降受抚之意。雍正年间，岳钟琪任川陕总督时曾处理过金川与鄂克什土司争界的事务，颇得金川土司信任，他亲赴金川巢穴劝降，金川土司大喜，表示悉听约束，并头顶佛经起誓。乾隆十四年（1749 年）正月初三日，乾隆帝正式降旨班师，第一次金川战争宣告结束。第一次金川战争历时近三年，耗银一千余万两，但并未彻底解决问题，为日后矛盾的爆发埋下了祸根。

第一次金川战争后，大小金川土司以联姻的方式结缔联盟，不断侵扰邻近的鄂克什、明正土司。乾隆三十六年（1771 年）六月，大金川土司索诺木勾结革布什咱土司的头人，袭杀革布什咱土司，占领革布什咱。小金川土司僧格桑仰仗索诺木，再次进攻鄂克什、明正两土司，清政府派兵往护鄂克什，僧格桑遂与清兵开战，第二次金川战争开始。乾隆帝先令四川总督阿尔泰率兵进攻，但阿尔泰老弱不堪，又不懂军事，按兵于打箭炉半载不进，被乾隆帝革职，后被处死。乾隆帝复令大学士温福为副将军，桂林为参赞大臣。乾隆三十七年（1772 年）四月，桂林部将薛琮在墨垄沟被小金川番兵围困，桂林竟撒手不管，坐视薛琮部 3000 余人全军覆没，薛琮也阵亡。乾隆帝大怒，革桂林职，以阿桂为参赞大臣。经过几个月的进攻，清军于乾隆三十七年（1772 年）十二月攻破小金川官寨美诺。攻克小金川后，乾隆帝便将目标直指大金川。为此，他授温福为定边将军，阿桂、丰升额为副将

---

① 魏源：《圣武记》卷 7，中华书局 1984 年版，第 300 页。

《平定两金川得胜图·收复小金川之图》 现藏北京故宫博物院

军，海兰察、明亮、舒常等为参赞大臣，兵分三路进攻大金川。但大金川地势更加险要，防守严密程度十倍于小金川。乾隆三十八年（1773年）六月，金川番兵偷袭温福木果木大营，将温福刺死，清军毙命及被俘者多达4000余人，丢失粮草、军械无数，这就是被乾隆帝视为奇耻大辱的"木果木之败"。此后乾隆帝升阿桂为将军，明亮、丰升额为副将军，增派许多人马参战。又经过两年的艰苦战斗，终于于乾隆四十一年（1776年）二月彻底平定大金川。此役历时五年，耗银七千万余两，规模之大，耗资之巨，战斗之激烈，在清朝历史上都是十分罕见的。

改土归流过程中虽有民族压迫、屠杀的一面，但消除了土司的割据状态，有利于统一多民族国家的巩固和发展应该予以肯定。此后，清政府在当地编查户口，丈量土地，开办学校，修筑道路，引进了内地先进的农业、手工业技术，改变了当地落后闭塞的面貌，促进了社会经济的发展。

三、稳定北部地区

东北地区被清廷视为"发祥地"，地位特殊。清廷在东北实行军府制，盛京将军驻盛京，吉林将军驻吉林，黑龙江将军驻齐齐哈尔。盛京将军管辖盛京城、兴京城、凤凰城、辽阳城、开原城、复州城、金州城、岫岩城、义州城、盖州城、牛庄城、广宁城、熊岳城、锦州城及海龙城，分别有副都统、城守尉、总管等驻防。吉林将军管辖吉林城、宁古塔城、伯都讷城、三姓城及珲春城，设立副都统衙门。黑龙江将军管辖齐齐哈尔城、黑龙江城（即瑷珲城）及墨尔根城，设立副都统衙门，并将索伦、达斡尔、厄鲁特等编为佐领，设总管。

蒙古族居住地区，一般设立盟旗制度。内蒙古地区推行盟旗制度最早，设立哲里木盟、昭乌达盟、锡林郭勒盟、卓索图盟、乌兰察布盟和伊克昭盟6盟，共49旗，由理藩院委任蒙古王公充任盟长，监督本盟各旗军政事务，各旗首领札萨克管理旗下事务，履行中央委派的职责。察哈尔和归化城土默特地区并不编入札萨克，而设立总管，归清朝直辖，加强了管理力度。喀尔喀蒙古地区原分3部，雍正年间分土谢图汗部19旗为赛音诺颜部，自此共4部86旗。青海蒙古共分5部29旗。

平定准噶尔部、回部以后，清政府在新疆地区设立军府制。设立伊犁将军，总管新疆军政事务，驻惠远城。下设都统、参赞大臣、办事大臣、领队大臣等职务，分驻天山南北各地。军府制的特点是以军政为主，而民政事务则主要交由各地方官进行管理。在南疆地区，维吾尔族早已建立起一个以世袭制伯克为基础的农奴制社会。伯克为封建主，拥有世属的土地和农奴，权力很大。清朝统一南疆后，为削弱世袭伯克的权力，明令废除伯克的世袭制，此后又采取措施分散伯克的权力，要求伯克皆听命于派驻该城的参赞（或办事、领队）大臣；并鼓励支持南疆地区的维吾尔族赴天山北路伊犁

伊犁将军府

附近屯田，称之为"回屯"，共9屯。

乾隆三十六年（1771年），土尔扈特部东归是清代历史上的大事。土尔扈特部在迁居到伏尔加河流域后，一直受到俄罗斯的压迫、剥削，同时，又与清朝长期保持友好而密切的联系。康熙三十六年（1697年）、五十一年（1712年），土尔扈特部阿玉奇汗两次遣使入贡。作为回馈，清政府派遣以内阁侍读殷扎纳、图里琛为首的使团出使土尔扈特部，于康熙五十三年（1714年）到达伏尔加河下游土尔扈特部驻地，受到阿玉奇汗的热情接待。图里琛回国后，将一路见闻撰写成《异域录》一书，影响很大。雍正九年（1731年），雍正帝派遣以曾任副都统满泰为首的使团出使土尔扈特部，顺利完成任务。乾隆二十一年（1756年），土尔扈特部敦多布达什遣使经俄国到达北京，向清廷献纳贡品。对土尔扈特部众赴西藏熬茶的行动，清政府也给予了优待。

渥巴锡像

乾隆二十六年（1761年），敦多布达什去世，其子渥巴锡继承汗位。当时，土尔扈特部面临生死存亡的严峻危机。俄国在同瑞典、土耳其的战争中屡次征用土尔扈特部壮丁，使土尔扈特部损失数万丁壮，并企图将土尔扈特部完全纳入俄国的统治。此时俄国又与土耳其发生战争，下令将土尔扈特部十六岁以上男子尽行征兵，渥巴锡忍辱负重，果断决定亲自率领数万名士兵前往土耳其参战，又暗中与部下策划返回祖国的行动。在土耳其，土尔扈特部作战勇敢，付出巨大牺牲，俄国却未给予其应有的酬劳，这更加坚定了土尔扈特部东归的决心。

乾隆三十五年（1770年）秋，渥巴锡决定乘伏尔加河结冰之时率领两岸士兵返回祖国。然而该年冬季气温较高，伏尔加河久不结冰，计划一拖再拖，风声为俄国政府所获悉。在此千钧一发之际，渥巴锡当机立断，于乾隆三十五年十一月三十日（1771年1月15日）决定次日举行起义，不再等待伏尔加河西岸的同胞。他率领约17万部众开始了东归的艰难历程。舍楞率领精兵为先锋，老弱妇孺在中间，渥巴锡亲自殿后。他们战胜严寒、饥饿、疾病以及俄国、哈萨克等的围追堵截，半年后终于抵达伊犁河畔，与早已迎候多时的清军相会。

土尔扈特部东归后，原有的17万部众至此仅剩7万，疲惫不堪，亟须补给。清政府给予热情接待，迅速提供马、牛、羊等牲畜20余万头，茶、面、皮、布等生活用品若干以及帑银20万两，解决了土尔扈特部的燃眉之急。乾隆三十六年（1771年）九月，渥巴锡在木兰围场觐见乾隆帝。此后清政府对土尔扈特部进行重新安置，分为旧土尔扈特部和新土尔扈特部，共12旗。土尔扈特部的东归是史诗级的壮烈篇章，将会永远载入民族大团结的史册。

出于稳定边疆、加强国防的需要，清政府在边疆地区设立了许多卡伦，建立起一套完整的台站体系。卡伦为满语"karun"的汉语音译，意为军事哨所，多在国境线附近。卡伦分为常设、移设和添设几种。黑龙江、吉林地区的卡伦在中俄《尼布楚条约》签订以后便开始陆续设置，重要的有呼玛卡伦（今呼玛河与黑龙江交汇处）、黑龙江口卡伦（今黑龙江和松花江交汇处北岸）等。喀尔喀蒙古地区的卡伦自中俄《布连斯奇条约》签订后陆续设置。新疆地区的卡伦自平定准噶尔部、回部后开始设置。西北边境的卡伦，分别由乌里雅苏台将军、科布多参赞大臣、伊犁将军、塔尔巴哈台参赞大臣、喀什噶尔参赞大臣等管辖。西藏地区则在西部和天山南路相通的阿克赛钦、日土宗及南部的济咙、聂拉木等地设立卡伦。各卡伦之间道路相通，形成一个较为严密的边境守卫体系。此外，清政府在边疆地区设立了很多军台、台站，既服务于军事需要，后也承担了转运物资、方便商旅等功能。

政治联姻是保持少数民族上层忠诚的重要手段。清皇室和蒙古贵族的姻亲关系尤为紧密。除此之外，为笼络少数民族贵族，清廷专门在塞外承德建造了避暑山庄和外八庙。避暑山庄始建于康熙四十二年（1703年），经过八十多年的修建，到乾隆五十五年（1790年）才最后完成主要工程。外八庙是围绕避暑山庄修建的具有不同民族特色的诸多寺庙，其中绝大多数是清廷在解决西北边疆和西藏问题的历史过程中，为供来承德朝见的各少数民族

《塞宴四事图》 现藏北京故宫博物院

意大利传教士郎世宁所作，记载的是乾隆二十五年九月九日乾隆皇帝在木兰秋狝后，于避暑山庄举行诈马（赛马）、什榜（音乐）、布库（相扑）、教跳（驯马）等四事的情景。此时正是平复准噶尔和回部后的第一年。塞宴四事是清朝皇帝重要的政治活动，在康乾之际，频繁举行。举办地点设在避暑山庄的万树园内。通过塞宴四事，招待参与木兰秋狝的蒙古各部上层，款待八旗将士。

王公贵族观瞻和居住而建造的。每年夏秋季皇室会到木兰围场行围，举行秋狝，召集蒙古、西藏、回部等王公大臣轮流参加觐见和聚会，避暑山庄成为清朝前期北京以外的第二政治中心。许多边疆问题，都是在承德处理的。在避暑山庄举行的活动，既彰显了清朝雄厚的军事实力，又通过一系列宴赏拉近了清廷与少数民族贵族的距离。乾隆帝明确说，这样做的目的是"合内外之心，成巩固之业"[①]。

---

① 乾隆帝《避暑山庄百韵诗》，原碑藏于承德避暑山庄。

第三节 边疆地区的开发

清朝前期,我国的疆域西达葱岭、巴尔喀什湖,北接西伯利亚,东到太平洋,南至南海诸岛。各族人民在长期联系、交往中,政治、经济、文化等关系越发紧密,日益成为密不可分的整体。统一多民族国家的巩固和发展,为边疆地区的开发和各族人民的经济文化交流,提供了更加便利的条件。

一、东北地区

东北地区是清朝的龙兴之地。1644 年以后,八旗军队携家带口入关定居,大量人口内迁,使东北地区呈现出一片荒无人烟的景象。但很快,俄国的入侵为清统治者敲响了警钟。为巩固龙兴之地,清朝陆续把八旗兵丁迁回东北。此外,清廷还在一个相当长的时期内鼓励关内无地少地农民出关垦荒,直到乾隆初年才实行封禁政策,限制关内农民继续出关,但内地农民仍源源不断涌入,官府以"该流民等业已聚族相安,骤难驱逐为词,仍予入册安插"[1]。东北地区在旗人和民人的共同努力下得到了开发。

根据统计,乾隆六年(1741 年),奉天、锦州二府有户 6 万余,男女大小 35.9 万余口;到乾隆四十六年(1781 年),有户 11.5 万余,口 78.9 万余。四十年时间里,户增加了近一倍,口则增加了一倍以上。[2] 随着人口的增加,耕地面积也在不断扩大。盛京奉天府旗地,顺治初为 44.2 万余亩,康熙三十二年(1693 年)增加至 116.7 万余垧,乾隆四十五年(1780 年)增加至 228.5 万余垧。吉林、黑龙江两地旗地至乾隆四十五年(1780 年)也达到了 53.7 万余垧。民地增长的速度更加显著,乾隆四十五年(1780 年)前后,盛京地区达到 330 万亩,吉林地区也达到了 116 万余亩。不仅耕地面积显著增加,粮食产量也大为提高,自康熙中期开始,直隶、山东等地都要从东北地区进口大量粮食。主要农作物的种类也有增加,有小麦、大麦、高粱、荞麦等十余种。

农业的发展带动了手工业、商业的发展。东北地区物产丰富,盛产人

---

[1] 刘锦藻:《清朝续文献通考》卷 25,商务印书馆 1937 年版,第 7759 页。

[2] 王戎笙主编:《清代全史》第 4 卷,方志出版社 2007 年版,第 357 页。

参、貂皮等物品，特别吸引商人，尤其是晋商。商人们把内地多种生产生活用品运至关外，然后收购人参、貂皮等土特产，运入关内，活跃了关内外经济的交流。吉林、宁古塔等地均是当时的贸易中心，成为新兴城市。商业的发展也改变了东北地区的社会面貌。

清政府还在东北各民族中实行"贡貂"制度，即赫哲、锡伯、鄂温克等民族以进贡的名义，每年向国家缴纳一定数量的貂皮，而清政府则以回赐的形式赏给其布匹、绸缎等。进贡的貂皮数量相当大，有时会成为这些民族一项沉重的负担。但是，每当举行"进貂"活动时，都会进行类似内地庙会的物资交流活动。鄂温克、鄂伦春、达斡尔等民族用毛皮、鹿茸、药材等物，向汉族商人交换生产生活必需品，如刀斧、粮食、烟酒等，丰富了当地的生活。

二、蒙古地区

清代统一蒙古地区，结束了蒙古长期分裂、战乱的局面，对蒙古地区的经济发展和文化交流有着重要意义。

按清制，沿长城的蒙古地区是不准开垦的，但是这一禁令并未得到真正执行，私自前往开垦耕作的大有人在。康熙时，有数十万山东、山西、直隶和陕西的汉人，携家带口，到关外蒙古地区垦荒。有的自耕，有的成为蒙古王公的佃户。同时，清政府对蒙古地区经济的发展非常关注，屡屡拨放大批银两、粮食、牲畜赈济灾荒，还鼓励蒙古地区从事农耕。在察哈尔和归化城土默特一带，由于距离内地较近，汉族的屯垦最为显著，康熙末年该地仅山东农民就达 10 余万人。山西和陕北的农民，多在乌兰察布盟和伊克昭盟边缘垦种。尽管蒙古人不擅长农业生产，但在越来越多汉族人的影响下，也开始逐渐半农半牧，甚至主要从事农业。清代中期以后，东起科尔沁草原、西至西套阿拉善旗的区域内，许多土地得到开垦，甚至连喀尔喀蒙古地区也出现了农业经济。农业发展改变了原来较为单一的经济结构，使粮食产量大幅增加，养活了更多人口。当然，大规模屯垦也造成了草原生态的破坏。

在农业发展的基础上，手工业和商业也繁荣起来。传统的皮革业、制毡业有了进一步发展，新兴手工业部门如酿造业、榨油业也随之出现。归化城、多伦诺尔、库伦、恰克图等地因发展对内地、对俄国的贸易，成为当时重要的商业中心。归化城在康熙时期即"商贾云集"。多伦诺尔最初只是一个以寺庙为中心的集市点，但因康熙帝曾在此举行"多伦会盟"，增强了影响力，发展很快，商贾越来越多。张家口的崛起主要得益于内地与蒙古之间的贸易。库伦为库伦办事大臣驻地，为喀尔喀蒙古的商业中心。恰克图位于中俄边境，因发展对俄贸易繁荣起来。

当然，清政府为维护自身统治利益，竭力扶植蒙古封建主，使其享有诸多特权，封建主的经济、政治地位迅速膨胀。另外，清政府在蒙古地区实行扶植黄教的政策，给予黄教寺庙大量土地、人丁、财产，免除喇嘛的赋役，使得大量人口脱离生产，投归寺庙，从而造成蒙古人口数量的下降，加重了一般牧民的负担，不利于蒙古地区的经济发展。

三、新疆地区

在南疆地区，维吾尔族居住的城镇多为沙漠绿洲，农业发展必须要依靠水渠、坎儿井等。乾隆时期，南疆地区修复并新建了不少水利工程，哈密、吐鲁番地区兴建了不少坎儿井。维吾尔族农民还从内地引进了先进农具，提高了生产效率，使南疆地区粮食产量有所增加。喀什噶尔、叶尔羌、阿克苏为各族商人聚居地。和阗的丝绸、叶尔羌的绒毡等，精致美观，成为畅销国内外的著名商品。

在北疆地区，清政府派遣军队长期驻扎，这些军队由满、汉、蒙古、锡伯、达斡尔等族构成，他们多携家带口，一面守卫边疆，一面从事生产。清政府在张家口外察哈尔八旗左右两翼中，挑选部分壮丁携带家属前往伊犁，这部分官兵有 2000 余人，分两批抵达博尔塔拉。清政府还挑选东北锡伯族士兵 1000 名，连同家眷 3000 余名迁到新疆伊犁，成立锡伯营，屯垦戍边。伊犁地区土地肥沃，满营、锡伯营、厄鲁特营等士兵在伊犁河附近兴修水利，仅嘉庆十三年（1808 年）修成的察布查尔大渠就使 7.8 万亩土地得到开垦。根据乾隆四十二年（1777 年）的不完全统计，仅兵、民两项屯田，即达到 60 万亩。

在各族官兵和家眷的努力下，农业、手工业及商业都有发展。各民族间的贸易十分频繁。巴里坤、木垒、乌鲁木齐、昌吉、玛纳斯等地是汉族农民、工商业者集中的地区；伊犁、塔尔巴哈台、科布多等地则是清政府同哈萨克、布鲁特部从事贸易的主要地点，清方提供丝绸、布匹、茶叶、粮食等产品，哈萨克、布鲁特则主要提供军马和牛羊。

川藏茶马古道

四、青藏及西南地区

西藏、青海、贵州、广西等西南地区，在清代也得到一定的发展。清政府在统一西藏后，在政治、经济、财政等方面都采取重要措施，藏族人民和内地汉族、蒙古族等族的交往也更加密切。

藏族人的主要食物是糌粑、牛羊肉和奶制品，需要借助喝茶帮助消化。因此，西藏和内地之间长期存在着"茶马贸易"。四川打箭炉是当时的重要贸易点，据《雅安府志》记载，"商旅满关，茶船遍河"，内地商人将茶叶运到打箭炉，再转手至藏商手中，由藏商运到西藏营销。与此同时，藏商也把食盐、牛羊等运到打箭炉。根据统计，每年由打箭炉等地输往藏区的茶叶不下数百万斤，可见当时两地贸易往来之频繁。

在一些改土归流的地区，旧有土司被废，其原有的财产、土地被收归国家，大量汉民涌入。汉民的涌入既大大提高了当地的生产力水平，也在相当程度上改变了当地的生产关系，使之由农奴制乃至原始社会向封建地主制经济发展。在汉民影响下，贵州很多地方已普遍使用耕牛。乾隆时，山东柞蚕也传入贵州，大大促进了当地丝织业的发展。与此同时，各民族的传统工商业也有了新的进步。例如，土家族木工的雕镂、炼刀等，还能销往外地。

此外，台湾、海南岛等地区，在清代也得到进一步开发。这对于增进国内民族团结，维护和巩固国家统一，具有重要意义。

第七章　清代的对外关系

清代继承明代的外交制度，极力维护传统中国的外交体制，在亚洲尤其是东亚地区建立了以朝贡贸易和藩封制度为核心的中华世界体系。同时，清前期正是西方国家资本主义蓬勃发展的时期，西方国家以贸易和殖民扩张为目的，将势力扩张至亚洲，这必然会与清朝发生碰撞，其中既有以中国传统的外交体制进行和平对外贸易的一面，又有清代中国反抗西方国家殖民扩张的一面。

第一节　清朝与亚洲国家的关系

一、朝鲜

历史上朝鲜半岛一直都与中国有着密切的联系。朝鲜（高丽）是元明清三朝的藩属国。崇德元年（1636年），清朝征伐朝鲜，攻占朝鲜首都，国王李倧投降，自崇德二年（1637年）起，朝鲜从明朝的藩属国转变为清朝的藩属国。

朝鲜成为清朝的藩属国之后，两国使节来往频繁。由于朝鲜最初是被清朝征服，对清朝仍怀有敌意，而清朝在击败明朝、定鼎中原之前，也对明朝的前盟友朝鲜心存芥蒂，因此清朝前期对朝鲜的要求非常严格，曾命朝鲜国王质子二人，并对朝鲜每年朝贡的贡品索要甚多。随着清朝对中原地区的统治逐渐稳固，两国使节往来频繁，双方的关系才逐渐缓和并转向友好。康熙、雍正年间一再下旨减免朝鲜的岁贡，雍正六年（1728年）二月下旨"减朝鲜岁贡稻米、江米各三十石，每年止贡江米四十石，以供祭祀，著为例"[1]。至此，朝鲜向清朝的进贡仅表现为政治上的恭顺，而不具有纳税的性质。至乾隆朝，朝鲜已是"世笃恭顺，虔修职贡，素称恭顺"，"每岁使臣

---

① 赵尔巽等：《清史稿》卷526《属国列传一·朝鲜》，中华书局1976年版，第14587页。

《奉使朝鲜图》（局部） 现藏中国民族图书馆

来京者络绎不绝，竟与世臣无异"①，朝鲜成为和清朝关系最为紧密的国家，也是清代宗藩体制下最具典范性的藩属国。

据《嘉庆会典》记载，朝鲜的历代国王、王妃均要通过清朝遣使册封，朝鲜每年逢万寿、元旦、冬至等重大节日，都要派遣使团至北京朝贡，使团由"正副使各一员"，"书状官一员，大通官三员，押物官二十四员"以及若干"从人"组成，规模庞大。到北京后，使团也要按照严格的礼仪规定"进其表奏""达其供物""叙其朝仪"，通过一系列仪式完成朝贡后，清廷对其进行赏赐。而朝鲜的诸多商队也会随朝贡使团来到北京，与中国进行贸易。作为对朝贡国的回报，清朝允许朝鲜除了朝贡贸易外，还在义州、会宁、庆源等地设有定期的贸易市场，朝鲜开城的松商和义州的湾商，也都以和中国

---

① 《清高宗实录》卷1312，中华书局1985年版，第715页。

通商而著名。中国商人运去绸缎、皮货、文具等，贩回纸张、人参、牛马和食盐等物品。18 世纪，朝鲜商人每年输入中国的银子就达几十万两。

《清史稿·属国列传》中还记载了清朝对朝鲜的优惠贸易政策以及双方的互动：

（康熙）四十一年，遣员外郎邓德监收中江税，以四千两为额。……（乾隆）二年四月，（朝鲜国王李）昑奏请仍中江通市旧例，每岁二、八月间，八旗台站官兵赍货赴中江与朝鲜互市。帝以旗人有巡守责，且不谙贸易，改以内地商民往为市。乃昑奏入，从之。……十一年九月，减中江税额。[①]

在和中国的贸易中，朝鲜拥有免税、无限期等优待，这些优惠政策要高于其他国家。由此也可以看出清朝与朝鲜的关系极为密切，两国之间的宗藩关系直到甲午战争后才结束。

中朝之间的文化交流也十分密切。每次朝鲜使节团来中国，随行的人员都会购回很多中国书籍。他们还常和中国文人学者结识，互赠书籍和著作，对中朝文化交流作出了贡献。

二、琉球

琉球也是长期和中国有着密切往来的国家之一，明代时便被列为朝贡国。清顺治三年（1646 年），琉球国王尚贤遣使至清朝，请求册封未果。其后琉球又有两次请封，但因为未交出明朝所赐予的敕印，因此均被清朝驳回。直至顺治十一年（1654 年），琉球国世子尚质遣使交换明朝敕印，清廷才同意册封其为"琉球国中山王"。此后琉球一直与清朝保持密切的藩属关系，每两年朝贡一次，仅次于朝鲜。

三、安南

安南即今天的越南。清顺治十七年（1660 年），安南黎氏王朝遣使入贡，要求册封。康熙五年（1666 年），安南国王黎维禧遣使交还明朝敕印，清廷正式册封，并规定了贡期和贸易，清朝对安南的宗藩关系正式确立。乾隆时，安南黎朝的统治衰落，阮文惠控制了安南中部、南部，建立西山朝，黎

---

① 赵尔巽等：《清史稿》卷 526《属国列传一·朝鲜》，中华书局 1976 年版，第 14585、14588 页。

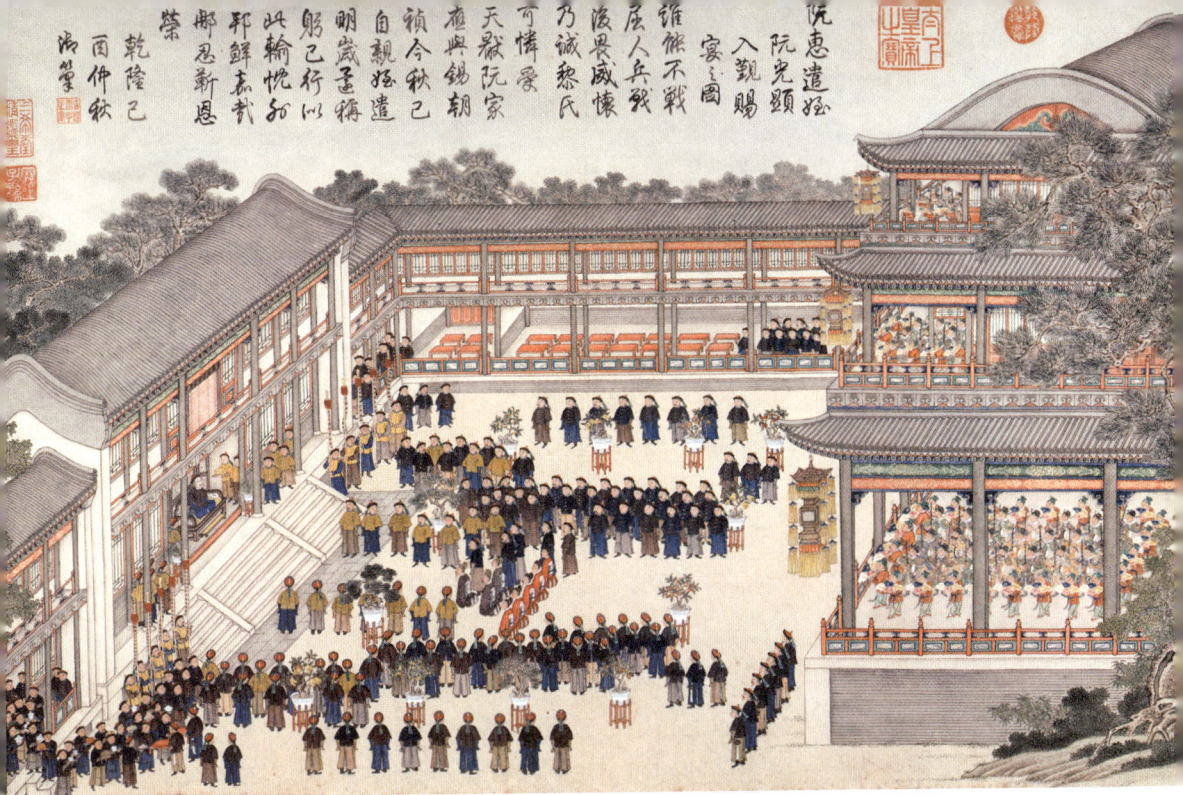

《阮光显入觐赐宴之图》 现藏北京故宫博物院

朝国王黎维祁逃亡中国，请求清朝援助。乾隆五十三年（1788年），清朝借口保护黎氏，派遣两广总督孙士毅率军出兵征讨，干涉安南内政，侵入安南，攻陷东京（今河内）。第二年清军败，东京被阮文惠收复，阮文惠后改名阮光平，由于惧怕清朝，阮光平遣使与清朝和解并请求册封，乾隆五十五年（1790年），清廷册封其为安南国王，双方再次确立宗藩关系。嘉庆七年（1802年），阮福映推翻西山朝，建立阮朝，并向清廷遣使朝贡，清廷赐其国名为越南，此后双方保持着稳定的宗藩关系。

除贡使贸易外，清廷还在指定的地方允许民间贸易，比如，规定"赴安南贸易商民，先由本籍报明地方官，填给姓名年貌籍贯并货物人数印照，如货少人多，不得滥给"[1]。17世纪以后，越来越多的中国人移居越南，开垦荒地，发展生产，经营商业，为当地社会经济的发展作出了贡献。

---

[1] 姚贤镐编：《中国近代对外贸易史资料（1840—1895）》第1册，中华书局1962年版，第40页。

四、缅甸

明清时期，大批汉族向云贵边疆迁移，和缅甸各族之间有着频繁的往来。乾隆十五年（1750年），缅甸与清朝通好，开始了使节往来。

18世纪中期，随着缅甸贡榜王朝势力的强大，中国的西南地区受到威胁。自乾隆二十七年（1762年）起，缅甸持续地侵扰清朝边境。至乾隆三十年（1765年），"莽匪窜入猛捧等土司地方，肆行焚掠"，入侵我国普洱府境，攻占车里等地。次年，缅甸又出兵攻腾越、永昌各边地。乾隆帝下令动兵清剿，然而云贵总督刘藻指挥不力，清军为缅甸所挫败。此后，清军又集结重兵，于乾隆三十一年（1766年）发动对缅甸的战争，战争历时五年之久，非常惨烈。

缅甸气候炎热，地形为高山密林，非常不利于清军，清军遭受严重损失，连续多位主帅殒命。战争初期，云贵总督杨应琚兵败被赐自尽。将军明瑞因孤军深入，在波龙场被缅军包围，全军覆没，明瑞和观音保自杀身亡。经过一年多的休整后，乾隆帝再派傅恒担任经略，阿里衮和阿桂为副将军，率领清兵六万分三路入缅。阿里衮在进攻时染上疫疾，于乾隆三十四年（1769年）十二月卒于军中。乾隆三十五年（1770年），傅恒也染上瘴气身亡。傅恒患病后，乾隆帝大惊，方才撤兵。而缅甸也因清朝连续的进攻而国力受损，导致一度被其征服的暹罗独立。

在军事上失利后，面对仍不肯臣服的缅甸，清廷采取了贸易制裁的手段，禁止与缅甸进行对外贸易，"缅匪降表一日不至，一日不可许其与内地通商。此一节乃中国制驭外夷扼要之道，把握自我而操，最为长策"①。最终，缅王孟陨于乾隆四十一年（1776年）遣使，愿奉表纳贡，请求清朝开关贸易，但双方并未达成实际协议。乾隆五十三年（1788年），孟陨再次遣使请求册封和贸易，向清朝进贡。两年后，清朝敕封孟陨为缅甸国王，约定缅甸十年一贡，中缅边境的贸易正式解禁，长达二十余年的清缅之争终于落下帷幕，缅甸成为清朝的朝贡国之一。

此后，中缅两国保持了长期的和平友好关系。缅甸的棉花和食盐大量运入云南，中国人民则把开采银矿的技术传给缅甸人民。

---

① 《清高宗实录》卷850，中华书局1985年版，第393页。

五、暹罗

暹罗即今天的泰国。明清之际，侨居暹罗的中国人很多。清顺治十年（1653 年），暹罗遣使请贡，交换明朝敕印，清朝允许暹罗三年一贡。康熙四年（1665 年）暹罗国王向清廷进表，清廷赏赐其罗、缎、纱等，并规定"暹罗贡期三年一次，贡道由广东，常贡外加贡无定额。贡船以三艘为限，每艘不许逾百人，入京员役二十名，永以为例"[①]，从此两国间开始进行朝贡贸易。康熙十二年（1673 年），清册封森列拍腊照古龙拍腊马呼陆坤司由提雅普埃为暹罗国王。乾隆三十六年（1771 年），缅王乘暹罗内乱，攻陷暹罗首都，郑昭率兵打退缅兵，自立为王。郑昭和他的养了郑华都先后遣使来北京通好。清缅之战后，暹罗复国，再次向清朝遣使入贡，乾隆五十一年（1786 年），清朝册封郑华为暹罗国王。此后双方一直保持着宗藩关系。

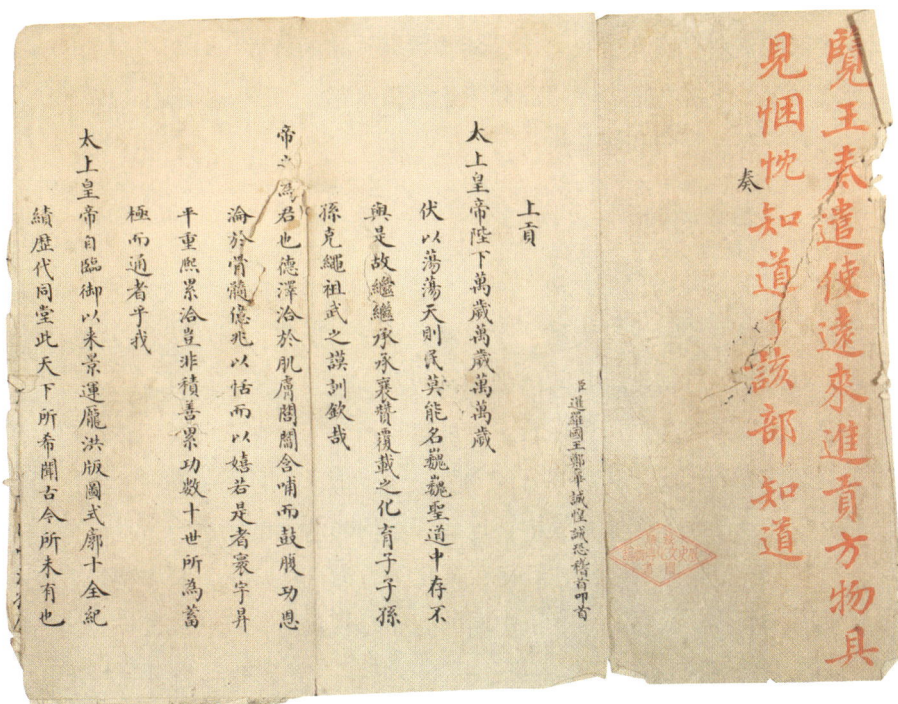

《暹罗国进贡方物表》 现藏旅顺博物馆

① 赵尔巽等：《清史稿》卷 528《属国列传三·暹罗》，中华书局 1976 年版，第 14690 页。

18 世纪以后，中国同暹罗的贸易极为频繁。双方交易的商品中，中国主要有生丝、丝绸、瓷器等，暹罗则为苏木、沉香、犀角等。随着双方关系的密切，清廷还曾允许向暹罗出售当时不允许出口的商品。例如，雍正七年（1729 年）暹罗使臣曾至广州采买铜钱，清廷以"暹罗国远隔重洋，输诚向化，恭顺修职，历有年所"，因而允许其采买；乾隆元年（1736 年）暹罗使臣称其国内建造寺庙需要用铜，希望清廷能够弛铜禁，清廷虽未允许，但是"帝特赏八百斤"①。除了官方贸易，两国间的民间贸易也很繁荣，尤其是中国大量从暹罗进口大米。由于清代人口膨胀带来巨大的粮食需求，清廷向来禁止粮食出口，因此对于暹罗大米的进口表示极大欢迎，多次对暹罗大米实行优惠。康熙六十一年（1722 年），清廷下令对暹罗运至福建、广州、宁波三处的大米各十万石免税；雍正二年（1724 年），清廷规定暹罗商人运米至中国，"万石以上免船货税银十之五，五千石以上免十之三"。这些措施进一步促进了两国贸易的繁荣，每年从上海、宁波、泉州、厦门和潮州等地前往暹罗经商的货船有五六十只之多。随着贸易往来的频繁，移居暹罗的中国人也日渐增多。华侨在暹罗除经商外，还种植水稻、甘蔗、烟草、棉花等农作物，还有的在橡胶园和锡矿做工。

六、其他亚洲国家

除了以上提及的国家之外，被清朝列为朝贡国的国家或地区还有苏禄、南掌、哈萨克、浩罕、安集延、廓尔喀等。这些国家长期和清朝保持着宗藩关系，对清朝进行朝贡，并与清朝进行贸易。

除了朝贡国之外，还存在着一些虽然与清朝不存在宗藩关系，但仍与清朝有贸易往来的国家，这些国家被称为"互市国"。清代在亚洲的互市国有日本、柔佛、亚齐、柬埔寨等国，这些国家均与清朝常年进行贸易。

清时期，中日两国之间在经济、文化等方面交往甚密。日本德川幕府在确立锁国政策后，只允许荷兰、中国的商船赴日贸易，且开放长崎为通商口岸。中国方面，清廷在康熙二十三年（1684 年）开放海禁后，当年抵达长崎的"唐船"就有 24 艘。康熙二十七年（1688 年），日本在长崎港建造了专供中国商人居住的唐人坊，当年去日的华人商船更是增加到了 193 艘。中

---

① 赵尔巽等：《清史稿》卷 528《属国列传三·暹罗》，中华书局 1976 年版，第 14692 页。

国商船所携带的商品种类众多，主要有丝绸、瓷器、茶叶、砂糖、书籍等，而日本向中国输出的商品以铜为主，其他还包括金银、海味、漆器等。清代留居日本的中国学者对日本文化也有一定的贡献，如清初著名学者朱舜水在日本开创讲学风气，对日本学界有很大的影响。

第二节　清朝与欧洲国家的关系

一、沙皇俄国

俄国原本是一个欧洲国家，15 世纪末 16 世纪初摆脱钦察汗国的控制，建立了统一的俄罗斯国家。1582 年，哥萨克侵略军越过乌拉尔山脉，烧杀抢掠六十多年，洗劫西伯利亚。顺治元年（1644 年），哥萨克侵略军来到黑龙江流域，先后入侵喀尔喀蒙古、索伦等部，和清朝发生直接冲突。因此，在清前期，中俄外交主要是围绕边境问题展开的。

自顺治年间起，俄国便频繁入侵黑龙江地区，占据雅克萨、尼布楚等地。1649 年，哈巴罗夫按沙皇的训令，要求中国皇帝归顺，永为臣仆，"博格德王公（指清朝皇帝），率其氏族部落及全体乌卢斯牧民，归附我全罗斯君主，沙皇阿列克谢伊·米哈伊洛维奇大公，充当奴仆……向君主缴纳自己的和自己臣民的贡赋，如金、银、宝石和贵重饰物等"。只有如此，他们才可以"无忧无虑地居住在自己原来的城里，君王将命令自己的军队保护他们"。如果中国皇帝不服从，就要用军事镇压方式，"必须率其军役人员和猎手等，用不宣而战的突袭手段制服他们"，"把他们全部打死、吊死和灭绝。在彻底加以征服之后，将他们妻子儿女统通抓走"[1]。他们在黑龙江流域"扰害索伦、赫哲、飞牙喀、奇勒尔诸部，不遑宁处，剽劫人口，抢掳村庄，攘夺貂皮，肆恶多端"[2]。当地军民曾组织几次武力反击，其中顺治十五年（1658 年）在松花江口一带的战斗，击毙了侵略军头子斯捷诺夫，打死、

---

① 苏联科学院远东研究所等编：《十七世纪俄中关系》第 1 卷，厦门大学外文系《十七世纪俄中关系》第一卷翻译小组译，黑龙江大学俄语翻译组校，商务印书馆 1978 年版，第 177—178 页。

② 《清圣祖实录》卷 119，中华书局 1985 年版，第 246—247 页。

活捉了 270 多名侵略者。

顺治十七年（1660 年），清廷基本上肃清了黑龙江中下游的沙俄势力。但其残部仍盘踞在尼布楚，并于康熙四年（1665 年）重占雅克萨，构筑寨堡，奴役当地人民，不断向黑龙江中下游地区扩张和进行骚扰。清廷曾通过理藩院多次交涉，提出警告、抗议。康熙帝亲政后对此也十分关注，指出"罗刹扰我黑龙江、松花江一带三十余年，其所窃据距我朝发祥之地甚近，不速加剿除，恐边徼之民不获宁息"[1]。康熙初年，俄国曾数次派遣使团出使北京，但根据俄国沙皇的密谕，"（沙皇）陛下必将爱护中国皇帝于其皇恩浩荡之中，并保护使之免于敌人之侵害，彼中国皇帝可独得归依大君主陛下，处于俄皇陛下最高统治之下，永久不渝，并向大君主纳入贡赋"[2]，可见使团的目的是要求清廷向沙皇称臣纳贡，这样的要求自然不会被清廷接受。

平定三藩之后，清廷在多次交涉无果的情况下，遂于康熙二十四年（1685 年）派遣都统彭春率军 3000 人，调集重炮，进攻雅克萨城，击败俄军，俄军首领托尔布津投降并保证不再入侵，俄军士兵被清廷释放，还获得允许，可以携带军器和财产离开。可是清军撤退之后，托尔布津背信弃义，再次率军在雅克萨筑城集结。次年黑龙江将军萨布素率清军 2000 人再次包围雅克萨，击毙托尔布津，俄军死伤甚多，加上城内疾病流行，最终俄军投降，雅克萨战役以清朝的胜利告终。

康熙二十八年（1689 年）八月，中俄双方在尼布楚进行谈判，清朝代表为索额图，俄国代表为戈洛文。鉴于当时西北地区准噶尔部噶尔丹配合沙俄侵扰喀尔喀蒙古，康熙帝指示谈判代表作出重大让步。与此同时，俄罗斯因军事失败，加上远征克里米亚失败，战线过长，竭力想保持既得侵略权益，也不得不作出相应妥协。在双方各作出一些让步的情况下，签订了中俄《尼布楚条约》。条约共有六款，主要内容为：第一，确定了中俄两国东段边界，以额尔古纳河、格尔必齐河沿外兴安岭至海为界，河、岭以南的土地属中国，河、岭以北的土地属俄国，外兴安岭和乌第河之间的区域待议；第二，拆毁雅克萨的侵略据点，撤走沙俄殖民者，两国国民不得擅越边界，

---

① 何秋涛：《朔方备乘》卷 6《平定罗刹方略》，畿辅志局，光绪七年刻本，第 17 页。
② 《俄皇密谕》，载《清史译文新编》第 1 辑《故宫俄文史料》，《历史研究》编辑部 1964 年版，第 2 页。

如有违反，将越界之人遣送回本国，交由本国官吏处置；第三，此约订定以前所有一切事情，永作罢论，自两国永好已定之日起，嗣后逃亡者，各不收纳，并应械系遣还；第四，当时俄民之在中国或华民之在

恰克图

俄国者，悉听如旧；第五，自和约已定之日起，凡两国人民持有护照者，俱可过界来往，并许其贸易互市；第六，和好已定，两国永敦睦谊，自来边境一切争执予废除，倘各严守约章，争端无自而起。《尼布楚条约》是中俄两国通过平等协商签订的第一个边界条约，从法律上肯定了黑龙江、乌苏里江流域，包括库页岛在内的广大地区都是中国的领土。自此中俄东段的领土得以确定，缓解了两国的冲突。为达成和约，清朝也作出让步，将贝加尔湖以东原属中国的尼布楚土地让给了俄国。俄国"虽然失去了至今仍为人所喜爱的阿穆尔河（当时又有谁不喜爱它呢？），但却得到了满不错的城镇恰克图。一个恰克图抵得上三个省，它通过自己的贸易活动将人民财富的宝贵而富有生机的汁液输送到整个西伯利亚"[①]。

　　沙俄在入侵黑龙江流域的同时，也派兵向喀尔喀蒙古地区扩张，并勾结支持准噶尔部叛乱首领噶尔丹，迫使喀尔喀蒙古举族南迁，同时趁火打劫，占据中国北疆大片领土。康熙年间平定噶尔丹叛乱后，喀尔喀蒙古重返家园，遏制了沙俄大规模南侵的活动，但蚕食侵扰事件仍不断发生。自喀尔喀蒙古内附清朝后，清朝在蒙古地区开始与俄国接壤，然而两国通过雅克萨之战和《尼布楚条约》仅仅厘清了东段的边境划分，因此清朝与俄国中段的边境问题尚未解决。在《尼布楚条约》签订后，清廷便希望能够按照此条约的模式与俄国确定中俄中段的边境，因此在俄国伊台斯使团（1693 年）和伊兹玛伊洛夫使团（1720 年）出使北京后，清廷提出确定边界的问题，但俄

---

① ［俄］瓦西里·帕尔申：《外贝加尔边区纪行》，北京第二外国语学院俄语编译组译，商务印书馆 1976 年版，第 136 页。

国认为在西伯利亚地区同中国划定边界对其自身不利，所以俄国使团只是要求清朝能够尽快履行《尼布楚条约》中的贸易协定，并希望能够在北京修建东正教教堂。对于俄国使团的请求，清廷表示，若不先解决边界问题，中国方面不会答应俄国的任何请求，并两度宣布停止中俄贸易。

在清朝坚决要求"定边"的要求下，俄国为了能尽快获得与清朝贸易的权利，再次派遣萨瓦·弗拉基斯拉维奇·拉古津斯基使团于雍正四年（1726年）访华，商谈边界事宜。雍正帝委派吏部尚书查弼纳、理藩院尚书特克忒、兵部侍郎图理琛三名大臣与俄国使节谈判，在六个月的时间内，双方会谈三十余次，相持不下，后决定至边境商谈。雍正五年（1727年），双方在中俄边境的布拉河畔再次展开谈判，并签订《布连斯奇条约》，条约规定了中俄中段的边界，以恰克图和鄂尔怀图山之间的鄂博为两国边界起点，东至额尔古纳河，西至沙毕纳伊岭（即沙宾达巴哈），以南归中国，以北归俄国。次年双方又签订《恰克图条约》，该条约肯定了《布连斯奇条约》的内容，并且允许俄国商人每三年一次前往北京贸易，每次不得超过二百人，买卖货物，俱不征税。除北京外，俄国商人还可以经常在恰克图、尼布楚两地进行边境贸易，也不征税。此外，条约还就俄国向中国派遣留学生，以及在北京的俄罗斯馆内建造教堂、增派教士等问题作了规定。俄国通过这两个条约确认了此前侵占的中国北部蒙古地区的大片领土，把贝加尔湖一带和唐努乌梁海以北的叶尼塞河上游地区一并划入了俄国版图。俄国成为最早在北京驻有代表的国家。由于这两个条约正式规定了中俄中段边界，而且当时中俄两国的实力大体相当，所签订的条约属于平等条约，因而具有重大的历史意义。此后中俄中段边界大体保持稳定（目前这段边界大部分已成为蒙俄边界），对俄国进一步侵占我国蒙古地区领土的野心起了遏制作用。《布连斯奇条约》与《恰克图条约》的签订满足了俄国的贸易需求，也总体上结束了中俄的边境之争。

从乾隆年间开始，中俄关系再次发生变化，这主要与准噶尔问题有关。从康熙年间开始，清廷便对俄国私下与准噶尔勾结感到不满。乾隆年间，清廷因和准噶尔进行战争，因此对向来与准噶尔关系密切的俄国表现出极大的防备。乾隆十九年（1754年），清廷拒绝接受俄国的留学生。乾隆二十二年（1757年），虽然俄国通过交涉使清廷再次接受留学生，但清廷自此年便开始中断俄国商队前往北京贸易的协定，此后中俄贸易主要集中于边境的恰

克图。恰克图贸易使俄国获得了巨大利润，恰克图成为西伯利亚毛皮贸易的主要市场，促进了西伯利亚的移民，为后来沙俄侵略黑龙江地区准备了条件。乾隆二十四年（1759 年），清廷彻底平定准噶尔部、回部，对俄国的态度也愈加强硬。对于中俄之间的冲突，清廷往往以关闭恰克图互市的方式来对俄国进行惩戒。清廷曾因俄国在边境私建木桩以及卡勒莫克人归顺清朝等原因，于乾隆三十三年（1768 年）、乾隆四十五年（1780 年）、乾隆五十七年（1792 年）三次关闭恰克图贸易。

嘉庆八年（1803 年），俄国派遣使团访华，因文书格式和礼节问题与清朝产生分歧，使团并未抵达北京便撤回俄国。自此之后，清朝便仅将俄国视为"互市国"，不再与俄国有政治上的往来。直至第二次鸦片战争后，俄国才通过不平等条约再次打开中国的大门。

二、英国

从 17 世纪中后期开始，随着纺织工业的快速发展，英国急于寻找市场和原料产地，开始了世界范围内的大规模贸易。1600 年，英国创立东印度公司，开始在亚洲地区进行贸易。18 世纪中叶，东印度公司垄断了英国与亚洲的贸易。在东印度公司的经营下，英国与中国的贸易规模逐渐扩大。自乾隆年间开始，来自欧美国家的商船中，英国占一半以上。英国成为中国对外贸易量最大的西方国家。

由于清廷制定的行商制度与海关制度极大地限制了中外贸易的交流，英国商人一直尝试通过与清廷交涉以改变这一制度，其中以洪任辉事件最为重要。洪任辉是英国东印度公司的商人，在乾隆二十年（1755 年）和二十一年（1756 年）曾两次到宁波进行贸易。洪任辉商船的连续到访，引起了清廷的不安，清廷在发给闽浙总督喀尔吉善的上谕中写道：

粤海关

向来洋船进口，俱由广东之澳门等处，其至浙江之宁波者甚少……宁波原与澳门无异，但于此复多一市场，恐积久留居内者益众。海滨要地，殊非防微杜渐之道……盖本地牙行及通事人等，因夷商入口得从中取利，往往有私为招致者，此辈因缘觅利，无有已时。即巡逻兵役人等，亦乐于夷船进口，抽肥获利。在此时固不过小人逐利之常，然不加禁止，诚恐别滋事端，尤当时加体察。①

清廷并不希望宁波成为像澳门一样的对外口岸，担心过多的外国商船出现会引起社会混乱，"别滋事端"，从而威胁到统治的安全。自乾隆二十二年

———————

① 《清高宗实录》卷516，中华书局1985年版，第522页。

（1757 年）起，清廷便提高了宁波等地的海关关税，意在使"番商无利可图，比归粤省"。不料洪任辉却仍然至宁波贸易，清廷再次下令"将来只许在广州收泊交易，不得再赴宁波，如或再来，必令原船返棹至广，不准入浙江海口"①，禁止洪任辉以及其他外商到宁波贸易。感到不满的洪任辉竟然在两年后到天津递交请愿书，希望清廷能够解决粤海关陋规以及行商制度的弊病。清廷认为洪任辉越过行商体系，私自上书破坏了清朝的对外制度，因此拒绝了洪任辉的请求。而洪任辉事件也使清廷认识到广东的贸易秩序极为混乱，因而在乾隆二十四年（1759 年）颁布《防范外夷五条》，加强对在华外国商人的限制，并严格地开始实行仅限广州一口通商的制度。

英国无法通过商人进一步扩大对华贸易，因此转而由政府向中国派出使团，以求交涉贸易。乾隆五十七年（1792 年），英国政府以给乾隆帝祝寿为名，派使臣马戛尔尼来华交涉通商事宜。使团于乾隆五十八年（1793 年）抵达北京。在觐见乾隆皇帝时，马戛尔尼提出一系列要求：准许英国派人驻北京照管商务，允许英商在宁波、舟山、天津、广东等地自由通商，在舟山附近占用一小岛供英商居住与贮货，拨广州附近一处地方供英商居住并自由出入，免除英国人居住税并发给许可证，允许英国人在各省传教等。英方希望能扩大英国对华贸易，然而清廷仅将该使团视为英国的一次朝贡，使团要求扩大贸易的要求也被一一驳斥："恳请派一尔国之人，住居天朝，照管尔国买卖一节，此则与天朝体制不合，断不可行"；"所有尔使臣恳请向浙江宁波珠山及直隶天津地方泊船贸易之处，皆不可行"；"尔国买卖人要在天朝京城另立一行，收贮货物，发卖仿照俄罗斯之例一节，更断不可行"。乾隆帝还认为，"天朝尺土，俱归版籍，疆址森然，即岛屿沙洲，亦必划界分疆，各有专属"；如果英船强行驶至浙江、天津等地欲求上岸贸易，"定当立时驱逐出洋，未免尔国夷商枉劳往返，勿谓言之不予也"②。可见马戛尔尼使团并未达成预期目标。马戛尔尼使团失败之后，英国仍不愿放弃，因此于嘉庆二十一年（1816 年）再次派出阿美士德使团访华。然而由于使团拒绝按照中国的礼仪行跪拜礼，和中方发生争执，嘉庆皇帝并未接见使团。最终，英国通过使团与清廷进行交涉的方法也以失败告终。在遣使失败后，英政府还

---

① 《清高宗实录》卷 550，中华书局 1985 年版，第 1023—1024 页。

② 《清高宗实录》卷 1435，中华书局 1985 年版，第 183—185 页。

多次派武装舰只闯入中国洋面，以武力相威胁，但均未能得逞。

在外交无果的情况下，为扭转贸易逆差，改变白银大量流入中国的局面，以英国为首的西方殖民势力转而采用倾销鸦片的恶毒手段，以此敲开中国的大门。清政府曾多次下令禁止贩卖、输入和种植鸦片，英国便以走私、行贿手段，大规模倾销。早在雍正年间，英国东印度公司便已经开始向中国进行鸦片输入，清政府觉察后，于雍正七年（1729年）首次发布禁烟令。乾隆中期以前，运到中国的鸦片数量有限，每年不超过200箱。随着英国逐步吞并了孟加拉、孟买等地，可以大规模种植鸦片后，销往中国的鸦片数量猛增。乾隆五十二年（1787年），东印度公司销往中国的鸦片首次达到2000箱。尽管清政府屡次发布禁烟令，嘉庆元年（1796年）正式禁止鸦片进口，断绝和东印度公司的鸦片贸易关系，但此后鸦片以走私的方式进入中国，且愈演愈烈。

19世纪上半期，英国对华贸易中鸦片输入值已远远超过其他商品输入的总值。据英国东印度公司的报告，嘉庆二十五年（1820年）输入中国的鸦片为4570箱，道光十年（1830年）增为19956箱，道光十五年（1835年）为30202箱，道光十八年（1838年）则为40200箱。清朝因鸦片迅速涌入而丧失出超地位，导致白银大量外流。当时有人估计，在鸦片战争前的几年里，仅广州一地每年外流白银即达三千万两之多。清政府因此财源日益枯竭，人民经济负担更加沉重，百姓身心健康也受到严重摧残。各级官吏中也有不少人因染此恶习而更形衰朽，甚至"沿海各营兵丁，多有吸食鸦片者，兵数虽多，难于得力"[1]。正如林则徐在道光十八年(1838年)所指出的那样，"是使数十年后，中原几无可以御敌之兵，且无可以充饷之银"[2]。1834年，英国废除东印度公司对华贸易的垄断特权，并由政府派遣第一任驻华商务总督律劳卑代替原先东印度公司在广州的驻华大班，全权负责中英贸易事务，希望能越过行商与中国政府进行直接交涉，不过没有取得成功。

道光年间，清政府加大查禁力度，但鸦片仍然屡禁不止。为捍卫民族生存权利，反抗侵略，道光十九年（1839年），钦差大臣林则徐抵达广州整顿

---

① 《清宣宗实录》卷218，中华书局1985年版，第241页。

② 林则徐：《钱票无甚关碍宜重禁吃烟以杜弊源片》，载《林文忠公政书》乙集，文海出版社1966年版，第606页。

海防，查禁鸦片，颁发查禁鸦片章程 39 条，英国侵略者以此为借口，公然发动侵略中国的鸦片战争。从此，中国历史又揭开了新的一页。

三、罗马教廷及传教士

明清之际，大量的西方传教士来到中国。清代自西欧来华的耶稣会士，曾先后把《大学》《中庸》《论语》《孟子》等中国经典译成拉丁文加以刊行。来华传教士还通过书信和著作，向本国广泛介绍中国的地理、历史、学术、典章和风俗习惯。中国的封建思想文化，对法国启蒙思想家伏尔泰及百科全书派等都有一定的影响。中国的工艺美术品，特别是瓷器和漆器，深受欧洲人的欢迎。与此同时，当时欧洲来华的天主教士也把西方有关天文、历法、地理、数学、水利、医学、火器等方面的知识传入中国，促进了中西文化交流。不过传教士来华的根本目的并不在此，而是尊奉罗马教皇之命，力图促进天主教在中国的传播，最终将中国基督化。

清朝入关后，原先为明朝服务的天主教传教士纷纷转投清朝，因其精通天文等科技知识而受到清朝统治者的赏识，其中以耶稣会传教士汤若望、南怀仁等最为著名。汤若望在钦天监为官，为清廷制定历法，受到顺治帝的尊敬和多次嘉奖。汤若望三十岁就换上中国服装，取中文名字，先后被清政府授予太仆寺卿、太常寺卿、通政使等职务，雍正朝被追封为"光禄大夫"，官至一品。顺治帝曾下令汤若望见他时免除跪拜，并常常将他召到宫中，谈至深夜；顺治帝还多次亲临汤若望住宅深谈，仅顺治十三年（1656 年）、十四年（1657 年）两年就多达二十四次。汤若望也表示，"皇帝亲到民宅，这是非常稀少的事情"。这客观上为天主教在中国的传播营造了宽松的环境。清政府对汤若望的祭文里有这样的评价："掌钦天监印务事，故汤若望之灵曰：鞠躬尽

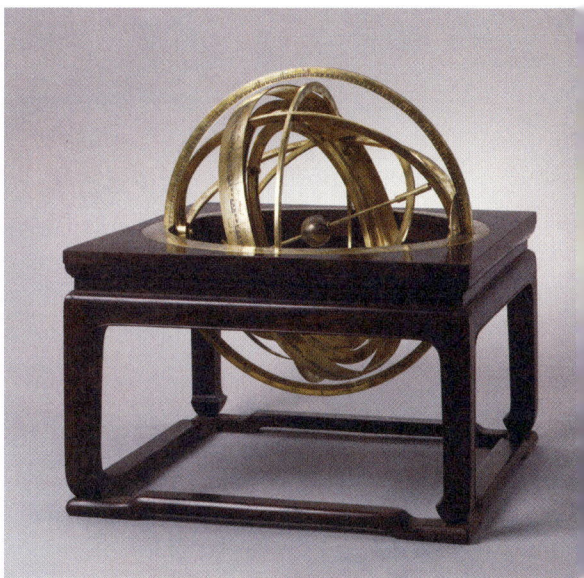

西方传教士设计的浑天仪　现藏北京故宫博物院

瘁，臣子之芳踪。恤死报勤，国家之盛典。"①康熙帝的科学启蒙老师、比利时人南怀仁，官至正二品的工部侍郎，在北京去世后，也如同清朝重臣一样，被赐给谥号"勤敏"。汤若望和其助手南怀仁虽然在康熙初年遭到迫害，但由于西洋传教士所制定的历法精确，直至嘉庆年间，传教士在钦天监的地位也不曾动摇。

康熙皇帝本人十分喜好科学，具有一定的科学素养。为满足自身在科学文化知识方面的需求，他常与传教士交流，向传教士请教，从而使传教士在清廷的地位得以提升。不仅如此，因传教士精通拉丁语，在涉及对外交涉的场合，清廷特别倚重传教士。中俄《尼布楚条约》谈判时，南怀仁、徐日升、张诚等耶稣会士在中俄交涉中作为中方翻译，为中俄谈判的达成作出了巨大贡献。顺治、康熙年间，清廷对天主教总体而言比较宽容，因此天主教传播速度很快。至康熙二年（1663年），信奉天主教的中国信徒已近20万，国内28个城市都设有天主堂。

中国人民和一部分士大夫对天主教传教士一向抱着怀疑态度。康熙时，杨光先编写《辟邪论》和《不得已》两部书，指出天主教在北京和各省建立教堂，遍布党羽，煽惑人民，又把十三省的山川形势、兵马钱粮尽皆编成图籍，成为中国的极大隐患。但杨光先反对西方较为进步的历法，称"宁可使中夏无好历法，不可使中夏有西洋人"②，在汤若望被罢斥后任钦天监监正，以推算历法不验而失败。钦天监案件平息后，康熙帝重用南怀仁、白晋等人编修历书，制造火器，绘制地图，都取得了一些成绩，天主教也因此得以重振。康熙帝还曾表示希望教皇能派更多精通天文、律吕、算法、画工、内科、外科的传教士来华效力，这表明康熙帝重视和欢迎西方先进科学技术的态度。但同时，他也并未放松对传教士的警惕，始终对他们的活动予以严格监视。在此之前，在中国的耶稣会士一直是按照利玛窦的方式传教，即在传播天主教的同时尊重儒家礼仪，允许中国信徒祭孔祭祖。另一些宗派如多明我会和方济格会的传教士反对这种策略，将双方的争执申诉至罗马教廷，要求教皇裁决中国教徒的礼仪问题。教皇英诺森十世最终支持多明我会和方济格会的修士，否定了耶稣会士的做法。康熙四十四年（1705年），罗马教皇克莱门特十一世派

---

① 此为公元1669年（康熙八年），康熙帝为汤若望平反后对汤的祭文。

② 杨光先等：《不得已》卷下《日食天象验》，黄山书社2000年版，第79页。

遣使臣多罗至北京，要求禁止中国的天主教信徒祭孔祭祖。这引起清廷的不满，从而导致中西礼仪之争。康熙皇帝极为愤怒，将多罗驱逐出境，并于康熙四十六年（1707 年）向在华传教士颁布谕旨："众西洋人自今以后，若不遵利玛窦的规矩，断不准在中国住，必逐回去。"此后，清廷对西方传教士的态度开始转变，对传教士的管理越发严格。康熙五十九年（1720 年），清廷又重申："以后不必西洋人在中国行教，禁止可也，免得多事。"[1]

雍正帝认为天主教很可能成为社会不安定的隐患，在继位后开始在全国采取严厉的禁教措施。北京以外的教堂全部被关闭，各省的传教士被逐往广东澳门，只留少数传教士在北京为宫廷服务。雍正年间，中俄谈判的中国使团中已看不到作为拉丁语翻译人员的传教士。乾隆帝继位后，对天主教的政策更加严厉。乾隆十二年（1747 年），在福安县教案中，涉案的传教士白多禄被处斩，其余四名传教士被监毙，其罪名是大清律法中的"邪教惑众律"。因"西洋人私赴各省传教者日益众"，并在各地"绘图测镜，消息潜通"[2]，甚至勾结地方官为非作歹，清廷于乾隆五十年（1785 年）制定西洋人传教治罪条例。嘉庆年间，受白莲教起义的影响，清廷视天主教为"邪教"，而意大利传教士德天赐雇用"脚夫"陈若望私传书信的案件，也使清廷意识到天主教自康熙末年被禁以来，一直以秘密的形式在地下传播。嘉庆十六年

---

① ［英］马戛尔尼：《康熙与罗马使节关系文书　乾隆英使觐见记》，刘复译，学生书局 1973 年版，第 13、70 页。

② 夏燮：《中西纪事》卷 2《猾夏之渐》，岳麓书社 1988 年版，第 26—27 页。

（1811 年），清廷颁布《西洋人传教治罪专条》，从法律层面上将天主教定性为"邪教"，全面加以取缔，并不再重用西洋传教士负责钦天监的工作。至鸦片战争前，天主教在中国的影响日渐衰微，之后天主教才再一次在中国公开传播。

四、其他西方国家

除了沙俄和英国等国家外，清廷和其他西方国家如荷兰、法国、瑞典、普鲁士以及美国等，也有着较为频繁的贸易来往。荷兰是第一个愿意按照中国礼节行三跪九叩礼的西方国家，长期被清朝视为藩属国。法国于康熙三十七年（1698 年）首次有商船来华，并于雍正六年（1728 年）在广州设立商馆。美国商船于乾隆四十九年（1784 年）抵达广州，此后两国的双边贸易快速增长，至 19 世纪初美国已经成为中国的第二大贸易国，仅次于英国。

第三节　清代的对外贸易

一、对外贸易的繁荣

清初，为对抗以郑成功为首的东南沿海抗清集团，清廷于顺治十八年（1661 年）颁布迁海令，命江南、浙江、福建、广东等地居民向内地迁移30—50 里，并禁止任何船只出海，这严重影响了清朝前期的对外贸易。清朝统一台湾后，康熙帝于康熙二十三年（1684 年）开放海禁，对外贸易获得一定程度的恢复和发展。

据姜宸英《海防总论》记载，清廷开放海禁后，"商舶交于四省（浙江、江苏、福建、广东），遍于占城、暹罗、真腊、满剌加、浡泥、荷兰、吕宋、日本、苏禄、琉球诸国"。随着贸易的发展，专门从事海外贸易的人数也越来越多，广东"人多务贾，与时逐以香糖、果箱、铁器、藤蜡、番椒、苏木、蒲葵诸货"，"其黠者南走澳门至东西二洋，倏忽千万里，以中国珍丽之物相贸易，获大赢利"①。清朝鼓励从南洋进口稻米，载米五千石以上来售者，减

---

① 戴肇辰：（光绪）《广州府志》卷 15《舆地略》，光绪五年刻本，第 23—24 页。

广州外贸茶加工与外运

免关税。华侨在发展清朝和东南亚各国的贸易关系上，也发挥了巨大的作用。除了这些国家，清代前期的主要贸易国家还有英国、美国、俄国等其他西方国家，"帆樯鳞集，瞻星戴斗"，可见其贸易之繁荣。

日本以及英美等西方国家通过海上至广州、上海等地进行贸易的船只和货物逐年增多，即使是在乾隆二十二年（1757年）清廷开始实行闭关政策，只允许广州一口作为贸易口岸后，中国与欧美等国的贸易规模仍在扩大，来到中国的欧美商船数量仍在逐年增加，至18世纪后期，英国东印度公司平均每年从中国购买的茶叶价值白银400万两，高于英国对华输出的所有商品的价值总和。通过对外贸易，清廷也获得了稳定的关税收入，康熙帝就明确表示："出海贸易，非贫民所能，富商大贾，懋迁有无，薄征其税，不致累民，可充闽粤兵饷，以免腹里省分转输协济之劳。腹里省分钱粮有余，小民又获安养，故令开海贸易。"[1]粤海关的税收，从乾隆时期的每年40万两左右，增加到嘉道时期的150万两以上。[2]18世纪以前，清朝一直是世界贸易

---

① 《清圣祖实录》卷116，中华书局1985年版，第212页。

② 倪玉平：《清朝嘉道关税研究》，北京师范大学出版社2010年版，第142页。

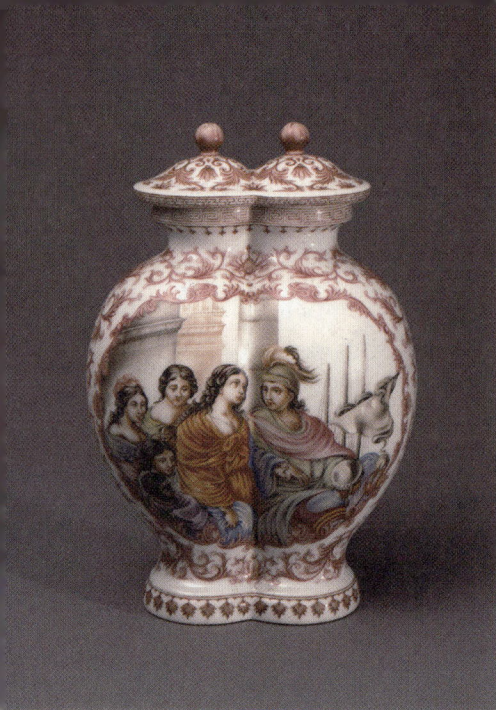
外贸出口的瓷胎洋彩西洋故事图双联瓶

的中心。

在陆路方面，自康熙年间清廷平定噶尔丹之后，中俄贸易也开始活跃起来，雍正年间中俄签订《恰克图条约》，进一步促进了中俄贸易的发展。雍正五年（1727年），中俄签订的《恰克图条约》中允许俄国商人每三年不超过200人来华贸易一次，恰克图作为中俄贸易的重要地点，成为清朝前期最大的陆路口岸。中俄贸易的发展使大批的茶叶集中于汉口，一部分茶叶转道北京、张家口、恰克图等地，通过陆路输入俄国，而另一部分茶叶则通过转运至上海、宁波等地，由海路输入日本、西欧等地。18世纪后半叶，通过恰克图进行的中俄贸易，占俄国整个对外贸易的7%，占其亚洲贸易的67%。乾隆二十五年（1760年），对华贸易的关税占俄国总关税收入的24%，乾隆四十年（1775年），该比重上升到38%。

就对外贸易的商品而言，清代进口的商品主要有米、棉花、金属、珠宝、香料、布匹、药材、钟表以及走私的鸦片等；出口商品主要为棉布、丝绸、茶叶、瓷器、药材等，其中丝绸和茶叶是最主要的出口商品。统治者所喜爱的国外奢侈品，也在国内受到欢迎。嘉庆二十五年（1820年），嘉庆帝曾开出这样的采办货物清单："粤海关监督奉行知，准进朝珠、钟表、镶嵌挂屏、盆景、花瓶、珐琅器皿、雕牙器皿、伽楠香手串、玻璃镜、日规、千里眼、洋镜。"[①]在很长的时间内，中国在对外贸易中一直处于出超地位，使得白银大量流入中国，这对清代的社会经济有着极为深远的影响。

二、管理机构与政策

在1840年之前，清廷对外贸易有一套专门的管理机构，即海关和洋行。自康熙二十三年（1684年）开放海禁后，清廷先后在福建漳州、广东

---

① 梁廷枏等：《粤海关志》卷25《市舶》，文海出版社1975年版，第1818页。

广州十三行商馆区

广州、浙江宁波和江苏云台山设立闽海关、粤海关、浙海关、江海关。海关负责制定并征收关税、稽查货物，归户部管辖，并"署吏以莅之"[①]，自此海关成为进出口贸易的征税机构，取代了明代的市舶提举司制度。到了乾隆初年，宁波地区的丝绸、茶叶价格比广州低，吸引了大批外国商船前来贸易，许多外国商船擅闯内地口岸，并载有武器，引起清廷的不安。自乾隆二十二年（1757 年）起，清廷提高了宁波等地的海关关税，意在使"番商无利可图，比归粤省"，然而由于"浙省出洋之货价值既贱于广东，而广东收口之路稽查又加严密"，收效甚微。于是清廷下令"将来只许在广州收泊贸易"，从而限制了对外贸易的数量。自洪任辉事件后，清廷更加严格地执行一口通商政策，粤海关成为唯一的对外贸易海关。

清廷还设立洋行负责经营对外贸易。洋行又称行商，其功能类似于牙行，是促成对外贸易的中介组织。广州的洋行在康熙年间有 10 家，至乾隆十六年（1751 年）有 26 家，至道光十七年（1837 年）最终确定为 13 家，故又称"十三行"。清廷规定，凡是外商对华进行贸易，必须通过洋行之手。

---

① 王之春：《清朝柔远记》卷 2，中华书局 1989 年版，第 36 页。

在实行广州一口通商之后，广州的十三行成为清廷指定的对外贸易机构，成为"公行"。十三行的行商均为大商人，他们垄断了对外贸易，且有代外商缴纳关税、向外商传达清廷的政令的责任，成为清廷与外商沟通的桥梁。十三行中的怡和行伍秉鉴最为著名，据估计他的财产多达 5200 万两。乾隆七年（1742 年），清廷还创立保商制度，规定外国货船到粤后，所投之洋行即为该外商的保商，关于外国货船的一切事宜均由该保商对官府负责，外商如有违法之事发生，清政府也要唯该保商是问。各国外商可以在广州租赁十三行提供的房屋作为商馆。1838 年，美国、英国、法国等国的商人在广州设立的商馆就有 57 个，居住着 300 多个外国人。在十三行的管理体制之下，外国商人受到了严格的限制：不能在中国市场上自行买卖，必须由行商经手承办；在广州也不可随意行动，不准与清朝官方有直接接触，其请求也必须由行商代为传达。随着鸦片战争后《南京条约》的签订，公行制度被废除，洋行逐渐退出了历史舞台。

同时，清廷还制定了许多章程，如《防夷五事》《民夷交易章程》，严格限制来广州进行贸易的洋商，还规定外国护货兵船不准驶入内港，否则将予以驱逐并停止贸易；外国商人销货后，要依期随同原船离粤，不得在澳门逗留；如有行欠未清，可准留司事者一二人在澳住冬清理，如敢任意久住或增加人数，查明驱逐。与此同时，清廷也对中国出海贸易之商船有诸多限制，如装载货物不得超过 500 石，每船只准带铁锅一口，每人只许带铁斧一把，船上所有人员须详细登记姓名、年貌、履历、籍贯，预先规定往返日期，每人每日只准带米一升。

清廷实行闭关锁国政策的根本原因，是受自给自足的经济结构的影响，如乾隆帝致英王书中所言："天朝物产丰盈，无所不有，原不藉外夷货物以通有无。特因天朝所产茶叶、瓷器、丝巾为西洋各国及尔国必需之物，是以恩加体恤，在澳门开设洋行，俾得日用有资，并沾余润。"[①] 但在当时的条件下，也有通过闭关政策维护国家主权和领土完整的考虑。

---

① 梁廷枏等：《粤海关志》卷 23《贡舶》，文海出版社 1975 年版，第 1679—1680 页。

第八章　清代的经济发展

第一节　清代的农业

清代前期是中国历史上封建社会的繁荣时期，尤其是康熙、雍正、乾隆三位皇帝在位的一百余年，被后世称为"康乾盛世"。在此期间，社会稳定，经济繁荣，人口增长速度极快。明清之际，由于战乱频仍，全国人口急剧减少，随着清朝对全国统治的确立，社会逐渐稳定，加之统治者推行了鼓励垦荒以及更名田等合理的政策，人口逐渐恢复，在雍正朝恢复到了明代的最高水平。乾隆六年（1741年），清廷对全国人口进行统计，此时全国约有1.4亿多人口。此后，清代人口一直保持着快速增长，至道光二十年（1840年），达到了4亿。人口的快速增长是以农业进步作为前提的。清代重视对边疆和山区土地的开垦，重视引进、种植高产作物，注重传统农业技术的进步，从而提高了农业生产力，得以养活更多的人口，有力促进了人口的增长，可见农业的发展对于清代历史有着尤为重要的意义。

一、土地开发与水利兴修

经过明末战争和清初战争的破坏，社会经济发展受到沉重打击。顺治八年（1651年），全国在册的纳赋民田才2998584顷，仅占明朝天启六年（1626年）7439319顷的五分之二，可见形势的困难。随着清朝对全国统治的确立，为恢复经济，顺治时期开始在全国推行轻徭薄赋、鼓励垦荒的政策。顺治元年（1644年），清廷下令"凡州县、卫所荒地无主者，分给流民及官兵屯种，有主者令原主开垦，无力者官给牛、种，三年后起科"，通过减免三年赋税的方式鼓励民间垦荒，并对遭受战乱及天灾的地区进行大规模的蠲免；随后，又下令根据垦荒的数量对地方官员进行考成。顺治十三年（1656年），清廷宣布各省开垦土地，对殷实之户垦有成效者，量为录用，"招民一百名者，文授知县，武授守备；百名以下、六十名以上者，文授州同、州判，武

清代开垦梯田

授千总；五十名以下者，文授县丞、主簿，武授把总。若数外多招，每百名加一级"[1]。顺治十八年（1661年），全国耕地约有549万余顷，至康熙雍正年间，实行废除圈地、推行更名田、一再推迟起科年限等政策，进一步促进了土地的开垦。地丁银的实行，也减轻了农民的负担，刺激了人口的增长。在一系列重农措施的刺激下，耕地数量和人口增长极快，由于人口压力的增加，大批移民向山区和边疆流动，并且新的农作物推广开来，使农业土地开发利用的深度增加，大量山地以及河滩被开发成新的农业种植用地。这种扩张型的垦殖成为清代农业发展的一大特点，且影响深远。

各省交界处的深山老林地区是清代垦殖的重要目标。由于全国普遍适宜农耕的土地基本已被垦殖殆尽，加之大量人口往山区流动，山地成为新的开

---

① 刘献廷：《广阳杂记》卷3，中华书局1957年版，第123页。

垦对象，以前曾被开垦的山地越垦越高，开发难度大的深山老林也成为开垦的新对象。川陕楚边界的秦岭—大巴山区、湘鄂川黔边界的武陵山区、闽浙赣边界的武夷山区、湘鄂赣边界的幕阜—武功山区、湘赣粤边界的南岭山区等地，都是在清代被开辟为新的耕地。这些山区中主要种植一些适宜在山地中生长的作物，如粮食作物玉米、红薯、水稻等，经济作物烟草、甘蔗、苎麻等，此外，还有一些经济林产品，如油桐、漆树等。耕作方式有精耕细作的梯田，也有较为原始粗放的坡地。

河湖滩涂的垦殖也是清代土地开发的重要方面，人们在河流湖泊的岸边、河洲以及海滩等地进行垦殖，围湖造田，即所谓"与水争地"。与水争地并非始于清朝，从唐末起便有圩田出现，但清代与水争地现象极为频繁，规模庞大，涉及全国各地，影响亦为深远。从康熙年间起，百姓便在长江中游地区，特别是在汉江、洞庭湖的河湖地区大规模修筑垸田，这一活动到乾隆时期达到顶峰。《湘阴县志》记载"新旧堤堰参伍错杂，拭目遥瞻，如星罗，如棋布，如蝌蚪蜿蜒，如碧椀团圆，遐迩之民，皆于此蔀屋，于此蓑畚矣"，可见当时堤垸规模的庞大。长江下游的苏皖沿江地区以及鄱阳湖区、太湖区等地区，则以圩田为主要开垦形式，即围湖造田，百姓在河滩沙洲上围垦，以及在堤坝上垦殖，建立圩堤。黄河、长江、珠江、钱塘江等大河、大江的入海三角洲以及附近滩涂，是清代土地开垦的又一重要对象。清代江河上游的水土流失严重，江河的入海口滩涂淤积速度很快，因此开垦的速度和规模都是空前的，在这里开垦的土地被称为沙田。有些地方围垦滩涂甚至出现了人工促淤或提前报垦的现象，可见民间对于围垦的积极性。

清代土地的大规模开垦，也受到了政府政策的鼓励。乾隆五年（1740年）七月，乾隆帝颁布上谕：

从来野无旷土，则民食益裕。即使地属畸零，亦物产所资，民间多辟尺寸之地，即

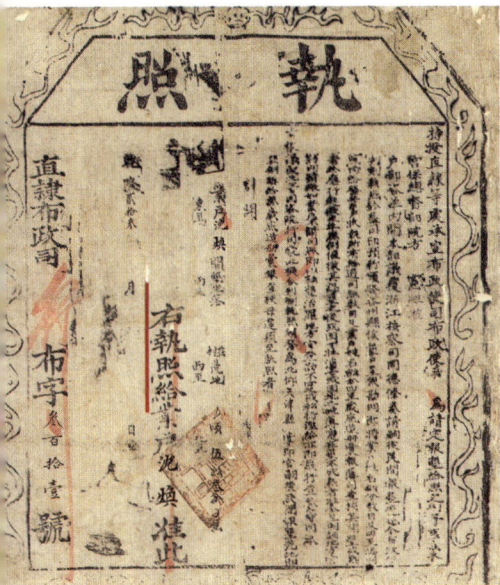

垦荒执照

多收升斗之储，乃往往任其闲旷，不肯致力者，或因报垦则必升科，或因承种易滋争讼，以致愚民退缩不前。前有臣工条奏及此者，部臣以国家惟正之供，无不赋之土，不得概免升科，未议准行。朕思则壤成赋，固有常经，但各省生齿日繁，地不加广，穷民资生无策，亦当筹划变通之计。向闻边省山多田少之区，其山头地角，闲土尚多，或宜禾稼，或宜杂植，即使科粮纳赋，亦属甚微，而民夷随所得之多寡，皆足以资口食。即内地各省，似此未耕之土不成丘段者，亦颇有之，皆听其闲弃，殊为可惜。用是特降谕旨，凡边省内地零星地土可以开垦者，嗣后悉听该地民夷垦种，免其升科，并严禁豪强首告争夺，俾民有鼓舞之心，而野无荒芜之壤。其在何等以上，仍令照例升科，何等以下，永免升科之处，各省督抚悉心定议具奏，务令民沾实惠，吏鲜阻挠，以副朕子惠元元之至意。①

这是对清代农业发展有重要影响的一道上谕。通过这道上谕，清廷对各地的"零星土地"进行了界定与免科，极大地调动了百姓的生产积极性，直接刺激了清代土地的开发利用。

随着商品经济的发展，清代的土地租赁市场也出现了新的变化，特别是永佃制得到推广。永佃制出现于宋，清代流行于苏浙赣闽皖等省。地主的土地所有权发生分离，被分割成田底权与田面权。佃农投入工本垦荒、改良土地或出资购买，地主用田面权形式，将土地的经营权和部分土地所有权授予或转让给佃农。地主对田底、佃农对田面，分别享有占有、收益和处置的权利，但地主无权增租夺佃和干预佃农的生产经营，佃农获得了完全的经营自由。地主土地的全部经营权和部分所有权向佃农转移，是明清时期土地租佃制最重要和最本质的进步。

清代土地所有权与使用权的分离，在各地形成不同的名称，如田底田面、田骨田皮、田根田脚。有的地方认为永佃权是土地所有权的一部分，因此享有永佃权的被称为"二田主"，形成"一田二主制"。佃农视永佃权为一种产业，可以出让、遗赠或转售。永佃权有时价，而且往往比田骨的价值更高。安徽歙县的田皮价格，在雍正十二年（1734 年）每亩只值白银 1.388 两，

---

① 《清高宗实录》卷 123，中华书局 1985 年版，第 811 页。

远低于当时每亩 7 两的田价。由于被市场看好，需求旺盛，田皮价格一路飙升。直到嘉庆元年（1796 年），田皮价格涨到与田价看齐，每亩都在 17 两以上。60 余年的时间，田价不过上涨 1 倍，而田皮价格却增加了 10 倍。田皮市价超过田价后仍继续上涨，道光八年（1828 年），田皮价格已是田价的 2 倍。

当然，也应该看到，土地的过度开发，使生态环境遭到严重破坏。山区的过度开垦引起水土流失，过度的与水争地导致河道变窄，湖泊蓄水能力下降，这成为洪水频发的重要原因。乾隆后期，政府也开始对过度围垦进行限制，然而收效甚微。

农业的发展离不开对灾害的防治和农田水利的支持。有清一代有"东南三大政"之说，"曰漕，曰盐，曰河"[①]，可见治理河道的重要性。去水之害，兴水之利，成为农业发展的重要条件。清代黄河水患频发，屡屡改道，尤其是黄河夺淮入海后，黄河水中的泥沙也进入淮河和大运河中，造成河道淤塞，漕运困难，既增加了水患危险，也影响农业发展。因此，治理黄河、淮河、大运河的水患，成为清代治河的主要内容。

为治理河道，自清初便设立河道总督一职。康熙十六年（1677 年），清廷任命靳辅为河道总督，靳辅对黄、淮、运河进行了有效的治理，时间长达 11 年之久。靳辅治河，继承了明代潘季驯的治河思想，重用水利专家陈潢，对黄河进行分段治理，采用"坚筑堤防""束水攻沙""借清刷黄"等方针，取得了极为有效的成就。陈潢善于总结古人的治河经验，指出黄河"经历既远，容纳无算，又遭西北沙松土散之区，流愈疾而水愈浊，浊则汤淤，淤则汤决"，因此治理黄河的根本是治理好中上游。同时，在治河过程中，他还发明了测量水的流量方法，"以测土方之法，移而测水"，即"以水纵横一丈，高一丈为一方"，从而为排洪提供了依据。靳辅的治河可以分为两个阶段，第一阶段从康熙十六年（1677 年）起至二十二年（1683 年）止，主要是堵塞决口，使黄河恢复旧道；第二阶段将工程由苏北移向河南，筑堤修埽，杀减水势，防止下游决口，保证漕运。自靳辅治河、淮，继其后者，疏

---

① 德庆：《序》，载阿克当阿修，姚文田等纂：《嘉庆重修扬州府志》，广陵书社 2006 年版，第 2 页。

浚修筑，"多守辅旧规"①，在随后的近50年时间里，黄河都没有发生大的改道，可见靳辅的治河方法为清代后来治理黄、淮、运河奠定了基础。

在京畿地区，重点是治理永定河。永定河原名浑河，从山西黄土高原东流，挟带大量泥沙，经常淤塞。永定河含沙量高，且改道频繁，对北京、天津地区造成了很大的水患威胁。自清初顺治年间直至道光末年，清廷对永定河进行治理，建立堤防、堵塞决口、开通新河、疏浚旧河达40余次，其中规模较大的几次有康熙三十七年（1698年）直隶巡抚于成龙主持的大修，雍正三年（1725年）怡亲王允祥、大学士朱轼主持的对新河的开凿，乾隆三十七年（1772）对河道的疏浚等。康熙时从良乡至东安（今河北安次）开掘了一条二百多里的新河道，并在两岸修筑堤防，从此河水安流，不再泛滥成灾，浑河的名字遂改为永定河。农业水利方面，自康熙末年开始在京畿地区进行水利营田，以缓解北方的粮食紧缺，改变南粮北运的现象。其中雍正初年的水利营田为规模最大的一次，开水利田多达6000余顷。但是由于自然因素等条件限制，京畿营田收效甚微，很快便衰落下去。

长江中下游地区的治理主要有两方面：一是在长江干流和支流修建干

---

① 赵尔巽等：《清史稿》卷279《靳辅传》，中华书局1976年版，第10122页。

堤，二是在长江流域各湖区修建圩垸。长江干堤是长江水利堤防的主体，贯穿湖北、湖南、江西、安徽、江苏五省，其中较著名的堤段有荆江大堤、同马大堤、无为大堤等。干堤大部分地段形成于明清时期，清代除新修部分堤段外，还对干堤进行维修加固，并确立了完善的制度。乾隆五十三年（1788年），长江中游地区降雨量激增引发洪水，波及湖南、湖北等地，其中荆州城受灾最为严重，万城堤决口二十余处，荆州城全城被淹，溺毙万余人，造成严重的损失，为此清廷花费巨资大修长江堤防，并建立起岁修制度，直至道光二十年（1840年），仍对荆江大堤等堤防进行维护。除了干堤之外，在河湖地区的圩垸修筑也同样重要。圩垸直接保护了村庄田地，并且是建设圩田、垸田的保障，"民田必因地高下修堤防障之。大者轮广数十里，小者十余里"①。圩垸一般有一系列的配套设施，如斗门、闸、月塘等，具有泄水蓄水的功能，这对于抵御水旱灾害和保障农业生产起到了非常重要的作用。

除了长江、黄河等流域外，其他地区的防灾及水利设施在清代也有发展。清代在太湖地区的治理，主要以治理三江水道为中心。在康雍乾百余年盛世期间，太湖地区的水利建设达到高潮，其中以雍正五年（1727年）和乾隆二十八年（1763年）的工程规模较大。至嘉道时期，太湖地区的治理仍在继续，而道光十五年（1835年）由江苏巡抚林则徐主持的修浚，是该时期规模最大的一次，该次修浚效果显著，有力地缓解了洪涝灾害，促进了农业发展。

在东南沿海地区，为预防台风等自然灾害，清廷极为重视对该地区海塘的修建。东南沿海的海塘建设，同样也集中于康雍乾盛世时期。在这一时期，海塘不只是得到大规模的修补，还有大部分海塘由土塘改建为石塘，从而大大加强了预防灾害的能力，其中以雍乾时期修筑的鱼鳞大石塘规模最大，影响深远。

在西北地区，由于水资源缺乏，引黄灌溉成为解决农业用水的主要措施。清代在宁夏地区新修的灌溉渠道主要有三条：一是康熙四十七年（1708年）修筑的大清渠，二是雍正四年（1726年）修筑的惠农渠，三是与惠农渠同期修筑的昌润渠。三条灌溉渠的修筑对宁夏的农业发展起到了很大的作用。此外，内蒙古、新疆、青海等地也有灌溉渠道的修建。

---

① 童承叙：(嘉靖)《沔阳州志》卷 8《河防》，成文出版社 1975 年版，第 182 页。

二、高产农作物的种植与农作制度改良

清代的农业发展主要体现在高产作物的种植与相对应的新型农作制度上。为养活更多的人口，清廷尤其是乾隆帝时期积极推广高产作物。所谓高产作物，即来自美洲的新型作物，如玉米、番薯、土豆等，以及对传统农作物的育种改良。一些新型的作物适宜在山地生长，也促进了边疆的开发，有着重要的社会意义。

玉米，又名玉麦、苞谷等，原产地是南美洲，一般认为是在 16 世纪中叶传入中国的，但在明代种植并不广泛。到了清代，玉米产量高、可在山地种植、抗旱、耐贫瘠等特点为人们所熟知，才开始得到大量种植。至雍正时期，全国大部分省份都有了种植玉米的记载。到了清代乾隆、嘉庆、道光时期，由于人口激增，人地关系紧张，玉米在全国的种植面积迅速上升，在一些山区甚至超过了传统作物。番薯，又名红薯、地瓜、山芋等，约 16 世纪由吕宋传入中国东南沿海地区。番薯具有与玉米类似的高产、耐贫瘠等优点，首先在东南沿海地区如福建、广东等地种植，至乾隆时大规模向全国推广。马铃薯，又名土豆、洋芋等，原产地美洲，约 17 世纪中期传入中国，至清代乾嘉时期开始在山地大范围种植，主要在川东山地、陕南山地、鄂西山地大面积种植。由于玉米、番薯、马铃薯的高产、耐旱、适宜山地种植等特点，这些作物在清代后期尤其是在山区已成为主要的粮食作物。

御稻米培育与推广的书籍

除了从美洲等地引进高产作物以提升粮食产量外，对传统作物进行良种的选育也起到了提高粮食产量的作用。清代出现的"御稻米""白粟"等品种，

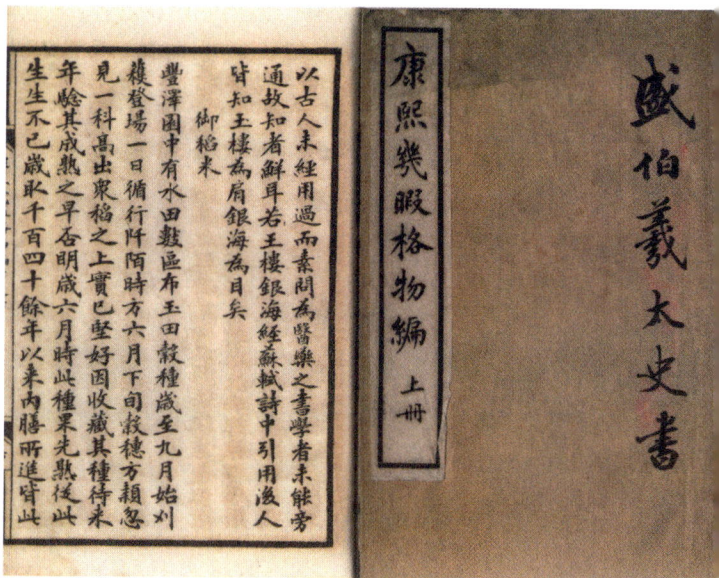

都是选育出来的高产良种。御稻米由康熙帝在丰泽园稻田中发现，他在《御制文集》中说："时方六月下旬，谷种方颖，忽见一科，高出众稻之上，实已坚好。因收藏其种，待来年验其成熟之早否。明岁六月时，此种果先熟。从此生生不已，岁取千百。"白粟的发现则是"乌喇地方树孔中，忽生白粟一科。土人以其子播获，生生不已，遂盈亩顷"。据乾隆七年（1742年）官修《授时通考》记载，清代有水稻良种3429个，谷物良种251个，小麦良种30余个，大麦良种10余个。选育良种的技术进步也使粮食的产量得到极大提高。

清代农作制度的改良，主要是指提高复种指数，发展多熟制的耕种方式。这是在开垦土地外，解决耕地不足的又一途径。在南方，稻麦两熟是最为普遍的耕作技术，类似的模式有稻豆两熟、稻油两熟、稻与烟草等经济作物两熟，等等。而双季稻的种植既是选种技术的进步，也使稻麦多熟制进一步发展。明代，双季稻主要在福建、广东地区种植，并未推广开来。至康熙后期，江南地区开始大面积种植双季稻，后逐渐推广至江西、安徽、浙江、云南、贵州、四川等地。双季稻耕作的方式，主要有间作、连作两种，亩产量可达到5—7石，在其基础上再加入一季麦或油菜，就形成了麦（油菜）稻稻三熟制。两季稻加上一季麦，使粮食产量成倍提高。由于三熟制对光照、水分、温度、肥料等要求较高，因此主要实行于广东、福建地区，长江流域地区次之。在三熟制的基础上还开发出稻豆套种、稻薯套种等方式。清代农业注重施肥，采取多种方法积肥，普遍使用苗粪、草粪、火粪，根据土质类别，施以不同的粪肥。

在北方，受气候、水利等条件限制，大多数地区是以一年一熟的耕作制度为基础，在旱作地区主要施行豆麦种植，少数地区推广稻作生产。在山东、河北、河南、陕西等省份的复种粮食作物主要有麦类、豆类、谷类、油菜、高粱等，经济作物则为棉花、烟草等。通过种植一季冬麦，加种一季豆类或谷类，或者棉花、烟草，达到两年三熟。

三、经济作物的种植

在清代，由于商品经济的发展与市镇网络的密集，在经济发达地区和接近市镇、处于贸易网络的村庄中，经济作物的种植极为普遍，甚至有些地区经济作物的种植远超粮食作物。桑、麻、棉及染料类作物，以及茶、烟、甘

江南桑园

蔗和油料类作物的广泛种植，为手工业提供了充足的原材料，其交易过程也对促进商业发展、加快市镇的兴起与扩大具有重要意义。

桑在中国的栽种具有悠久的历史。隋唐时期，中国的桑种植区主要集中于黄河中下游地区。宋元时期，北方普遍种植棉花，南方则大量从事丝绸出口贸易，因此桑种植区"南移"到了南方。到了清代，主要形成了长江三角洲种植区和珠江三角洲种植区这两大种植区。长江三角洲地区是最重要的桑种植区，出现了许多专门种植桑树的专业户，江浙地区的许多市镇都设有桑行。苏州、湖州、杭州、嘉兴一带的不少农民食蚕桑之利，专以卖出桑叶或养蚕卖丝为目的。浙江"田多种稻，地多植桑，因蚕利十倍于耕"，而出现了弃耕养蚕的局面。清廷自乾隆二十二年（1757 年）开始实行闭关政策，广州成为唯一的对外贸易口岸，从而直接刺激了该地区桑树种植业的发展，广东鹤山"几乎无地不桑，无人不蚕"。此外，四川阆中也以"阆丝"闻名，桑蚕业颇具规模。陕西、贵州、湖北、山东、河南等省亦有桑蚕业。

麻与桑同为中国的传统经济作物，在棉花传入前也为古代主要衣料。清代种麻的品种主要为苎麻，种麻的省份也主要集中于江西、安徽、湖南、福建、广东等南方省份。麻适宜在山区丘陵地带种植，因此闽、赣、湘三省交界处的山区成为产麻较为集中的区域。福建夏布纺织业发达，对麻的需求量大，甚至有商人到广东、江西等邻省包买苎麻。

棉花种植

　　棉花在中国的流行较晚，但后来居上。明代棉花在中国得到普遍推广，到清代种植范围进一步扩大，北起新疆，南至海南岛，"遍及宇内"。江浙地区所产"松江布"闻名全国，松江、太仓、通州一带"务本种稻者不过十分之二三，图利种棉者则有十分之七八"①。湖北、山东、直隶、河南也是重要的棉产区。清代的染料类作物主要为靛蓝。靛蓝的种植同样受到了印染业发展的影响，主要集中在福建、江西、浙江的山区，种植的商业性极为明显。

　　中国种植茶叶的历史极为悠久，在清代之前，茶叶是中原王朝与塞外游牧民族进行贸易的重要物资。到了清代，塞外、边疆地区大多被纳入其版图，茶马贸易逐渐废弛，茶叶的流通主要以商业贸易为主。同时，西方对茶叶的需求猛增，使茶叶成为最重要的大宗外销商品，从而促进了种茶业的发展。清代的茶叶产地主要分布于南方诸省，福建的武夷茶，安徽的六安茶、松萝茶，湖南的安化茶，云南的普洱茶等，皆是名品。茶叶需求量大，利润丰厚，茶叶种植遂成为南方百姓重要的收入来源。

　　烟草在明代中后期由吕宋传入中国东南沿海地区，至清代已在全国得到普遍种植。清代吸烟风气日盛，种植烟草利润很高，占用了大量田地，出现

---

① 高晋：《清海疆禾棉兼种疏》，载贺长龄、魏源等编：《清经世文编》卷37《户政》，中华书局1992年版，第911页。

了与五谷争田的情形。清廷颁行禁烟令，但收效甚微。福建、广东、江西、湖广、山东、直隶等地，都是规模较大的产烟区，有的地方是"烟草之植，耗地十之六七"①。

甘蔗是制糖的重要原料，随着需求的扩大，甘蔗在清代的种植规模也不断扩大。除承袭明代甘蔗的主要种植地区福建、广东两省外，清代台湾和四川也成为重要的甘蔗种植区。其他地区如江西、浙江、广西、湖南、云南也有甘蔗种植的记载。

油料作物主要有油菜、花生等。油菜又名芸苔、苔菜等，其菜籽所榨之油，是中国古代人民的主要食用油。油菜性喜温良，对土壤要求不高，种植范围极为广泛，全国各地都有种植，主要产区为江苏、浙江、安徽、江西、湖南、湖北、四川、贵州等省。由于是冬种冬生，因此油菜可与水稻等作物轮作，提高了土地的利用率。花生，又名落花生、长生果等，明代由海外传入中国，既可食用，又可榨油。17世纪时花生主要在南方地区种植，至18世纪清代中期，开始推广至黄河流域。花生适宜在沙质土壤和丘陵地带生长，山东成为最主要的花生产地，而辽东半岛、四川、湖北、湖南、江西等地区的丘陵和沙地，在清代中后期也开始种植花生。

随着商品经济的发展，专门为城市人口服务的商业性园艺作物随之得到发展。广东不少地方专以花果为业，番禺县李村、大石一带，"多荔枝树，龙眼叶绿，荔枝叶黑，蔽亏百里，无一杂树参其中，地土所宜，争以为业，称曰龙荔之民"②。鸦片战争前，北京、苏州、广州等大城市都有了蔬菜和花卉的专门种植区，这也是农业商品化的重要表现。

第二节　清代的手工业

在清代，手工业是除农业之外最重要的生产部门。就实际发展水平而言，清代手工业较前代有了很大的提高。清前期手工业的发展，突出表现为

---

① 郭起元：《论闽省务本节用疏》，载贺长龄、魏源等编：《清经世文编》卷36《户政》，中华书局1992年版，第893页。
② 屈大均：《广东新语》卷25《木语》，中华书局1985年版，第626页。

拉梭织机

官营手工业的衰落和民间手工业的扩大兴旺。官营手工业的衰落始于明中叶，顺治二年（1645年），清廷令各省俱除匠籍为民，免征京班匠价，官营手工业及官府需用匠役，改为计工给值的雇募制。康熙二年（1663年），因班匠银征收困难，康熙帝下令将班匠银改入条鞭征收，自此以后，各地陆续将班匠银摊入地丁田赋中征收，匠籍也就随之被逐渐废除了。废除匠籍制度，标志着官营手工业中生产关系的根本性变革。随着官营手工业被削弱，一些行业向民营开放，如盐业，铁、铜铅、金银矿业等；一些行业被民间手工业取代，如造纸业、酿酒业等；尚存的一些，在经营范围和经营规模上进一步缩小，生产过程开始部分依赖于民间手工业的设施、人力，如织造业、陶瓷业、造船业等。

与此相适应，民间手工业，尤其是家庭手工业则得到空前发展。在一些发达地区，如江南地区，商品生产的发达导致农民家庭生产结构的变化，商品性生产的手工业开始转化为主要产业，农业则退居次要地位。农业家庭虽还没有脱离农业，但已转为主要依赖手工业收入来维持大部分生计，并出现了专门从事某一行业、某一工序的独立手工业者或生产单位（作坊、工场）。部分农户则有田不耕，转租给他人，自己专门从事手工业。由于大量手工业雇佣劳动者的出现，一些地方的劳动力市场已经形成。部分脱离了农业的手工业者开始向城镇集中，在交通便利的地方形成了一批以手工业为主的城镇。清代的纺织、矿冶、制盐、陶瓷等方面，都达到了中国古代的顶峰。

一、纺织业

清代的纺织业极为发达，主要有丝纺织业、棉纺织业、麻纺织业等。不论是规模还是技术，清代纺织业都达到了中国古代的最高水平。

清代的丝纺织业主要集中在江浙地区。丝绸是奢侈品，清廷专门设立官营机构进行管理和生产。除在北京设有织染局外，清廷还在江宁、苏州、杭州分别设立三个织造局，专为皇室提供丝绸。三处织造局由清廷专派官员管理，规模庞大，至乾隆时每处织造局的织机均已达到 600 张以上，工匠超过 2000 人。与官营丝织业相比，民间丝织业虽在规模上不比官营，但发展速度很快，苏州地区"比户习织，专其业者不啻万家"，杭州地区"机杼之声，比户相闻"①，以至有"吴丝衣天下"②的美誉。丝织业的兴盛，促进了江南地区市镇的发展，形成了很多以丝织业为主的专业市镇。除江浙外，广东、四川、湖南、江西等地，丝织业也有发展，尤其是广东，在清代实行一口通商政策之后，成为与西方唯一的通商口岸，使得当地的丝纺业有很大发展。总体上说，官营丝织业资本雄厚、规模庞大，居垄断地位；民间丝织业发展较快，大量存在。

和丝织业一样，清代棉纺织业最发达的地区也在江浙。江苏的"松江布"闻名天下，其发展也受到清代鼓励政策的影响。与丝织业不同的是，棉纺织业的生产形式主要是农村家庭副业式的小商品生产，规模较小，更加分散。在男耕女织的自然经济下，农村中的妇女在家中织布后拿到市场上交换以维持生计并进行再生产，是棉纺织业存在的最重要基础。浙江《平湖县志》称，"比户勤纺织，妇女染脂夜作，成纱线及布，侵晨入市，易棉花以归"，类似的例子不胜枚举。在家庭副业式生产的基础上，棉纺织业也出现了一定的专业化趋势。在一些市镇中，出现了专门纺织棉布的作坊和劳动者"机工"，也逐步有了轧花、纺纱、织布、印染、踹压等分工，每个工种都有各自独立的作坊，并形成了独立的行业，如印染业、踹布业等。这表明专业化的生产模式已具有相当的规模。麻纺织业主要集中于福建、广东、江西等南方省份。这些地区适宜种麻，麻布也适合在较为凉爽的地区使用。

二、矿冶业

清代矿业的发展较为曲折。出于担心开矿禁会滋生流民生事，以及在边疆地区可能引起冲突等原因，清代前期的矿业政策较为保守，对开矿一直进行着较为严格的限制。但社会的需要，又导致矿冶业的发展不会以统治者的

---

① 厉鹗：《东城杂记》卷下，载《笔记小说大观》第 17 册，江苏广陵古籍刻印社 1983 年版，第 226 页。

② 唐甄：《教蚕》，载贺长龄、魏源等编：《清经世文编》卷 37，中华书局 1992 年版，第 910 页。

意志为转移。对于大多数种类矿藏的开采，清廷普遍采取官府监督、招商承办的方式，按二八抽课或三七抽课。

铜矿的开采是清代最为重要的矿业开采。铜是清代铸造货币的主要材料，清廷对铜矿的开采极为重视，称之为"铜政"。清代前期市场上铜钱的流通量不足，"银贱钱贵"是普遍现象，导致清廷对铜矿开采采取较为宽松的政策，连对开矿最为保守的雍正帝，也主张各省开采铜矿，加炉铸钱。开采铜矿规模最大的地区当属云南。康熙年间，清廷就鼓励云南的地方官员招商承办铜矿，有的官员还提出由官方出资作为预付资本，余铜也可以由官方收购。雍正五年（1727年），云贵总督鄂尔泰奏请动用盐务盈余银6万两，收购云南余铜200余万斤，得到批准。至此清政府开始大规模干预铜矿开采。乾隆年间，云南的铜矿开采达到顶峰，"普天之下业此者不下数万户，藉此以衣食者不下数十万人"[①]。云南铜矿的开采，促进了社会经济的发展，养活了大量百姓，也维护了清代前期国家的金融秩序，具有深远的意义。

铁矿开采关系到社会民生，清代的冶铁业也较为发达。号称"天下四镇"之一的佛山镇是清代著名的铸造铁器的基地，被称为"铁都"。佛山镇"炒铁之炉数十，铸铁之炉百余，昼夜烹炼，火光烛天"[②]，其规模可见一斑。这里主要生产铁丝、铁针、铁钉、铁锅等生活用铁器，其中铁锅最为有名，由于质量较好，远销海内外。除佛山外，浙江、安徽、湖北等地的冶铁业也极为发达。此外，煤、金、银、硫、锡、铅等矿藏，在清代也得到了一定程度的开采。

三、其他

盐政作为清代"三大政"之一，受到清政府的高度重视。盐在清代属于专卖、重税的商品，政府管理极为严格，而盐课也为清廷税收的重要来源之一。盐的种类按生产方式可分为海盐、池盐、井盐。制盐技术方面，清代在海盐和池盐方面依然采取传统的煮晒、垦畦之法。井盐制造技术则取得一定的进步，清代可以开凿深度达400余丈[③]的盐井，也能够利用天然气煮盐，还运用一些制盐器械来取代人力，从而提高了井盐的产量。

---

① 海望：《请弛铜禁疏》，载贺长龄、魏源等编：《清经世文编》卷52《户政》，中华书局1992年版，第1303—1304页。

② 吴荣光：(道光)《佛山忠义乡志》卷5《乡俗》，1926年刻本，第9页。

③ 1丈约为3.33米。

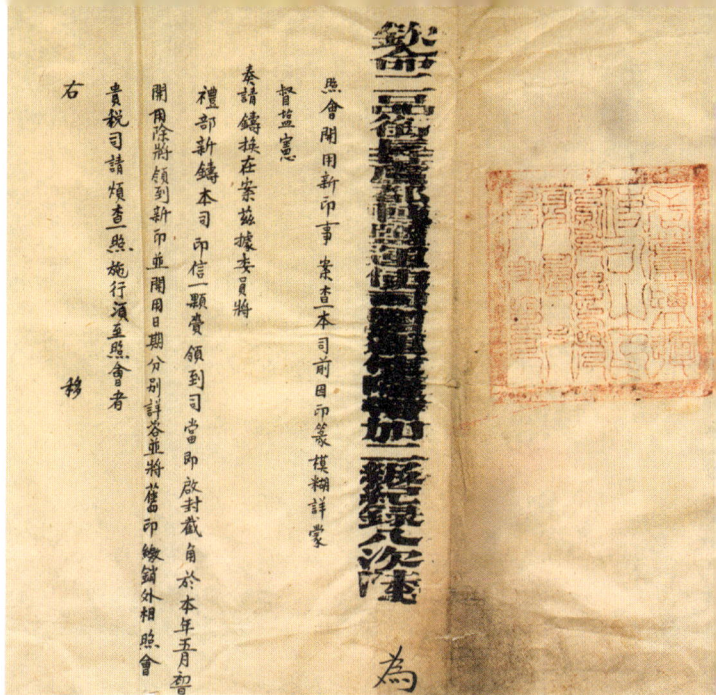

对于盐的销售，清代专门制定了一系列制度，有销售凭证"盐引"及官督商销的销售制度，设置巡盐御史等官员进行监督管理，还有对盐业进行征课的相关规定。清初，朝廷为恢复因战乱而遭到破坏的盐业而施行焙灶、招商、疏引等政策。其中焙灶即指清廷对从事盐业生产的灶丁进行抚恤，包括减免灶丁课税、对贫困灶丁进行赈济等具体事项；此外，清廷还对盐场进行维护。招商亦是清廷恢复盐业生产的重要措施，清初，为恢复凋敝的盐业，促进食盐销售，清廷招商办引，不依明代征课标准，"量力行盐"，征课以实际的销引数量为准，这一举措取得了良好的成效。在管理体制上，清代大体上沿袭明朝旧制，实行官督商销政策。《清盐法志》记载："以盐务根本在场产，枢纽在转运，归墟在岸销，故设长芦、山东、两淮、两浙、两广各运司，并河东、四川、云南各盐道，以司产运；设河南、陕西、甘肃、湖北、湖南、江南、江西、广西各盐道，以司岸销。皆受成于盐政。"在中央，户部山东清吏司为盐政最高管理机构，巡盐御史是中央朝廷派往地方各个盐区的管理官员，食盐销售的具体施行则由与朝廷合作的盐商负责。

清代陶瓷的最重要产地仍是景德镇。景德镇的陶瓷制作技术达到了中国古代传统制瓷业的巅峰。清代宫廷对精美陶瓷的需求量极大，清廷在景德镇特设御窑厂，置官管理，专为皇室制造瓷器。御窑厂规模大，工人众多，制作工序细致复杂，分工细密。清廷对御窑厂的投资也大，乾隆时期每年都要投入七千两白银，至嘉庆时期，由于国家财政收入下降，清廷缩减了对御窑厂的投入，但是每年仍"统以五千两为率"。景德镇的民窑也很发达，从事陶瓷生产的民众数以万计。陶瓷业的兴盛，也使景德镇成为重要的陶瓷贸易

基地，吸引了大量商人的到来。景德镇的瓷器不仅畅销国内，还远销海外，成为清代重要的外贸商品之一。除景德镇外，直隶、陕西、四川、广东等地的陶瓷业也有发展。清代瓷器有青花、五彩、粉彩、珐琅彩、素三彩等，其中尤以粉彩和珐琅彩最为出名。

此外，清代的其他手工业如造船业、造纸业、制糖业、印刷业等也都有所发展。

第三节　清代的商业

清代农业和手工业的发达，促进了商业的繁荣，加之清朝统治者采取恤商惠商的政策，传统商业在清代发展到了相当的高度。市镇的兴起和区域经济的形成，是清代商业的重要特点。

一、商品经济的繁荣

清代在国内流通的商品主要有三大类：一为粮食；二为手工业品，以布、盐为大宗；三为经济作物，以棉、丝、茶为大宗。广大的农村和庞大的人口为商品的流通提供了巨大的市场。在经济最为发达的江南地区，当地人多从事手工业，其所需粮食主要来自湖广、四川等地，而湖广、四川等产粮区又从江南进口棉丝织品等手工业产品，这就形成了商品的流通。清代商品的流

通量极大。据吴承明统计，清代进入市场流通的粮食约有3600万石，扣除漕粮后尚有3000万石以上，其数额高出明代3倍左右；进入市场流通的棉布约有45000万匹，高出明代1.5倍左右。清代主要流通商品的数额远远超出明代，可见当时商品经济的发达。

随着商品经济的繁荣，明清时期的雇佣关系也得到很大的发展。这种雇佣关系自明代中后期以来就已经相当普遍，但因明末农民起义和清初的统一战争遭到严重破坏。清朝统一全国后，社会经济逐渐恢复发展，至清代中期，这种雇佣关系得到恢复并缓慢发展。与明代相比，清代手工业的规模扩大，在江苏纺织业较为发达的地区，出现了一些掌握大量资本和生产资料的"账房"，账房专门雇用一些小机户，为其提供原料，机户将原料加工后送回账房，这使得"机户出资、机工出力"的雇佣形式有所发展。同时，随着制糖、制盐、矿冶、造纸等手工业规模的扩大，这些行业中也出现了这样的雇佣关系，范围较明代有所扩大。此外，在明代出现的包买商制度，至清代也更加活跃。大量农村的手工业者从包买商手中领取棉花、织机，织成布匹后再送至包买商手中，换取工值。有人把这种现象称为"明清资本主义萌芽"。

商业资本在手工业中的活动也很活跃。在手工业者将其产品如布、丝等送至市镇交易的过程中出现了中间商，如吴江盛泽镇的"绸领头"，就是介于绸庄与机户之间的中间买卖人，专门通过促进买卖双方达成交易而从中收取佣金。各地的牙行，也是这种中间商的组织。牙人，又名牙商，是通过撮合买卖双方最终达成交易，从中收取佣金的商人。牙人这一职业历

史悠久，其雏形可追溯至汉代的驵会。唐宋时期，随着商品经济的发展，牙人的作用日显重要，并出现了行会性质的牙店。明代政府对牙人及牙行的管理日趋规范，牙人需向政府提出申请，获得类似营业执照的"牙贴"，方可营业、开设牙行。牙人需缴纳牙税，并有代政府监督商人纳税的义务。清代继承了明代对牙人牙行的管理制度，但也有变更。明代由地方官员颁发的牙贴，清代改由户部颁发。牙税分为贴费、常年税两种，另有牙捐。在清代，牙行的主要职能即替客商收售商品，甚至具有平衡物价、管理市场的职能。在市镇经济中，牙行对于促进商品的流通有着举足轻重的作用。

　　清代商品经济的发展使商人在社会上的实力得到提升，他们组成了许多商业组织，保护和扩大自身利益，并调解内部矛盾。商人的组织形式在清代获得了新的发展，以地缘关系和行业性质形成的商帮和会馆大批涌现。清代著名的商帮有徽州的徽商、山西的晋商、广东的粤商、福建的闽商、陕西的秦商、洞庭的苏商、宁波的浙商、龙游的浙商、江右的赣商和山东的鲁商，合称为"十大商帮"，其中以晋商、徽商最为著名。清代晋商以从事金融业而闻名，山西平遥为当时全国的金融业中心。晋商在全国各地设立会馆、票号，基本上垄断了全国的汇兑业务。徽商主要从事盐业、典当业、茶业、木材业四大行业，其中以盐业最为著名。清代前期，徽商实力鼎盛，几乎垄断了两淮地区的盐业。商帮、会馆之类的商业组织大批出现，体现了清代商人经济实力的提升和商业的发展。

二、市镇经济的兴起

清代前期，由于社会经济的发展、商业和手工业的繁荣，城市发生分化，出现了商业型的城市。广大的农村市场也非常繁荣，而介于农村和城市之间的工商业市镇更是大规模兴起，成为清代社会经济发展的一大特点。

相比明代，清代工商业型城市获得了更大的发展。清代全国较大的工商业型城市包括苏州、江宁（今南京）、杭州、扬州、济南、天津、淮安、上海、武昌等。其他一些重要的口岸城市，如号称"银码头"的镇江、"布码头"的无锡等也纷纷兴起。一些传统的政治型城市如北京，商业也非常发达。北京、苏州和新兴起的市镇汉口镇、佛山镇，是当时最为有名的四个市镇。

在清中期，苏州已经成为全国最繁华的城市。苏州在清代的经济地位远高于其政治地位。苏州的纺织业极为发达，规模庞大，是全国重要的商品集散地，同时也是清代全国最大的粮食交易市场和丝织品、棉织品交易市场。据史料记载，"东南财富，姑苏最重；东南水利，姑苏最要；东南人士，姑苏最盛"[1]，其繁华程度甚至超过北京，"阊门（苏州城西城门）内外，居货山积，行人水流，列肆招牌，灿若云锦，语其繁华，都门不逮"[2]。至道光二十三年

---

① 沈寓：《治苏》，载贺长龄、魏源等编：《清经世文编》卷23《吏政》，中华书局1992年版，第604页。

② 孙嘉淦：《南游记》，清光绪十四年刻本，第27—28页。

《姑苏繁华图》（局部） 现藏辽宁省博物馆

《姑苏繁华图》是清代宫廷画家徐扬创作的一幅纸本画作，题跋中称其为《盛世滋生图》。该作品完成于 1759 年，历时 24 年。画卷全长十二米多。据统计，画中约有一万两千余人，近四百只船，五十多座桥，二百多家店铺，两千多栋房屋。《姑苏繁华图》以长卷形式和散点透视技法，描绘了当时苏州"商贾辐辏，百货骈阗"的市井风情。

（1843 年），苏州人口已达到 60 余万，仅次于北京。苏州城市功能的转化，表示清代社会经济的发展到达了一个新的高度。外国人对此也留下了深刻的印象："苏州府是一个面积非常大、人口非常多的城。城内房子大部分建筑装饰得很好。这里人民大多数穿丝质衣服，样子显得非常愉快。整个城市呈现出一派繁荣气象。……苏州府一向被认为是中国的天堂。当地人有一句很流行的话，叫作'上有天堂，下有苏州府'。"[①] 乾隆二十四年（1759 年），徐扬画《盛世滋生图》，俗称《姑苏繁华图》，以写实风格描绘了这一时期苏州的人物风情和繁荣之况，类似宋人张择端《清明上河图》之意。

南京的丝织业也很发达，甘熙《白下琐言》记载，乾嘉年间，"民间所产，皆在聚宝门内东西偏，业此者不下千数百家"，所产绸缎纱绢品质优良，城内的书坊所印书画，也驰名海内外。扬州是盐商的大本营，资本雄厚，"四

---

① ［英］斯当东：《英使谒见乾隆纪实》，叶笃义译，商务印书馆 1963 年版，第 451 页。

方豪商大贾，鳞集麇至，侨寄户居者，不下数十万"。盐业和漕运促进了扬州商业的高度发达。杭州在康熙时已有十万户人家，五十万人口，到雍正时期，城市面积进一步扩张，居民稠密。广州是对外贸易的窗口，有"金山珠海，天子南库"之称，"豪商大贾，各以其土所宜，相贸得利不赀"①。

市镇经济的兴起是明清经济发展的重要特点。有学者认为在进入近代社会之前的传统中国，大部分贸易都是在市镇以及其周边的农村进行的。市镇的发展与工商业的发展同步，兴起的原因往往也是工商业的繁荣和商品经济交易的需要。传统市镇位置优越，交通十分便利。清代最著名的"四大名镇"是汉口镇、景德镇、朱仙镇、佛山镇，其中景德镇、朱仙镇、佛山镇分别以制瓷、版画、冶铁等手工业闻名，汉口镇则是长江中游著名的商贸中心。汉口镇是四大名镇之一，其商品市镇的地位可见一斑。汉口镇自明代成化年间建成，至清乾隆年间"今之汉口乃为市场之所集矣"，户口二十余万，成为热闹的商业大镇。由于地处"江汉二水之中，七省要道"交通便利，号称"九省通衢"，汉口镇"当往来要道，居民填溢，商贾辐辏，为楚中第一繁盛处"，"闻昔兹邑，汉皋最为殷阜，地当八达之衢，舟楫所萃，上自三巴、两粤、南楚，下迄江淮，西则密迩荆襄，商船连樯，几于遏云碍日。百货充轫，摩肩击毂"②。来往密集的商船也使汉口镇成为"船码头"，影响力远及四川等地，是连接长江上中下游贸易网络的重要枢纽。汉口镇内市场繁荣，商品种类众多，盐、米、木材是最主要的三大商品，此外还有布、棉、茶、药材等，各省商人都在这里设有会馆。汉口还是清代前期重要的行盐口岸，清廷曾专门设置"匣商"，负责食盐的转运销售。

除了四大名镇之外，江南的魏塘镇、震泽镇，湖北的沙市、宜昌等，都是非常繁荣的商业市镇。比如，震泽镇在乾隆年间已有两三千家居民，"栋宇鳞次，百货俱集，以贸易为事者，往来无虚日"。市镇是连接城市与农村或是农村之间贸易网络的重要节点，成为清代区域经济中层级经济网络的基础。即便是经济欠发达的地区，也出现了库伦、乌鲁木齐、呼和浩特、多伦诺尔、西宁、打箭炉、哈密等商业经济较发达的城市。

---

① 屈大均：《广东新语》卷15《货语》，中华书局1985年版，第432页。
② 黄式度、王柏心：(同治)《续辑汉阳县志》卷28，清同治七年刻本，第12页。

织染工场

三、新经济因素的形成

在手工业和商业发展的基础上，清代还出现了商人资本进入生产领域的现象。在清前期的手工业中，商人资本支配生产的形式主要有三种：商人预买制、包买商制和直接雇工经营。

商人预买制主要存在于农产品加工业中，以控制小生产者的产品销售为特征。它通常是趁生产者资金短缺之时以高利贷的形式预放工本，等到产品成熟后再收购其货。有时，也因商人之间的竞争，导致商人预先发价定买，以保证货源。比如，江西赣州各地农民多以种苎麻为业，福建商人在二月间放钱给种苎者作为工本，到夏秋时再收买苎麻做织布的原料。湖南湘潭的烟草收购商，也是预先向种烟户付值，"谓之定山，秋后成捆发行"。又比如，白糖是广东商人用以行销国内外的重要商品，在产糖季节，不少商人就会"持重赀往各乡买糖"，或"坐以收购"，或事先"放账糖寮（即煮糖厂）至期收之"①。当然，无论是以高利贷形式还是以非高利贷形式，商人的预付工本都成为生产过程中的必要资金，因而是商业资本渗入生产领域的重要方

---

① 李书吉等修，蔡继绅等纂：(嘉庆)《澄海县志》卷6，成文出版社1967年版，第65页。

式。商业资本对农业的渗透，促进了农业领域雇工的增加。

包买商制存在于丝织、冶铁、制盐几个行业里，即由商人供给生产者原料或生产资料，并收购其产品。包买商的活动在棉纺织业中也表现得十分明显。明清时期棉纺织业是较为普遍的家庭副业，如在松江地区，"农暇之时，所出布匹日以万计，以织助耕，女红有力焉"，并且这种活动不止局限于农村，"虽城中亦然"。商业资本在这里乘虚而入，异常活跃。包买商通过供应原料和收买产品，将分散的家庭生产集中起来。比如，在乌程和南浔，包买商"俟新棉出，以钱贸于东之人，委积肆中，高下若霜雪，即有抱布者踵门，较其中幅以时估之，棉与布交易而退"，"村民入市买棉归诸妇，妇女日业于此，且篝灯相从夜作，亦一月得四十五日工，计日成匹，旋以易棉，蚩蚩续来不已"①，正是这一情况的表现。

从康熙至嘉道时期，在江宁、苏州等地出现了许多由大商人开设的"账房"，他们拥有大量资本、原料和织机。例如，江宁的大账房"李扁担、陈草包、李东阳、焦洪兴者，咸各四、五百张"织机；苏州的石恒茂、英记、李启泰等织绸厂，也都是由大账房直接开设。"各账房除自行设机督织外，大都以经纬交与织工，各就织工居处雇匠织造，谓之机户"，账房将原料，甚至工具分给许多小机户进行生产，各机户领到原料后，"复将丝发往染房，然后收回"，再交与络工络丝，最后织成绸缎，送归账房批售，工资亦由账房发给。"小机户无甚资本，往往恃账房为生"，这种账房，是一种大的包买商。

在清前期，也有部分商人直接投资开办工场，雇工经营。这种现象主要集中于造纸、制烟、制茶、酿酒、制盐、冶铜、造船等规模较大的手工工场之中。苏州的造纸业，工匠除由纸坊供应饭食外，还按技术难度和工种差异，分别规定工资数目。在推、刷、洒、梅、插、托、表、拖八个工种中，洒金技术难度最大，工资最高。梅、刷、托等技术难度较低，要完成十二刀才算一工，每工工资仅银二分一厘；洒金两三刀就算一工，每工工资银四分。同时，每一工种还计件工资，工匠每天完成一工的额定工作量外，超额部分再付工资。超额工资虽然数量不多，但很能提高生产积极性。更值得注意的是手工业组织形式中合伙制的发展及其演变。清代在许多手工业行业中

①　彭泽益编：《中国近代手工业史资料（1840—1949）》第 1 卷，中华书局 1962 年版，第 244 页。

发展起合伙制，起初这只是一种生产集资方式，后来逐渐演变为一种以契约方式组织起来的企业形式，对促进手工业的发展起到了积极作用。

景德镇也大量使用工人从事生产，《江西通志》记载，乾嘉时期"景德一镇，僻处浮梁，邑境周袤十余里……缘瓷产其地，商贩毕集。民窑二三百区，终岁烟火相望，工匠人夫不下数十余万，靡不藉瓷资生"。工人之间分工精细，工种包括淘泥工、拉坯工、印坯工、旋坯工、画坯工、舂灰工、合坳工、上坳工、抬坯工、装坯工、满掇工、烧窑工、开窑工等，而最重要的烧窑工，又分为事溜火者、事紧火者和事沟火者。雍乾时期曾任景德镇督陶官的唐英在《陶冶图说》中记载，"青花绘于圆器，一号动累百千，若非画款相同，必致参差互异，故画者只学画而不学染，染者只学染而不学画，所以一其手而不分其心，画者、染者各分类聚处一室，以成其画一之功"。分工的精细和紧密协作，以及按工人技术的高低支付不同的工资，正是资本生产的重要特点。

当然，直到鸦片战争之前，自给自足的自然经济仍然在中国占有主要地位。而由政府控制的行会、公所等组织机构的存在，也严重阻碍着手工业的进一步发展。行会成员要向政府服役纳税，"行市"（售价）由政府规定，不得任意增减，"行规"也要经过政府认可，在行业的神祠前刻石立碑。行会限制学徒和雇工的人数，也限制新业户的产生。

第四节　区域经济的形成

区域经济的形成，既是经济不平衡性的表现，也是经济发展的结果。中国幅员辽阔，各地区差异巨大，在依据各自条件发展经济的基础上，清代的区域经济逐渐形成。对于清代经济区域的划分，学术界有多种讨论。美国学者施坚雅根据区域经济学理论，将清代的中国划分为东北、西北、华北、长江上游、长江中游、长江下游、东南沿海、岭南和云贵九大经济区域，指出地文结构是区域经济形成的重要因素，在较小的地文区划独立的区域经济体系会与其他独立体系发生关联，从而形成较大的地区经济，并被包括在层级的地文结构中，最终形成区域经济。

1.四川盆地

四川盆地多平原、丘陵，人口稠密，土地肥沃，气候温和湿润，适宜农作物的种植生长，具有发展经济的自然环境优势。在明末农民战争和清朝统一全国的过程中，四川地区遭到严重破坏，人口损失极其严重。清初虽采取"湖广填四川"的移民政策，以充实四川人口，但其经济恢复比其他地区还是要晚很多。四川经济的恢复是在康雍年间，而雍正后期至乾隆年间，四川地区的经济才有了较大的发展，并成为清代重要的粮食产区之一。

2. 长江中下游经济区

长江中下游是清代经济最发达的地区，这里农业生产非常突出，不论是耕作技术还是粮食产量都居全国前列，湖广地区更是成为全国著名的粮仓。两湖地区在康雍年间发展较快，粮食产量大增，成为全国重要的粮食供应基地，从而形成了"湖广熟，天下足"的谚语。农业的发达使得长江中下游地区成为清代最重要的财税区。以漕粮为例，全国共征米400万石，来自江浙、两湖、江西的即为330余万石，比例在80%以上。此外，两湖地区依靠长江中游的水运优势，工商业和手工业也取得较大发展，从而促进了贸易网络和市镇的形成和发展。

沿长江两岸排列着许多重要城市，如苏州、南京、芜湖、九江、汉口等，中小城镇更是星罗棋布。长江下游一带的工商业尤为繁盛，广大农村除农业生产外，养蚕植棉、缫丝织布是最重要的家庭劳动。与江南发达的棉布业相适应，这里出现了一批专业的棉布业市镇，如嘉定县的南翔镇和镇洋县的鹤王市，棉花市场规模都极大。丝织业是江南地区发展最快的家庭手工业，这里同样出现了一批著名的丝绸业市镇。苏州府丝织生产相当有名，乾隆时期仅在丝织生产比较集中的城东，就出现了"比户习织，专其业者，不啻万家"。吴江县的盛泽镇在明朝嘉靖时还是个只有百户人家的丝织小镇，至清朝乾隆年间，发展为有居民万户、远近闻名的丝绸大镇，"镇之丰歉，固视乎田之荒熟，尤视乎商客之盛衰。盖机户仰食于绸行，绸行仰食于客商。而开张店肆者，即胥仰食于此焉"。湖州府的双林镇也是如此，"各直省客商云集贸贩，里人贾鬻他方，四时往来不绝"，可见商品经济之发达。

长江三角洲地区粮食业市镇的规模相当大，其中尤以苏州的枫桥市、吴江县的平望镇最为有名。枫桥位于苏州繁华的商业区，人烟辐辏，市场以大米、豆类为主，是极大的粮食中转市场，湖广的大批米粮多由此处贩往福建。平望镇位于运河交汇处，商业兴旺，其中粮食是最大宗商品，"千艘万舸，远近毕集，俗以小枫桥称之"。长江三角洲之外的其他地区，市镇经济也都具备了相当的规模。湖南武冈州的市镇，"列肆多者八九百家，少至数十家，所集之货，多盐米布帛，取便日用，无甚居奇罔利者"。江西也出现了一批活跃的工商业市镇，还有所谓"四大镇"之说，即饶州府的景德镇（瓷器制造中心）、临江府的樟树镇（中药制作技术）、广信府的河口镇（纸张、茶叶）和南昌府的吴城镇（转运贸易型），地位都非常重要。

3. 珠江三角洲经济区

这里的农村市场不称市镇而叫墟市，人们到市场交易称为"趁墟"。不论是手工业型市镇，还是商业型市镇，或是中转运输型市镇，珠江三角洲地区市镇的密集度都远高于其他地方。珠江三角洲地区墟市的绝对数量也最多，据《广东通志》记载，这里的墟市已占全省总数的40%以上。广州、肇庆、潮州、惠州等府的农产品商业化程度最高。番禺的花市、合浦的珠市、罗浮的药市和东莞的香市，合称广东"四市"。广州是清代最重要的对外通商口岸，而茶叶和丝绸始终是最主要的出口产品，故种茶、栽桑、养蚕在当地农村非常普遍。桑树的栽种采取了与养鱼相结合的办法，即在鱼塘周围的堤岸土基上栽种桑树，鱼塘浊泥可以肥树，蚕粪则可以喂鱼。"广州诸大县村落中，往往弃肥田以为基，以树果木。荔支最多，茶、桑次之，柑、橙次之。龙眼多树宅旁，亦树于基，基下为池以畜鱼"①，出现了将优质农用耕地改造为鱼池基塘的现象。同时，由于当地商品经济繁荣，商品蔬菜的需要量逐日增加，在城镇附近的一些农村，逐渐形成了比较固定的蔬菜生产基地，为城市居民和工商人口服务。例如，在广州西郊，自浮丘以至西场，是很大的蔬菜供应地。花卉和香料也是城镇市场中常见的商品，销售量大。康熙二十三年（1684年）清朝统一台湾后，开放海禁，乾隆时期又实行一口通商政策，广州成为全国海路唯一的通商口岸，在对外贸易中更具有举足轻重的地位。这里不仅是外国商品输入的港口，也是国内产品进入国际市场的重要交易场所。全国各地的出口商品，特别是华中、华南地区的商品，大都集中于广州，在这里进行交易，并运出外洋，同样促进了当时社会经济的发展。

---

① 屈大均：《广东新语》卷22《鳞语》，中华书局1985年版，第564页。

第九章　清代的社会结构与日常生活

第一节　民族分布和社会结构

一、民族分布

我国境内存在着众多的少数民族，并以"大杂居，小聚居"的模式分布于全国各地。这一模式的形成，离不开清朝统治者的民族统治政策。在清朝统一政权的管理下，各民族在经济、文化方面不断交流，为我国统一多民族国家的发展奠定了坚实的基础。

清时期，我国境内汉族人口仍占最大比重，满族是居于统治地位的民族，蒙古族由于与满族的亲密关系，也属于统治民族。除满族、蒙古族、汉族、藏族四大民族之外，在我国的东北、西北、西南等地区，还分布着朝鲜族、彝族、回族、维吾尔族、鄂温克族、达斡尔族、鄂伦春族、壮族、苗族、赫哲族等少数民族。他们共同开发了祖国的大好河山，促进了我国边疆地区的经济发展。

东北地区是清朝统治者的龙兴之地，历来备受重视。这里居住着许多以渔猎采集为生的少数民族，他们人数不多，却是清统一全国的重要力量之一。聚居东北的少数民族除满族外，主要有锡伯族、鄂温克族、达斡尔族、鄂伦春族、赫哲族等。

锡伯族居住在松花江、嫩江流域，明末被蒙古科尔沁部落统治。科尔沁降清后，清廷将锡伯族人编为牛录，因其以狩猎为生，族人皆善骑射，被分编入满洲八旗和蒙古八旗服役。锡伯语与满语同属一个语族，习俗也有很多相似之处。

鄂温克族一部分从事狩猎，一部分从事游牧。鄂温克族人信奉萨满教，生病时，需请萨满跳神作法祛病。萨满在鄂温克社会中享有很高的威望，有些甚至是氏族首领。鄂温克族很讲究礼节，讲究长幼有序，年轻人需要尊敬老人。其婚姻制度多为一夫一妻制，并且有与鄂伦春等族通婚的传统。

达斡尔族居于黑龙江流域，农业发展水平较高，能种植稷、麦、豆等农作物，并同时从事渔猎活动。达斡尔族人民作战勇猛，曾多次击退沙俄入侵，并被编入八旗军队。达斡尔族人民也信奉萨满教，崇拜自然，实行族外婚和一夫一妻制，丧葬实行土葬。达斡尔族文化水平比较高，语言属蒙古语族。

鄂伦春族以狩猎、捕鱼为生，以家族公社为单位进行社会生产和生活。狩猎时，往往是男人参与，老弱妇孺则留在营地，所获得的猎物平均分配给各户。鄂伦春族没有文字，多数人使用满语，并创造了许多神话传说故事，代代相传，成为鄂伦春族文化的重要组成部分。鄂伦春族人崇拜山神、火神，崇尚萨满教，对许多动物也十分崇拜。康熙年间，沙俄入侵我国东北，鄂伦春族人被迫南迁，加强了与清政府

《清代鄂伦春族人画像》 现藏北京故宫博物院

的联系，雍正年间，已有善于骑射的鄂伦春族人被编入八旗。

赫哲族居民沿水而生，主要生活在松花江沿岸，以渔猎为生。赫哲族语言与满语属于同语族，赫哲族人多以鱼皮等动物皮革做衣服。赫哲族归顺清朝较早，在清军入关时即归顺，并每年向清廷进贡貂皮等物。

西北地区是回族生活的主要地区。回族以 13 世纪迁入中国的中亚、波斯、阿拉伯人为主，也包括公元 7 世纪以来侨居中国的阿拉伯和波斯商人后裔在内，在长期发展中吸收汉、蒙古、维吾尔等族成分逐渐形成。到了清代，回族人口已遍布全国，在许多城市也形成了聚居街道，如西安的回民街等。回族人民的经济生活种类繁多，主要有农业生产和经商。在土地肥沃的地区，回族人民从事传统的农作物种植产业，在土地贫瘠的地区，回族人民因地制宜，种植瓜果、棉花等作物，取得了良好的经济效益。从事商业的回族人民普遍经营贩马和屠宰。回族人民通过贸易活动，沟通了内陆与新疆、

西藏、蒙古等地区的经济交流。回族深受伊斯兰文化的影响，在吸收汉族文化的同时，也创造出了许多新的文化艺术形式，如民歌、剪纸、雕刻等，都对后世产生了深远影响。同时，回族迥然于汉族的生活习惯、体貌特征与宗教信仰，也使得其受到政府的防范与严厉盘查，有清一代多次爆发过回民反抗清政府统治的起义。

西南地区也是我国少数民族聚居的地方。土家族生活在湖南、湖北西部的山区，与汉族、苗族等来往甚密。随着与汉族的不断来往，土家族的农业发展水平有了显著的提高。土家族有本民族的语言，与彝语十分相似，但使用范围较窄，多数土家族人都学习汉字、说汉语。由于地方官员的腐败和民族间的矛盾，清中期时，部分土家族人参加了反清起义。

侗族是古代越人的后代，聚居在广西、贵州与湖南三省交界处。侗族农业经济发达，大地主占有许多田产并进行租赁，清代兴修的大量水利工程更促进了其农业的发展。侗族汉化水平较高，聚居地建有许多学校书院，也曾有族人在科举中取得过功名。

黎族是指聚居在海南岛上的少数民族，以农业为主要生产方式。黎族人民擅长种植水稻，且由于气候等因素，产量颇丰。但居住在五指山附近的黎族人民一直处在最原始的生产生活状态，集体劳动，生产资料和生活资料平均分配。

畲族在福建宁德和浙江温州、金华等地较为集中，此外，也在广东、广西、江西等地有少数散居。畲族与汉族杂居，使用汉语，种植水稻。

番族即今天的高山族，是清朝时期对台湾地区少数民族的称谓。又因番族人一部分以从事农业耕作为生，一部分以狩猎为生，故分别被称为"熟番"和"生番"。由于受到官府和地主的压迫，番族人曾参加过反清起义。

《清代琼州府黎族人画像》 现藏北京故宫博物院

二、阶级结构

阶级结构是各阶级、阶层的地位及其相互关系的总和，受到特定社会经济结构、政治结构、文化结构、职业结构、劳动力结构、民族结构等的影响，但归根到底是由经济结构决定的。清代的社会阶级主要包括以下几类。

最上层的阶级为王公贵族，居于统治地位的主要是八旗贵族以及文武百官。八旗王公贵族中包括皇族宗室贵族以及其他异姓贵族两大部分。清朝封爵主要有两种，一种是因立功而受封，称为功封，另外一种是皇裔受封，称为恩封，另外，还有袭封和考封。

在清朝建国过程中，努尔哈赤、皇太极的兄弟子侄等人大多骁勇善战，屡建功勋，如努尔哈赤之子褚英、代善、莽古尔泰、阿济格、多尔衮、多铎，皇太极之子豪格，代善之子岳托等，都功勋卓著，是大清国的开国功臣。故而在建国后，努尔哈赤和皇太极都大量分封宗室，仅崇德年间，皇太极就分封了七个亲王、三个郡王、六个贝勒、五个贝子以及诸多镇国公、辅国公、镇国将军等爵位，至此，庞大的宗室贵族集团已然形成。

清朝的爵位在本人死后，可由其后代继承，一般继承时需降级。但清朝共有十二位王爷的后人在继承爵位时无须降级，作为皇帝对其功劳的赏赐。其中八位（六位亲王和两位郡王）因开国有功，被赐"世袭罔替"，他们分别是和硕礼亲王代善、和硕睿亲王多尔衮、和硕豫亲王多铎、和硕郑亲王济尔哈朗、和硕肃亲王豪格、和硕承泽亲王（后改为和硕庄亲王）硕塞、多罗克勤郡王岳托、多罗顺承郡王勒克德浑。其余四位为清中后期因各种原因得此殊荣的王爷，他们分别是和硕怡亲王胤祥、和硕恭亲王奕䜣、和硕醇亲王奕譞、和硕庆亲王奕劻。这十二位王爷因其爵位"世袭罔替"而被称为"铁帽子王"。

异姓贵族由满洲八旗贵族、蒙古八旗贵族以及汉军八旗贵族构成。满洲开国功臣主要有额亦都、费英东、何和礼、扈尔汗、安费扬古五大臣及其子孙，他们都较早投奔努尔哈赤，并且作战勇敢，屡建奇功。漠北蒙古较早与后金建立联系，并与后金互相通婚，为清军入关、统一全国立下大功，故也受到许多分封。汉人人口众多，并且文化先进，在早期投诚的汉人（包括后来被编入汉军八旗者）中，亦有许多获爵者。在清军入关前，满、蒙、汉三军八旗中就有 100 多名因功受爵者，他们形成了早期的八旗异姓贵族群体。

清入关后，又进行大量分封。除开国元勋的后代被加官晋爵外，许多在平叛中有功的汉人亦受到了封赏，如施琅、年羹尧等。此外，皇后、皇太后的娘家亲眷，亦可承恩得受公爵，大大扩充了异姓贵族的队伍。随着政权的稳定，科举制度不断完善，通过科举考试跻身公卿的官员数量不断增多，他们的门生故吏遍天下，关系盘根错节，也是一股不容小觑的贵族势力。

再往下，则是具有一定特权的官绅地主。他们拥有大量的土地和财富，又往往能依靠政治实力，在诉讼和纳税方面享有很多特权。此外还有一大批无特权的庶民地主，他们往往通过勤劳致富，或经营得法，或节俭积攒财富，购进土地，由贫到富，由小到大，当土地数量超过自家劳动力所能承受的范围后，就雇工耕种，或出租土地。平民百姓是清代社会的主体，他们人口众多，从事的职业五花八门，居住在农村的百姓多依靠土地为生，有土地的农民成为自耕农，没有土地的农民依附地主成为佃农。清军入关后，连年征战给国家带来的是田地荒芜、农业凋零的局面，面对百废待兴的国情，清政府下令招徕流民编籍入户，开垦荒地，已开垦的荒地归百姓自己所有，且六年不征赋税。除此之外，清政府还向垦荒的百姓支借种子、耕牛等重要生产资料。而后，清政府又将明朝部分藩王的土地分予百姓耕种，使得农民在一定程度上获得了土地，成为自耕农，促进了生产的恢复和小农经济的发展。但在清政府统治逐渐稳定后，土地兼并也愈演愈烈，许多自耕农无地可耕，只好租种土地，成为佃农。佃农在名义上是独立的个体，享有完整的人

身权利，但是由于经济基础的制约，广大佃农的生活并不自由。地主掌握着大量的生产资料，势必主宰生产活动的进行。佃户除了需要在农业生产上听从地主的安排外，在其余时间也需要为地主服劳役。清代农业生产中的租佃方式，存在分成租和定额租两种，但以定额租为主；交纳的方式，同样包括实物地租和货币地租两种形式，但以实物地租为主。

除了依靠土地为生的农民外，清代社会还充斥着各种从事繁重体力劳动的劳苦大众，他们主要是"矿丁""灶丁"和"运丁"，以开采矿产、烧制食盐和运送漕粮为生，他们处在社会的最底层，受到清政府残酷的压迫和剥削，生活十分艰辛。在这些劳动者中，矿工人数最多，据估计，清代前期的矿业劳动者人数达上百万。清代的矿工雇佣方式有两种形式，一种是领取工资，近似现在的雇佣方式；另外一种是矿工出力，矿主出钱，按比例分配劳动产品。在多数矿场中，雇佣方式以后者为主。清政府严格控制矿产的开发，对某些矿产不仅征收赋税，还进行产品收购。官府收购的价格远远低于市场价格，矿工在遭受矿主剥削后，又不得不将手中少量的产品以极低的价格售予官府，以致生活十分困窘。

盐业是历朝历代都非常关注的问题，因为它不仅关系到政府的财政收入，更影响国家的安定。由于煮盐十分的辛苦，许多人不愿意从事这一行业，政府便从户籍制度着手，将部分百姓编入"灶籍"，使其世世代代从事盐业。清政府对盐业的控制与矿产一样严格，灶户所得之盐只准售予场商，不准私售。灶户卖予场商的盐必须按照政府规定的价格出售，同时，也必须向政府缴纳课税。许多灶户为求生存向场商借取高额的高利贷，在政府和场商的双重压迫下，灶户生活之艰难可见一斑。

清政府对从事漕运的运丁给予适当的报酬，大致可以分为三项：第一，行粮、月粮及赠贴银米；第二，土宜①；第三，分派屯田。与矿丁和灶丁相比，运丁的生活似乎还算可以，但这并不能改变其受剥削、受压迫的现实，其第一项收入需包括雇用水手船夫的费用，第二项收入极其不稳定，第三项收入需支付船只的制造与维修费用。并且，在行船路途中，各级政府的大小官员都沿途敲诈勒索，而在规定时期内不能按时将粮食运到目的地，亦将受到严厉处罚。因此，运丁仍不能摆脱受压迫的地位。

清代规定，平民也要区分良贱，民、军、商、灶称为四民，也是良民，"奴仆及倡优为贱。凡衙署应役之皂隶、马快、步快、小马、禁卒、门子、弓兵、仵作、粮差及巡捕营番役，皆为贱役，长随与奴仆等。其有冒籍、跨籍、跨边、侨籍皆禁之"。山陕地区有教坊乐户，从事婚丧嫁娶杂役，在明朝建文帝时期因不依附朱棣，被编为乐籍。乐籍不得与平民通婚，不得应科举，世代不能出籍。人数较多的是安徽、江西、河南、江苏、湖北、广东等省的世仆和伴当，虽有独立身份，但没有迁徙自由。比如，广东蜑户"以船为家，以捕鱼为业，通省河路俱有蜑船，生齿繁多，不可数计。粤民视蜑户为卑贱之流，不容登岸居住，蜑户亦不敢与平民抗衡，畏威隐忍，局蹐舟中，终身不获安居之乐"②。

雍正元年（1723年），"令各属禁革，改业为良。并谕浙江之惰民，苏州之丐户，操业与乐籍无异，亦削除其籍"。雍正五年（1727年），以江南徽州有"伴当"，宁国有"世仆"，本地呼为"细民"，甚有两姓丁口

满族贵族女子和仆人

---

① 土宜：指漕运的运丁在返程时被允许附带土特产品进行贸易。
② 《清世宗实录》卷81，中华书局1985年版，第79页。

村庄相等,"而此姓为彼姓执役,有如奴隶",亦谕开除。雍正七年(1729年),以广东蛋户以船捕鱼,粤民不容登岸,特谕禁止,准其于近水村庄居住,与齐民一起编入保甲。乾隆三十六年(1771年),奏准山陕之乐户、丐户,广东之蛋户,浙江之九姓渔船,凡家世清白者,均可报捐应试。嘉庆十四年(1809年),又因徽州、宁国、池州三府世仆捐监应考,常为地方所讦控,嘉庆帝发布上谕:"此等名分,总以现在是否服役为断。如年远文契无考,著即开豁。"[①] 尽管雍正年间准许"惰民"从良,但脱籍需缴纳高昂的费用,许多"惰民"无力支付,又因从良后便不准从事原先的工作,将致使很多"惰民"生活无以为继,很多"惰民"都被迫放弃了脱籍。

僧侣也是清代的特殊群体。喇嘛教自元代传入蒙古地区,到明代以后已逐渐成为蒙古族普遍信仰的宗教。清朝统治者利用喇嘛教羁縻蒙古,耗资巨万在蒙古地区广建寺庙,给予喇嘛以免除赋税、不服差役的特权,授予上层喇嘛各种封号、职衔,使喇嘛教在蒙古地区的势力越来越大,布教越来越广。清代中后期,大漠南北的蒙古地区已有寺庙千余座,喇嘛数十万众。在喇嘛教日益传播、扩大影响的过程中,寺庙的财力也愈益雄厚。并且,在内地商人对蒙古地区商品贸易的诱发下,寺庙经济开始经营增值,逐步形成了独立的经济体系。清政府不仅在政治上支持喇嘛教,在经济上对喇嘛教也十分支持,除每年按人数发放固定的钱粮外,还不定时赏赐大量的土地、牧场、山林。许多寺庙也趁机发展商业,开设商行,经营毛皮、绸缎、粮食和烧酒等项目,获资颇丰。某些寺庙勾结地方官员,向百姓发放高利贷,牟取高额暴利。这些都使得寺庙获取了大量的财物。在内地,汉传佛教及道教人员数量更为庞大,最多时有近百万。清政府设有管理僧道事务的部门和制度。

第二节　社会控制与阶层流动

一、社会控制

清承明制,基层社会组织包括里社和保甲,里社的作用重在征收赋税,

---

① 赵尔巽等:《清史稿》卷120《食货志一》,中华书局1976年版,第3492页。

保甲的作用在于维护基层秩序和治安，它们构成了管理百姓的基层政治模式。为便于控制，每户"给印信纸牌一张，书写姓名、丁男口数于上，出外注明所出，入则注其所来，面生可疑之人，非盘诘的确，不许容留……月底令保正出具无事甘结，报官备查"。清中后期，清政府强化了通过保甲制对百姓的控制。即便是在很多少数民族地区，也要求地方官推行保甲之法，"其村落畸零及熟苗熟僮亦一体编排，地方官不实力奉行者，专管兼辖统辖各官分别议处"①。通过这种方法，清政府将全国的老百姓都纳入这个庞大的统治网络之中。

清朝比较注重维护地主利益，防止佃户拖欠地租和轻慢地主，同时也禁止地主欺凌佃户的非法行为，曾在法律上规定："凡不法绅衿私置板、棍擅责佃户者，乡绅照违制律议处。衿监、吏员革去衣顶、职衔，杖八十。地方官失察，交部议处。如将佃户妇女占为婢妾者，绞监候。地方官失察徇纵及该管上司不行揭参者，俱交部分别议处。至有奸顽佃户拖欠租课、欺慢田主者，杖八十，所欠之租照数追给田主。"②不过，这一条文并未起到实质性的作用，处于强势一方的地主殴打佃户、淫其妻女的事件仍屡见不鲜。

清朝历代帝王都很重视思想教化。康熙五十三年（1714年），朝廷下令整顿社会风气，特别是严令禁止有伤风化的文艺作品在社会上通行："凡坊肆市卖一应小说淫辞，在内交与八旗都统、都察院、顺天府，在外交与督抚，转行所属文武员弁，严查禁绝，将板与书一并尽行销毁。如仍行造作刻印者，系官革职，军民杖一百，流三千里；市卖者杖一百，徒三年；该管官不行查出者，初次罚俸六个月，二次罚俸一年，三次降一级调用。"③

对乡约的重视，则是清朝实施思想教化的重要举措。乡约是依地缘或血缘关系集合起来的民众组织制定的规约。乡约起源于宋代，在明代主要形式为宣讲圣谕。康熙九年（1670年），清廷推出康熙《圣谕》十六条，要求内外文武官吏督率学习："敦孝悌以重人伦，笃宗族以昭雍睦，和乡党以息争讼，重农桑以足衣食，尚节俭以惜财用，隆学校以端士习，黜异端以崇正学，讲法律以儆愚顽，明礼让以厚风俗，务本业以定民志，训子弟以禁

① 《清世宗实录》卷46，中华书局1985年版，第702页。
② 马建石、杨育棠主编：《大清律例通考校注》卷27，中国政法大学出版社1992年版，第833页。
③ 《清圣祖实录》卷258，中华书局1985年版，第552页。

非为，息诬告以全良善，诫窝逃以免株连，完钱粮以省催科，联保甲以弭盗贼，解仇忿以重身命。"①雍正时期，又扩展成为《圣谕广训》，是清代乡约宣讲的主要内容。这一举措，到乾嘉时期也是常抓不懈。它和保甲制度相辅相成，共同管理着基层社会。

宗族是指以血缘关系为纽带组合在一起的社会群体，宗族制度历史悠久，对我国社会影响深远。宗族制度在奉行宗法制的汉族社会中地位尤为重要，清军入关后，满洲皇族也依照汉族制度，建立了自己的皇族管理制度。对于族长的选拔，清政府十分重视，曾多次制定选族长的标准和制度，使得这一职务逐渐变为清统治者统治满族人民的工具。皇族的宗族制度与汉人无异，均设立族长管理本族事务。在汉族聚族而居的地区，逐渐形成了以血脉为联系的社会群体组织。宗族比家族范畴大，血缘关系也更加复杂，宗族中设有族长，负责管理族中事务。清朝时期，选举族长的标准是其辈分、德行、财力以及官爵。族规是全族人员都必须遵守的行为规则。《张氏宗谱》称，"王者以一人治天下，则有纪纲；君子以一身教家人，则有家训。纪纲不立，天下不平，家训不设，家人不齐矣。夫家中之有长幼内外之殊，公私亲疏之别，贤愚顽秀之不同，苟非有训以示之，而欲一其性情、遵模范、绝无乖戾差忒之虞，虽圣人不能强也"，可见族规和家训的重要性。

宗族建有祠堂，用以供奉全族的祖先。各个宗族为了宗族的名望和团结宗族成员，均不遗余力地修建祠堂，扩大祠堂规模。祠堂不仅是祭祀祖先的地方，也是处理宗族事务、奖善罚恶、执行家法的地方。祠堂往往与义田互为表里，有祠必有田，二者缺一不可。"祠堂者，敬宗者也。义田者，收族者也。祖宗之神依于主，主则依于祠堂，无祠堂则无以安亡者。子孙之生依于食，食则给于田，无义田则无以保生者。故祠堂与义田原并重，而不可偏

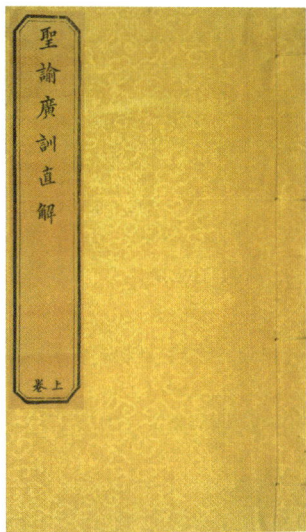

《圣谕广训直解》

---

① 《清圣祖实录》卷34，中华书局1985年版，第461页。

福建福安廉村陈氏宗祠

废者也。"[1] 义田的收入，成为宗族得以维持和运行的物质基础。

在某些地区，宗族势力甚至会让政府忌惮。有时，政府不得不依靠宗族势力来维护基层统治。雍正年间，雍正帝承认族长处罚、处死族人的权力，表明其依靠宗族维护地方社会秩序的态度。政府对宗族权力的肯定，造成了族权的高度膨胀。族权高度膨胀必然会影响政府权力的实行，面对这种情况，清政府也曾着手解决，但基本态度还是希望宗族能够遵守国家基本法律，并在此基础上帮助国家管理族人。

二、八旗生计

清朝的八旗分为满、蒙、汉三种。旗人在京师有特权，凡旗人都有旗地，规定作为"世守"，不得买卖，不纳赋税，但"增丁不加，减丁不退"。旗人兵丁还有钱粮、月领银、年领米，除自备马匹、武装，当兵打仗外，没有别的任务。但八旗兵丁有定额，制度又规定旗人不得离开京城或驻防地，更不能参加工商业活动，随着人口的繁衍，一些人生计无路，加上政策的束缚，使得不能当兵的八旗人（"余丁"）养成游手好闲的习惯，更陷入无以为生的绝境。到了嘉道时期，按大臣舒赫德的说法，"我朝定鼎之初，八旗生计颇称丰厚者，人口无多，房地充足之故也。今百年以来，甚觉穷迫者，房地减于从前，人口加有什伯，兼以俗尚奢侈，不崇节俭，所由生计日消，习尚日下，而无所底止也"[2]。

贫困的八旗兵丁为生计所迫，不得不出卖他们的旗地。清廷最初对此

---

① 张永铨：《先祠记》，载贺长龄、魏源等编：《清经世文编》卷66《礼政》，中华书局1992年版，第1659页。

② 舒赫德：《敬筹八旗生计疏》，载《皇清奏议》卷34，上海古籍出版社2013年版，第286页。

坚决反对，但随着时间的推移，只能加以通融。康熙时期规定，只要不越旗交易即可。乾隆二十三年（1758年）又同意"准其不计旗分，通融买卖"。不过，政府仍然坚持旗地不得典卖于普通百姓。雍正七年（1729年），清廷在重申禁止典卖旗地的同时，普查典卖旗地，免除旗民私相交易之罪，由户部备价赎回。乾隆四年（1739年）进行了第二次普查，不过此次户部只是赎回典押的旗地，那些卖出的旗地就无力赎回了。嘉道时期，政府又多次重申这一办法。直至咸丰二年（1852年），清廷才宣布，"嗣后坐落顺天直隶等处旗地，无论京旗屯居及何项民人，俱准互相买卖，照例税契升科，其从前已卖之田主、售

穿常服的八旗侍卫像

主，均免治罪"，总算从法律上认可了旗田可以买卖这一事实。

清前期，清廷还多次发放巨额银两，赏赐给八旗兵丁，维持其生活或代偿债务。康熙帝一次就曾拨库银650万两贷给八旗兵丁还债。雍正时，清廷每次赏给八旗兵丁的银两均达几十万两，不过八旗兵丁拿到这些银子后，"妄行糜费，不过数月，罄尽无余，依然如故"[1]。乾隆四十六年（1781年），清廷对八旗制度进行了一次调整，主要包括：其一，将以前的虚额空粮改为实额，实质上是进行了扩兵；其二，对兵饷财源进行改革，将兵丁红白事件由生息惠济银支给改为正项支给，将武职待遇提高到与文职相同。改革的原因，不外乎当时国家财政充裕，而平定新疆、西藏等地后需添设驻兵，大量挑补养育兵额，亦可以解决八旗生计。嘉庆初年，兵额继续扩大，比乾隆时期进一步增加，则主要是镇压川、陕、楚白莲教起义所致。兵额的扩大对嘉道时期的财政产生了深远影响。早在乾隆帝扩兵增饷之时，大学士阿桂即预料到数十年后会产生经费困难的问题。他说，"经费骤加，不觉其多，岁支则难为继"，"以每年额增三百万经费而论，统计二十余年即用至七千万

---

[1] 《世宗宪皇帝上谕八旗》卷3，雍正三年七月初十日，载纪昀等：《钦定四库全书·史部六》，清文渊阁本，第142页。

两。……所扣兵饷似毋需尽行挑补实额"①。但他的建议未被乾隆帝采纳，结果扩兵增饷带来了嘉道时期沉重的财政负担。

嘉道时期解决八旗生计的基本思路是增加养育兵额、移民屯田。前者是继承雍正、乾隆时期的旧有办法。嘉庆十一年（1806年），嘉庆帝曾令广储司、造办处各拨银十万两，户部拨银五十万两交商生息，所生息银增养育兵五千余名。移民屯田亦为一种可行的途径。嘉庆年间曾有"伯都纳屯田"与"黑龙江屯田"之举。从道光四年（1824年）起，又开始在吉林垦屯，政府负责提供农具、房屋及盘缠，花费相当巨大，不过效果有限，最后仅移民800户。

对于部分宗室无房居住的情况，清廷则采取责令宗人府及八旗都统衙门择地建房、调剂旧房，甚至直接由政府负责，将宗室迁移到盛京的办法。对于迁回盛京之举，嘉庆帝表示："我八旗子弟，生龄益繁，亿万黎民，辐辏京邑，物产昂贵，此必然之势也。设官分职，经费有常，岂能岁增禄糈乎？亦未能尽用宗室，置满洲蒙古汉臣于闲地，非善政也。"为了让宗室返璞归真，他令盛京将军和宁、工部侍郎富俊等人在盛京小东门外建房八十区，固以垣墉，聚族而居。迁移过程中，考虑到长途跋涉，他特命官员雇大车，付给官价，置备行装，启程后还逐日发给宗室盘费并由大臣照料，沿途文武官员护送，"共用帑项万有一千有奇"②。

但这些办法皆系治标不治本。尤其是清廷坚持不让旗民从事生产劳动，是导致八旗生计问题的重要原因。嘉庆二十一年（1816年），御史罗家彦奏请允许旗人从事手工业活动，受到嘉庆帝的严饬："该御史条陈，以为旗民生计艰难，欲令八旗老幼男妇，皆以纺织为业。当奏上时，朕即觉其事不可行，今该都统等所奏，果众论俱以为事多窒碍，公同议驳。"③最后罗家彦也被贬官。

作为清朝的统治阶级，满洲八旗虽然受到了朝廷的多方扶持，但由于朝廷无法从根本上调整相关政策，也无力大包大揽地供养所有旗人的生计，所以问题仍然难以得到解决。时人沈起元称："盖一甲之丁至今而为数十丁数

① 阿桂：《论增兵筹饷疏》，载贺长龄、魏源等编：《清经世文编》卷26《户政》，中华书局1992年版，第647页。
② 《清仁宗实录》卷277，中华书局1985年版，第777页。
③ 中国第一历史档案馆编：《嘉庆道光两朝上谕档》第21册，广西师范大学出版社2000年版，第436页。

百丁者比，于是一甲之粮昔足以赡一家者，必不足以赡数十家数百家，势也。甲不能遍及，而徒使之不士、不农、不工、不商、不民，而环聚于京师数百里之内，于是其生计日蹙，而无可为计。非旗人之愚不能为生也，虽有干木陶朱之智，不能为生也。岂惟旗人不能自为计，虽尧舜之仁不能为计也。"他还进一步建议："莫若于汉军之内稽其祖籍，以一人承占，或以材，或以辈行，其余子孙则散之出旗，军者军之，汉者汉之，军有甲粮可以自给，余归四民，任其所之，使其谋生，则宿卫无虚籍，而辇下无穷民，所裨于军国大计者非浅鲜矣。"[①] 他提出对八旗制度进行根本性的改革，但这样的建议显然过于超前。

三、阶层流动

封建社会的阶级性决定了等级森严的必然性，满族与汉族之间、世族与庶族之间、统治阶级与被统治阶级之间、地主阶级与农民阶级之间都有着严格的等级壁垒，阻碍着社会的进步。除良贱有别外，家长和奴婢之间也有着严格的主仆名分，雍正帝曾说，"夫主仆之分，所以辨上下而定尊卑，天经地义，不容宽纵……夫主仆之分一定，则终身不能更易。在本身及妻子，仰其衣食，赖其生养，固宜有不忍背负之心，而且世世子孙，长远服役，亦当有不敢纵肆之念"[②]，可见主仆关系要延及子孙。

不过，尽管清代社会等级严明，却也有各种情况下产生的不同社会阶层之间的流动，主要包括通婚、科举和捐纳等形式。至于贱民依靠政策或者通过交给身银赎身，也广泛存在。乾隆帝曾表示："近年以来，有等无籍游民，白契投身，充当仆役，迨稍稍有积累，则不安服役，百计设法赎身。"[③] 可见通过货币化的方式，阶层关系也会发生变化。

1. 通婚

满族祖制规定满汉不通婚，特别是旗民不通婚，以确保满洲统治者纯正的血统与旗人的特权。但在满汉关系逐渐融洽的情况下，满汉通婚的现象还是时有发生。普通满洲人与汉人通婚有前提，就是正室夫人必须在八旗之

---

① 沈起元：《拟时务策》，载贺长龄、魏源等编：《清经世文编》卷35《户政》，中华书局1992年版，第880—881页。

② 《清世宗实录》卷50，中华书局1985年版，第757页。

③ 中国第一历史档案馆所藏档案：《内务府来文》，乾隆二十五年六月，刑部咨内务府文。

内，非旗人不得成为旗人的正室夫人，旗人家的女儿也不准嫁给非旗人当正室夫人，以防止家产流失。如果一定要通婚，满人一方家庭要放弃军职出旗当普通人才可以，或者汉人家庭要入旗（即抬旗）才行，这对普通家庭来说是很难办到的。至于汉人女子嫁入旗人家为妾，则被允许。

2. 科举

在耕读传家的社会环境中，"学而优则仕"是普通百姓改变自己身份地位的重要途径。清朝在未统一全国时，就采取科举的方式笼络汉族知识分子，入关之后，更是在全国范围内举行科举考试。除了正常进行的科举（"常举"）外，朝廷还不定时举办"特科"，考中者可以出任官员，从而招徕了大批汉族知识分子。清朝为培养八旗子弟，还设立了许多官学，如八旗官学、景山官学、咸安宫官学、世职官学等。各官学与国子监一起，成为清政府培养官员的摇篮。国子监的学生多为各地层层选拔入贡的生员，亦有许多人因祖辈有功或殉国而获得入国子监读书的资格。在国子监读书的学生享受国家膏火银和伙食费的补贴，另有家庭贫困者，可得到额外的补贴。八旗的官学设满语、蒙语等课程，并设有专门考翻译的考试，考试合格者授予相应官职。

3. 捐纳

除科举入仕与学校选官之外，百姓还可以通过捐纳的方式入朝为官。捐纳是指向朝廷捐粮食、财物从而获得官职或者举人、生员、贡生等资格。康熙年间平定三藩之乱，因军费不足，康熙帝下令收捐卖官，开了清朝捐纳的先河。捐纳一方面给朝廷提供了大量资金以解决燃眉之急，另一方面又使朝廷接纳了更多的汉族地主，扩大了统治范围。当然，捐纳选官的性质，导致选出的官员多为无能、贪婪之辈，待其手握职权后，往往会变本加厉地敛财。尽管捐纳选官有很多弊端，但是当清王朝面临赈灾、河工等需要巨款的问题时，还是会经常实施。

第三节　日常生活

一、衣食住行

清朝是由满族统治者建立起来的政权，同前代相比，清朝的服饰在汉

族原有服装样式的基础上融入了满族特色，因此形成了独特的样式，如窄袖、圆领、对襟、袖口成马蹄状等。清朝有着一系列较为严格的服饰制度，上至天潢贵胄，下到平民百姓，都有所规定，不能逾越。

皇帝的服饰包括礼服与日常服饰，礼服有衮服和端罩两种，日常服饰有行服、雨衣、雨裳和常服。礼服是在重大场合所穿的服装，穿时套在龙袍外面，材质为棉、夹、纱、裘等，因季节气候不同而更换。行服为皇帝外出时的服装。雨衣与雨裳相配，为雨雪天气时的着装。常服是皇帝日常生活时的着装，分袍、褂两种，材质亦因时而用。皇后的礼服有朝袍、朝裙、朝褂，吉服有龙袍、龙褂。皇帝与皇后的服饰材质皆随时变化，在图案、颜色、材质上没有禁忌。

清朝宗室封爵有五：亲王、郡王、贝勒、贝子、公。亲王身前身后绣五爪正龙各一团，两肩绣五爪行龙各一团，郡王身前身后和两肩绣五爪行龙各一团，贝勒身前身后绣四爪正蟒各一团，贝子身前身后绣四爪行蟒各一团，镇国公、辅国公身前身后绣四爪正蟒各一方，公爵、侯爵、伯爵身前身后绣九蟒，子爵身前身后绣麒麟，男爵身前身后绣狮。其中辅国公还分为"入八分辅国公"和"不入八分辅国公"。所谓"八分"指的是八种标志，即朱轮、紫缰、宝石顶、双眼花翎、牛角灯、茶塔子、马坐褥和门钉，"入八分辅国公"以上的封爵，则可享用上述八种标志，以显示身份之尊贵。各宗室贵族的福晋、侧福晋亦妻凭夫贵，依据自己丈夫的相应级别，享有穿着相应服饰的权利。

清代官员服饰与前朝相比特色十分明显，着装分为帽、外衣、朝珠、朝靴。清政府对官员的办公着装有着明确的限制，不同品级有不同的着装，不能自行更改装束。清朝改历代的朝冠为礼帽，礼帽又称为"顶子"，或称为"顶戴""顶戴花翎"。礼帽分为两种，一种为夏天戴的凉帽，另一种为

民公蟒袍

谨按本朝定制，民公蟒袍蓝及石青诸色随所用，通绣九蟒，皆四爪，曾赐五爪蟒缎者，亦得用之，侯以下文武三品郡君额驸，奉国将军，以上一等侍卫，皆同。

冬天所戴的暖帽，每年三月开始戴凉帽，八月换戴暖帽。顶珠的质料和颜色的不同，代表着官员品级的不同，一品为红宝石，二品为珊瑚，三品为蓝宝石，四品为青金石，五品为水晶，六品为砗磲，七品为素金，八品为阴纹镂花金，九品为阳纹镂花金，无顶珠者无官品。在顶珠之下有一支两寸长短的翎管，多用玉、翠、珐琅或花瓷制成，用以安插翎羽。翎羽又分花翎和蓝翎两种。花翎是带有"目晕"的孔雀翎，"目晕"又称为"眼"，在翎的尾端，有单眼、双眼、三眼之分，翎眼越多说明功勋越高。蓝翎由鹖羽制成，蓝色，羽长而无眼，较花翎等级为低。清政府规定，亲王、郡王、贝勒以及宗室等一律不许戴花翎，贝子以下可以戴；并规定贝子和固伦额驸戴三眼花翎，镇国公、辅国公、和硕额驸戴双眼花翎，内大臣，一、二、三、四等侍卫，前锋营和护军营的各统领、参领（上三旗出身）等均戴一眼花翎。蓝翎一般赐予六品以下或在皇宫和王府当差的侍卫官员享戴，也可以赏赐给建有军功的低级军官。清代官员的朝服上有一块方形图案称为补子，补子又分为文、武两种。文官补子的等级为：一品仙鹤，二品锦鸡，三品孔雀，四品云雁，五品白鹇，六品鹭鸶，七品、八品鹌鹑，九品练雀。武官补子的等级为：一品麒麟，二品狮，三品豹，四品虎，五品熊，六品、七品彪，八品犀牛，九品海马。另外，御史与谏官的补子均为獬豸。补子上除了有飞禽走兽外，还绣有海水和岩石的图案，寓意"海水江崖，江山永固"的意思。补服均是由南京、苏州、杭州即江南三织造定做进贡的，用料讲究，做工精良，尺寸、图案都有严格规定，官员不能私自改变身上与其品级相对应的官服。

诰命夫人是封建王朝对高官的母亲或妻子的加封，明清时期形成了非常完备的诰封制度，五品以上的官员如果功绩超群，都有机会得到皇上的封赠命令，诰命夫人跟其丈夫的官职有关，有俸禄，无实权。清代诰命用五色丝织品精制，书满汉文，皇上钤以印鉴。通览之下，色彩绚丽，有一股华贵喜庆的气氛。清代诰命夫人的礼服沿袭明朝的制度，都是凤冠霞帔，霞帔十分宽阔，中间缀以补子，补子所绣图案通常依据其丈夫或子孙的品级而定，武官的母亲和妻子不用兽纹用鸟纹。

相较而言，普通百姓的服饰要简单得多。清代棉花的种植面积不断扩大，纺织业也十分发达，棉质服装就成为人们的主要服饰。清代男子的服饰较前代改变颇多，长袍马褂成为清朝男子的典型装束，服色以天青色、棕色等为主。袍服是对襟的外罩，长的是长袍，短的即为马褂。马甲在清代也是一种比较流行的服饰，开始流行于政府部门，后在民间广泛流传。清军入关后奉行"男从女不从"的政策，即虽要求男子剃发留辫，却不对女子服饰加以干涉，故而清代女子服饰与明代无异，主要有衫、袄、霞帔、背子、比甲及裙子等，衣服的基本样式大多仿自唐宋，一般都为右衽。汉族妇女多缠足，仍以三寸金莲为美，穿着金线绣花鞋。而满族妇女以天足为美，穿马蹄底、花盆底的木质高底鞋，老年妇女及需要劳动的妇女则穿木底平底鞋。

日常饮食方面，紫禁城内的饮食由内务府统办，内务府下设御膳房、御茶房、内饽饽房、酒醋房等。这些机构负责管理皇帝、皇后、皇子、诸嫔妃以及宫中一应人等的饮食。内廷帝后、妃嫔、皇子等人每日的膳食份例皆不尽相同，按等级依次减少。皇帝日常用膳有一系列严格的程序和规定，皇帝每日有正餐两顿，一早膳一晚膳，傍晚时分有一次晚点。皇帝进餐前，需由太监用银牌验试菜食是否有毒，验毕无毒后，方可食用。宫内饮食在很大程度上保留了满洲特色，如火锅、扒羊肉、白肉血肠、包饭、米酒、黄金肉、萨其马、粘饽饽、碴子粥等，都是满族传统食品，在宫中十分受欢迎。米面主食一直是满族人的主食，也是祭祀时的必需品。宫中女眷较多，除日常正餐饮食外，也离不开各色各样的糕饼点心。其中满洲饽饽是满族糕点的总称，种类繁多，吃法多样，主要有豆面饽饽、苏子叶饽饽、打糕、芙蓉糕、绿豆糕、凉糕、卷切糕等。宫中所用果品零食也琳琅满目，仅任意一小桌就摆有金丝枣、沙果脯、杏脯、大西瓜子、南荠、温朴、蜜柑、如意苹果、水仙梨花、蜜饯海棠、佛手青梅等诸多果品。

随着粮食产量的提高，酒逐渐成为人们生活中必不可少的饮品。清代宫中饮酒之风尤为盛行，有酒醋房专司御酒事务。御酒有白酒和玉泉酒，玉泉酒由玉泉山上的玉泉水酿造，颇受历代皇帝喜爱。与历代不同的是，清内廷用茶分奶茶与清茶两种。奶茶是将茶叶放在牛奶中并加入其他佐料煎煮而成的，是满族传统饮品。清茶则是由各地进贡而来的名茶，如龙井茶、普洱茶、太湖碧螺春等。其他的宫内饮品还有糊米茶和酸梅汤，糊米茶是满族特色饮品，因入关前缺少茶叶，由炒米代替产生，味道浓郁，有助于消化。宫中所用的酸梅汤受北京传统做法的影响很大，做工十分精细，夏季饮用时加冰，消暑解渴，很受后宫欢迎。

清代商业十分发达，产生了许多富商巨贾，其中两淮盐商富甲天下。盐商生活十分奢侈，其在饮食方面的消费，更是令人咋舌。两淮盐商多喜欢宴请文人雅士，并且声势浩大，雪燕、永参、驼峰、鹿脔、熊蹯、象白等物是宴请必备之物。盐商食不厌精、脍不厌细的饮食风尚促进了两淮地区饮食文化的发展，也大大影响了民间的饮食习惯。此外，值得注意的是，随着传教士的不断来华与清初对西学的包容态度，许多西洋食品及西洋饮食方式也涌入国内，在上层社会之间流传，并逐渐流入民间。

普通百姓的饮食较为简单，在平常年间，粗茶淡饭能勉强糊口度日已属不易，偶遇灾荒，只能以树皮、草根，甚至观音土为食。清代百姓饮食与前代几乎一样，北方多以面为主食，南方多以米为主食，唯一的特点是高产作物的引进与推广，使得番薯、玉米等粗粮也成为人们的主食。冬天时白昼较短，许多农家为节约粮食，便每日两顿饭，在农闲时，亦以吃稀饭为主。由于地理位置、气候等差异，南方人在饮食上较北方人细致很多。民间常见的蔬菜品种主要有萝卜、胡萝卜、油菜、蕨菜、菠菜、白菜、韭菜、茄子、生菜、豆芽、莴笋、冬瓜、黄瓜、茭白等，另外，葱、姜、蒜等调味菜品也已被广泛食用。普通市井小民只能在应季时吃些时蔬，冬季则只能吃腌菜或冬储菜，而许多富豪之家却可以吃暖室中培育出的各种新鲜蔬菜。

房屋建筑方面，中国古代建筑艺术在清代不断发展，其中比较突出的是园林建筑。园林建筑以北京的皇家园林和扬州的私人园林为代表，皇家园林主要有畅春园、圆明园、颐和园、静明园、静宜园等，气势恢宏，大气磅礴，私人园林则多为盐商出资建造，构景奇巧，引人入胜。清代最有名的设计师是雷发达家族。雷发达家族长期担任清王朝的御用建筑设计师，设计了清代的宫殿与陵寝，其家传技艺被称为"样式雷"。圆明园是皇家园林的典型代表，被称为"万园之园"，不仅是中国古代园林艺术的经典之作，亦是西方建筑特色与中国建筑理念的一种融合，受到历朝皇帝及后宫的喜爱，成为除避暑山庄外，满族统治者的又一避暑胜地。

扬州园林是介于北方皇家园林与南方私家园林之间的一种独特艺术，其既具有皇家园林金碧辉煌、高大壮丽的特色，又具有江南园林温婉精巧的格调，是南北建筑艺术的一种完美结合。扬州交通发达，地处南北货运中心地带，聚居了大量因盐致富的盐商富贾，这些盐商喜好风雅，在扬州城内建造了许多私人园林，其中最具代表性的应属两淮商总黄至筠所建的个园。个园的名字源于"竹"，月映竹影，在地面形成上千个"个"字，因此得名。扬州园林向来以叠石闻名，个园就是一个以假山堆叠精巧而著称的盛景。造园工匠们选用各种石材叠成春夏秋冬四组景色，被称为四季假山，游园一周，就如同经历了春夏秋冬四个季节，可谓是匠心独运、巧夺天工。

普通民居的地方性差异比较大。各个地区因为自己独特的地理位置等因素形成了各具特色的民居，如东北的窝棚、福建的土楼、山陕的窑洞等。城市民居多为砖瓦结构，农村则为草木屋。许多贫困百姓、孤儿乞丐等居无定所，都在寒窑破庙等地栖身。总体来讲，以长江为分界线，长江以北地区平房较多，长江以南地区楼房较多。明清时期江南是最富庶的地区，人口密度大，且气候湿润，所以南方居民楼居较多。满族统治者祖居东北，比较重视房屋的取暖，房屋形式为口袋房，房内设有火炕、火墙和火地，火炕即万字炕，炕面由砖块、石板、黄泥构成，十分坚固，下有烟道，利用灶火取暖。房内再辅之以炭火、炭盆，十分保暖。

日常交通方面，皇室出行除了乘坐与身份相符的交通工具外，仪仗队伍也是体现其尊贵身份的标志。皇帝车驾仪仗统称为卤簿，归内务府銮仪卫统一管理。仪仗队的规格逐级变化，其他人等绝对不能逾越，时刻体现出封建社会的等级性。其中等级最鲜明的就体现在"轿"的使用上。皇帝乘坐的轿由16人抬，而亲王、郡王、贝勒能坐8人抬的轿子，贝子、镇国公、辅国公能坐4人抬的轿子，而寻常百姓只允许坐2人抬的小轿。

对平常百姓而言，使用频率比较高的交通工具有轿子、车马和船。轿子种类有很多，有载人的也有拉货的，在许多车马不能前行的山岭地区，货用轿子颇为常见。车包括马车、驴车、牛车和骡子车等几种，马属于比较贵重的牲口，只有豪富人家用得起，普通百姓通常只用驴、牛等较便宜的牲口代步。民间驾驭牲口拉车的技艺已经十分娴熟，一位车夫可同时驾驭十余匹骒马拉一辆车，以增加车的运载力。北方地势平坦开阔，所以无论是人往来还是货运都以陆路交通为主，在水网密布的江南水乡，船则是最常用的交通工具。古代社会已有出门必备的"旅行指南"，即程图路引。在我国湖南省沅陵县境内就曾发现清代的"旅行指南"，详细地记载了从云南、贵州、湖南、湖北、河南到北京沿途的名胜古迹、关税盘查、旅舍价目等情况，可见当时社会人口流动之频繁。

清代的邮驿，在中央隶属于兵部，沿袭历代的传统，以驿、站、塘、台、所、铺六种形式组成，京城的皇华驿是其总中枢，并由此向四周延伸出五条主要驿路。第一条是到盛京，并转至吉林、黑龙江的东北路；第二条是通往外蒙古、新疆乌鲁木齐和伊犁等地区的西北路；第三条是到山东，再由山东分至江宁、安徽、江西、广东及至江苏、浙江、福建的东路；第四条是到河南再由此至湖南、湖北、广西及云南、贵州的中路；第五条是经居庸关外或正定越太行山至山西的西路。中央政府通过这五条驿路主干道，凭借驿路上驰骋往返的驿马所携带的各种文件、奏折完成对整个国家的控制。

驿站只有官方可以使用，这就给民间的信件、货运往来造成了不便。清朝时，商业不断发展，金融业逐步兴起，镖局产业应运而生。镖局又称镖行，是收人钱财，凭借武功，专门为人保护财物或人身安全的机构。旧时交通不便，客旅人身及财物不安全，便有镖户受雇佣走镖，为镖局保镖的雏形。后来，看家护院、保护银行等也来找镖局派人。镖局业务主要有六种，即信镖、票镖、银镖、粮镖、物镖、人身镖。

二、节日

清代的节日沿袭前朝，主要有元旦（农历正月初一）、立春、上元、清明、端午、乞巧、中秋、重阳、冬至、腊八、除夕等。

新年是一年中最重要的节日，围绕着新年有一系列的节日活动。从腊月初八开始，即进入"过年"的范畴。腊八不仅作为年的开始受到人们的重视，也是佛教的一个传统节日，许多寺庙会在这一天煮粥，赠予周围居民。雍正帝登基后，将故居改为雍和宫，每年腊八支起大锅煮腊八粥分予王公贵族及平民百姓食用，受到皇室的影响，民间到腊八时，也会煮食腊八粥。民间一

般在腊月二十三（南方是腊月二十四）的时候祭拜灶王爷，即通常说的过小年。民间的过年讲究喜庆团圆，除夕当天要贴对联、换门神，除夕夜一家老小要聚在一起吃团圆饭，喝分岁酒，小孩子还可以得到压岁钱。很多地方还有新年守岁的习俗，子时一过，便祭祀先祖，祭祀后吃饺子，天亮便拜谒亲友。正月初五也是一个比较重要的日子，民间有"破五"之说，"破五"之后，商铺便纷纷开张，人们走亲访友，热闹非凡。正月十五是元宵节，又称"上元节"，白天街市上有许多戏班在戏台唱戏，小商小贩到处兜售，游人摩肩接踵，十分热闹。到了晚上，家家户户吃完元宵便会出门看灯，猜灯谜。过完元宵节，新年才算告一段落。

皇室的新年规矩尤为复杂，进入腊月起，皇帝就要开笔写"福"字，张贴在宫内各处，并赠予文武百官。腊月十九宫中开始放爆竹，腊月底到正月间，皇帝每跨过一道门，太监就要放一挂鞭炮。清宫过年时的对联用挂不用粘，可多次使用。除夕夜辞旧迎新、瞻拜礼仪后，皇帝到乾清宫左侧的昭仁殿东小屋吃饺子。清代皇帝过年吃的饺子都是素馅，包括长寿菜、金针菜、木耳、蘑菇等。元旦当天，皇帝必到各处上香行礼，开笔写吉祥话，祭堂子，享奉先殿，与皇后妃嫔共进早膳，向神佛、先帝行礼，然后受王公大臣朝拜、受后宫朝拜，进行朝贺，在太和殿宴请大臣，内廷庆贺，皇后内廷庆贺，举行乾清宫家宴，最后是观看元旦承应戏。经过这一系列复杂的程序后，皇帝方可回宫休息。

春季的节日以清明为主。我国传统的清明节大约始于周代，已有2500多年的历史。寒食节是清明节的前一天，传说是纪念救了重耳又不肯出山做官的介子推。随着时间的推移，因为清明节及寒食节的日期接近，民间渐渐将两者的习俗融合，到隋唐年间，清明节和寒食节便渐渐融合为同一个节日，成为扫墓祭祖的日子。清代时清明节的习俗已十分丰富，除保留寒食节的习俗，讲究禁火吃寒食外，还有扫墓、祭祀和踏青、荡秋千、放风筝等一系列娱乐活动。扫墓又称上坟，人们需早起去祖先的墓地除草添土，摆好祭品，焚烧纸钱，举行祭拜仪式，以表达对祖先逝者的哀思。清明节祭祀的具体程序因地点和人物的不同而有所变化，如在某些地区，新葬者只在社前祭拜，聚族而居的宗族则在祠堂对祖先进行祭拜等。

夏季的节日主要以农历五月初五的端午节为主。端午又称端阳、重午，是因纪念爱国诗人屈原而来。屈原投江时，楚国人舍不得贤臣屈原死去，于是许多人划船追赶拯救，他们争先恐后，但追至洞庭湖时已不见屈原踪迹。尔后，每年五月初五，人们都会划龙舟以纪念屈原，由此形成了端午赛龙舟的习俗。在男人们争相划龙舟去找屈原时，妇女们便用粽叶包裹糯米，蒸熟后投入江中，喂食江中鱼鳖，以免其咬食屈原。此后，便形成了端午节众人包粽子、吃粽子的传统，不仅自己家要吃，还要包了馈赠亲友。民间关于端午节的传说和习俗都非常多，可能由于其产生于荆楚地区，故而南方要比北方讲究。在端午节这一天，家家户户要在清早采集艾草、蒿草插在大门上，有些地区还会插柳枝。传说将艾叶悬于堂中，可以辟邪驱瘴，用菖蒲作剑，插于门楣，有驱魔祛鬼之神效，可保佑家宅平安。除此之外，端午节还有悬钟馗像、赛龙舟、吃粽子、饮药酒、佩香囊、系五彩绳等习俗。端午节人们要饮蒲酒中混入雄黄、朱砂等药物的药酒，并以酒喷洒室内。蒲酒味芳香，有爽口之感，后来又在酒中加入雄黄、朱砂等药，成为人们端午节必备的饮品。此外，因为雄黄、朱砂有驱逐蛇虫毒豸的功效，人们常用菖蒲艾蓬蘸洒墙壁角落、门窗、床下等处，并用酒涂抹小孩耳鼻、肚脐，以驱毒瘴，求小孩平安。另外，有的地区还用毛笔蘸雄黄酒在小孩额上写"王"字，使小孩带有虎的印记，取以用虎辟邪之意。

秋季重要的节日有七夕、中元节和中秋节，其中最重要的是中秋节。七夕又名乞巧节，是七月初七牛郎织女相会的日子，清代民间在这天晚上有姑娘祭拜乞巧的习俗。七夕首先要在庭院内摆好瓜果，焚香祷告，祭拜牵牛织女星。祭拜后乞巧的仪式在各个地区多有不同，但备好针线，在月下穿针引线，祈祷自己可得一双巧手是乞巧节最基本的环节。还有些地方，在七夕有向天河询问明年米价高低或祭拜祖先的习俗。中元节在每年的七月十五，又称"鬼节""七月半"等。古人重视祭祀，故而中元节也是一个十分重要的日子。清代的中元节祭祀活动往往要提前许多天开始，并持续数天，可见中元节之重要。各地中元节的习俗略有不同，如河北祭祀用麻谷子，山西祭祀做面人等。在这一天，各个寺院也会设盂兰盆会，并在河中放灯，诸僧口念佛经以超度亡灵。八月十五是中秋节，中秋节又称"八月半""八月节"，是阖家团圆，共赏明月的日子，故而又称"团圆节"。中秋赏月的习俗始于唐玄宗，在清代，各地都有拜月、赏月的习俗。拜月通常是女子或小孩进行，拜月后，人们会一起赏月喝酒、载歌载舞并食用各种瓜果菜肴。清代中秋节吃月饼的习俗已经十分普遍，不仅自己要吃，亲友间也会互相馈赠。读书人在中秋节亦有自己独特的习俗，他们或三五成群拜访师长，或彼此相邀祭拜文曲星和魁星，祈祷自己学有所成，榜上有名。

三、婚姻与家庭

1. 婚姻

清承明制，法律规定的结婚年龄是男子十六岁，女子十四岁。但民间实际的结婚年龄要比法律规定的晚一些，由于家贫无力嫁娶，甚至有很多人终生不能成婚。与此相反，经济富裕的地主、士大夫阶层则普遍成婚较早。而且由于他们妻妾较多，子嗣也较多。清代的婚姻制度是一夫一妻多妾制，一名男子只能拥有一位正

择嫁婚书

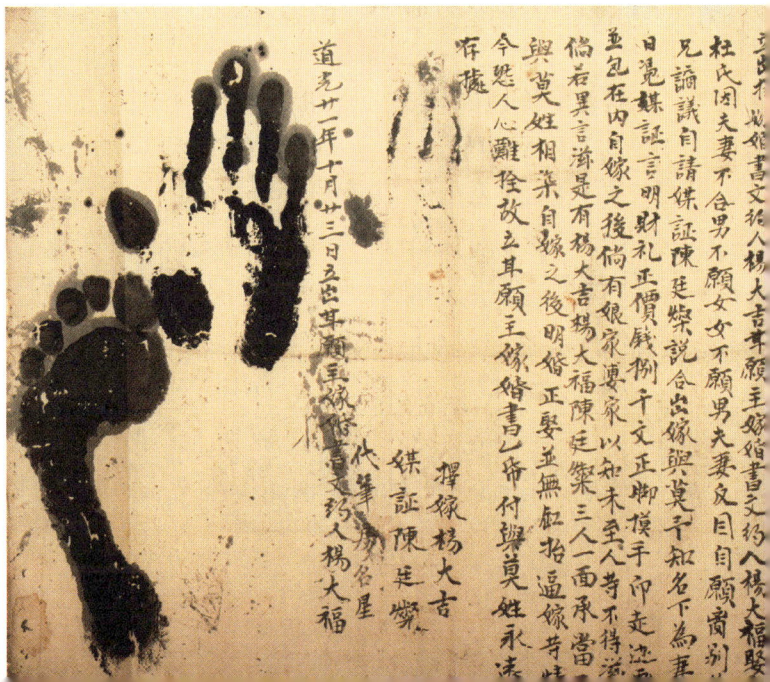

民间大户送亲（西洋画）

妻，妾的数量则不受限制。妾的社会地位十分低下，甚至与其家长不属于亲戚范围，人身财产也不受法律保护。

满族婚礼习俗与汉族有许多差异，满族婚俗有"纳彩""三日婚""大征礼""开脸""分大小""打下处""过箱柜""撒帐""撒豆谷"等，仪式十分复杂，尤其是帝后大婚，规模尤为盛大。帝后大婚礼俗中，最重要的两项是帝后合卺礼和吃子孙饽饽。行合卺礼时，皇帝着吉服入宫坐床左，皇后坐床右，此时，会有结发侍卫夫妇在宫外唱念《交祝歌》，宫内有福晋夫人恭候合卺宴，待帝后对饮交杯酒后，婚礼礼成。行完合卺礼后，将会有女司仪呈上子孙饽饽供皇帝、皇后享用，子孙饽饽略小于饺子，煮的时候不完全煮熟，吃饽饽所用的碗筷被称为"子孙碗""子孙筷"，皇帝、皇后食用子孙饽饽时，将有男孩高喊"生不生"，皇帝需回答"生"，以取婚后生儿育女、子孙满堂之意。帝后大婚与其余婚礼的最大不同就是在家礼仪式之外还有国礼，增加了颁诏礼、庆贺筵宴礼等。此外，还有一点与普通婚礼不同的是，帝后大婚并不行归宁礼，即没有婚后回门一说。民间婚礼主要讲究"六礼"，即纳彩、问名、纳吉、纳征、请期、亲迎。婚姻由媒人说合，除门第之外，主要是看生辰八字是否相配，因此写有生辰八字的婚姻庚帖必不可少。这种只看庚帖不看人的行为，造成了很多不幸的婚姻。举行婚礼最重要的是迎亲当天，不仅是婚礼的重头戏，更是亲朋好友相聚的大日子。

清代还分布着各种特殊形式的婚姻，一种是少数民族地区的特殊婚俗，一种是畸形的婚姻状态。少数民族婚姻习俗有川滇地区摩梭人的走婚、台湾地区高山族的入赘婚等。走婚是为了逃避土司征收的高昂结婚费用。入赘婚是台湾地区在经济落后条件下，对母系社会习俗的一种继承。畸形的婚姻形式主要有租妻婚、小儿婚、童养婚、冥婚等。租妻婚是指某些男子将自己妻子租给无力娶妻却想得子的人，约定一定的期限，收取租金。小儿婚就是通常所说的"指腹为婚"，清政府曾明令禁止过这种婚姻形式。童养婚就是通常所说的"童养媳"，许多穷人家养不起女儿，便为女儿找个婆家，在其年幼时便送去，女童进门后需要从事繁重的体力劳动，还要忍受婆家的打骂，生活十分凄惨。冥婚带有浓厚的封建迷信色彩，在许多地区十分盛行，是家长为了表达对未婚而夭子女的内疚和关爱，选择年纪相仿的同样未婚而夭的男女，为亡灵进行的婚配形式。

封建伦理道德要求女子从一而终，到了清朝时，这一观念更加根深蒂固。许多妇女从小耳濡目染，待夫亡后，不用他人反对，自己就甘受清贫寂寥之苦，誓不改嫁。清政府为维护封建礼教，也经常奖励贞洁烈女，有些名门望族为了虚名，处处为难寡妇，不肯让寡妇改嫁。有许多寡妇即使冲破礼教束缚而勇敢改嫁，也会受到社会上其他人的看轻和歧视。除寡妇外，还有贞女，就是为已订婚却未成婚的去世丈夫守节的女子。有些女子自杀殉夫，或者终身不嫁以示贞洁。在这种畸形的婚姻观的影响下，女子自缢的现象不胜枚举。

2. 子嗣

在封建社会，男子娶妻最重要的目的是传宗接代，生育成为家庭生活中非常重要的事。男女结婚后，双方的父母最关心的就是妇女何时怀孕，确定怀孕后，会有人四处说喜，同时通知孕妇娘家。很多地区在得知自己女儿或儿媳怀孕后要祭神拜祖，向祖宗报喜，祈求祖先保佑。妇女一旦怀孕，全家人会随之作出各种符合民间传统习惯的反应。自怀孕伊始，家人会对孕妇采取保护措施，孕妇的行为和饮食也会受到一些限制，以便她们可以安心养胎。中国自古以来就有胎教一说，一些书香门第要求孕妇行坐端正、不与人争吵，多听音乐，以培养胎儿的品性。到孕妇临产月份，娘家还需要送礼物以示催生。催生礼物有衣、食两项，一般包括婴儿的衣帽、鞋袜、鸡蛋、红枣、红糖之类。

婴儿降生，民间俗称为"临盆""落地"。清朝时期，生育大多在家进行，由"接生婆"到家中接生。接生时，需叱退杂人，由于医疗水平限制，遇上难产，唯有烧香磕头，束手待毙。孩子出生后，对胎盘的处理也有习俗规定，大致是仔细掩埋，防止被动物偷吃。婴儿出生后，要派人向产妇娘家"报生"，娘家要再次送来鸡蛋、线面、鸡等礼品，以示庆贺，并让产妇补养身体。孩子出生三天后，要给孩子举办"洗三"礼，用香汤给婴儿"洗三"，并念诵喜歌，祈祷孩子平安成长。"洗三"时还要举办筵席，宴请亲朋好友吃喜面、喝喜酒。等到小孩满月，就会举行最为隆重的礼仪活动——满月礼，亲朋四方云集往贺，主家大摆筵席招待宾朋。满月之后，产妇就可以走出房间，还可以抱婴儿回娘家住一段时间。婴儿出生后满百天时，要给孩子戴"长命锁"，盖"百家被"，期望孩子能长命百岁。民间习俗中，在给婴儿庆周岁生日时，常有"抓周"仪式。要为孩子沐浴、打扮，换上新衣裳，在孩子面前放置弓箭、纸笔、饮食、珍宝、玩具等物品，女孩子面前还加上刀尺针线，通过孩子抓取的东西，来预知其前程、命运。

在生产力落后、经济不发达的封建社会，重男轻女是社会的普遍现象，很多地区出现了溺死女婴的陋俗。由于溺死女婴现象不断发生，清代的男女比例严重失调，政府也采取种种措施遏制此类现象的发生。除立法禁止之外，效果较好的措施是设立育婴堂等慈善组织。政府下令各省督办育婴堂，广大地方乡绅也积极响应政府号召，捐钱捐田作为育婴堂的固定资产。育婴堂抚养女婴的方法各不相同，有将弃婴收养至堂内的，也有将婴孩交于受雇乳妇带回家中照养的。

四、礼俗娱乐

1. 礼俗

除传统的节日之外，封建王朝每年还有一个十分重要的节日，即万寿节。万寿节即皇帝诞辰，它与冬至、元旦一起并称三大节。此外，皇太后寿诞亦称万寿节。万寿节最隆重的是旬寿，即满十的生日。乾隆帝六十大寿、七十大寿和八十大寿都曾隆重庆祝。清朝后宫的礼仪也自成一体。宫人见正三品以下妃嫔行躬身礼，见正三品以上妃嫔及皇上、太后行屈膝

康熙《万寿盛典图》 现藏北京故宫博物院

礼，对比自己位高的宫人，需行躬身礼。后宫妃嫔遇比自己位分高者，需行躬身礼；遇皇上或太后，行屈膝礼。秀女遇后宫妃嫔一律行躬身礼，遇皇上、太后和皇后，需行屈膝礼。清代的主要礼仪有打拱、打恭、团拜、跪拜、三拜、九叩、欠身、稽首、叩首、顿首、作揖、颔首、拱手、万福等。清代臣子见皇帝要行三跪九叩的大礼，下级官员向上级拜见时要行拜见礼，官员之间行揖拜礼，公、侯、驸马相见行两拜礼，下级居西先行拜礼，上级居东答拜。

打千是清代男子下对上请安时所通行的礼节。施礼者左膝前屈，右腿后弯，上体稍向前俯，右手下垂，这是一种介于作揖和下跪之间的礼节。汉族人行礼的方式主要有三种。第一种为正规揖礼：左手压右手（女子为右手压左手），手藏在袖子里，举手加额，鞠躬九十度，然后起身，同时手随之再次齐眉，然后手放下。第二种为一般揖礼：直立，两臂合拢向前伸直，右手微曲，左手附其上，两臂自额头下移至胸，同时上身鞠躬四十五度；这个行礼方式主要用于正规场合，主要是对朋友行的礼。第三种为拱手：类似揖手，只是身子和胳膊不用动。

皇室的葬礼程序十分复杂，规格等级也非常严明。清朝皇帝的葬礼程序自顺治帝归天后便形成定制，尔后诸位大行皇帝的葬礼皆依此例。清朝皇室有三处墓地，一处为关外三陵，一处为清东陵，一处为清西陵。关外三陵是指埋葬清朝远祖肇、兴、景、显四祖的永陵，清太祖努尔哈赤的福陵和清太宗皇太极的昭陵。康熙、乾隆、嘉庆、道光等皇帝曾先后九次去永陵拜祭祖先，使得永陵祭祖活动成为清代非常重要的一项国家大典。清东陵内共有

清东陵的景陵

皇帝陵五座，即顺治帝的孝陵、康熙帝的景陵、乾隆帝的裕陵、咸丰帝的定陵、同治帝的惠陵，皇后陵四座，即孝庄文皇后的昭西陵，孝惠章皇后的孝东陵，以及慈安、慈禧的定东陵两座，妃园寝五座，即景陵皇贵妃园寝、景陵妃园寝、裕陵妃园寝、定陵妃园寝、惠陵妃园寝，公主陵一座，共计埋葬了5个皇帝，14个皇后和136个妃嫔。清西陵共建有皇帝陵四座，即雍正帝的泰陵、嘉庆帝的昌陵、道光帝的慕陵、光绪帝的崇陵，皇后陵三座，即孝圣宪皇后的泰东陵、孝和睿皇后的昌西陵、孝静成皇后的慕东陵，并有王公、公主、妃嫔园寝七座，埋葬着雍正、嘉庆、道光、光绪4个皇帝，9个皇后，56个妃嫔及王公、公主等共计80人。

普通百姓葬礼相对简单，家境充实之家则购买棺木，雇请僧道念经作法超度亡灵，而后便葬入祖坟或坟地。平常年间，穷人家死人后只拿草席包裹并随意埋葬或丢弃荒野的情况随处可见，更不用说饥荒灾患之年了。

2.娱乐

在皇室娱乐活动方面，清宫杂技无论在规模上还是在品种上，都既不如唐宋宫廷杂技那样宏大，也不如清代民间杂技那样丰富。不过，由于清宫杂技是在一个特殊的文化背景中生长存活，带有关外少数民族的气息，形成了独特的艺术风貌。清宫中比较重要的娱乐活动有骑射、布库、冰嬉、火戏等。

"木兰"是满语，即汉语"哨鹿"的意思，木兰秋狝是每年清朝皇室最重要的一项娱乐活动，满族以骑射定天下，为使子子孙孙不忘本，清朝每年都举办围猎活动。清统治者在承德附近开辟了木兰围场举办木兰秋狝。木兰围场四周的主要隘口都用树枝柳条围起来，内部也划分成60余个小围场，并设有40多个巡逻哨卡来负责管理围场和皇帝的安全。清代的诸位皇帝中，康熙帝举办木兰秋狝48次，乾隆帝举办40次，嘉庆帝举办15次。木兰秋狝既有习武训练的目的，也有更多的政治目的。因承德临近蒙古地区，清代皇帝在行围时，可在木兰围场召见蒙古四十八旗的领导人，增进满蒙感情，加强对蒙古地区的控制。"布库"是满语，是摔跤的意思。这种游艺活动源远流长，清代朝廷对此项活动尤为重视。清代在朝廷中设有善扑营，选拔八旗力士，专练布库、骑射等技艺。这种专业的摔跤手，也叫布库。冰嬉是清代冰上游艺的总称，它包括走冰鞋、抢球、转龙射球、打滑挞等多种游艺。冰上游艺在元明时期初见规模，至清代而大盛。满族建立中央政权之后，也把北方常见的冰上游戏带进北京，并与中原北方较寒冷地区的冰上活动结合，久而久之，形成一系列冰上嬉戏项目。北京地区的冰嬉可以作为清代冰上活动的代表。火戏包括烧灯和烟火两类。清代宫廷的火戏，在继承前代宫中火戏的基础上，规模更加浩大，制造也更加精巧绝妙。清宫造办处下设有灯作和花炮局，专门负责管理烧灯和烟火的制作等事宜。除以上各项比较大型的杂技与游艺活动之外，小的游艺活动则不胜枚举，如宫女秋千、七夕乞巧、抖空竹、赛龙舟、放河灯、养蝈蝈、斗蛐蛐、放风筝、养花垂钓等。

民间娱乐的范围则更加广泛，包括戏曲杂技、棋牌博弈和文字游艺等。

清代是我国戏曲发展的集大成时期，各个地方的地方戏普遍繁荣，在表演艺术方面也有长足的进步和发展。清代地方戏的作品大都出自下层佚名作者之手，主要靠梨园抄本流传或艺人口传心授。各种地方戏都陆续移植或改编了大量以历史演义和民间传说为题材的故事戏，其内容和形式日臻成熟。大户人家婚丧嫁娶及节日寿典均会请当红戏班前来唱堂会。在广大农村地区，每年也都会有热闹非凡的社戏，吸引十里八乡的居民前去观看。由于戏剧的发展，形成了一批痴迷戏曲的观众，被称为"票友"，"票友"对戏剧或戏曲名角的追捧又称为"玩票"。在各地方剧种的不断发展中，它们互相取长补短，形成了一种新的艺术表现形式——京剧。

在乾隆皇帝八十寿辰时征集全国各地著名的戏曲班子赴京做庆贺演出之后，三庆、四喜、春台、和春四大徽班继续留京献艺，他们的精彩演出受到热烈欢迎。而后，湖北楚调也进入北京，汉剧与徽剧出于同源，因而时常合班演出。汉剧是西皮调的唱腔，徽剧以二黄调为主，这两种腔调同台演出，取长补短，不断吸取当时流进北京宫廷和民间的秦腔、弋腔和昆曲等戏曲的精华部分，同时又根据北京观众的要求和语言特点，创造出南北观众都能接受的戏剧语言——韵白。这样京剧便逐步形成了自己的独特风格，最初称为

"皮黄"，又称"京调"。京剧艺术比其他剧种更突出了戏曲集中、概括和夸张的特点，形成唱、念、做、打一套完整体系和统一风格，表演时具有鲜明的色彩和强烈的节奏感，深受人们的喜爱，到了同治、光绪年间，京剧便已经盛行全国，成为"国粹"的代表之一。

清代杂技艺术已经形成技艺、幻术、马戏、滑稽四大门类，这也是现代杂技艺术的基本构架。当时主要的节目有走索、登技、走解、口技、幻术等。清代的走索有软绳、硬绳两种，技艺虽略有差别，但都十分精湛。登技是一种传统节目，到清代又有发展，表演者能在五层桌上登瓮。走解是一种马上技艺表演，表演者原为男子，至清代时则多为年轻女子。此种技艺需要娴熟的马术，跑解时，马驰如飞，表演者在马上逞弄解数。口技分明春、暗春，或称明口、暗口，清代的口技已发展到相当高的水平。幻术是杂技艺术中的重要组成部分，清代幻术又叫戏法，这一时期的幻术既继承了传统的特色，又融合了西方的技艺。

麻将是具有代表性的中国牌，又叫看竹、麻雀、雀戏。大约在清代中末叶，发展成熟的叶子戏与由宣和牌演变成的骨牌相结合，并把骰子移入，经过精心的融合设计，形成麻将。麻将形成以后，渐渐流行开来，在不同地区也形成了不同的规则和特色。至清末光绪、宣统年间，麻将已风靡全国，20世纪初叶传向欧洲、亚洲的许多国家。除麻将外，清朝时期民间还有许多棋种，诸如三友棋、五子棋、七国象棋、蒙古棋等，多达数十种。中国古老的围棋，很早就传入印度、日本及朝鲜半岛，19世纪又传入欧洲。围棋是清朝甚至中国古代流传最广的棋类游戏，自古以来就受到文人雅士的追捧。与围棋相比，象棋似有更为广泛的大众性。象棋的特点是入门容易，正因为如此，象棋在民间流传极广。不过，在清代文人心中，象棋的地位远不如围棋重要。

清代的文字游艺包括回文、谜语、诗钟、绕口令等。这些文字游艺大都起源较早，历代不辍，至清代又有所发展。清朝人有结谜社的风气，有些人自愿组织起来，共同切磋谜艺。谜社的活动，大大推动了谜语的发展。清代猜谜的方式除去口头出谜，口头猜射之外，另有几种形式，如弹壁灯、鳌山灯坊等。鳌山灯坊上悬挂谜灯，四面书写谜语，供人猜想。有的甚至连灯也没有，将谜语写成条幅，或贴于壁，或悬于绳。诗钟又叫分曹偶句、嵌字偶句、两句诗、百衲琴、羊角对等，它是一种较为晚起的文字游戏，只限于文人之中。

酒令是酒文化的重要组成部分，同时又是一种综合性的游艺项目。明清时期是酒令发展的鼎盛时期，清代的酒令品种极为丰富，举凡世间事物、人物、花木、虫禽、曲牌、词牌、回文、诗词、戏曲、小说、中药、八卦、骨牌、弈棋、骰子以及某些风俗、节令等，皆可入令。清代酒令中口头文字一类的酒令，大多流行于文人雅士之间，行之日久，难免不花样翻新，甚至专门编制出一些要求严苛，非苦心经营才能凑成的酒令。这种酒令，清朝人称之为苦令，相对而言，那些易行的酒令，习称为甜令。

清代的版画也有所发展。版画的数量多，印制的地方广，深受百姓喜爱，其中尤以天津的杨柳青和苏州的桃花坞印制的版画最好。它们以印制年画为主，也印制扇面、灯画和各种挂图。年画的题材多为祈福求寿、驱邪避怪、迎吉纳祥之类，是百姓节日生活不可缺少的部分。

五、宗教生活

中国传统社会的宗教发展，与政教休戚相关，清朝的皇帝都十分尊崇佛教，万历四十三年（1615年），即清太祖努尔哈赤建立后金的前一年，他就曾在赫图阿拉城外兴建佛教寺院，用了三年的时间修建了七座寺庙。清太宗皇太极在位时就已经开始与五世达赖建立关系。清朝统一全国之后，全面继承明代的佛教政策，对内地佛教采取利用加控制的策略，以辅助思想统治；对喇嘛教则重在安抚优遇喇嘛上层，以达到羁縻藏蒙边陲的目的。清代佛教宗派主要有禅宗、净土宗、天台宗、华严宗、律宗、法相宗等，其中禅宗相对兴盛，净土宗为各宗共同信仰，其他宗派则非常微弱。禅宗中又以临济天童、盘山二系与曹洞的寿昌与云门二支较为繁盛。清朝时，新疆等地的伊斯兰教信众也迅速增多。

相对而言，有清一代对道教的扶持力度大大削弱，并接连制定贬抑与打击道教的政策，因此一般认为清代是道教发展的低潮之一。清代统治者对道教缺乏信仰和了解，但为笼络汉人，政治上也利用道教，然而，因为当时道教和民间秘密结社组织的关系密切，故清代统治者对道教严加防范。顺治时期，清政府曾对全真道在北京的传教活动予以支持。康熙时期，对正一道首领照例行封赐。雍正时期也优待过天师后人及龙虎山道士。从乾隆帝起，清政府对道教活动的限制日趋严格，道教的地位不断下降，组织发展基本停滞，教理教义基本没有创新。乾隆帝将正一道的组织发展限制在龙虎山，禁止其到其他地方传道，又将正一真人的品秩由二品降至五品。道光帝更下令停止正一真人上京朝觐。但正一道在民间的活动还在进行，对民众生活也有一定影响。而且随着清朝疆域的开拓，汉族向边疆地区迁移，一些原来很少有道教的地区，如东北、新疆、内蒙古、台湾等地，也陆续建起道教宫观，有道士住持，供奉香火。伴随着华人向海外的移民，东南亚等地区都能发现道教的踪迹。

除传统的宗教信仰之外，民间还有许多非官方的宗教信仰。民间宗教是传统民间社会的精神生活方式，作为社会下层群众的宗教，虽然是吸收了正统宗教的思想养分而逐渐成长的，但其相对更加真实地反映了下层社会的信仰。民间宗教认为要想摆脱生死轮回之苦，最有效的解脱方法就是参道修持。对于根本接触不到科学，而又受封建思想影响的农民阶级来说，宗教是他们思考与行动的唯一指引。这一时期出现的各种教门，因其教义简明、仪式便行、经卷易懂，受到农民大众的喜爱，因此其群众基础十分广泛。清初问世的教门有天地门教、在理教、八卦教，清中叶产生了清水教、天理教、收元教、白阳教、青阳教，到了清末，又出现了皈一道、一贯道、九宫道，这些教门流行于华北城乡的各个角落，又远播西北、东北、江南、西南、东南等广大地域。民间宗教不仅能给农民大众以精神寄托，而且更重要的是能在社会动荡或社会转折之际，及时提出适应农民大众反抗意志和追求美好理想的政治口号与斗争目标。清朝时期教门林立的局面，导致了此起彼伏的民间宗教运动，给清代统治者造成前所未有的社会问题。由民间宗教而兴起的农民起义运动有乾隆三十九年（1774 年）王伦领导的山东清水教起义，嘉庆元年（1796 年）刘之协等领导的川楚陕收元教、西天大乘教、三阳教大起义，嘉庆十八年（1813 年）林清等领导的直鲁豫天理教大起义，道光十五年（1835 年）曹顺领导的山西先天教起义等。这些起义虽然都以失败告终，但也给清朝统治者的赋税、财政等政策的执行带来了许多麻烦，从而沉重打击了清朝的统治。

萨满教是女真人信仰的传统宗教，"萨满"一词来源于满语"saman"，由"sambi"一词演化而来，意为"智者""贤人""通晓世事的人"。清宫的萨满多由宗室妇人或上三旗命妇担任，称为"萨满太太"。清宫萨满教祭祀门类繁多，按照祭祀场所可分为坤宁宫、堂子和祭马神室三处，按照祭祀时间则有常祭、月祭、四季献神、春秋二季立杆大祭、元旦行礼等类别。萨满祭祀的场所称为堂子，并且只有爱新觉罗家族才有设立堂子祭祀的资格。堂子祭祀，从结构上可分为五个大环节，即设神位、献供、祝祷、宴会、收神位。清代皇室对萨满教祭祀十分重视，每年元旦等日，皇帝均率诸皇子、亲王等宗亲进行祭祀。祭堂子分为国家大典和私人祭典，国家大典有元旦拜天和出征凯旋，私人祭典有月祭、杆祭、马祭等。为保持萨满教祭祀的民族性，清宫萨满教祭祀一直坚持用满语诵祷。

因为地理位置和地理环境的影响，在东北地区形成了一系列有地方性特色的崇拜，统称为"地仙"崇拜。所谓"地仙"信仰，是以"黄白胡柳灰"等动物崇拜为主形成的一种民间信仰。黄为黄鼠狼，白为刺猬，胡为狐狸，柳为蛇，灰为老鼠，民间称为黄仙、白仙、胡仙、柳仙、灰仙。百姓认为此类动物皆有灵性，年纪大了的就会成神成仙，成仙家后便能够赐福添财、驱邪治病，如若冲撞也会加祸报复。萨满教对"地仙"信仰的影响十分大，在东北，"地仙"信仰的群众基础十分广泛，有专门祭祀的寺庙，家家户户也会设有灵坛供奉。有一类人自称被仙家选中而"出马"，各类仙家可依附其身显灵，能为人祛灾求福。对满族萨满教因素的吸收使"地仙"信仰形成了鲜明的地方特色。

第十章　思想文化与科学技术

第一节 思想文化

一、传统理学与新兴学派

清军入关后，即沿袭宋代以降的成例，封孔子第 65 代孙为"衍圣公"。康熙帝、乾隆帝曾多次去曲阜祭孔。康熙帝依据儒家学说制定《圣谕》十六条，雍正帝又为之作注，御制《圣谕广训》，颁发全国。清廷尤其推崇朱熹，奉程朱理学为官方哲学，科举取士须以朱熹所作的四书五经注疏为准。清廷还特地收罗了一些理学家，如李光地、魏裔介、熊赐履、魏象枢、汤斌、陆陇其等，命他们纂修《性理精义》《朱子全书》，颁行天下。清廷还尤其注重发挥礼乐教化以控制思想，维护尊卑等级制度，进一步完善表彰忠孝节烈的旌表制度，充分利用宗族、乡约管束人心。

清初至雍正年间，因为统治者的倡导和推崇，程朱理学受到很多知识分子的追捧。他们潜心程朱理学，提倡封建伦理道德，受到清政府的青睐，是清初程朱理学的捍卫者，代表人物有陆陇其、张履祥、熊赐履、李光地、张伯行、朱用纯、方苞等。陆陇其认为不尊崇朱熹，便没有入仕为官的资格，并且认为做学问只有一条道路，那就是追随朱子理学。他的主要作品有《四书大全》《松阳讲义》《三鱼堂文集》等。张履祥笃信程朱理学，极力批评心学，被认为是纯正的理学家，作品有《张杨园先生全集》。熊赐履官至内阁大学士，作为经筵的讲官，他的思想在很大程度上影响着统治者的治国理念。他主张存天理、灭人欲，是十足的理学家，著有《学统》《闲道录》《程朱学要》。李光地深受康熙帝器重，官至大学士，奉命编纂《朱子全书》。他认为学习圣贤之学贵在心诚，著有《周易通论》《榕村语录》《榕村全集》。张伯行强烈反对王阳明的心学观点，主张按照理学的义理去实践学习，著有《困学录集粹》《正谊堂文集》。朱用纯毕生致力于在民间传播兄友弟恭的孝悌之义，社会影响力很大，著有《愧讷集》《治家格言》《大学中庸讲义》等。方苞是程朱理学的积极维护者，主张时刻遵守天理准则，著有《礼记析疑》《春秋通论》《方望溪先生全集》等。

明末，王学一分为二，一派为王学左派，流于空疏，另一派是实学，为经世致用、务实之学。随着明朝的覆灭，许多汉族士大夫避世求学，于是"经世致用"之学大兴，形成了一股有影响力的社会思潮，代表人物有顾炎武、黄宗羲、王夫之、李颙、颜元、李塨等。他们在总结明亡经验教训的基础上，深感明季学风的空疏不实给国家、民族带来了极大的灾难，所以要求学术反虚就实，提倡经世致用的真学问和"以实为宗"的新学风。他们的研究范围几乎涉及社会问题的一切方面，包括政治、经济、军事、国家、民族、法律、边疆、地理、人情、风俗、自然科学等。

顾炎（1613—1682年）是著名经学家、史地学家、音韵学家，学识渊博，所学涉及经学、史学、音韵、小学、金石考古以及诗文诸学。顾炎武的哲学思想有唯物主义成分，在政治思想方面也激烈反对君主专制，主张限制君权，扩大地方权力，"人君之于天下，不能以独治也，治之而刑繁矣；众治之，而刑措矣"，"以天下之权，寄之天下之人"，才能达到"天下治矣"的目的。他认为天下治乱的关键是人心风俗，"目击世趋，方知治乱之关心在人心风俗，而所以转移人心整顿风俗，则教化纪纲为不可缺矣。百年必世养之而不足，一朝一夕败之而有余"[1]。他还具有强烈的

顾炎武像　现藏国家博物馆

民族思想，把"亡国"与"亡天下"作了区分，认为"易姓改号谓之亡国，仁义充塞，而至于率兽食人，人将相食，谓之亡天下"。也就是说，亡国仅是改朝换代，而文化的沦亡，才是关系到民族命运的大问题，故"保天下者，

---

[1]　顾炎武：《日知录集释》卷9《守令》，浙江古籍出版社2013年版，第550—551页。

匹夫之贱，与有责焉"①。在治学方面，顾炎武提倡"经世致用""明道救世"，反对空言，他的《天下郡国利病书》就是以有益于世用为目的而写成的，成为嘉道时期经世思潮兴起的重要源头。他继承明末学者的反理学思潮，不仅反对阳明心学，而且在性与理气、知行、天理人欲等许多方面，都显示出与程朱理学对立的治学态度。顾炎武认为治学当以有益于世为关键，"文之不可绝于天地间者，曰明道也，纪政事也，察民隐也，乐道人之善也。若此者，有益于天下，有益于将来，多一篇，多一篇之益矣"②，以朴实归纳的考据方法，开启了朴实的学风，给后世学者以巨大影响。其主要著作有《日知录》《音学五书》《军制论》《天下郡国利病书》《顾亭林诗文集》等。

黄宗羲像　现藏国家博物馆

黄宗羲（1610—1695 年），明末清初经学家、史学家、思想家、地理学家、天文历算学家、教育家。黄宗羲治学以致用为目的，他说："明人讲学袭'语录'之糟粕，不以六经为根柢，束书而从事于游谈，故问学者必先穷经，经术所以经世。不为迂儒，必兼读史。"③ 黄宗羲在哲学思想上肯定"理在气中"的唯物主义观点，而最大贡献则在政治思想方面。他激烈反对君主专制制度，称"为天下之大害者，君而已矣"，因为君主"以天下之利尽归于己，以天下之害尽归于人"，不惜"屠毒天下之肝脑，离散天下之子女"，"敲剥天下之骨髓"。他批判"君为臣纲"的封建教条，主张做官应该"为天下，非为君也；为万民，非为一姓也"，一姓之兴亡，臣子无须"从君而死"，或"杀身以事君"④。黄宗羲还进一步批判封建法制，认为只有法制完善，才能治平天下。他主张提高宰相权力以分君主权势，还

---

① 顾炎武：《日知录集释》卷 13《正始》，浙江古籍出版社 2013 年版，第 766—767 页。
② 顾炎武：《日知录集释》卷 19《文须有益于天下》，浙江古籍出版社 2013 年版，第 1093 页。
③ 赵尔巽等：《清史稿》卷 480《黄宗羲传》，中华书局 1976 年版，第 13105 页。
④ 黄宗羲：《明夷待访录·原君》，光绪二十三年刻本，第 1—2 页。

主张扩大学校职权，加强舆论力量，"天子之所是未必是，天子之所非未必非"，应"公其是非于学校"，社会舆论形成后，"天子亦遂不敢自为非是"①。黄宗羲驳斥轻视工商业的思想，认为工商业和农业一样，"盖皆本也"，应该受到保护。黄宗羲治学严谨，注重实践，讲究通经致用，与弟子形成浙东学派，影响颇大。黄宗羲学识广博，思想深邃，著作宏富，被尊称为"中国思想启蒙之父"。他主要著有《明儒学案》《宋元学案》《明夷待访录》《孟子师说》《葬制或问》《破邪论》《思旧录》《易学象数论》《明文海》《行朝录》《今水经》《大统历推法》《四明山志》等。

王夫之（1619—1692 年），明末清初的思想家，著作很多。王夫之系统深入地批判了唯心主义理学，认为"阴阳二气充满太虚，此外更无他物，亦无间隙，天之象，地之形，皆其所范围也"，"天地本无起灭，而以私意起灭之，愚矣哉！"②王夫之还认为社会是发展的、进化的，不能泥古不化，厚古薄今，从而建立起了较为完整的朴素唯物主义思想体系和具有革新色彩的进步历史观，成为中国古代唯物主义思想发展史上的巨大丰碑。谭嗣同极为推崇王夫之，说他的研究功夫要超过朱熹、王守仁，"最与《大学》之功夫次第合"③。王夫之爱读儒家经典，注重实际，关心时局，从小便喜爱向人追询天下各事，并仔细考究。其主要著作有《永历实录》《周易稗疏》《四书稗疏》《尚书稗疏》《诗经稗疏》《春秋稗疏》《读通鉴论》《宋论》《尚书引义》《读四书大全说》等。

李颙（1627—1705 年），明末清初理学家，他反对只读四书五经，鄙视八股取士，终生不入朝堂。李颙博学多才，饱览群书，学问自成一家，被称为"海内大儒"。他在清初进步学者"经世致用"思想的影响下，积极参与反思理学，主要作品有《匡时要务》《帝学宏纲》《时务急策》《四书反身录》等。

颜元（1635—1704 年），字易直，号习斋，直隶博野（今属河北）人。颜元生于穷乡，幼年还曾因家贫为朱姓养子，长期教书、行医，了解民间疾苦。颜元主张培养文武兼备、经世致用的人才，主要著述为《四存编》《习斋记馀》等。他与学生李塨（1659—1733 年）注重躬行践履的"实事""实学"，

---

① 黄宗羲：《明夷待访录·学校》，光绪二十三年刻本，第 10 页。

② 王夫之：《张子正蒙注》卷 1《太和卷》，载《船山全书》第 12 册，岳麓书社 2011 年版，第 26 页。

③ 谭嗣同：《仁学》卷 26，载《仁学：谭嗣同集》，辽宁人民出版社 1994 年版，第 64 页。

颜元像　现藏国家博物馆

对宋明理学进行了尖锐的批判，指责空谈性命的理学为画鬼，纯为自欺欺世的胡说。李塨认为理在事中，知先于行。在政治思想上，李塨赞同颜元提出的主张，但不同意复封建说。他学习刻苦，兴趣广泛，晚年转入考据，使其与老师颜元合创的"颜李学派"的学说更为精致，影响延及江南。颜李学派的著作有《小学稽业》《大学辨业》《圣经学规纂论学》《学礼录》《学乐录》《学射录》《田赋考辨》《周易传注》《四书传注》《论语传注》《李塨后集》等。这些人以社会问题为中心，在救世济时思想的指导下，提出了许多解决其时社会问题的方案。在政治上，他们猛烈地批判封建专制制度，揭露封建专制君主的罪恶，并提出了一些带有初步民主启蒙因素的主张。在经济上，针对封建的土地兼并，他们提出了各种解决办法，表现出对农民问题的关心和同情。在教育上，他们激烈地批判束缚思想的科举制和八股时文，注重学校教育，要求培养出真正有学问、有实际能力的有用人才。颜元曾用 22 个字概括"实学"的内容："如天不废予，将以七字富天下：垦荒，均田，兴水利；以六字强天下：人皆兵，官皆将；以九字安天下：举人材，正大经，兴礼乐。"①

　　同时，随着清朝统治趋于稳固，思想学术界呈现出与清初不同的变化，考据学逐渐在学术界占据主导地位。因为这个时期的学者都尊行以经学为主的汉代学术，所以我们称其为汉学。又因为他们追求的是一种朴实无华的考据功夫，我们也称其为朴学，乾嘉时期的学术发展也被称为乾嘉考据学。乾嘉考据学的主要创始人是明末清初的大儒顾炎武，其后的主要代表人物有阎若璩、钱大昕、段玉裁、王念孙、王引之等。乾嘉学派研究的对象上至天文地理，下至各朝规章制度的细节，但是总体特点是避免涉及与明、清有直接关系的事物。这主要是因为清代的文字狱盛行，当朝问题和前朝问题都是敏感话题，稍有差池便会引来杀身之祸，到了学派发展的全盛期时，其研究的

---

① 李塨：《颜习斋先生年谱》，载颜元：《颜元集》，中华书局 1987 年版，第 763 页。

话题基本已经与当时的社会现实完全脱节。嘉庆朝以后，清朝面临内忧外患，农民起义此起彼伏，对于思想学术等的高压统治不得不放缓，之后的学者于是摒弃了只研究经典不关心世事的姿态，乾嘉学派逐渐淡出历史舞台。

乾嘉时期这些学者的考据成果和考据方法直接承绪了清初的经世实证学风。清初顾炎武等学者继承了明代学者的考据成果，强调认真读书，重视考察和博求实证的朴实学风，以这样的方法研究经学、文字音韵学和历史地理学，在研究内容和研究方法上为此后清代的考据学开了先路，成为乾嘉学派的"不祧祖先"。继顾炎武之后，康熙时期又有阎若璩、胡渭、毛奇龄、顾祖禹、姚际恒、王锡阐、梅文鼎等人著书立说，宣传自己的学术思想。他们都专力于考据并分别在训诂经书、考释历史地理、考辨文献和天文历算方面取得非凡的成绩。以考据为特长的乾嘉学派，在吸收前人已有成果的基础上，通过训诂笺释、版本鉴定、文字校勘、辨伪辑佚等方法和手段，对两千多年来流传下来的文化典籍进行了大规模的、认真系统的整理和总结，作出了可贵的贡献和成绩，涌现出更多的学者和著述。在经学、小学、历史、地理、金石、考古，以及工具书、丛书、类书的研究和编纂方面，都留下了可资借鉴的宝贵成果。乾嘉学派中有许多严肃的学者，在治学态度与治学方法上，严谨踏实、一丝不苟，开近代实证学风之先河。乾嘉学派取得的学术成就与这样的治学态度、方法密不可分，而这样的态度和方法，也是其学术成就的一方面。乾嘉学者在治学中继承和发展了清初顾炎武提倡的学风，强调认真读书，重视实证，力戒空谈。在治学方面，一些乾嘉学者如王念孙、王引之、阮元等人，已将传统的学术研究方法大大向前推进，使自己的学术研究方法已具有某些近代气息。

乾嘉学派中，以惠栋为代表的"吴派"和以戴震为代表的"皖派"尤为出名。吴派的学风即搜集汉儒的经说，加以疏通证明。它的特点是推崇汉代经说，遵循汉代经学研究，重视名物训诂、典章制度的传统，凡属汉学，就一概予以采纳而加以疏通解说。

惠栋（1697—1758年），字定宇，江苏吴县（今属苏州）人，祖父和父亲都是著名的学者，家学功底深厚，著有《古文尚书考》《九经古义》等书。他的学生余肖客、江声、钱大昕、王鸣盛等又都是苏南人，因此这一派被称为吴派。吴派的治学方法是信家法而尚古训，信守汉儒的说经。惠栋专精《周易》，研究三十余年写成《周易述》，完全抛弃了魏晋以后的注释，

惠栋像　现藏国家博物馆

而专采汉儒的主张。他们治经从研究古文字入手，重视音训，以求经义，梁启超在《清代学术概论》中称他们是"凡古必真，凡汉皆好"。钱大昕认为："有文字而后有诂训，有诂训而后有义理。"① 他通过校勘和考证，在《廿二史考异》中指出了不少正史的错误。钱大昕学识渊博，精通经学、史学、天文、历算、音韵、训诂、金石，"先生学究天人，博综群书，自开国以来，蔚然一代儒宗也"②，是吴派学者中成就最为突出者。

皖派晚出于吴派，成就更为突出，不过两者并不是对立的学派，而是互为师友，互相影响。吴派重视三礼，即《周礼》《仪礼》《礼记》中名物制度的考证。皖派的特点是从音韵、小学入手，通过文字、音韵来判断和了解古书的内容和含义，即以语言文字学为治经的途径。他们在文字、音韵等方面作出了不少的贡献。戴震曾任《四库全书》的纂修官，著作很多，包括算学、天文、地理、声韵、训诂、哲学等方面。对于理学家将天理与人欲对立起来的观点，戴震提出了尖锐的批判。他指出程朱理学是"以理杀人"，比"以法杀人"更为残酷，"尊者以理责卑，长者以理责幼，贵者以理责贱，虽失谓之顺；卑者、幼者、贱者以理争之，虽得，谓之逆。于是下之人不能以天下之同情、天下所同欲达之于上；上以理责其下，而在下之罪，人人不胜指数。人死于法，犹有怜之者；死于理，其谁怜之！"③ 在考证方面，戴震认为必须实事求是，"不以人蔽己，不以己自蔽"，方法富有创造性。纪昀称赞他"洁明古人小学，故其考证制度字义，为汉已降儒者所不及，以是求之圣人遗经，发明独多"。

戴震之后，门生又分为两派。一派以段玉裁、王念孙为代表，专重音训考据；另一派以汪中、阮元为代表，音训考据与义理之学并重。其中段玉裁

---

① 钱大昕：《潜研堂文集》卷24《经籍籑诂序》，江苏古籍出版社1997年版，第377页。

② 江藩：《汉学师承记》卷3《钱大昕》，中华书局2008年版，第62页。

③ 戴震：《孟子字义疏证》卷上《理》，中华书局1961年版，第10页。

所撰《说文解字注》，给许慎的《说文解字》详细作注，改正其讹误，并创通条例，阐明音韵、训诂，在文字学方面取得了巨大成就，王国维称赞该书"千古卓识。二千年来治《说文》者，未有能言之明白晓畅如是者也"[①]。王念孙所写《广雅疏证》和《读书杂志》，则是乾嘉时期有关训诂、校勘的代表作，考订了多种古书中的文字讹误和音训句读，"一字之证，博及万卷，其精于校雠如此"。阮元官至体仁阁大学士，位高权重，提倡学术，奖掖人才，具有广泛影响。阮元非常重视考据与义理并重，曾说："圣人之道，譬若宫墙，文字训诂，其门径也，门径苟误，跬步皆歧，安能升堂入室乎？学人求道太高，卑视章句，譬犹天际之翔，出于丰屋之上，高则高矣，户奥之间未实窥也。或者但求名物，不论圣道，又若终年寝馈于门庑之间，无复知有堂室矣！"[②]此外，皖派也十分重视思想和理论。乾嘉学派正是在继承和发展了历代特别是清初学者的考据成果与考据方法的基础上，集历代特别是明末清初考据之大成，把中国古代考据学推向高峰，形成了独具特点的考据学派。

虽然乾嘉学派有一定的压抑新思维和脱离社会的缺点，但是百余年来，乾嘉学派一大批饱学之士刻苦钻研中国传统文化，对于研究、总结、保存传统典籍起到了非常积极的作用。乾嘉考据学具有比较踏实的科学态度，发展了客观而精密的研究方法，对两千多年以来的中国传统文化典籍——儒家经典进行了整理训释，产生了一大批训诂名著。乾嘉时期知名的考据学者共有60余人，除以上所举诸人外，江永的声韵学，王引之的训诂学，王昶、毕沅的金石考订，钱大昕、王鸣盛的史籍整理，都取得了一流的成就。清代考据学在整理和考订古代经书方面的论著很多，仅阮元所辑《皇清经解》和王先谦所辑《皇清经解续编》所收，就有389种。当然，乾嘉考据学也有其不可避免的缺点，其研究领域狭小，只局限在儒家经典的范围内，不接触现实，更不敢谈论政治和社会问题，研究的方法陷于孤立、静止，注意微观研究，忽视宏观研究，因此不能与时俱进地发展壮大下去。

嘉道时期的著名思想家则是龚自珍。龚自珍（1792—1841年），号定盦，浙江仁和（今杭州）人，父祖都是官员，外祖父是段玉裁。龚自珍受

---

① 王国维：《观堂集林（外二种）》卷7《艺林》，河北教育出版社2003年版，第157页。
② 阮元：《揅经室集》卷2《拟国史儒林传序》，中华书局1993年版，第37—38页。

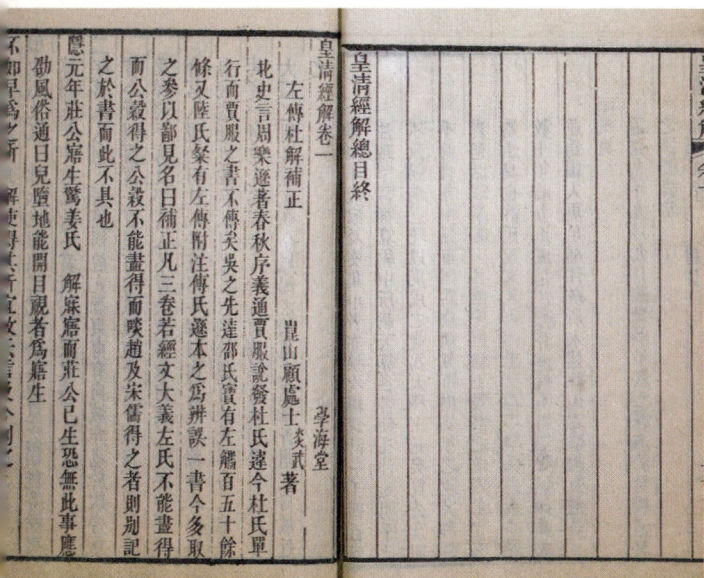

《皇清经解》 现藏国家图书馆

到良好的教育，才华早露，但科举不利，三十八岁才考中进士，此后宦海沉浮，郁郁不得志，遂辞官讲学。他深感社会是"日之将夕，悲风骤至"的衰世，痛恨贫富不均，专制腐败，学者志气消磨。他的《己亥杂诗》写道，"九州生气恃风雷，万马齐喑究可哀。我劝天公重抖擞，不拘一格降人才"，具有广泛影响。龚自珍改革社会的方案是重新调整土地财产，通过宗法制来发展生产，加大大臣和地方官员的权力，支持禁烟，关心边防海防，主张移民西北，加强防务。龚自珍对后代的学者影响极大，梁启超曾言："晚清思想之解放，自珍确与有功焉。光绪间所谓新学家者，大率人人皆经过崇拜龚氏之一时期。初读《定庵文集》，若受电然。"①

二、史学成就

清代学者从事史学研究的人员较多，研究范围很广，取得了很高的成就。

私修历史学著作方面，以明末清初张献忠、李自成农民起义军起义过程为蓝本的史书有吴伟业的《绥寇纪略》，彭孙贻的《平寇志》，计六奇的《明季北略》《明季南略》，戴笠、吴殳的《怀陵流寇始终录》等。记载南明史的史书有王夫之的《永历实录》、顾炎武的《圣安本纪》、查继佐的《国寿录》、黄宗羲的《行朝录》、屈大均的《皇明四朝成仁录》、邵廷采的《东南纪事》

① 梁启超：《清代学术概论》，载《梁启超论清学史二种》，复旦大学出版社 1985 年版，第 61 页。

《西南纪事》、冯梦龙的《中兴实录》等。这些私修史书所记载的内容，大多为官修史书所摒弃。清代私修史书中的佼佼者是蒋良骐的《东华录》，蒋良骐曾担任国史馆纂修官，有机会接触第一手资料，便摘抄实录汇编成《东华录》。蒋良骐的《东华录》未经删减，保留了很多官方删去的资料，有很高的历史价值。此外，皇室子弟弘旺所著《皇朝通志纲要》、萧奭所著《永宪录》，都保留了当时的原始资料，可以弥补官修史书的不足。清代是历史考据学发展的黄金时期，这一时期涌现出了一大批优秀的作品。疏证方面有惠栋的《后汉书补注》、沈钦韩的《后汉书疏证》、杭世骏的《三国志补注》、钱大昭的《两汉书辨疑》、厉鹗的《辽史拾遗》、汪辉祖的《元史本证》等，考异方面有钱大昕所著《廿二史考异》、王鸣盛所著《十七史商榷》、赵翼所著《廿二史劄记》等。

黄宗羲的《明儒学案》是我国第一部大型而系统的学术思想史著作，总结了明代近300年的思想发展。全书一共62卷，以王守仁心学发端发展为主线，首篇《师说》提纲挈领全书，通过17个学案、210位学者，大致依据时间先后和学术流派传承关系，介绍了每个学派的基本情况。每个学案都有较为固定的结构，拥有案序、传和语录。此后，黄宗羲的弟子万斯大、万斯同和更晚的全祖望、章学诚等，都受到他的影响，接力完成了黄宗羲没有完成的《宋元学案》和明史的纂修工作，在历史编纂、史料方法方面都作出了重要贡献，形成了以史学研究为特色的浙东学派。这个学派不尚空谈，重视实践，以经学为根柢，以史学为经世工具，注重民族气节，治学严谨，考证精深。

官修历史学著作方面，康雍乾时期，完成了五部实录和五部圣训的编纂修订工作，实录有《太祖高皇帝实录》《太宗文皇帝实录》《世祖章皇帝实录》《圣祖仁皇帝实录》《世宗宪皇帝实录》，圣训有《太祖高皇帝圣训》《太宗文皇帝圣训》《世祖章皇帝圣训》《圣祖仁皇帝圣训》《世宗宪皇帝圣训》。另外，特别值得一提的是《明史》的编纂。《明史》修纂历时九十余年，直至乾隆朝才修纂完成。《明史》为纪传体通史，全书336卷，其中目录4卷、本纪24卷、志75卷、表13卷、列传220卷，修成之后，得到后代史家的好评。书中除依照旧例分纪、志、表、传四部分撰写外，还别出心裁地根据明朝实际情况纂修了《阉党传》《土司传》等章节，为历代修史之首创。

康雍乾三朝是清朝国力最强大的时期，也是清朝文化事业蒸蒸日上的时

大清聖祖合天弘運文武睿哲恭儉寬裕孝敬

誠信中和功德大成仁皇帝實錄卷之三百

監修總裁官光祿大夫太保兼太子大傅保和殿大學士兼户部尚書二等伯加四

級臣馬齊光祿大夫經筵日講官起居注少保兼太子太保保和殿大學士仍兼

管史部户部尚書翰林院掌院事加二級又加一級臣張廷玉先祿大大經筵講

官太子太傅文華殿大學士仍兼户部尚書事務加五級又加二級臣蔣廷錫

總裁官光祿大夫文華殿大學士兼吏部尚書臣朱軾等奉

敕修

康熙六十一年壬寅十一月壬午朔○乙酉

陛江西按察使石文焯為安徽布政使司布

政使　○丙戌陛湖廣岳常道趙弘運為湖北

按察使司按察使　○丁亥

和碩雍親王[胤禛]疏言查勘京城海運八倉清

河本裕一倉通共五百六十二廠又有院內

露囤共十五圍此內秋季支放已空者五十

一廠見在滿貯未經支放者二百五十九廠

支放餘剩一半者一百三十六廠俱屬好米

共三百六十九萬六千八百石有奇其變色

《圣祖仁皇帝实录》

期，随着国力的衰微，尔后各朝所编图书的数量、质量均不及此。嘉道时期按照惯例编成了《高宗纯皇帝实录》《仁宗睿皇帝实录》《高宗纯皇帝圣训》《仁宗睿皇帝圣训》以及《平苗纪略》《剿平三省邪匪方略》《平定教匪纪略》和《平定回疆剿擒逆裔方略》四部纪事本末体书籍。

康熙朝自平定三藩之乱时，始有记事方略，这一时期的方略有《平定三逆方略》《平定罗刹方略》《亲征平定朔漠方略》。乾隆帝十分重视当代史，故而修纂的纪事本末体的方略数量颇多，有《平定金川方略》《平定准噶尔方略》《临清纪略》《平定两金川方略》《兰州纪略》《石峰堡纪略》《台湾纪略》《安南纪略》《廓尔喀纪略》《开国方略》《河源纪略》。地理方面的著作有《钦定皇舆表》《钦定方舆路考》以及清代第一部官修方志性质的图书《御定清凉山志》。乾隆朝时又大规模修纂地方志和地理志，主要作品有《盘山志》《盛京通志》《热河志》《皇清职贡图》《皇舆西域图志》《五军道里表》《三流道里表》。

宋代开始有研究"金石"之风，到了清代，乾嘉考据之风为金石学的发展提供了助力，于是出现了"金石学"这一专门的学科。目录学也是始于宋代，与金石学一样，在乾嘉考据之风和官修丛书、类书声势之浩大的影响下逐步发展壮大，产生了许多重要著作。研究金石学的主要学者有毕沅、钱大昕、孙星衍、王昶、阮元等。毕沅与钱坫等人合著有《关中金石志》，与阮元合编《山左金石志》，又编录了《中州金石记》，这些书籍详细记载了作者所考察碑石的具体情况，并录有碑铭全文。钱大昕学识广博，著有《潜研堂金石文字目录》《潜研堂金石文跋尾》等，后世肯定其功绩，认为其开创了金石学研究的新天地。此外，孙星衍著有《寰宇访碑录》，王昶著有《金石萃编》，阮元著有《积古斋钟鼎彝器款识》等。清朝时期的目录学作品数量也很多，其中著名的有范懋注编纂的《天一阁书目》，著录三千多种，以及晁瑮编纂的《宝文堂分类书目》，著录私家藏书六千余种；钱谦益终生致力于藏书，对所藏书目进行整理，著有《绛云楼书目》；此外，目录学著作还有毛扆所著《汲古阁珍藏秘本书目》、徐乾学所著《传世楼书目》、张金吾所著《爱日精庐藏书志》以及孙星衍所著《平津馆鉴藏书籍记》和《孙氏祠堂书目》等。这些书目都是非常优秀的作品，书目质量远超历代水准，对书籍的保存和流传有着不可忽略的重大意义。

边疆史地类的著作也超过了前代，如图理琛的《异域录》、刘统勋的《西域图志》、松筠的《新疆识略》、苏尔绰的《新疆回部志》、祁韵士的《皇朝藩部要略》、杨宾的《柳边纪略》、吴振臣的《宁古塔纪略》、曹廷杰的《东北边防辑要》等。

清代的史学理论，以章学诚的《文史通义》为代表。章学诚（1738—1801年），字实斋，浙江会稽（今绍兴）人，清代著名的史学家和方志学家。乾隆四十二年（1777年）应乡试中举，翌年中进士。曾授国子监典籍，主讲定州定武、保定莲池、归德文正等书院。后入湖广总督毕沅幕府，协助编纂《续资治通鉴》等书。他自以为"迂流"不合世用，一生主修、参修各类地方史志十余部。所著《文史通义》共9卷，主张"六经皆先王之政典"，提倡"六经皆史"之论，治经治史，皆有特色。在刘知几提出的"史才、史学、史识"基础上，章学诚又提出了"史德"的问题，认为史书的优劣是由作史者的"心术"决定的。修史者必须客观、不带偏见地修史，同时还要

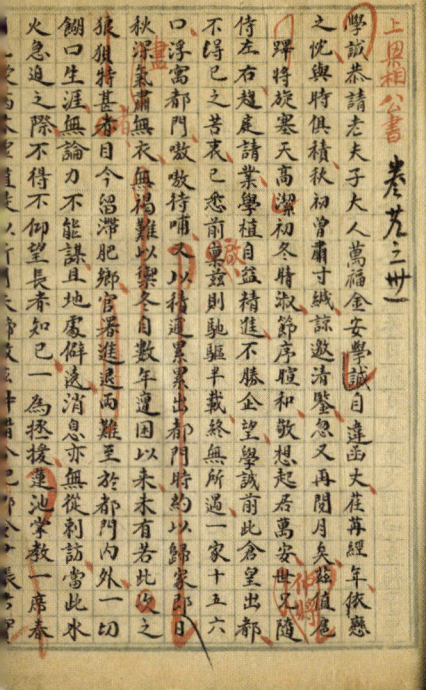

"学贵自成一家"，著述应该"通古今之变，成一家之言"[1]。另外，在《文德》《文理》等篇中，也颇多涉及文学理论的见解。章学诚反对桐城派的专讲"义法"、袁枚的专讲"性灵"，认为作文要"修辞立诚"，要态度严肃。同时他还提出"论古必恕"，即从事批评应该设身处地、知人论世和通情达理。

清代是中国地方志修纂的高峰时期，据不完全统计，现存地方志8300多种，其中6000种就是在清代修成的。章学诚对于清代的地方志修纂，也发挥了重要作用。他十分注意修志所依据史料的真实性与广泛性，并主张详近略远的原则，"修志者，非示观美，将求其实用也"[2]，要使地方志有益于现实。章学诚还主张志为州县之史，可供国史取材，而不能仅仅变成地理书。他参与了多种地方志的修纂，重要的包括《湖北通志》《常德府志》《荆州府志》《亳州志》等。

三、著书与出版

清政府十分重视文化工作，在入关前就设有官方修书机构，即文馆，后来文馆改为内三院，其中内国史院仍负责编纂图书。入关后，经过反复变动，最终确定由翰林院专门负责编书修书，其余诸部门如内阁、詹事府、内务府、方略馆等也偶有修书之事。清代官方修书时，都会成立专门的书馆以方便修书，并以所修书的名称命名书馆，这些书馆除常设的"内廷三馆"之外，多是临时成立。翰林院的主要职责是负责编纂修缮图书，终清一朝，绝大多数的官方图书都是由翰林院负责编纂的。翰林院下设有翰林院掌院学士、翰林院侍读学士、翰林院侍讲学士、翰林院侍读、翰林院侍讲、翰林院修撰、翰林院编修、翰林院检讨、翰林院典簿、翰林院待诏、翰林院孔目等。凡各馆修纂书史，翰林院掌院学士便充当副总裁官，侍读学士及以下官

《章实斋稿》

---

① 章学诚：《章学诚遗书》卷5《文史通义内篇五》，文物出版社1985年版，第40页。
② 章学诚：《章学诚遗书》卷14《记与戴东原论修志》，文物出版社1985年版，第129页。

员充当纂修官或提调官,典簿、待诏、孔目等担任收掌官,共同参与修书工作。

詹事府是东宫幕署,主要职责是辅佐教导皇太子,并兼有拟写节日、诞辰等祝贺表章之责。由于自雍正帝后,清朝实施秘密建储制度,并不设立东宫太子,所以詹事府的作用也发生变化,实际成为翰林院的辅佐机构。每当清政府纂修实录、圣训时,詹

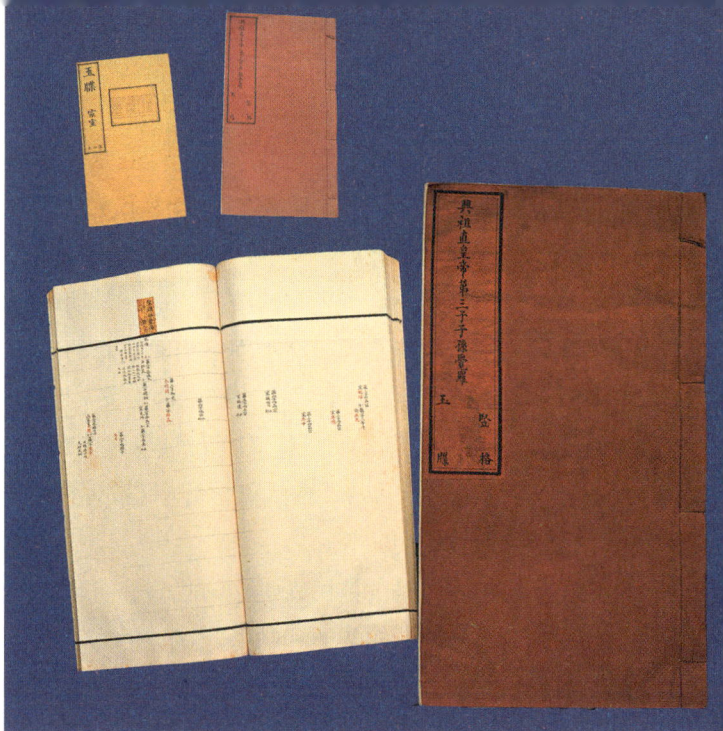

《玉牒》 现藏中国第一历史档案馆

事府詹事、少詹事照例担任副总裁官、纂修官。"内廷三馆"包括内务府属辖的武英殿修书处、翰林院属辖的国史馆以及军机处属辖的方略馆。武英殿修书处成立于康熙年间,原名武英殿造办处,于雍正年间更名为武英殿修书处。武英殿修书处由监造处和校刊翰林处两部分组成,监造处负责监督检查书籍刊印情况,校刊翰林处负责文字的校正等工作。

国史馆成立于康熙二十九年(1690 年),国史馆初为临时机构,至乾隆年间成为常设修书馆。国史馆著作良多,成绩斐然,许多饱学之士致力于此,形成了一整套行之有效的修史制度、编纂程序和管理方法。其严密的组织、有序的管理,使其修书工作取得了重大的成绩,对后世的史学研究和地方志编纂都起了重要的作用。方略馆成立于康熙帝平定三藩叛乱时,起初为临时馆,乾隆年间成为常设书馆,为军机处下属部门,其主要负责记录每次清军作战胜利和重大政治事件。除此之外,还有负责记录皇帝每日饮食起居的"起居注馆",宗人府为修《玉牒》所设"玉牒馆"等专门性修书机构。清政府对文化以及对修书的重视态度,使得这一时期官修图书的数量大量增加,许多散落民间的古籍孤本都得以借此保留,为后世留下了宝贵的财富,并促进助长了民间的修书藏书之风。

清军刚入关时，政局并不稳定，虽亦有编书，但无论是数量还是质量都比后世欠缺很多，这一时期的官修图书主要有《赋役全书》《人臣儆心录》《资政要览》《御注孝经》等。康雍乾三朝，国家统一，政局相对稳定，国力强大，对文化教育事业有了更多的重视，这一时期的官修图书在涉及内容和范围上都代表了清朝修书的最高水准。当时官修的经书主要有《日讲四书解义》《春秋传说汇纂》《周易折中》《诗经传说汇纂》《书经传说汇纂》《朱子全书》《性理大全》《性理精义》《三礼义疏》《周易述义》等。此外，还纂修有工具书《康熙字典》《音韵阐微》，自然科学著作《数理精蕴》《历象考成》《月令辑要》《工程工部做法则例》等。

由于清朝是少数民族建立的政权，清政府很注重本民族特色文化以及与各少数民族之间的沟通和联系，这一特色体现在书籍编撰上便是产生了许多与少数民族文字相关的图书。康熙时期主编有《清文鉴》，全文为满文，雍正年间编有《音汉清文鉴》，而后又编有《增订清文鉴》《满洲蒙古汉字三合切音清文鉴》《四体清文鉴》《五体清文鉴》，这些书籍对于各民族文化的交流有重要意义。

类书有《古今图书集成》《渊鉴类函》《佩文韵府》《韵府拾遗》《骈字类编》《子史精华》《分类字锦》等，其中以《古今图书集成》最为出名。《古今图书集成》是陈梦雷奉康熙帝第三子诚亲王之命编纂的，从康熙三十九年（1700年）开始编纂，康熙四十五年（1706年）初步完成，又经过文人编校，于雍正三年（1725年）最后完成，编纂历时两朝两代，共28年，全书共1万卷，1.6亿字，分历象、方舆、明伦、博物、理学、经济6篇，每篇又分门别类，条理清晰，搜集宏富，是继《永乐大典》之后的又一部大型类书。该书收录了包括上古到明末清初的古代文献资料，被中外誉为"康熙百科全书"。它不仅是我国现存规模最大、体例最完整的一部古代类书，也是我国铜活字印刷史上不可多得的精美代表作品。

丛书中最著名的就是乾隆皇帝亲自组织编纂而成的《四库全书》，是中国历史上规模最大的丛书。《四库全书》包括经、史、子、集四部，收书3503种，79337卷，装订成36000余册，总字数将近10亿，从乾隆三十七年（1772年）开始设四库全书馆，由总纂官纪昀率领360位学者历时九年编纂而成。为编纂《四库全书》，乾隆帝下令要求全国各地进献图书，并给予丰厚赏赐，此外，《四库全书》的抄写、校对也十分严格，保证了该书的质量。书成后共抄录七部，分藏于北京的文渊阁（皇宫）、文源阁（圆明园），沈阳的文溯阁，热河的文津阁，扬州的文汇阁，镇江的文宗阁，杭州的文澜阁。文源阁在英法联军入侵时被焚毁，文宗阁、文汇阁在太平天国运动中被焚毁，文澜阁藏本损失过半，后经抄补齐全，其余三部至今保存基本完整。《四库全书》底本原藏于翰林院，经战祸后也多有遗失。《四库全书》编成后，纪昀等人还对全部入选书籍及未抄录而仅存其目的另外 6760 种书籍的内容、学术源流、版本异同详加考证，对其优劣得失作出评论，写成《四库全书总目提要》，是一部重要的目录学著作。

据《中国丛书综录》统计，除《四库丛书》外，清代还陆续出现了许多不同类型的丛书，著名的有《学海类编》《昭代丛书》《知不足斋丛书》等。这些丛书收集了许多著作，具有一定的学术价值。

诗词曲谱集有《佩文斋书画谱》《词谱》《曲谱》《律吕正义》《古文渊鉴》《全唐诗》《御定历代赋汇》《佩文斋咏物诗选》《历代题画诗类》《历代诗余》《四朝诗》《全金诗》等。乾隆帝喜好作诗，将自己的作品汇集成册，编成《御制乐善堂文集定本》《御制文初集》《御制诗文十全集》等。典章制度类有《续通典》《皇朝通典》《皇朝通志》《皇朝文献通考》《大清通礼》《皇朝礼器图式》《词林典故》《学政全书》《国子监志》《康济录》等。清统治者重例轻律，凡审判定罪皆以例为先，故而清政府主持编纂修订了许多"则例"类的书籍。最早的一部"则例"类书籍是《督捕则例》，而后陆续编纂了《工部则例》《工部续增则例》《物料价值则例》《吏部则例》《八旗则例》《户部则例》《礼部则例》《军需则例》《中枢政考》和《大清律例》等。这些"则例"类书籍的出现，有利于各级政府了解规章制度及其演变，方便其执行本职工作。嘉道两朝依旧重视编纂典章制度类书籍，这一时期编成的主要有《（续修）大清会典》《大清会典图》《大清会典事例》《词林典故》《学政全书》《西巡盛典》《大清通礼》《吏部处分则例》等。科学著作有《授衣广训》《仪象考成》，诗文集有《熙朝雅颂集》及御制诗集、文集等。

除官方主持修订编纂的许多图书外，私家修书的情况也十分普遍。并且这些个人著作涉及范围十分广泛，丰富了清代的图书市场与文化发展。语言文字学方面，清代的学者通过音韵、文字、训诂等手段考据经学，使得音韵学、文字学、训诂学得到了前所未有的发展，并产生了许多十分优秀的作品。音韵学的主要作品有顾炎武的《音学五书》，江永的《古韵标准》《四声切韵表》《音学辨微》,戴震的《声韵考》《声类表》,段玉裁的《六书音韵表》等,其中以顾炎武的《音学五书》最为精妙。该书分音论、诗本音、易音、唐韵正、古音表5个部分。"音论"分上中下3卷,共15篇,论述古音和古音学上的重大问题,集中阐述了作者对古音学的基本看法,是《音学五书》的总纲。该书从理论和实践上彻底否定了叶韵说,奠定了古音学的基础,开拓了音韵学研究的新领域。清代文字学的突出发展表现在对《说文解字》一书的集中研究上,《说文解字》的研究者称得上是专家的就多至数十人,如果连稍有研究的人也计算在内,则可达上百人。对《说文解字》进行研究的著作有钮树玉的《说文解字校录》、姚文田、严可均的《说文校议》,王筠的《说文系传校录》,段玉裁的《说文解字注》,徐灏的《说文解字注笺》,桂馥的《说文解字义证》,王筠的《说文句读》《〈说文〉释例》,朱骏声的《说文通训定声》,孔广居的《说文疑疑》,于鬯的《说文职墨》等;对《说文解字》进行辑录、考释古文字的著作有吴大澂的《说文古籀补》、庄述祖的《说文古籀疏证》以及孙诒让的《契文举例》等。其中最出类拔萃的作品应属段玉裁的《说文解字注》,从段玉裁所作的注中可以看出作者学识之广博与生活经验之丰富。

清代也是训诂学发展的黄金时期,这一时期出现了许多训诂学大家与经典作品,其中成就最大的首推江苏的王念孙、王引之父子。王念孙师承戴震,积十年之功写成《广雅疏正》,王引之子承父业,旁征博引著成《经传释词》。训诂学著作还有邵晋涵的《尔雅正义》、郝懿行的《尔雅义疏》、杭世骏的《续方言》以及翟灏额的《通俗篇》。此外,还有一部训诂经义的总集——《经籍纂诂》。《经籍纂诂》由阮元主编,几十人共同编辑完成,该书将唐代以前的古籍正文和注释中的训诂材料汇为一编,编次按平水韵分部,一韵一卷,共106卷。一字异音的,按韵分入各部,并按不同字义分别注释,兼具字典和词书两种功用。

除了著述丰富,私家藏书也极为盛行。私人藏书的历史十分悠久,明清之际,商业繁荣,城镇规模的扩大促进了市民阶层的形成,形成了市民文化需求,在这种需求下,市井文学应运而生并不断发展壮大,且反过来促进了造纸业、印刷业的繁荣昌盛。江南地区人杰地灵,经济发展水平高于其他地区,文化产业的发展也比其他地区要发达。江南人士普遍重视教育,常常围绕书籍开展一系列学术活动,普通读书人家里都会备有四书五经等儒家经典，经济条件稍好的家庭便会有上百册藏书。在江南众多的读书人中，产生了一代又一代的藏书大家，他们毕生致力于收藏书籍，修缮书籍，刻苦钻研，对图书做了大量的校注、抄写、刻印、考证，方便了世人的阅读与参考，也有助于书籍的留世和传承。清初，两浙著名的藏书家朱彝尊就致力于藏书刻书。刻书前，他本人都会校对两至三遍，并邀请亲朋及子弟仔细校勘，并重赏挑出错字者。他刻印出来的书籍，当时闻名天下。在江南地区的影响下，其他地区也掀起了刊书刻书的高潮。清政府组织编书时，便向天下征召书目，属江南地区所献书种类最多，其中浙江有 4000 余种，江苏有 2000 余种，两淮有 1000 余种，江南藏书之丰可见一斑。终清一代，产生了许多非常出名的藏书楼，为后世留下了宝贵的财富。

四、文学与艺术

清朝统治时期，国家政权统一，文学艺术得到了很大的发展，不但继承和发扬了历朝历代产生的各种文学体裁和艺术种类，更推陈出新，产生了许多新的形式和变种，其中，小说的创作更是登上了中国古代文学发展的巅峰，是对中国古代古典文学艺术的完美总结。

在诗歌方面，清代诗文成就虽比唐宋逊色，但诗文作家人数之众多，诗文作品数量之丰富，却远胜历朝历代。清代诗文形成了许多不同的流派，各个流派之间相互切磋，使得各派水平不断提高，为清代诗坛增光添彩不少。除众多的诗文作品外，清朝还出现了许多对诗文加以研究的专著，是文学史上的一大创新。在明末清初之际，诗人们多有国破家亡之痛，诗歌也都为抒发自己身世坎坷、家国破碎的情感，到了康熙帝统治时期，清朝统治根基逐渐稳固，汉族士大夫对清王朝的抵触心理也逐渐消退，这时的诗歌便开始注重形式和技巧，最后，清诗逐渐摆脱了唐宋诗歌的桎梏，发展出了自己独特的风格和道路。

"江左三大家"是清初最具影响力的诗人，即钱谦益、吴伟业和龚鼎孳。钱谦益尊宋，吴伟业仿唐，此后清代的各种诗派，大抵不出这二人的门户，足见二人对清代诗歌影响之深远。钱谦益（1582—1664 年），字受之，号牧斋，晚号蒙叟、东涧遗老，学者称其为虞山先生，江苏常熟人。钱谦益是万历三十八年（1610 年）一甲进士，东林党的领袖之一，官至礼部侍郎，后争权失败而被革职，曾为郑成功的老师。钱谦益降清后，担任礼部侍郎，掌

南湖春雨图

管秘书院事务，致仕后筑绛云楼以藏书著述。他的诗文在当时极负盛名，东南一带奉其为"文宗"和"虞山诗派"的代表人物。他作品很多，有《初学集》《有学集》《投笔集》《列朝诗集》《开国群雄事略》等。钱谦益反对模仿古人，主张抒发自我性情，其晚年诗作多抒发故国情怀，开创了清诗的风气，乾隆时，他的诗文集遭到禁毁。

吴伟业（1609—1672年），字骏公，号梅村，江苏太仓人。吴伟业生活在明清易代之际，仇视农民起义军，对清统治者也无好感。他屈节仕清，一直认为是自己抱憾终生的事，并在诗文中多有表露。他的诗歌多写哀时伤事的题材，富有时代感。他的近体诗中的佳作有《过吴江有感》《过淮阴有感》《杂感》《扬州》《读史杂感》《怀古兼吊侯朝宗》等。其中《扬州》四首，更是他七律的力作。而他的七言歌行更为出色，音节极佳，情韵悠然，其中如《圆圆曲》讽刺吴三桂降清，《永和宫词》《萧史青门曲》写田妃、公主的身世遭遇，《楚两生行》《听女道

吴伟业《南湖春雨图》 现藏上海博物馆

士卞玉京弹琴歌》写艺人的飘零沦落，《临江参军行》颂扬抗清将领，《松山哀》讽刺洪承畴降清，内容深婉，有"诗史"之称。他还有一些反映民间疾苦之作，如《直溪吏》《临顿儿》《堇山儿》《马草行》《捉船行》等。钱谦益十分称赞吴伟业的诗才，曾作诗来夸赞吴伟业诗歌之风华绮丽。康熙帝也曾亲制御诗对吴伟业诗歌给予高度评价，从而奠定了吴伟业诗歌在有清一代的地位。

龚鼎孳（1615—1673年），字孝升，号芝麓，安徽合肥人。明崇祯朝进士，后降清，官至刑部尚书、兵部尚书、礼部尚书。龚鼎孳为人放荡不羁，为当时许多人所鄙视不齿，但其却惜才爱士，对困厄贫寒名士常倾力相助，并因为民请命而享有盛名。龚鼎孳著有《定山堂集》，包括《诗集》四十三卷，《诗余》四卷。诗集中的作品大多反映了他身历几朝更替的生活经历和内心体验。龚鼎孳写诗多是凭借才气，遣词绮丽，用典富赡，可是往往剪裁不够，再加上他的诗多为宴饮之作，往往显得"词采有余，骨力不足"。不过，在他身经变乱，有了切实生活感受后，也写出了一些内容深厚、笔力矫健的佳作。龚鼎孳后期的佳作主要有律诗《过城东戚贵诸里第》《秦淮社集白孟新有诗纪事和韵》《丘曙戒侍讲谪倅琼州》等，绝句《上巳将过金陵》《灯屏词次牧斋先生韵》等，这些诗作无论是感慨兴亡、叙述友情，还是反映民生疾苦，都写得情意深挚，气韵不凡。

除此之外，清代有名的诗人还有很多。沈德潜（1673—1769年），字确（碻）士，号归愚，江苏长洲（今吴县）人，著名诗人、诗歌批评家。沈德潜年轻时曾受业于叶燮，他的诗论在一定程度上受叶燮的影响，但未继承叶燮理论中的积极因素。他论诗的宗旨，主要见于所著书的序和凡例，他强调诗为封建政治服务。在艺术风格上，他讲究"格调"，实质上与明代前、后七子一样主张扬唐而抑宋。他论诗有一个最重要和最根本的前提，就是要求有益于统治秩序，合于"温柔敦厚"的"诗教"。沈氏的论调，和桐城派古文家虽推重唐宋八家之文，同时却认为他们的思想仍不够纯正，还须追溯到儒家经典的态度非常相似。在诗歌的风格上，沈德潜把"温柔敦厚"的原则和"蕴藉"的艺术表现混为一谈，主张中正平和、委婉含蓄而反对发露。

郑燮（1693—1765年），字克柔，号理庵，又号板桥，人称板桥先生，扬州八怪之一，江苏兴化人，祖籍苏州。郑板桥品学兼优，居家授徒，受业者先后达数百人。郑板桥是康熙朝的秀才、雍正朝的举人、乾隆朝的进士，曾客居扬州，以卖画为生，其诗、书、画世称"三绝"，形成了所谓真气、真意、真趣的"三真"特色。郑板桥出生在没落地主家庭，自幼丧母，生活十分困窘，仕途又十分坎坷，故而他的诗作多反映社会现实，同情贫苦百姓。

袁枚（1716—1798 年），字子才，号简斋，晚年自号仓山居士、随园主人、随园老人，钱塘（今浙江杭州）人。袁枚是乾嘉时期的代表诗人之一，与赵翼、蒋士铨合称"乾隆三大家"。袁枚为文自成一家，与纪昀齐名，时称"南袁北纪"。他主张直抒胸臆，写出个人的"性情遭际"；主张将"性灵"和"学识"结合起来，以性情、天分和学历作为创作基本，以"真、新、活"为创作追求，这样才能将先天条件和后天努力相结合，创作出佳品。他反对宗唐宗宋，也反对沈德潜的"温柔敦厚"说，主张骈文和散文并重，认为骈文与散文正如自然界的偶与奇一样不可偏废，二者同源而异流，它们的关系是双峰并峙，两水分流。袁枚的古体诗创作集中体现了袁枚诗歌的天才特色，激情澎湃，纵横恣肆，充满生命力和创造性，呈现出不同于近体诗创作的美学特征，他在考据成风的乾嘉时期，在重经学、重学问的诗坛上，以充满创造精神、洋溢着天才之气的诗作，独树一帜，非同凡响。但他的诗多叙写身边琐事，多风花雪月的吟诵，缺少社会内容，有些诗趋向艳俗，不免浅薄。

翁方纲（1733—1818 年），字正三，一字忠叙，号覃溪，晚号苏斋，直隶大兴（今北京）人。乾隆朝进士，官至内阁学士。翁方纲精于考据、金石、书法之学，又是清代肌理说诗论的倡始人。他的肌理说，实际上是王士禛神韵说和沈德潜格调说的调和与修正。翁方纲用肌理说来给"神韵""格调"以新的解释，借以使复古诗论重整旗鼓，继续与袁枚的"性灵"说相抗衡。翁方纲倡导的"肌理"，包括两个方面：一是以儒学经籍为基础的义理和学问，一是词章的文理。翁方纲作诗共 2800 余首，大多是把经史、金石的考据勘研写进诗中的学问诗。这类诗多七言古诗，诗前有序或题注，这种序、注本身也是经史或金石的考据勘研文字。

词从南宋之后开始进入衰微期，直到明末，以陈子龙为核心的云间词派崛起，词艺才开始接续两宋，并形成清词中兴之局面。明末清初词和清词常被后世笼统称为"清词"。清词整体成就虽然不及宋词，但是也出现了许多著名词人，产生了许多经典作品。清代词人之多远远超过前代，而且高质量的作品也不少。

陈维崧（1625—1682 年），字其年，号迦陵，江苏宜兴人，清初词坛第一人，是"阳羡词派"领袖，与朱彝尊、纳兰性德并称为"清词三大家"。陈维崧是明末四公子陈贞慧之子，因其髯长，时称陈髯，年纪轻轻便享誉文坛，与吴伟业、冒襄、龚鼎孳、姜宸英、邵长蘅等名人素有往来。康熙年间举博学鸿词科，授官翰林院检讨。陈维崧工诗、词、骈文，他的骈体文在清初也颇负盛名。陈维崧的诗词作品极多，人称其"填词之富，古今无两"，一生作品共有小令、中调、长调共 460 调，1629 首，选题十分广泛。据统计，他的作品是历代词人中最丰富的，主要著作有《湖海楼全集》《朱陈村词》《陈迦陵文集》等。

纳兰性德（1655—1685 年），原名成德，后改名为性德，字容若，号饮水、楞伽山人，满洲正黄旗，大学士明珠之子，是清代最为著名的词人之一。"纳兰词"不事雕饰，婉丽凄清，缠绵悱恻，词风与李后主相近，不但在清代词坛享有很高的声誉，在整个中国文学史上仍占有一席之地。纳兰性德二十四岁时把自己的词作编选成集，名为《侧帽词》，后委托顾贞观在吴中刊成《饮水词》，可惜这两本词集并未流传于世。后有人将两部词集增遗补缺，共 342 首，编辑一处，名为《纳兰词》，今存词一共 348 首。

纳兰性德像　现藏北京故宫博物院

朱彝尊（1629—1709 年），号竹垞，晚号小长芦钓鱼师，又号金风亭长，秀水（今浙江嘉兴）人。康熙年间举博学鸿词科，以布衣授翰林院检讨，入值南书房，曾参加纂修《明史》，后回归故里，专事著述。朱彝尊十分擅长作文、考据，诗歌工整雅健，与当时的王士禛南北齐名。以他为代表的浙西派和以陈维崧为代表的阳羡词派，在词坛并峙称雄，著有《曝书亭集》80 卷、《日下旧闻》42 卷、《经义考》300 卷，编有《明诗综》100 卷、《词综》36 卷。

张惠言（1761—1802 年），原名一鸣，字皋文，江苏武进（今属常州）人，嘉庆朝进士，改庶吉士，充实录馆纂修官。嘉庆六年（1801 年），散馆，奉旨以部属用，朱珪奏改翰林院编修。张惠言早年研究经学，工骈文辞赋，后受桐城派刘大櫆弟子王灼、钱伯坰的影响，与同里恽敬共治唐、宋古文，欲合骈文、散文之长以自鸣，开创了阳湖派。张惠言的词现存46首，数量不多但颇有佳构，许多词句都写得委婉盘旋而能微言寄讽，体现出常州词派论"比兴寄托""意内言外"的主旨。张惠言的《词选》辑录虽偏苛严，评词也有穿凿附会和疏于考订的失误，但对历代词人的评论，较之浙派词人的论断，显得比较公允恰当。张惠言著有《茗柯文编》4卷、《茗柯词》1卷。

　　清代散文可分为清初散文及清中叶散文，代表作家有清初三老、"清初古文三大家"、桐城派。清初三老是顾炎武、黄宗羲和王夫之，他们三人都曾参加抗清活动，志在反清复明，明亡不仕。他们文学主张各有侧重，共同点是强调经世致用。三人都是第一流的学者，文章以关系国家大事的论说文最为著名，这些文章言谈大胆，识见精深，表现了强烈的民族感情，有的还表现出进步的民主思想。"清初古文三大家"是指侯方域（1618—1655年）、魏禧（1624—1681年）和汪琬（1624—1691年）。三人的散文都富有时代特色和现实针对性，各人的风格则有不同。侯方域的文章以才气见长，富有激情，行文纵横恣肆，人称"才子之文"，其传记文和论文书札都闻名于世。魏禧作文强调"积理练识"，长于议论，人称"策士之文"。汪琬之文疏淡迂回，雍容尔雅，人称"儒者之文"，其文章道学味较浓，生气不足。

　　清中叶理学抬头，考据成风，太平盛世出现盛世之文，其典型代表是桐城派。桐城派是清代散文影响最大的一个流派，由方苞始创于康熙朝，一直绵延至清末。创始人方苞（1668—1749年）、刘大櫆（1698—1779年）和姚鼐（1732—1815年）都是安徽桐城人，桐城派因此得名。该派文学主张近宗明代的唐宋派，远接唐宋八大家，以"义法"为中心，逐渐形成一个完整的体系，在前人的基础上作了一次全面系统的总结。桐城派作家毕生研读古文，总的特点是雅洁，各人风格也有不同。方苞是桐城派的奠基者，十分博学，散文静重博厚，雅洁精严，稍逊风韵。他的文章大多为崇道明经之作以及墓志碑传之类的应用文字，道学气味很浓，但选材精当，以凝练雅洁见长，有时能写出人物的性格和神情，如《狱中杂记》《左忠毅公逸事》等。刘大櫆上承方苞，下启姚鼐，是桐城派"三祖"之一。他发展了桐城派的理论，提出"神气"说，其文章抒发怀才不遇，指摘时弊，才气较足，奇宕雄肆，清丽多变，但有拟古痕迹。姚鼐在桐城派中地位最高，弟子遍及大江南北，使桐城派影响扩大。姚鼐是桐城派散文理论的集大成者，在既扩大了方苞的"义法"说，又继承发扬了刘大櫆的"神气"说的同时，还总结概括了历代文章的风格论，发展了"阳刚阴柔"相反相成的美学观。姚鼐的文章比方苞有文采，重视形象、意境和辞藻所显示的美学意义，著名的《登泰山记》就体现了这种主张。

与桐城派散文从内容到形式都形成对比的是袁枚和郑燮的散文。二人散文的共同点是：不受礼教束缚，直抒胸臆，写真性情，语言接近口语。袁枚文不拘一格，有真情实感；郑燮文自出己意，奇谈卓识迭出，幽默诙谐，亲切自然，散文主要是一些家书和题画文，颇有佳作。在桐城派以正统自居、声势日张时，骈文也很流行，骈文创作成就最为突出的是汪中。汪中一生境遇甚惨，禀性孤直，恃才傲物，被视为狂人。在骈文创作上，他取材现实，情感上吐自肺腑，艺术上"状难写之情，含不尽之意"，悲愤抑郁，沉博绝丽。其名作《哀盐船文》被誉为骈文中的绝作，此文一出，轰动京师。

清朝时期政局稳定，许多文人致力于著书立说，并且流传了下来，因此，清代笔记资料之多，数量之广，涉及范围之宏大，都令历朝历代难以望其项背。其中比较著名的《今世说》《虞初新志》《坚瓠集》《柳南随笔续笔》《簪曝杂记》《归田琐记》《啸亭杂录》《冷庐杂识》《秦淮画舫录》等，都是有清一代极富文学价值与史料价值的笔记小说，对我们研究当时的社会历史问题大有裨益。

《今世说》的作者是王晫。王晫初名斐，字丹麓，号木庵，自号松溪子，浙江钱塘（今杭州）人，生于明末，约生活于清顺治、康熙时期，顺治年间秀才，后放弃仕途，隐居读书，广交宾客，工于诗文。所著有《遂生集》12卷、《霞举堂集》35卷、《墙东草堂词》及杂著多种。王晫仿照《世说新语》体例写《今世说》，人物近400人，计450条，记载清初文士、达官显要的逸闻趣事。

《虞初新志》为清初张潮收集明末清初人的文章汇编而成，共20卷。《虞初新志》所收篇章大抵真人真事，不尽是子虚乌有，如王思任的《徐霞客传》、吴伟业的《柳敬亭传》都是实有其人其事。并且，该书所收故事的题材很广泛，其中的不少篇章使用小品文的笔调，带有一些奇异的情节或不寻常的事件和人物，情节曲折离奇，引人入胜。

《坚瓠集》是清代学者褚人获所著的一本小说，《坚瓠集》正集有十集，另有续集、广集、补集、秘集、余集，共十五集六十六卷。《坚瓠集》于古今典章制度、人物事迹、诗词艺术、社会琐闻、诙谐、戏谑无所不记，尤以明清逸事为多，但书中论诗词、文艺，则并无多少高明见解，讲掌故、考证的部分亦大都沿袭前人笔记的内容。

《柳南随笔续笔》为王应奎所撰。王应奎字东溆，号柳南、诸生，江苏常熟人，《柳南随笔续笔》中《柳南随笔》共六卷，《柳南续笔》四卷。《柳南随笔》《柳南续笔》仿南宋洪迈《容斋随笔》之例，内容大致可归为两类：一是读书所得、随手札记，凡经史子集、诗词曲画、文字音韵等，均有猎取，并考诗之源流，究名物之根柢，订正史实的谬误，为文史研究提供了许多线索；二是记自己所见所闻，王应奎广闻多识，喜访旧事逸闻，书中很大一部分是记士大夫文人的遗闻逸事、社会习俗、风土人情等。另外，关于复社、同声社、应社、东林党的史事，以及东湖书院、万卷楼、绛云楼、汲古阁、述古堂等藏书，书中也有涉及。

《簷曝杂记》是清代中期著名史学家、文学家、诗人赵翼所著。赵翼字雲崧，号瓯北，江苏阳湖（今常州）人。赵翼出生于塾师家庭，乾隆年间中举，曾先后四次随乾隆帝木兰狩猎，在京编修多年，担任过会试考官，之后在广西、广东、贵州任职，并在云南参与过缅甸之役的军务。《簷曝杂记》是他倾毕生之力才完成的笔记，内容广博，史料丰富，趣味盎然。

《啸亭杂录》，作者昭梿，是一部内容丰富的清代笔记，书中保存了大量有关道光初年以前政治、军事、经济、文化、典章制度、文武官员的遗闻逸事和社会习俗等方面的宝贵史料。作者是清朝宗室，所记史事多不见于他书记载，更体现了其价值和意义。

《冷庐杂识》共八卷，陆以湉撰，为作者根据自己读书所得及平昔见闻随笔漫录而成，故名曰"杂识"。书中记载了清代及清以前文人学者的学行、经历和交游情况，谈论其为人，品评其作品，说明其师承关系及学术源流。

《秦淮画舫录》作者为捧花生，据考本名车持谦，江宁府上元县（今属江苏南京）人，字子尊，号秋舫。此书描绘了南京秦淮河一带的风月佳话。书前有杨文荪、汪度、陈云楷及作者捧花生写的四篇序言，书后有马功仪、长海两跋。《秦淮画舫录》共分上下两卷，卷上为"记丽"，卷下为"征题"。

书中所记皆为秦淮倡优和一些善于唱昆曲的丽人，其中不乏特立独行之辈。《秦淮画舫录》虽着眼于脂粉，语言也相当雅驯，但语气之间，并无猥亵之意。《秦淮画舫录》问世次年，作者又作《画舫余谭》，书中对于当时秦淮游船上盛唱昆曲和其他曲艺的倡优多有着墨，书中所记均是一般人不大注意的史料。

随着商品经济的发展和市民阶层的兴起，清代的小说取得了空前的成就，其中最著名的是蒲松龄的《聊斋志异》、吴敬梓的《儒林外史》和曹雪芹的《红楼梦》。

蒲松龄（1640—1715 年），山东淄川（今属淄博）人。青年时热衷功名，但屡试不第，穷困一生，以教书授徒为业。在文化高压之下，他假托谈狐说鬼以宣泄对现实社会的不满。他在《聊斋志异》自序中说："集腋为裘，妄续幽冥之录；浮白载笔，仅成孤愤之书。寄托如此，亦足悲矣。"在这部文言短篇小说集中，作者用传奇幻想的手法，创造出许多怪异曲折、形象鲜明，而又具有深刻社会意义的作品。小说对官场的腐败黑暗和统治阶级的暴虐贪婪进行了有力的鞭挞，同时也通过狐鬼化人与人恋爱的浪漫故事，表达了追求婚姻自由的进步思想。《聊斋志异》文笔流畅，语言简洁生动，深受劳动人民的喜爱。

吴敬梓（1701—1754 年），安徽全椒人，出身于没落的官僚地主家庭，曾考中过秀才，此后因科举失利，生活日益贫困。所写《儒林外史》是我国优秀的古典讽刺小说，其讽刺对象非常广泛，包括秀才、举人、进士、翰林、大小官吏、劣绅、八股选家、斗方名士及江湖侠客、卜医星相等。作者通过对儒林群丑入木三分的揭露嘲讽，对科举制度及其影响下的社会风气进行了猛烈抨击，对封建官僚宣传的"太平盛世"作了绝妙的讽刺。

《红楼梦》初名《石头记》，成书于乾隆中期，是一部杰出的古典长篇小说。全书 120 回，前 80 回为曹雪芹所作，后 40 回一般认为是高鹗所续。曹雪芹（约 1715—约 1763 年），名霑，其先世为汉人，清军入关前入满洲正白旗籍，祖上三代世袭江宁织造，受到康熙帝的特别赏识。少年时期，曹雪芹在金陵度过了一段富贵豪华的生活，后来被抄家，移居北京西郊，穷困潦倒，在此情况下开始创作《红楼梦》。小说通过贾、史、王、薛四大家族的兴衰变迁，揭露了封建统治阶级的反动腐朽及其必然灭亡的历史趋势。作者以极大的同情，描绘了贾宝玉、林黛玉追求婚姻自由、个性解放的爱情悲

剧，热情歌颂了被奴役蹂躏的奴婢向封建恶势力抗争的斗争精神，是对封建社会进行全面批判的百科式全书，具有深刻的社会意义。全书情节复杂，结构严谨，语言精练生动，人物形象鲜明，富于个性，在艺术上达到了很高的水平，对读者有着无比的吸引力。因其在思想性和艺术性的高度统一方面取得了卓越成就，该书成为中国古典现实主义文学的最高峰。

此外，还有一些比较优秀的或影响较大的小说。《镜花缘》由李汝珍所撰，在书中提出了反对纳妾、尊重女权和男女平等的主张。李海观的《歧路灯》也值得重视，该书主要描写一个士绅子弟从被浮浪子弟引入歧途到回头向善的经过，对社会风气有着深刻的描写，但书中也有着浓厚的道学气味。钱彩、金丰的《说岳全传》艺术价值虽然不高，但宣扬岳飞抗金的思想，在社会上有着广泛的影响。

在通俗小说繁荣发展的同时，清代的戏曲也继承明代的衣钵，取得了长足的发展，不仅出现了许多戏曲创造名家，产生了许多优美的作品，而且产生了比较完整的戏剧理论，推动了戏曲行业的全面发展。除了传统的戏曲形式之外，在这一时期，贴近人民生活的许多说唱艺术形式都发展得十分迅速，受到人们的喜爱。李渔（1611—1680 年），字笠鸿、谪凡，号笠翁，生于江苏如皋，祖籍浙江兰溪。他自幼聪颖，擅长古文词。由于在科举中失利，肩负光宗耀祖重任的李渔放弃了走仕途，毅然改走"人间大隐"之道。康熙十六年（1677年），李渔移家杭州，于云居山东麓修筑层园潜心著述。李渔素有才子之誉，世称李十郎，家设戏班，至各地演出，从而积累了丰富的戏曲创作、演出经验。康熙年间，李渔偶得乔、王二姬，他在对其进行悉心调教后组建了以二姬为台柱的家庭戏班，常年巡回于各地为达官贵人作娱情之乐，收入颇丰，这是李渔一生中生活最富足的时期，同时也是李渔文学创作中最丰产的一个时期，《闲情偶寄》一书就是在这一段时间内完成并付梓的。《闲情偶寄》是一本古代汉族戏曲理论著作，是中国最早的系统的戏曲论著，康熙十年（1671年）刊刻后收入《笠翁一家言全集》。《闲情偶寄》包括词曲、演习、声容、居室、器玩、饮馔、种植、颐养8部，内容较为驳杂，尽收戏曲理论、养生之道、园林建筑于其内，涉及汉族戏曲理论的有《词曲部》《演习部》《声容部》，后人裁篇别出辑为《李笠翁曲话》。

洪昇（1645—1704年），字昉思，号稗畦、稗村，别号南屏樵者，浙江钱塘（今杭州）人，清代著名的戏曲作家，以剧本《长生殿》闻名天下。洪昇的戏曲著作主要有《长生殿》《回文锦》《回龙记》《锦绣图》《闹高唐》《节孝坊》《天涯泪》《青衫湿》《长虹桥》等。《长生殿》通过描写历史大背景下的唐玄宗、杨贵妃的爱情故事，从多方面反映了社会矛盾，将百姓的困苦和宫廷的奢华生活作了对比，爱憎分明，情感真挚，成为当时十分受欢迎的剧目，是优秀的现实主义与浪漫主义相结合的作品。

孔尚任（1648—1718年），字聘之，又字季重，号东塘，别号岸堂，自称云亭山人，山东曲阜人，孔子第六十四代孙，著名戏曲作家，世人将他与洪昇并论，称"南洪北孔"。孔尚任最著名的作品是《桃花扇》，《桃花扇》以复社名士侯方域与秦淮名妓李香君的爱情故事为主线，广泛而深刻地反映了南明王朝灭亡的历史，以巨大的艺术感染力，吸引了众多的读者和观众。当时王公显贵争相传抄，清宫内廷与著名昆曲班社竞相演出，一时轰动了京城，康熙皇帝都曾派人向孔尚任索取《桃花扇》稿本。《长生殿》与《桃花扇》被称为"清代戏曲双璧"。

清代弹词多流行于江南地区，比较著名的作品有陶贞怀的《天花雨》、陈端生的《再生缘》、邱心如的《笔生花》等。与弹词相对应，鼓词则多流传于北方地区，通常依靠三弦伴奏，形式与弹词相近，作品内容多依托历史传说和流行小说，著名作品主要有《呼家将》《杨家将》《三国志》《水浒传》等。清代的民歌也随着世俗文化的发展而发展，出现了许多民歌集，如《霓裳续谱》《白雪遗音》《时尚南北雅调万花小曲》等。

清代的绘画也呈现出欣欣向荣的景象，取得了非凡的艺术成就。清代宫廷不设画院，只有内廷供奉等职位，宫廷绘画主要是为皇室服务，为统治阶级歌功颂德，代表作品有《康熙南巡图》《南巡盛典图》《雍正平准战图》等。

清代的山水画在各类绘画中成就颇为显著，自清入关以来就不断发展。清初的山水画作以"四大高僧"为代表。四大高僧是指明末清初的四位画家——渐江、髡残、八大山人、石涛，四位对后世中国画家的影响极大。四高僧中，渐江把绘画的人格意义看得最重，他一生崇拜元代的倪云林，手摹心追，专注单纯。髡残字介丘，好游名山大川，擅画山水，师法王蒙，用干笔皴擦，淡墨渲染，间以淡赭，苍浑茂密，意境幽深，画作特点是章法稳妥，繁复严密，景色不以新奇取胜，作品以真实山水为底本。八大山人的创造力最强，擅书画，花鸟以水墨写意为宗，形象夸张奇特，笔墨凝练沉毅，风格雄奇隽永，山水师法董其昌，笔致简洁，有静穆之趣，得疏旷之韵。石涛法名原济，出家后半世云游，饱览名山大川，是以所画山水，笔法恣肆，离奇苍古而又能细秀妥帖，画花卉也别有生趣。

除四大高僧外，清代画坛上地位举足轻重的还有供职于内廷的"四王"——王时敏、王鉴、王翚、王原祁。"四王"是中国清代绘画史上一个著名的绘画流派，他们之间有师友或亲属关系，在绘画风尚和艺术思想上，都直接或间接受董其昌影响。"四王"技法功力较深，画风崇尚摹古，不少作品过于程式化。王翚综合宋元各家各派，缔造出一套体例完备的画格，王原祁把元代黄公望一系糅合实质，融化精神。"四王"对清代和近代山水画有深远影响。康熙至乾隆间有王昱、王愫、王玖、王宸称"小四王"，其后又有王三锡、王廷元、王廷周、王鸣韶称"后四王"，他们的山水画俱师法"四王"，但并无突破创新。

清初至嘉庆年间，花鸟画风格种类繁多、百花齐放，其中代表人物是恽格和"扬州八怪"。恽格字寿平，创立常州派，为清朝"一代之冠"。早年向伯父恽向学画山水，取法元代的王蒙、黄公望、倪瓒，并上溯董源、巨然，中年以后转为以画花卉禽虫为主。他从明代的沈周、文徵明、唐寅等人的作品中吸取创作经验，再参考画史文献资料，创造"仿北宋徐崇嗣"的没骨花卉画法，特点是以潇洒秀逸的用笔直接点蘸颜色敷染成画，讲究形似，但又不以形似为满足，有文人画的情调、韵味。其山水画亦有很高成就，以神韵、情趣取胜，与清初"四王"及吴历合称"清六家"。此外，他在绘画理论上亦甚有建树，后人为其编有《南田画跋》一书。"扬州八怪"是清代中期活动于扬州地区的一批风格相近的书画家的总称，亦称扬州画派，通常认为"八怪"为罗聘、李方膺、李鱓、金农、黄慎、郑燮、高翔和汪士慎，其中属罗聘的蔬果、金农的梅竹马、郑燮的兰竹、汪士慎的冷梅最具盛名。尤其是郑燮，获得人们的广泛赞誉。他曾有题画竹诗云："乌纱掷去不为官，囊橐萧萧两袖寒。写取一枝清瘦竹，秋风江上作渔竿。"[①]这十分真挚地表现出了他无意仕进和清高自傲的操守。

在乾隆时期，清代的人物画也取得了很大进步，代表画家有高其佩、丁皋等。高其佩是指画开山祖师，工诗善画，所绘人物山水均苍浑沉厚，尤善指画，晚年遂不再用笔，著有《且园诗钞》。丁皋字鹤洲，江苏丹阳人，他运思落墨均臻神妙，所画人像无论美丑老少、偏侧反正，都能传神地展示其喜怒哀乐，著有《传真心领》《画人补遗》。

第二节　科学技术

自16世纪以来，世界逐渐融合为一个整体，随着传教士来华活动的频繁，大批传教士进入清朝政治体系中，在清政府中担任职务，并将西方先进的科学技术与科学理念传播给汉族士大夫、满族皇室宗亲甚至大清天子，在西学东渐风气的影响下，这一时期清朝的科学技术在各个方面都取得了一定的进步。

一、天文历法

最早发生变革的是天文历法。中国古代最重天象农时，明朝末年时，朝廷就聘请传教士编纂新历，修成《崇祯历》，但还未颁行，明朝就灭亡了。

---

① 　王锡荣注：《郑板桥集详注》卷5《予告归里画竹别潍县绅士民》，吉林文史出版社1986年版，第378页。

清朝定都北京后，西方传教士汤若望等人投靠清廷，并以他们在自然科学方面的知识，特别是天文历法方面的专长，受到清政府的重用，因而在钦天监供职。汤若望等人对明末历法改革的成果加以改造，编成一部新的历书，并由摄政王多尔衮定名为《时宪历》，决定从顺治二年（1645年）开始颁行天下。然而，新旧历法的争议仍未终止。

顺治元年（1644年）六月，汤若望上书说，自己依据新历法，推断该年八月初一有日食。清政府派大学士冯铨等人与钦天监两派人到观象台测验，结果只有汤若望的新法最为精确，"大统书"与"回回历"都有失误。因此，清政府在十一月正式任命汤若望为钦天监负责人，原有的"回回科"被撤销。康熙帝即位时，新旧历法的争议又被赋予更深刻的政治意味，从而掀起新的更大的波澜。反对新历法的主要代表人物是杨光先，他攻击汤若望是外国间谍，居心叵测。杨光先还宣称，新颁《时宪历》封面上有"依西洋新法"五字，是公然承认大清国是奉西洋正朔；《时宪历》只编二百年，是暗指清朝短祚，国运不长。杨光先得到鳌拜等人的支持执掌钦天监后，汤若望死于狱中。鳌拜倒台后，杨光先以推算历法不验失败，传教士南怀仁等再获重用。

之后，南怀仁奏请康熙帝改造观象台的天文仪器，制成黄道经纬仪、赤道经纬仪、地平仪、象限仪、纪限仪等仪器，并绘制图形，编纂成《灵台仪象志》，书中包括南怀仁监制的6件大型天文仪器的设计和使用说明文字、星表以及观测与计算用表。其中，黄道星表用康熙壬子（1672年）历元，赤道星表用康熙癸丑（1673年）历元。乾隆时期的传教士戴进贤又改进了《灵台仪象志》一书，主持制造了大型的观象测候仪器——玑衡抚辰仪。玑衡抚辰仪是我国古代重要的天文观测仪器，乾隆九年（1744年）开始制造，历经十年，于乾隆十九年（1754年）制成，重达五吨。仪器由子午双圈、赤道经圈和游旋赤道圈、双层赤经圈三部分组成，是清代制造的最后一架大型铜仪，无论在冶金制造还是在雕刻方式上，都反映了当时的最高

《时宪历》 现藏北京故宫博物院

水平。

　　除了官方的天文历法成就之外，民间对天文历法的研究也颇有成就，最具代表性的是明末清初之际的王锡阐。王锡阐（1628—1682年），字寅旭，号晓庵，苏州吴江人，著有《晓庵新法》《五星行度解》等十几种天文学方面的著作。他重视实践，精通中西历法，对二者异说皆能条其原委，究其得失。他对日月食的算法，以及回归年的长度、岁差常数等问题，都提出了比较中肯的意见，促进了中国历算学的发展。他还首创了日月食的初亏和复圆方位角的计算

方法；所创造的金星凌日的计算方法，更是达到了十分精确的程度。梅文鼎称赞他的成就是当时历法学的最高水平。

二、数学与建筑

　　天文历法的进步离不开数学的发展，自从明末传教士利玛窦与徐光启翻译了《几何原本》之后，西方的数学理念不断传入中国，引起了中国知识分子的广泛关注，上自皇室下至百姓，都作出了许多成果。康熙帝十分喜欢数学，请南怀仁等传教士担任自己的数学老师，教导自己学习数学，并将数学知识运用到政府实际工作中，如测绘地图、推算天象等；在自己潜心学习数学的同时，他也督促自己的儿子、臣子们学习数学。由于皇帝的重视，从朝野到民间都兴起了一股学习数学的浪潮，涌现出了一大批数学人才，产生了许多经典著作。

　　梅文鼎（1633—1721年），字定九，号勿庵，安徽宣城人。他以毕生的精力，从事对中国古代历算学的整理和阐发，以及对西洋科学的研究和介绍。其所著天文、历法、数学方面的著作达86种，在中外科学知识的整理上作出了重大贡献。他所著的《古今历法通考》，是我国第一部历学史；所著的《中西算学通》，总括了当时世界数学方面的全部知识，达到了当时我国数学研究的最高水平。他系统地综合、整理了我国古代数学知识，又通俗地介绍了西

方数学的基本概况，大大丰富了当时人们的数学知识，推动了数学研究的发展。钱大昕称赞他的数学成就是"国朝算学第一"。

明安图（约1692—1765年），字静庵，蒙古族，正白旗人，是著名的历算学家，乾隆时出任钦天监监正。当时法国的杜美德将圆径求周、弧背求正弦、弦背求正弧矢三个公式介绍到中国，却"藏匿根数，秘而不宣"，"故作繁难，以炫异欺愚"[①]。明安图经过三十多年的深入研究，写出《割圆密率捷法》四卷，创用"割圆连比例法"证明了割圆三法，而且进一步创造了弧背求通弦、通弦求弧背、正矢求弧背等一系列新公式。他是我国用解析方法对圆周率进行研究的第一人。此外，梅文鼎的孙子梅瑴成、明安图的儿子明新、女科学家王贞仪等人在天文历算方面也有创见。

清代民间的建筑技术日益完善，各地都形成了各具特色的建筑风格，同时，清代夯土技术也十分先进，当时三四层楼的承重土墙里加有竹筋加固，可经历地震仍不倒。宫廷建筑的最高成就是雍正十二年（1734年）清政府颁布的《工部工程做法则例》，共计七十四卷。《工部工程做法》和宋代李诫的《营造法式》是中国古代由官方颁布的关于建筑标准的仅有的两部古籍，在中国古代建筑史上占有重要地位，建筑学家梁思成将此二部建筑典籍称为"中国建筑的两部文法课本"。这两本古籍统一了宫廷建筑的规模、程式以及用料标准，简化了构造方法，使得宫廷建筑体系日臻成熟。

清朝时期产生了许多著名的皇家园林，在北京的就有静宜园、静明园、清漪园、圆明园、畅春园、西花园、熙春园、镜春园、淑春园、鸣鹤园、朗润园、自得园等90多座，连绵20余里，蔚为壮观。这些园林不仅在规模上居世界领先地位，在建筑手法与艺术成就上也遥遥领先于同时期的其他国家。尤其是圆明园，被誉为"万园之园"，乾隆皇帝也说它是"天宝地灵之区，帝王游豫之地，无以逾此"。

这一时期的建筑特色还受到了西方建筑思想的影响，产生了许多优秀的建筑作品。西方建筑艺术随着传教士的东来而传入中国，首先出现的是传教士在澳门所建造的教堂和房屋，此后，随着传教士足迹遍布各地，教堂也遍布各地，向中国人展示了西方建筑艺术的美感和魅力。伴随着东西方文化的交流，中国在明代就出现了洋式建筑，到了清代乾隆年间，更出现了以西洋

---

① 《清史列传》卷71《明安图传》，中华书局1987年版，第5857页。

地安门烫样

"烫样"是中国古代建筑模型，是指按照实物比例缩小，用草纸板、秫秸、油蜡和木料等材料加工制作的模型，因制作工艺中有一道熨烫工序，故称烫样。它是古代建筑营造情况的最可靠的记录。清朝内务府营造司设有样房、算房，样房负责设计图纸、制作烫样。

建筑为主体的圆明园西洋楼景区，这组楼景包括海晏堂、远瀛观、养雀笼、蓄水楼、花园门等一系列建筑，占地面积达4万多平方米，从此西洋风格对中国建筑产生的影响愈加深远。在圆明园中，西式喷泉大水法成为中式园林中别致的西洋景色，中西方建筑特色交相辉映，十分和谐，既体现了皇家的恢宏气势，又美轮美奂，浑然天成。在17、18世纪中西建筑文化交流的大背景下，西洋门可以算是这个时期最具代表性的建筑形式。清代北京的西洋门在建筑组群中扮演着与垂花门或牌楼门相似的角色，属于以装饰意味为主的小型门。在清代，异国情调的西洋门有两种运用之法：一是和西洋建筑配合，作为与之和谐的门，如圆明园西洋楼景区的西洋门；二是单独使用，作为园林中的点缀，如恭王府花园和颐和园养云轩的西洋门。和西洋建筑组群配合自不必说，单独布置尤具匠心——因为西洋门的小巧，使其既能起到新奇夺目的作用，又不会影响建筑组群的整体风格。作为皇家园林里昭示教化的西洋建筑，是地理大发现之后中西文化交流的产物。而其中的西洋门更是中国人"洋为中用"理念的具体体现，其应用方式灵活，形象丰富，能配合建筑组群。

三、地理测绘

我国绘制地图的历史十分悠久，早在夏朝时就出现了最早的地图。那时的地图绘制比较粗糙，都绘制在树皮、简策上，到两汉时期，地图开始绘制在帛上，南北朝后，地图才开始绘制在纸上。数学的进步促进了测绘水平的提高，同时，西方传教士也传入了世界地理的相关知识和地图的测绘方法。中俄《尼布楚条约》签订后，康熙帝看到了地图不准确所带来的隐患，所以他锐意革新，决定进行规模化的全国性的地图测绘活动，进而产生了我国古代最精确的地图——《皇舆全览图》。

康熙帝下令各大臣推荐专家，购买仪器，当他到全国各地巡视时，也会命外国专家随行，测定各地的经纬度，为制图做准备。在大规模的测绘工作正式开始以前，康熙帝还命传教士先行试点，绘制出北京附近地图。他亲自校勘，比较旧图，确认新图远胜旧图之后，才下令开展大规模的测绘工作。康熙四十七年（1708年），由各国传教士及何国栋、索柱、白映棠、贡额、钦天监的喇嘛楚儿沁藏布兰木占巴、理藩院主事胜住等中国学者二百余人混编的测量队伍形成。此次测绘工作共测绘了全国 641 个（未计西藏）经纬度基点，其中北直隶 48 处，江南 37 处，山西 28 处，山东 28 处，浙江 30 处，河南 29 处，江西 30 处，陕西 28 处，湖广 54 处，四川 28 处，广东 37 处，海南岛 7 处，贵州 25 处，福建 30 处，云南 30 处，蒙古 93 处，辽东 8 处，广西 28 处，台湾 7 处，吉林、黑龙江 36 处。因为西北地区正值新疆准噶尔贵族叛乱，所以当时的测量只

《皇舆全览图》（局部） 现藏北京故宫博物院

限于哈密。《皇舆全览图》共计41幅，借鉴科学技术实测后绘制，以天文观测为基础，使用三角测量法进而测图，采用了伪圆柱投影，以经纬度制图法绘制。该书以汉文、满文共注地名，其中满文用于边疆，汉文用于内地，且第一次实测并绘制了台湾省地图。在尺度丈量上的全国统一、实地测量地球的子午线弧长等，都为清代地图制图充实了依据，提高了制图质量。测绘工作先后历经十年，到康熙五十七年（1718年）才基本告成。《皇舆全览图》在中国地图发展史上具有划时代的意义，自清中叶至民国初年，国内外出版的各种中国地图基本上都源于此图。

乾隆二十年（1755年），清政府平定准噶尔，天山南北尽入大清版图。次年二月，乾隆帝下令编纂《西域图志》，由大学士刘统勋负责督办，派都御史何国宗等率西洋人分别由西、北两路深入吐鲁番、焉耆、开都河等地及天山以北进行测绘。《西域图志》全称《钦定皇舆西域图志》，共五十二卷。资料收集工作在乾隆二十六年（1761年）结束后，令交军机处方略馆进行编纂，于次年十一月完稿。乾隆四十二年（1777年），乾隆帝下令增纂《西域图志》，历时四年最终告成，乾隆帝亲自审定后形成了今天的《钦定皇舆西域图志》。《钦定皇舆西域图志》首四卷为天章，汇录有关论述西域全局的御制诗文；自此以下四十八卷，分为图考、列表、晷度、疆域、山、水、官制、兵防、屯政、贡赋、钱法、学校、封爵、风俗、音乐、服物、土产、藩属、杂录十九门。自疆域、山、水至藩属，计有总图、分图二十一幅，历代西域图十二幅。由于收集了所有正史、有关书籍和清代西域军营奏章、地方大吏的文告等资料，并且进行了实地测量和调查，故《钦定皇舆西域图志》内容周详，文章质实，是研究中国汉代至清代前期新疆地区的一部很重要的历史地理文献。

乾隆年间的另一地理成就是制成了《乾隆内府舆图》，又称《乾隆皇舆全览图》《乾隆十三排图》。因为康熙年间西北有战事，故而哈密以西地区未能实测，乾隆年间清政府在康熙朝所绘地图的基础上进行订正补充，并参考中西文献扩大了范围，由传教士蒋友仁于乾隆二十五年（1760年）至乾隆三十五年（1770年）绘制成铜版104方。其所用经纬网、投影和比例尺仍本康熙图，但内容较前图更为丰富详密，且订正了西藏部分的错误。该图以纬差5度为一排，共分十三排，故又名《乾隆十三排图》。《乾隆内府舆图》也是采用经纬度和投影法制成的地图，它所涉及的范围约大于《皇舆全览图》

一倍。图上的地理范围为以中国为中心，西至波罗的海、地中海，北至俄罗斯北海，南至琼岛。

除了官方在地图绘制上取得的成就外，由于受西方科学地理学原理和方法的影响，以及长期的地理知识积累，清初也出现了几位具有先进地理思想的著名地理学家，他们在学科发展、人地关系、自然地理理论等方面，都各有新的见解。

刘献廷，字继庄，又字君贤，自号广阳子，顺天府大兴（今北京）人。他主张经世致用、学以致用和经济天下，认为学问不应只满足于了解一些书本知识。他对礼乐、医术、法律、农桑等都有钻研，而以对地理的见解最为重要。针对中国历代地理著作重沿革、人文，且偏重描述的特点，他提出地理学必须科学化，必须注意对自然地理规律的探讨。他首次对我国古代地理学重沿革、古迹、城池等传统的治学、著作体系提出了反对意见，认为讲那些内容是不够的，还必须注意对自然地理规律的研究和记述。而关于改革地理学，使之科学化的具体方法，他提出在区域地理著作的"疆域"记述之前，亦即地理著作的开头，先根据北极星高度与地平线角度，求出该地的经纬度表，然后就可以根据经纬度的差异来推求各地节气的早晚等自然规律。刘献廷的这一思想，对于改变我国古代地理学的传统，促进地理学趋向近代化、科学化，无疑有着积极的意义。然而，他的观点和思想却并不为当时的人们所重视。

顾祖禹，字景范，以居处近宛溪而又称宛溪先生，明末清初的历史地理学家。他以毕生精力著《读史方舆纪要》，书中详列各地山川险要、形势利害，考订古今郡县沿革变迁等，是一部集大成的历史地理著作。他在历史地理研究中，就地理学的基本理论问题提出了"人地相关"的见解。他认为山川形势对人类的政治、军事、经济活动固然有很重要的影响，但也绝不能忽视人的作用，其实真正起作用的是人为的条件，是人对自然的主观能动作用。这种地理思想建立在他对大量历史事件的研究的基础之上，而且在 17 世纪初就明确提出，充分代表了当时较先进的地理认识水平。

孙兰，字滋九，一名御寇，自号柳庭，著有《柳庭舆地隅说》《大地山河图说》《古今外国地名考》等，在自然地理规律与学科发展方面有许多重要见解。在革新中国古代地理学传统方面，孙兰也提出了要进行地理规律的探讨。孙兰这种强调重视自然地理、人文地理规律的研究的思想，与刘献廷革新中国古代地理学传统的思想一样，代表了当时进步的地理学思想。

四、农学医学

清代的农业技术在总结和继承前代成果的基础上，不断推陈出新，中国古代的农业发展水平在这一时期达到了历史上的高峰。

清朝时产生了许多适应当时农业生产需要的农具，如犁、辊轴、秧马、漏锄、塍铲、塍刀等。清代的犁有很多种，当时已出现了深耕犁，并有大犁、小犁、坚重犁之分，根据土地肥力的具体情况区分深耕程度，深耕自几寸至数尺不等[①]。辊轴是一种将杂草轧入泥中的农具，被轧过的杂草不能再生长，而秧苗却可以继续生长。清代的秧马与前代不同，西南地区的秧马作用与辊轴类似，在稻米产区作用巨大。漏锄是适用于北方干旱地区的一种除草农具，这种锄头锄地却不翻土，使用方便。塍铲、塍刀是江南丘陵地区治理田埂时使用的农具，有助于提高农业生产效率。

清朝十分重视农田水利工程的建设，除了在太湖、巢湖等重点粮食生产区开展大规模的水利工程建设外，在全国各地都建有各种小型的、因地制宜的农田水利工程。大体而言，北方的水利工程大多是利用地下水，进行凿井，取水灌溉农田，井也因为地区不同而大小有别，大井可灌溉二十余亩农田，小井只可灌溉2—3亩而已，这些井广泛分布在河南、河北、陕西、山西等较干旱地区。南方水资源比较丰富，所以南方的灌溉多取山泉湖水，为了更好地利用水资源，人们也修筑一些栅栏水闸，合理调配水资源，提高了泉水的使用效率。

清代还在历代治河经验的基础上，由傅泽洪主编、郑元庆编辑《行水金鉴》，收集上起禹贡、下至康熙末年的有关黄河、长江、淮河、大运河等水系的源流、变迁和治河情况的水利史资料。全书共175卷，120万字，是中国古代治河经验的重要总结。此后，黎世序和俞正燮又编纂了《续行水金鉴》，共200万字，收集了自雍正初年至嘉庆末年近百年的有关资料。

清代时关于施肥能提高产量的认识已十分普遍，施肥的经验也十分丰富。施肥经验的丰富体现在肥料种类和来源的扩大、施肥技术的精进等方面。这时的肥料有人畜粪便、草粪、火粪、渣粪、皮毛粪等十余种，且人们

---

① 1寸约为0.033米，1尺约为0.333米。

对各种粪肥的制作方式、功效、用途都已十分了解。在施肥技术上，人们已经知道针对不同的时间、不同的土质、不同的农作物，有针对性地、适当地施用最合适的肥料。施肥技术的提高，也大大提高了农作物的产量。

清代高度重视农作物的病虫害防治工作，不断总结前人经验，消灭害虫。消灭害虫最简单易行的方法就是打，其次是用烟草水、芥子末等药物防治虫害，此外，还有利用轮作换耕、培育抗虫品种、调节耕种时间等手段。值得一提的是，岭南和四川等地的果农已经知道利用生物相克的原理应对虫害影响，果农将蚂蚁买来放在柑橘树等果树上，并为蚂蚁的繁衍和交通创造条件，对防治果树病虫害起到了很好的效果。

农业是封建国家的基础，历朝历代都十分重视农业的发展，因此中国古代先后出现了很多种类的农业书籍。中国古代农书共有500多种，流传至今的有300多种，在这300多种农书中，《齐民要术》《农桑辑要》《王祯农书》《农政全书》和《授时通考》内容最丰，影响最大，被称为"五大农书"，其中《授时通考》就是清代最具代表性的官修综合性农书。《授时通考》由总裁鄂尔泰、张廷玉奉旨率词臣40余人，收集、辑录前人有关农事的文献记载，历时5年，于乾隆七年（1742年）编成。成书时除朝廷印制外，各省还奉旨复刻，故出版数量多，流传广。后来又有石印本以及排印本问世。该书除辑录历代农书外，还征引了经、史、子、集中有关农事的记载达427种、插图512幅，其中有不少材料十分珍贵。《授时通考》全书共78卷，计98万字，内容以大田生产为中心，兼及林牧副渔各业，分天时、土宜、谷种、功作、劝课、蓄聚、农余和蚕桑8门。每一门的开端有"汇考"，即汇总考证历代的有关文献；然后分目，征引前人文献中有关的生产经验和诏令、政策等。

除《授时通考》外，清代其他农书的数量也非常多，约有100余部，张履祥的《补农书》和孙宅揆的《区种图说》是其代表。还有一些针对当地的小地方农书，如《泽农要录》《江南催耕课稻篇》《马首农言》《知本提纲》《修齐直指》《农言著实》等；有针对单独某种农作物或家畜的农书，如《棉花图》《金薯传习录》《农蚕经》《养耕集》《抱犊集》等；还有针对花果的农书，如《秘传花镜》《广群芳谱》《二如亭群芳谱》等。

医学也在清代达到了很高的水平。唐宋以来，天花在中国渐渐流行，明清时期非常猖獗，对人的生命威胁极大。康熙二十年（1681年），朱纯嘏给皇室子孙种痘，然后自北向南普及，有力地防止了天花的流行。康熙年间，俄国还专门派人来中国学习痘医，痘医又经土耳其传入欧洲，乾隆年间传入日本和朝鲜。

医书方面，受考据学的影响，乾隆时官修《医宗金鉴》九十卷，对《金匮要略》《伤寒论》等书作了许多考订，并征集了不少新的经验良方，是一部介绍中医临床经验的重要著作。清代名医王清任（1763—1831年）著有《医林改错》一书，在医学史上占有重要地位。他强调解剖学知识对医病的重要性，并对古籍中有关脏腑的记载提出质疑。通过对尸体内脏的解剖研究，他绘制出《亲见改正脏腑图》二十五种，对人身内部脏腑的构造提出新的见解。他所创用的一些方剂，有的至今仍广泛应用于中医临床。

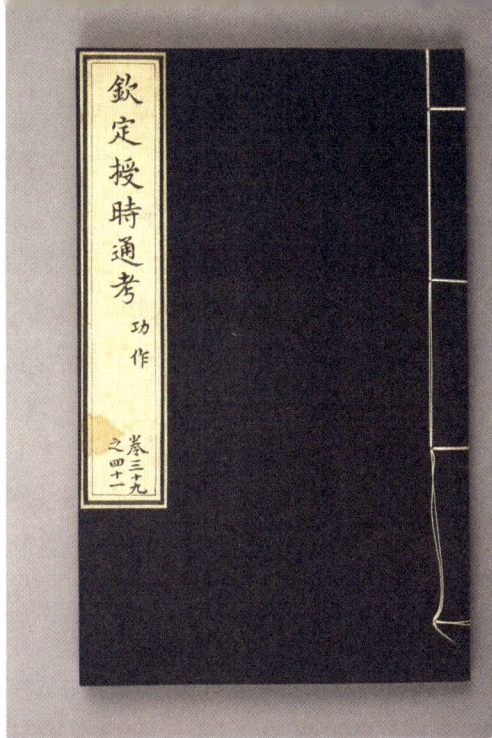

《钦定授时通考》 现藏北京故宫博物院

清代延续明代以来的发展趋势，有关内科杂病的著述不断丰富，产生了许多在内科杂病方面占有重要地位的综合性著述。比较著名的有李用粹的《证治汇补》，该书记述了八十余种病症的辨证论治，其中主要为内科杂病，内容简明扼要；林佩琴所著《类证治裁》的大部分篇幅都论述内科杂病，其中对脱症、喘症、泄泻与痢疾、瘫症与闭症等病症的记载，条分缕析，精确实用；著名医家尤怡的《金匮翼》，是这一时期内科杂病专著的代表作。还有一些专论内科杂病某些病症的医著，如卢之颐的《痎疟论疏》、孔毓礼的《痢疾论》、吴道源的《痢证汇参》、汪启贤的《中风瘫痪验方》、肖埙的《中风证》与熊笏的《中风论》等，这些著作都对医学的发展产生了很大的影响。

清代医学分科仍设妇产科，清代妇产科发展的主要成就是积累了丰富的临证经验，出现了多种门类优秀的妇产科著作，它们代表了当时妇产科学的发展水平。《妇科心法要诀》是乾隆年间，吴谦等奉政府之命所编辑的医学教科书《医宗金鉴》的一部分（第44—49卷），书中论及的妇产科病种较为齐全，对每种病症的病因病机、症状表现、诊断和治疗都有系统论述，是清代综合性妇产科著作。

影响较大的综合性妇产科著作首推《傅青主女科》。该书对带下、血崩、妊娠、正产、小产、难产、产后等病症的论述，内容简要，论证精辟，尤以治法方药颇有创见，受医界推崇，传播极为广泛。《竹林寺女科》是浙江萧山竹林寺僧人撰写的女科著作的总称。竹林寺僧人大多擅长妇科，历代相传，据有谱可查者到清末已达 97 世，所授著述，秘不外传。自清初以后始有传抄的各种刊本行世，仅现存者已不下 30 余种，其中流传较广的一种，即《竹林寺三禅师女科三种》。清代专论产科临床病症的著作也很多，其中比较有影响的有唐千顷的《大生要旨》5 卷、阎纯玺的《胎产心法》3 卷，以及汪喆的《产科心法》2 卷，此外，还有以重视孕产期保健而著名的亟斋居士撰写的《达生篇》1 卷和张曜孙的《产孕集》2 卷等著作。

　　清代儿科稳步发展，不论是儿科的理论水平还是儿科病症的诊治，都有不少进步和提高，涌现出夏鼎、陈复正、沈金鳌等一大批儿科学家，以及《幼科铁镜》《幼幼集成》《幼科释谜》等许多重要的儿科专著，此外，《温病条辨》《医宗金鉴》等医书中也有儿科专集专论。清代的儿科理论日臻完善，小儿推拿术和外治法得到推广应用。清代对小儿纯阳之体有两种不同的阐发，第一种学说以徐灵胎为代表，认为小儿体禀纯阳，所患热病最多，在治疗上不宜使用温阳药物，对后世的影响较大；第二种学说以吴鞠通为代表，认为小儿纯阳不是指盛阳而是指钱乙提出的稚阳，治疗时应注意顾护。小儿诊法方面，清代医家对小儿指纹诊法提出了不同的看法。针对后来医生进一步扩大其玄虚的不良现象，夏鼎对小儿指纹诊法予以否定。陈复正则认为，不可否定其作用，并指出小儿切脉比较困难，不如以指纹之可见者，与面色病候相印证，有诊断意义。清代儿科治疗学以推拿术、外治法的应用较为突出。夏鼎编写了《推拿代药赋》，并绘有面、身、足、手掌等形体图，附以文字说明，方便学者掌握。熊应雄辑刊的《小儿推拿广意》，对前人有关推拿的论述和经验进行了一次比较全面的总结，介绍了各种推拿手法，以及 16 门小儿常见疾病的推拿疗法，还有药物与手法相结合的论述。此书附有图解，有较大的实用价值。清代儿科学已发展到相当高的水平，为近现代中医儿科学的进一步发展奠定了良好的基础。

　　清代两百余年间出现了大量外科类著作，尤其一些外科之专病著作更为丰富。其中出现了多种大型综述性外科巨著，在提高和普及外科医疗技术方面发挥了重要作用。比较具有代表性的作品有祁坤的《外科大成》，三百年间刊行近 20 次；《洞天奥旨》又名《外科秘录》，陈士铎著，反映了陈氏医疗化脓性感染的丰富经验和理论知识，该书现存版本有 17 种之多；还有王维德的《外科证治全生集》，由于王维德在治疗外科疾病上极力主张"认为贵以托为畏"，反对手术，在病人心目中颇有影响，两百年间其书之刊印竟达 50 余次，可能是外科书刊印率之最高者。

清代前中期针灸学发展趋于缓慢和停滞，1822 年（道光二年），道光帝颁旨将针灸剔除出太医院，针灸从此在太医院消失，这使针灸受到了比其他医学科目更严重的打击。但在广大群众中，针灸仍因其简便易行且有效而受到欢迎。推拿在清代前中期发展较快，一方面是因为不断有医家对推拿按摩经验技术进行总结，出现了不少如《厘正按摩要术》这样的推拿专著；另一方面是因为把推拿按摩手法扩大到了正骨治疗领域中，推拿按摩的适应症范围更为扩大。

清代医家讲究基本之操作手法，李守先著《针灸易学》提出"首学手法，次学认症，而以寻穴为末务"的学习针灸法，江上外史撰《针灸内篇》亦首列手法，反映了清代前中期针灸医家对手法的重视。李守先所提手法仅是留针之久疾、左转右转，以及医者用左手大指、食指的辅助动作来达到补的目的；江上外史则以针左转为补、右转为泻，并采用透天凉、烧山火两种复式手法。可见其时针灸界对手法已趋于执简驭繁了，这当然也有利于初学者习学和掌握，有利于针灸术在民间的推广。

清代医家汪启贤在应用按摩推拿术为人治病的同时，开始提倡自我按摩法。在其著的《动功按摩秘诀》中记载有 180 症之按摩法，除中风、癫痫等需医者施术外，其他病症可自行按摩。汪氏还提倡动静结合的治疗法，即在自行按摩之后，再以静功养之。此外，清代医家将静功按摩术用于养生。张映汉著《尊生导养编》是按摩用于养生的代表作，其法为每日两次行功，即按顺序取头、颈背、胸腹、外肾、四肢的穴位进行搓摩，达到使气血运行顺利通畅之目的，从而防病养生。

《湖天春色图》 现藏上海博物馆

清代吴历创作的纸本设色画。明末清初以来，西画东渐逐渐形成风气，吴历曾接触传教士与西洋绘画，他的山水画因此受到了西画的影响。《湖天春色图》就是吸收了西洋画画法的作品。此图是康熙十五年（1676年），吴历四十五岁时，送给一位西洋传教士的作品。

参考书目

常建华：《清史十二讲》，中国国际广播出版社 2009 年版。

戴逸主编：《简明清史》，中国人民大学出版社 2006 年版。

[美] 费正清、刘广京编：《剑桥中国晚清史（1800—1911 年)》，中国社会科学出版社 1985 年版。

冯尔康：《清史史料学》，故宫出版社 2013 年版。

冯贤亮：《清史》，上海人民出版社 2015 年版。

郭松义、李新达、李尚英：《清朝典制》，吉林文史出版社 1993 年版。

黄爱平主编：《清史书目（1911—2011)》，中国人民大学出版社 2014 年版。

李洵：《明清史》，人民出版社 1956 年版。

李治亭主编：《爱新觉罗家族全书》，吉林人民出版社 1997 年版。

李治亭主编：《清史》，世纪出版社 2002 年版。

孟森：《明清史讲义》，商务印书馆 2011 年版。

南炳文、白新良主编：《清史纪事本末》，上海大学出版社 2006 年版。

宁欣主编：《中国古代史》，北京师范大学出版社 2009 年版。

王戎笙主编：《清代全史》，方志出版社 2007 年版。

王锺翰：《清史十六讲》，中华书局 2015 年版。

萧一山：《清史大纲》，上海古籍出版社 2014 年版。

杨珍：《清朝皇位继承制度》，学苑出版社 2001 年版。

张研、牛贯杰：《清史十五讲》，北京大学出版社 2004 年版。

郑天挺主编：《清史》，天津人民出版社 2011 年版。

朱诚如主编：《清朝通史》，紫禁城出版社 2003 年版。

朱诚如主编：《清史图典》，紫禁城出版社 2002 年版。

大事记

1583 年，努尔哈赤以十三副遗甲起兵为父祖报仇。

1588 年，努尔哈赤统一建州。

1601 年，努尔哈赤建立八旗制度。

1616 年正月，努尔哈赤于赫图阿拉即大汗位，改元天命，国号大金。

1618 年三月，努尔哈赤以"七大恨"对明廷宣战，兵发抚顺。

1619 年三月，萨尔浒之战，明军战败。

1625 年，努尔哈赤自辽阳迁都沈阳。

1626 年正月，袁崇焕在宁远大败努尔哈赤。八月，努尔哈赤去世，皇太极嗣立；九月，改第二年为天聪元年。

1636 年四月，皇太极改国号为清，改天聪十年为崇德元年。

1639 年六月，明廷在"辽饷""剿饷"之外，复加练饷，"三饷"加派，民怨沸腾。

1641 年正月，李自成入洛阳，杀福王朱常洵。二月，张献忠入襄阳，杀襄王。八月，洪承畴兵败松山，辽东局势危急。此年，荷兰打败西班牙，占据我国台湾。

1643 年正月，李自成在襄阳建立政权。五月，张献忠称西王。

1644 年正月，李自成改西安为西京，建国号大顺，年号永昌。三月十八日，李自成军进抵北京，崇祯皇帝在煤山吊死。次日，大顺军进京城，明朝灭亡。清军入关，定都北京。明宗室福王、鲁王、唐王、桂王先后建立南明政权（1644—1662 年）抗清。

1645 年，李自成牺牲，大顺军失败。史可法于扬州殉难，南明弘光政权灭亡。江阴、嘉定人民抗清失败。

1646 年，张献忠牺牲，大西军失败。

1648 年，大顺军余部掀起抗清高潮。

1652 年，大西军余部掀起抗清高潮。

大事记

1661 年，清军攻入缅甸，俘南明永历帝。康熙帝登基，郑成功收复台湾。

1662 年，永历帝被吴三桂绞杀，南明政权灭亡。

1667 年，康熙帝亲政，四辅臣辅政体制结束。

1669 年，清廷实行"更名田"。

1673 年，康熙帝下令削藩，三藩之乱爆发。

1678 年，清廷开博学鸿词科。

1681 年，三藩之乱平定。

1683 年，清军统一台湾。

1685 年，清军攻击雅克萨，次年再度大捷。

1688 年，噶尔丹攻击喀尔喀蒙古，挑起叛乱。

1689 年，中俄签订《尼布楚条约》，确立两国边界。

1690 年，清军在乌兰布通之战中击败噶尔丹。

1691 年，多伦会盟举行。

1697 年，噶尔丹败亡。

1712 年，清政府宣布"滋生人丁，永不加赋"，三年内将全国地丁钱粮全免一次。

1717 年，策妄阿喇布坦侵藏。

1720 年，清军入藏平定策妄阿喇布坦叛乱。

1722 年，康熙帝去世，雍正帝继位。

1723 年，罗卜藏丹津叛乱，很快被平定。

1724 年，设西宁办事大臣，直接管辖青海。

1726 年，清军入藏平叛，议设驻藏大臣。在西南地区实施"改土归流"。

1727 年，中俄签订《布连斯奇条约》。

1728 年，中俄签订《恰克图条约》。吕留良案发。

大事记

1729 年，出征噶尔丹策零叛军。

1732 年，军机处成立，皇权高度集中。

1735 年，雍正帝去世，皇四子弘历继位，次年改年号为"乾隆"。

1745 年，普免全国一年钱粮。此后又多次进行普免。

1746 年，大金川叛乱，两年后被平定。

1755 年，达瓦齐叛乱，旋被平定。

1756 年，阿睦尔撒纳叛乱，次年被平定。

1757 年，大小和卓木叛乱，两年后被平定。

1771 年，土尔扈特部回归祖国。小金川叛乱，五年后被平定。

1773 年，清廷开始编修《四库全书》，至 1782 年编成。

1774 年，山东王伦起义。

1781 年，西北苏四十三起义。

1786 年，台湾林爽文起义。

1790 年，缅甸求和，接受清廷敕封。

1791 年，廓尔喀入侵西藏，次年被击退。

1793 年，清廷颁行《钦定藏内善后章程二十九条》。英使马戛尔尼来华。

1795 年，湘黔苗民起义。

1796 年，川陕白莲教起义，至 1805 年平定。乾隆帝禅位，自称太上皇。

1799 年，乾隆帝去世。和珅下狱。

1813 年，李文成、林清天理教起义。

1816 年，英国阿美士德使华。

1820 年，嘉庆帝去世，道光帝继位。张格尔发动叛乱，七年后被平定。

1839 年，林则徐于虎门销毁鸦片。

1840 年，清朝人口达 41200 万。中英鸦片战争爆发。

后 记

在多年学习和研究清史的过程中，我深感很有必要撰写一本部头大小适中、内容尽可能全面的清史教材，以供学生选修清史课程之用；同时，亦可为对清史感兴趣的人士提供参考。

此书遵循传统的历史分期，介绍的是 1840 年之前的清朝历史，也就是中国古代史范畴内的清史；1840 年之后的晚清历史，我将在随后的《晚清史》中加以介绍。

为方便读者阅读，本书尽量避免征引文献；同时为便于读者核对史料和扩展阅读，本书的征引史料和参考文献尽量以普及或易于查找为标准。

在本书的撰写过程中，郭小刚、张阅、符泽军、贾启博、李颖楠提供了部分初稿，刘文华、洪易易通读全部稿件，并修正了不少错漏。

陕西师范大学的张萍教授、中央民族大学的彭勇教授、江西师范大学的谢宏维教授、广西师范大学的徐毅教授阅读过初稿，并提出了宝贵的修改意见。

人民出版社刘松弢为本书的编辑出版付出了很多心血。

在此一并对以上师友表示衷心感谢！

清史资料浩如烟海，研究进展一日千里，本书虽尽可能地吸收了学界的已有成果，但仍然会存在诸多错误或不足，敬请读者批评指正。

责任编辑：刘松弢

责任校对：黄常委

封面设计：汪　阳

图书在版编目（CIP）数据

清史：1616—1840 / 倪玉平　著 . —北京：人民出版社，2020.4

ISBN 978 - 7 - 01 - 021930 - 1

I.①清…　II.①倪…　III.①中国历史－清前期　IV.① K249

中国版本图书馆 CIP 数据核字（2020）第 037803 号

清史：1616—1840

QINGSHI 1616—1840

倪玉平　著

人民出版社 出版发行

（100706　北京市东城区隆福寺街 99 号）

中煤（北京）印务有限公司印刷　新华书店经销

2020 年 4 月第 1 版　2020 年 4 月北京第 1 次印刷

开本：710 毫米 × 1000 毫米 1/16　印张：23

字数：372 千字

ISBN 978 - 7 - 01 - 021930 - 1　定价：70.00 元

邮购地址 100706　北京市东城区隆福寺街 99 号

人民东方图书销售中心　电话：（010）65250042　65289539